羅馬人的故事XV

羅馬世界的終曲

塩野七生 著
鄭維欣 譯

三民書局

作者介紹

塩野七生

一九三七年七月生於東京，畢業於學習院大學文學部哲學系，一九六三～一九六八年間遊學義大利。一九六八年開始寫作，於《中央公論》發表〈文藝復興的女性〉。一九七〇年，首部長篇作品《凱撒波吉耳抑或優雅的冷酷》獲頒每日出版文化賞，之後長住義大利。一九八二年以《海都物語》得到三多利學藝賞。一九八三年，獲頒菊池寬賞。自一九九二年起，以羅馬帝國千年興亡為題，著手寫作《羅馬人的故事》系列，並以每年一部作品的速度發表。一九九三年《羅馬人的故事I》獲頒新潮學藝賞。一九九九年再獲司馬遼太郎賞。二〇〇一年發行《塩野七生文藝復興著作集》共七冊。二〇〇二年榮獲義大利政府頒授國家功勞勳章。二〇〇五年獲日本政府頒贈紫綬褒章，二〇〇七年再獲文部科學省評選為文化功勞者。

三十周年經典紀念版序

《羅馬人的故事》新版發售之際，作者送給臺灣讀者的話

這部既不算是研究歷史的專業書籍，也不是歷史小說，在歐洲稱之為「歷史散文」的作品，我持續執筆了半世紀多，最在意的其中一件事情就是，為什麼這個國家能在完全認同個人思想與表現的同時，維持歷時長久的獨立與繁榮。

因而執筆了《羅馬人的故事》與《海都物語》兩部作品。《羅馬人的故事》是為了想知道大國發生過什麼事。另一部《海都物語》則是因為想了解，為何即使是小國，在確保個人思想與自由表達下，同時也能達成國家的獨立與繁榮。

其次，舉例古羅馬帝國與中世紀文藝復興時期的威尼斯共和國作為代表大國與小國的典範，也是有原因的。因為這兩國即使國家規模大小有所不同，卻都有能享逾千年長壽的共同點。

有些國家在鎖國的情況下也維持了長治久安。像是古希臘的斯巴達或江戶時期的日本。然而，持續開國方針而能長命百歲的國家卻很少。羅馬與威尼斯在這部分也有相同點。

我同樣建議目前居住在臺灣的各位讀者也務必閱讀《海都物語》。因為日本也是小國，而

臺灣也是小國之一。小國自有小國的生存之道，只要正視這個事實，也有付諸實行的強烈意志，就會讓國家邁向獨立與繁榮。

還有，如果可以的話，再推薦各位閱讀我的另一部「文藝復興小說」（暫譯，原名「小説イタリア・ルネサンス」）全四集，我會感到十分榮幸。在這部作品中我創造了兩位虛構的主角穿插在這段真實的歷史中。希望能讓讀者領會，個人的思想與表達的自由如何能成為創新的泉源。幾乎也可以換句話說，在那種無法保證絕對自由的社會下不會產生創新。因為正是這種自由，誕生了達文西與米開朗基羅為首的義大利文藝復興。而佛羅倫斯、威尼斯，無論在地理、人口規模上都只能算是小國。

儘管如此，大國的磨難也並未比小國少。羅馬與威尼斯相比的話，無論「磨難」的種類或數量，都令人感到十分類似吧。我覺得這才是閱讀歷史真正的樂趣。因為畢竟可以說「歷史總是一再重演，只是表現的型態不同」。

二〇二二年春天，於羅馬

塩野七生

修訂二版說明

《羅馬人的故事》不是一部正統的羅馬史。

塩野七生說：

我以「羅馬人的故事」為題，如果將日文的書名譯為拉丁文，故事與歷史的意義幾乎是相通的。……使用“Gestae”這個字，所謂“RES GESTAE POPULI ROMANI”，可直接翻譯為「羅馬人的各種行徑」。

換句話說，這是一部詳盡蒐羅史籍與資料，進而細膩描繪人物的經典作品。當我們隨著作者富有文學性的筆調，逐冊閱讀《羅馬人的故事》時，便會發現比起事實的陳述討論，塩野七生在這部作品裡更著重於「人」的故事。羅馬人在面對各種挑戰時如何解決？在面對強敵的進逼時，羅馬人是如何逆轉取勝？平息內憂與外患後，又如何迎向和平？羅馬著名的公共建設，其目的是「使人過得像人」？偉大的建築背後，隱含怎樣的思考邏輯？

無論思想或倫理道德如何演變，人類的行徑都在追求無常的宿命。

隨著作者的引導，我們得以像羅馬人一樣思考、行動，了解身為羅馬人，言行背後的思想與動機。羅馬從義大利半島上的一個小部族發跡，歷經崛起壯大，終致破滅衰亡的過程，不僅是歷史上一個橫跨歐亞非三洲的輝煌帝國史，或許也可在其中發現「羅馬人」的群體生活史。

在《羅馬人的故事XV——羅馬世界的終曲》中，曾經輝煌的羅馬帝國，隨著狄奧多西的離世分為東、西兩個國度，各自踏上不同的道路；與此同時，虎視眈眈的外族趁虛而入，大舉入侵帝國領域。儘管東、西羅馬試圖回擊，但在長期戰爭與雙方的相互猜忌下，「羅馬帝國」的光輝已然消逝，徒留外族侵襲下人民的悲愴哀號，如同西元前一四六年迦太基的覆滅，曾經的龐大帝國化為灰燼，而今羅馬帝國也踏上相同道路、走向結局。作者透過深刻細膩的筆法，娓娓道來羅馬帝國如何竭力存續自身尊嚴，又如何在外患侵襲下步步敗退、悄然逝去，為長達千餘年的羅馬世界寫下終曲。

希盼本系列能與您一同思考：羅馬何以成為羅馬？羅馬的千年興衰，對世界有何影響？更重要的是，羅馬人留給現代哪些珍貴的遺產？期待在讀完本書之後，能帶給您跨越時空的餘韻。

編輯部謹識

序言

在羅馬市區的南端，有著目前全球最古老的基督教教堂拉特朗聖若望大殿。西元三一二年，君士坦丁大帝擊倒政敵馬克森提斯進入羅馬市之後，首先下令興建的就是這座建築。梵諦岡的聖保羅大教堂同樣也是在君士坦丁的命令之下興建的。不過開工時間在十二年後，西元三二四年他擊倒最後一名政敵利齊鈕斯時。順帶一提，君士坦丁大帝在歷史上享有「大帝」的稱號，在於他是首位承認基督教地位的羅馬皇帝。興建拉特朗聖若望大殿的時間，比認同基督教存在，通稱「米蘭敕令」的法令頒布時期還早一年。

基督教的教堂，尤其是初期基督教的古代教堂，通常修建在因堅守教義而殉教者的墳墓上。例如梵諦岡的聖彼得大教堂，就是修建在傳說中基督門徒彼得殉教的地方。與聖彼得、聖若望同為羅馬四大教堂之一的聖保羅教堂，俗稱叫做“fuori le mura”（城牆外），這是因為據說教堂是興建在聖保羅殉教的城牆外側馬路邊上。

只不過，拉特朗聖若望大殿的緣由不同。這個地區緊臨在城牆邊，以往被人稱為拉特朗區。與君士坦丁爭奪權力失敗的馬克森提斯皇帝，其麾下的騎兵軍團營區就位於此處。對於政治眼光犀利無比的君士坦丁來說，破壞反基督教的政敵勢力基礎，在其上修建基督教教堂的行為，也就是身為戰勝者的自己，向原屬馬克森提斯派的羅馬市民示威的行為。同時，這也是一年後將頒布的「米蘭敕令」的前奏曲。

也因此，拉特朗聖若望大殿並非普通的教堂，而是由君士坦丁皇帝餽贈給羅馬主教的樞機主教座堂，亦即引領「羔羊」的「牧羊人」居住的官邸兼辦公處。西元三一四年教堂完工不久後，當時的羅馬教宗隨即搬遷到拉特朗聖若望大殿之中。直到西元一三〇九年發生「亞維農俘囚」事件，教宗被法國國王綁架為止，千年來拉特朗聖若望大殿一直都是羅馬教宗的居所。

「亞維農俘囚」事件結束之後，教宗的居所遷移到聖彼得教堂。不過羅馬的樞機主教座堂地位至今還是屬於拉特朗聖若望大殿。而羅馬教宗至今依舊兼任羅馬主教，每當新任教宗上任時，第一個要拜訪的就是這座教堂。

歷經一千七百年歷史之後，教堂在這漫長的時光中改建過無數次。如今教堂無論內外，都是標準的十八世紀巴洛克風格建築。不過，既然是教堂，自然要用於祈禱或舉辦彌撒，以及舉行洗禮、葬禮、婚禮等儀式。由於地坪過度寬廣，又有熙熙攘攘的巡禮者和觀光客，因此教堂提供部份主教官邸，提供申請舉行私人儀式的信徒使用。我之所以看到那段文字，就是在出席友人女兒的婚禮會場上。

結婚典禮這種事，對於跟新郎新娘雙方都不熟的賓客來說，真的沒有特別深的感觸。更何況舉行儀式的小禮拜堂，平常是不對外開放的，在好奇心的驅使下，我的視線開始在牆面上游走，就是在這時注意到面對祭壇右側的牆面上描述的這段文字。

CHRISTUS VINCUT

CHRISTUS REGNAT

今日的拉特朗聖若望大殿

CHRISTUS IMPERAT

這三句拉丁文文法有誤，會讓拉丁文教師想拿起紅筆修改，而其含意如下：

基督教獲勝

基督教君臨

基督教統治

當時筆者無心聽神父說教，心中只想著一件事情。如果把“CHRISTUS”換成了“ROMANUS”的話，這幾句話就成了下面這個樣子。

羅馬人獲勝

羅馬人君臨

羅馬人統治

一旦主詞換人，那麼戰勝的對象、君臨的形式、統治的方式，當然會隨之改變。而筆者認為這其中的差異，也顯現出古代與中世紀的特質差異。

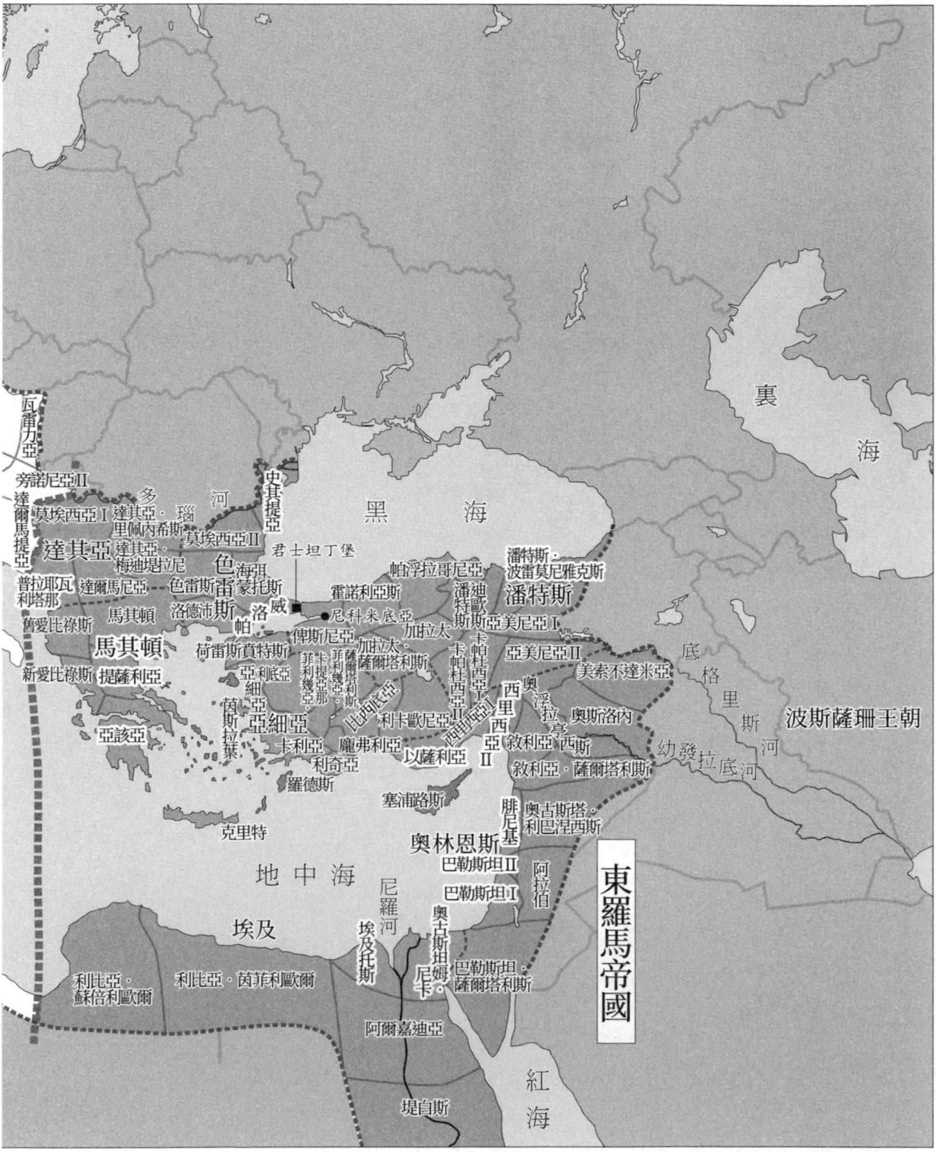
東羅馬帝國
波斯薩珊王朝
裏海
黑海
地中海
紅海
多瑙河
底格里斯河
幼發拉底河
尼羅河
君士坦丁堡
尼科米底亞
瓦爾力亞
旁諾尼亞II
達爾馬提亞
莫埃西亞I
達其亞‧里佩內希斯
莫埃西亞II
達其亞
達其亞‧梅迪堤拉尼
史其提亞
色雷斯
海伊蒙托斯
普拉耶瓦利塔那
達爾馬尼亞
色雷斯
洛德沛
馬其頓
舊愛比祿斯
馬其頓
荷雷斯貢特斯
新愛比祿斯
提薩利亞
亞細亞
利底亞
茵斯拉葉
亞該亞
卡利亞
利奇亞
羅德斯
克里特
帕浮拉哥尼亞
霍諾利亞斯
俾斯尼亞
加拉太
加拉太‧薩爾塔利斯
比西底亞
利卡歐尼亞
龐弗利亞
以薩利亞
塞浦路斯
潘特斯‧波雷莫尼雅克斯
潘特斯
亞美尼亞I
亞美尼亞II
美索不達米亞
奧斯洛內
敘利亞
敘利亞‧薩爾塔利斯
奧古斯塔‧利巴涅西斯
腓尼基
奧林恩斯
巴勒斯坦II
巴勒斯坦I
阿拉伯
巴勒斯坦‧薩爾塔利斯
埃及
埃及托斯
阿爾嘉迪亞
堤白斯
利比亞‧蘇倍利歐爾
利比亞‧茵菲利歐爾

北 海
0
250
500km
N
瓦廉希亞
不列顛II
弗拉維亞．凱撒廉西斯
不列顛
不列顛I
馬克西馬．凱撒廉西斯
西羅馬帝國
日耳曼II
比利時嘉II
盧古都南西斯II
比利時嘉I
日耳曼I
萊茵河
日耳曼
盧古都南西斯III
盧古都南西斯．賽諾尼斯
高盧
拉耶提亞II
旁諾尼亞I
亞奎塔尼亞II
維內西斯
亞奎塔尼亞I
盧古都南西斯I
馬克西馬．塞夸諾努姆
義大利
諾里肯．里賓瑟
諾里肯．梅底特拉內穆
大西洋
拉耶提亞I
薩維亞
阿爾卑斯．波尼那
維恩修斯
艾米里亞
威內提亞．西斯托利亞
伊利利亞
迦拉耶提亞
諾威姆波普利
米蘭
拿波南西斯I
阿爾卑斯．科提愛
里格利亞
弗拉米尼亞
拿波南西斯II
阿爾卑斯．馬爾提麥
拉溫納
希斯帕尼亞
塔拉哥南西斯
托斯其亞．溫普利亞
匹凱努姆．史布爾比卡留
盧吉塔尼亞
科西嘉
羅馬
薩謨奈
迦太基涅西斯
坎帕尼亞
阿普利亞．卡拉普利亞
倍帝加
薩丁尼亞
義大利．史布爾比嘉利亞
魯卡尼亞．布魯提
西西里
庭吉塔那
茅利塔尼亞．凱撒廉西斯
茅利塔尼亞．希提芬西斯
努米底亞
亞非利加．普羅科斯拉里斯
亞非利加
比薩卡那
的黎波里塔尼亞
羅馬帝國國界或防線
轄區分界
行政區分界
首都
其他都市
現代國界

東西分裂後的羅馬帝國

目次

第二章 羅馬帝國的消逝 157

（西元四一〇～四七六年）

第三章　「後帝國時代」　281

（post imperium，西元四七六年～）

第一章

最後的羅馬人

（西元三九五～四一〇年）

東西分裂

西元三九五年一月，羅馬皇帝狄奧多西駕崩。對當時的人來說，享年四十八歲未免太短命，不過他並非陣亡也非遭到刺殺，而是病逝的。在位的前四年，他與格拉蒂安皇帝共同分擔帝國東西方的統治；其後的十二年，單獨承擔帝國的實質統治職責，在一生中的最後十六年中繁忙不堪。「皇帝」(Imperator) 一詞的起源，原本是贈予率軍防衛國土的凱旋武將尊稱。而他也是最後一位值得如此尊稱的羅馬皇帝。在位十六年之中，只要一聽到敵軍入侵的消息，他會立即率軍趕往帝國各處主持防禦。狄奧多西逝世時身在米蘭，是因為直到前一年他還在指揮軍隊討伐高盧的篡位份子，可能是在進入冬令營區後，長期累積的疲勞一下子全部發作的緣故，所以在一月時逝世。

然而，親自率軍保障國民安全的想法，卻是不折不扣的羅馬式思維。

君士坦丁承認基督教的存在，因而獲得「大帝」的尊稱。繼君士坦丁之後，狄奧多西是第二位被稱為大帝的皇帝。而他獲頒這項尊稱的原因，同樣在於他戮力振興基督教會。

君士坦丁生於西元四世紀初期，因此必須在表面上維持基督教與其他宗教信仰平等，因而獲得了「大帝」的尊稱。而活在西元四世紀末期的狄奧多西，則是根據標準的一神教作風，徹底排斥鎮壓異教、異端，因而獲得「大帝」的稱號。當然，米蘭主教安布洛修斯這位強力「牧羊人」的存在同樣不可忽視。安布洛修斯在狄奧多西的葬禮上，發表了下列的演說：

「狄奧多西皇帝並未離世，而是透過兩位皇子存在於人間。在天上的父親，將寸步不離的守護著留在地上的兩位兒子。因此官兵與公民必須像是對先皇一般的，向兩位年輕的繼承者效忠。」

在狄奧多西皇帝身後，由長子阿卡狄奧斯與次子霍諾里烏斯繼位。這時長子阿卡狄奧斯已經年滿十八歲，但次子霍諾里烏斯只有十歲。除了兩位皇子以外，狄奧多西與擔任過四年共同皇帝的格拉蒂安的異母妹妹嘉拉之間生有一個女兒。推測在父親過世那年，這位公主約為五、六歲。

西洋歷史上的定論認為，西元三九五年狄奧多西逝世之後，羅馬帝國也就分裂為東、西兩個帝國了。不過，這只是事後發展出的結果。狄奧多西打從一開始，就不希望把帝國分成東西兩國，由兩個兒子個別繼承。

將帝國分成東西兩區，由不同人物統治的方式，起源自西元三世紀末期的「四頭政治」時代。當時帝國進入了不同蠻族在邊界同時入侵，在不得已之下必須由不同的領袖分頭應對的時代。因此，狄奧多西將帝國東方交給阿卡狄奧斯，將帝國西方交給霍諾里烏斯繼位時，並非打算將帝國分割成東羅馬與西羅馬帝國，只是遵循長年來由複數領袖個別承擔東西方統治的作法而已。同時想必他也認為由親生兄弟共同分擔統治責任，會比兩個外人合作還來得有效果。

實際上，狄奧多西在臨終時，把兩位皇子同時託付給史提利柯將軍監護。如果他打算將帝國分裂為二的話，兩名皇子應該會託付給不同的武將。相信從這點就能證明，狄奧多西在世時從未考慮過將帝國一分為二的想法。

不過，狄奧多西的想法沒有受到後人繼承。羅馬帝國的統治不是往分擔的方向發展，而是往分裂的方向推演。其第一項主要原因，在於親兄弟之間感情未必能融洽。第二點在於，統治東方的阿卡狄奧斯身邊有許多高官期望與西方分裂，在需要派兵支援西方時會從中作梗。只不過對臣子來說，先帝的遺志是必須優先遵守的事情之一。因此在狄奧多西逝世之後，帝國並未隨即分裂。東羅馬帝國與西羅馬帝國的對立，就好像黎明時分的景物一樣，隨著時間發展逐漸清晰。而這項情勢也給當事人帶來許多不幸。因為必須在混亂不明的情勢下共同行動時，雙方之間最容易產生誤會。

儘管身為虔誠的基督教徒，狄奧多西好歹擔任過十六年的皇帝工作。想必他不認為在自己身故後，兩個兒子的未來只要依靠透過主教口頭傳遞的天神眷顧，以及自己在天之靈的守護就沒問題。所以他將兩個兒子，託付給對他來說賢能又忠實的左右手史提利柯。

根據義大利的羅馬史研究人員帕里貝尼的評論，當時十八歲的阿卡狄奧斯與十歲的霍諾里烏斯，是這樣的人物：

「隨時居住在皇宮之中，遠離民眾，與民眾沒有任何接觸。官兵之中沒有任何人看過自己的最高司令官策馬率軍的身影。這兩人能攀上皇位的唯一理由，就是他們是前任皇帝的兒子。」

阿卡狄奧斯擔任了十三年的東羅馬帝國皇帝，而霍諾里烏斯在西羅馬的皇位上更是安穩坐了二十八年。由此可見基督教端出來的「君權神授說」，認定凡間的最高權位者係因天神期望才能擁有權力的理論，對掌權的人來說是多麼有利。那種由菁英機構元老院 (senatus) 以及擁有羅馬公民權的民眾 (populus) 委由皇帝代理施行政權的時代已經成為過去了。

儘管狄奧多西皇帝在位的十六年中幾乎全過著戎馬生涯，他似乎在生前便已看穿自己的兩個兒子沒有軍事方面的天分。所以他才在臨終時將後事託付給史提利柯將軍。史提利柯這個姓氏在羅馬史上是個陌生的名詞，那是因為這名將軍出身於汪達爾族，在當時的羅馬人眼中看來，是蠻族出身。

狄奧多西朝家譜（主要人物）

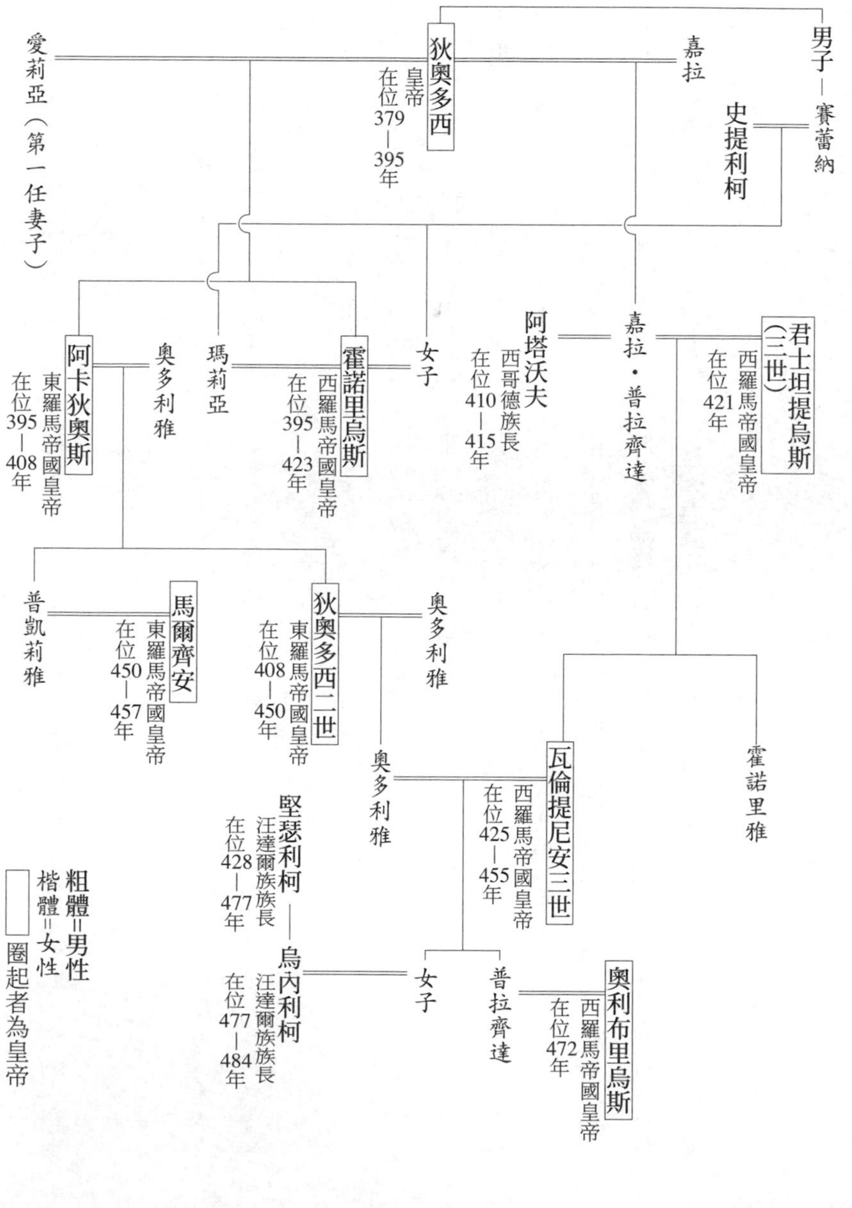

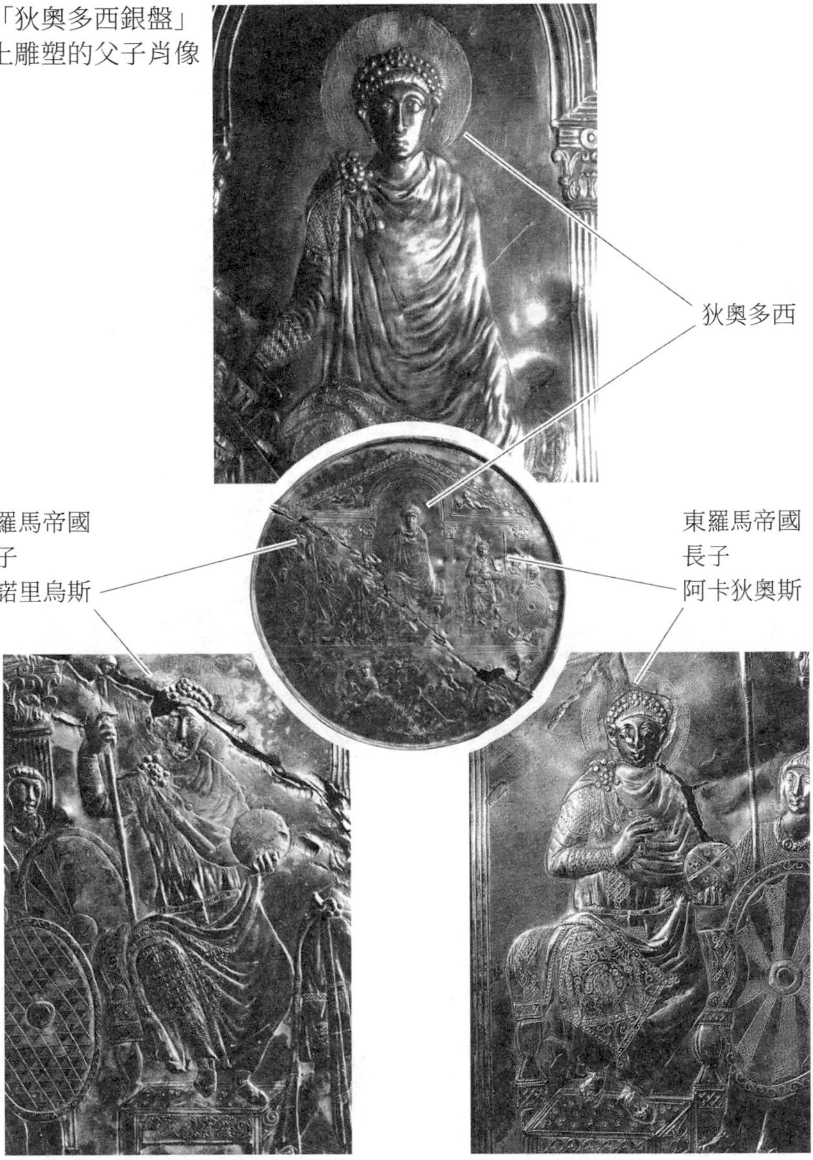

「狄奧多西銀盤」
上雕塑的父子肖像

羅馬人與蠻族

在羅馬帝國的最後一個世紀——西元五世紀之中，無論是否為日耳曼裔，「蠻族」(barbarus) 的重要程度要比以往的時代更加重要。然而總稱為“barbarus”的蠻族又可分成三種。

第一種，是至少從父親一代就在羅馬軍中服役，與羅馬產生關連，並且利用繼承父親的羅馬公民權，以及其所建立的羅馬帝國人脈，而在羅馬帝國內部累積資歷的蠻族出身人員。如果要以今日的「移民第二代」說法來形容，這些人就是蠻族第二代。

第二種，則是居住在出身部族之中，受族長的統領，同時又與羅馬帝國維持「同盟部族」的關係。同盟部族這個名詞，是直接由當時常用的拉丁文名詞“foederatus”翻譯而來的。這種同盟關係的約定之中，羅馬保證於帝國國內提供蠻族居住區域，蠻族則與羅馬軍方共同作戰，擊退其他的入侵蠻族。由於這是一種僱傭關係，因此要由羅馬方面提供酬勞。蠻族方面，則是在獲得居住地與薪資的保障之後，依約不去侵襲掠奪羅馬帝國的其他土地。

在羅馬帝國威震八方的時代裡，由皇帝擔任總指揮的軍隊中一樣看得到受聘服役的蠻族身影。只不過在當時，政府沒有必要向與羅馬官兵共同作戰的蠻族提供集體居住用的土地。而且無論是羅馬人或蠻族，都沒有人認為有必要事前約定蠻族不得侵襲羅馬帝國的其他領土。西元三世紀為止的羅馬與四世紀以後的羅馬，雖然名稱同樣是羅馬帝國，內情卻大有不同。或許我

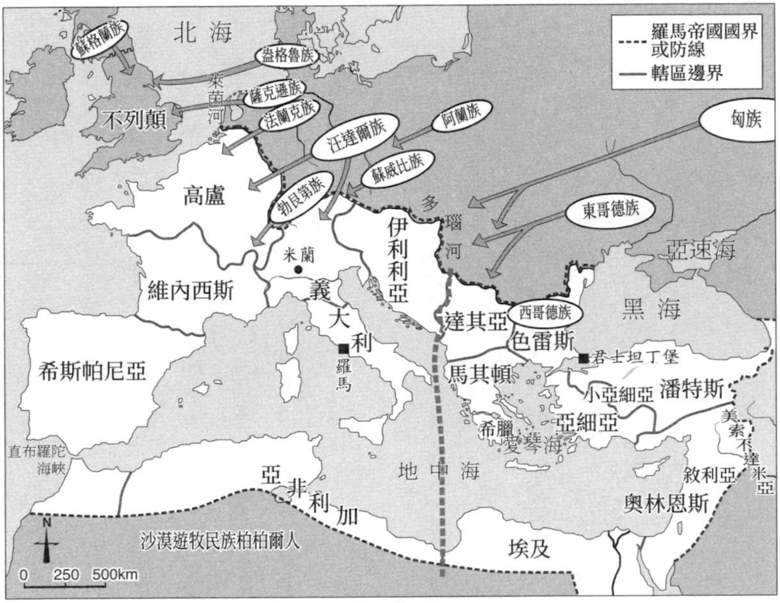

西元四世紀末期的蠻族分布

們可以簡化來說，在西元四世紀之後的羅馬史中，羅馬人與蠻族已經交換攻守主導權了。

至於第三種蠻族，在他們眼中看來羅馬帝國只是個侵襲掠奪的對象，因此雙方關係相當淺薄。在僅有入侵掠奪，帶著財寶俘虜揚長而去的時代裡，羅馬方面還勉強有辦法應付。到如今進入燒殺擄掠後盤據領土的時代，羅馬方面也就窮於因應了。這種蠻族係遭到遠從亞洲西進入侵的匈族推擠遷移，而匈族不但同樣屬於第三種，更屬於非日耳曼裔的類別。

而且到了這個時代，宗教信仰上的差異也就具有重大意義了。

第一種蠻族，絕大多數信仰在君士

坦丁大帝主導的尼西亞公會議中認定為正統，別稱「三位一體派」的基督教天主教派。

相對的，第二種蠻族絕大多數則是基督教亞流教派信徒。可能因為在尼西亞公會議之後，亞流教派的神職人員成為「異端」，不僅宗教活動受到妨礙，更有大量人員遭驅逐出境。而上述現象，則是神職人員於羅馬帝國境外向蠻族熱心傳教的結果。

至於第三種蠻族的宗教信仰，無論是日耳曼裔也好，亞洲裔也好，同樣都屬於「異教」。而且這些人信仰的「異教」，可不是希臘或羅馬人信仰的傳統宗教。日耳曼裔依舊信奉日耳曼人長年信仰的神明。在北方蠻族的「異教」信仰中，至當時還看得到受羅馬人厭惡，早在七百年前就絕跡的活人獻祭。

西元四世紀的蠻族大致可分成上述三種，然而三種蠻族的地位並非一成不變。常有原屬於第二種蠻族的族長，因某些因素感到不滿，搖身一變成了第三種蠻族。而屬於第三種蠻族之中，也有不少部族因為遭到其他勢力推擠無處安身，只好轉型成為第二種蠻族。

亡國，並不是默默過日子的人民，靜靜面對國家末日的現象，而是宛如遭受強風吹襲的波濤，洶湧起伏、劇烈拍打迸出白色泡沫般，社會失去控制互相流動的結果。而羅馬帝國最後的主角之中，不分前述的第一、第二，或第三種人，大多數都有「蠻族」這項共通特色。

史提利柯將軍

史提利柯將軍屬於被人稱為「羅馬化蠻族」的第一種蠻族。他的父親出身於汪達爾族，母親卻是羅馬人。說不定史提利柯的母親出身於“Pax Romana”（羅馬和平）還能發揮功能時，於帝國邊境定居的莊園世家也不一定。畢竟羅馬人自古就不認為與異族通婚有什麼問題。只不過在過去，以圖拉真皇帝為例，混血兒通常是由羅馬官兵與異族女子通婚所生。而到了西元四世紀之後，蠻族男子與羅馬女子的通婚組合卻成為主流。連在婚姻方面，羅馬人也失去主導權。

羅馬帝國是父系社會，即使母親出身蠻族，只要父親是羅馬人，那麼兒女也自然是羅馬人。相對的，若母親是羅馬人但父親出身蠻族，那麼兒女終身將背負「蠻族」身份。儘管史提利柯將軍取了羅馬式姓名，自稱是弗拉維斯·史提利柯，當時只怕沒有人把他當羅馬人看待。例如原為義大利出身的羅馬人，但長年定居巴勒斯坦，留下拉丁文《聖經》等諸多研究著作的聖耶柔米。雖然聖耶柔米沒有把史提利柯視為「蠻族」，但也留下書面稱呼史提利柯為「半蠻族」(semi-barbarus)。順帶一提，這兩個人雖然身處不同領域，但活在同一個時代。

讓人感到諷刺的是，後世的史學家卻把這名“semi-barbarus”形容為「最後一位羅馬人」。在錄用異族時毫不猶豫的朱利斯·凱撒，以及其後的元首政體時代皇帝在天之靈如果得知，不知道會做何感想。也許他們會說，這正適合成為多民族國家羅馬帝國的結局。

話說回來，對於帝國末期的羅馬人來說，史提利柯只不過是個「蠻族」。沒有任何文獻記載他的出身地，只知道他大約出生於西元三六〇年，也無從得知他的父母親叫做什麼名字。目前已知的是，他的父親曾率領騎兵團，當瓦倫士皇帝在世時已經在羅馬軍中服役，以及他的母親是羅馬人。然而，儘管父親不是羅馬軍司令官，母親也並非出身羅馬名家，「半蠻族」史提利柯出人頭地的時期卻挺早。而且他不像大多數與他出身類似的人一樣，在軍團中累積軍功熬出頭；也不是在皇宮內部以行政官僚身份累積經歷。實際上，我們根本無從得知這名「半蠻族」二十三歲之前在哪裡做過些什麼。可以確信的是，他在這段期間內獲得狄奧多西皇帝的賞識。而狄奧多西皇帝長期身在行伍，多的是與麾下武將兒子認識的機會。

這位從姓名就看得出來非羅馬人的汪達爾族青年出現在歷史舞臺時，正值西元三八三年，當時只有二十三歲。我們可在那年前往波斯交涉互不侵犯條約的使節團中，發現這名青年的身影。有些研究人員甚至認為，這應該是狄奧多西皇帝親自選定的人事。不過儘管如此，以他的年齡來說應該無法擔任首席代表。可是最後卻是由這名二十三歲的年輕人，帶領著由年長高官組成的使節團，完成這項困難的交涉工作。

從事外交交涉工作時，必須擁有與對方互相尋求妥協點的彈性，同時還需要堅持底線絕不讓步的毅然態度。自從這場外交工作之後，「彈性」與「毅然」成為當代人提及史提利柯時一定會使用的形容詞。

即使在羅馬帝國問題不多的時代裡，能在小幅度讓步之下，與瀕臨東邊國界的大國波斯取得互不侵犯協議，也是一件可喜可賀的事情。何況這年是負責帝國西方防衛工作的格拉蒂安皇帝遭到殺害的那年。也就是說，整個帝國的防衛工作，頓時全部落在狄奧多西一個人身上。當史提利柯締結條約，回到首都君士坦丁堡述職時，皇帝當然會滿臉喜色的迎接他。

在史提利柯回國述職不久之後，狄奧多西皇帝任命其為「皇帝衛隊隊長」(comes domesticorum)，藉此回報他的功勞。光是這場升遷，已經是相當優渥的待遇，而狄奧多西還更進一步的把史提利柯引進皇室之中。

狄奧多西有個弟弟，在這個弟弟逝世之後留下了一個女兒，名叫賽蕾納。日後皇帝收養了這名姪女，使得賽蕾納能在首都君士坦丁堡的皇宮中，過著有如皇帝獨生女的生活。這時狄奧多西的親生女兒嘉拉·普拉齊達還沒出生。

狄奧多西皇帝將賽蕾納正式收為養女，並把養女嫁給了史提利柯。這名蠻族出身的青年，就這樣成了皇室的一員。在羅馬時代，這種關係就叫做“parens”，是義大利文的“parente”、英文的“parent”的語源。在走入絕對君主政體的羅馬帝國後期裡，成為絕對君主的親戚，已經不僅帶有私人性質，同時也具有公共性質了。

皇帝與這名蠻族出身的青年之間，年紀差距約為十三歲。想必兩人之間的感情不像是父子，而像是伯父與姪子。將收為養女的姪女嫁給史提利柯之後，狄奧多西與史提利柯之間也就真正具有伯姪的關係。而他們除了「血緣」以外，「感情」之間也成了“parens”。這時狄奧多西三十六歲，而史提利柯二十三歲。

至於由皇帝賜給蠻族青年的妻子賽蕾納，她與伯父同樣出身於西班牙，是個身材修長的美人，而且能理智明確表達自己的意見。在東方色彩濃厚的君士坦丁堡皇宮中，是個特異的存在。要說特異，史提利柯在出身中東、埃及、希臘的男子之間想必也顯得特異。史提利柯從父親身上繼承了日耳曼民族高大結實的體格，以及正直的處世態度；同時從母親身上繼承了拉丁民族那種能保持格調又能與任何人坦誠相處的氣質，以及自然又落落大方的姿態。從日後史提利柯與賽蕾納的人生看來，兩人之間似乎有超越政治關係的男女愛情存在。在這場婚姻之中，他們生有兩名女兒與一名兒子。

長子海拉克留斯與狄奧多西皇帝的次子霍諾里烏斯年齡相近，經常以皇子的同學身份一起參加宴席。另外，霍諾里烏斯的母親早逝，也是由史提利柯的妻子賽蕾納代理母職扶養長大的。

史提利柯既然成為皇帝安危的負責人，之後自然狄奧多西走到哪，他就必須跟隨到哪。長期待在身處沙場的狄奧多西身邊，即使史提利柯以往的軍事經驗不夠，如今想必也多的是學習軍事事務的機會了。而且史提利柯積極投入作戰，在討伐殺害格拉蒂安皇帝、盤據高盧的篡位者馬庫希穆斯時，銜命率領一支部隊，並且成為當天獲勝的原動力。這時，史提利柯二十八歲。

後來他在迎擊大舉入侵的西哥德族時，獲得了輝煌戰果，成功擊退敵軍。當時獲勝的功勞也歸在他身上。這時史提利柯已經三十一歲了。

不久之後，狄奧多西升史提利柯為「軍司令官」(magister militum)。在羅馬帝國末期，"magister militum"可說是歷史的主角。這個地位的人不僅要在由兼任最高司令官的皇帝指揮的作戰中負責部份戰區，許多時候，還要擔任皇帝派遣部隊的總指揮。亦即，這是率領上萬人馬的前線軍事領袖地位。對一個剛年滿三十，而且出身蠻族的年輕人來說，這真是破格晉升的好待遇。

晉升速度如此飛快，即使過程係憑藉無可否認的實力，也一定會因此樹敵。在帝國東方首都君士坦丁堡的皇宮裡，已經有許多高官對史提利柯反感。如果要以插圖表示的話，當時的狀況應該如附圖。君士坦丁堡的皇宮深受東方專制君主宮廷影響，在相當於官邸部門中擔任行政工作的官僚，有許多職位由"Eunuchus"(宦官)占據。至於在兼做公邸的皇宮「深宮」，亦即在皇室私用區域工作的人，只要是男性，則幾乎全是"Eunuchus"。

原本擔任行政工作的人，就有看不順眼軍方人員的傾向。尤其對"Eunuchus"來說，這種傾向更加明顯。遭淨身的人只是失去生殖能

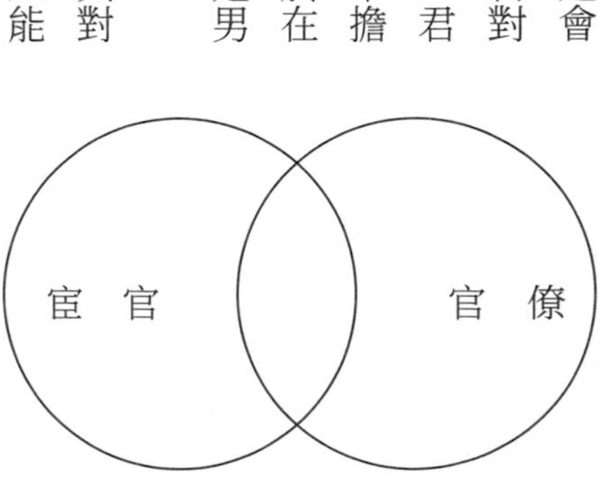

力，不等於有同性戀傾向。對這種人來說，有男子氣魄的男人既是憧憬也是嫉妒的對象。這裡所說的嫉妒，定義為對條件較自己優越的對象抱持仇視心態。

狄奧多西皇帝一來有率軍出征的必要，二來基於個人的性格，因此不會受皇宮內部的陰謀詭計擺布。而史提利柯多半的時間都隨著皇帝遠離君士坦丁堡的皇宮，在外南征北討。不過史提利柯能夠不直接暴露在宮廷人員的反感與嫉妒之下，還是要多虧他身在君士坦丁堡皇宮內的妻子賽蕾納。因為賽蕾納利用皇帝養女以及皇位繼承人乳母的身份，為史提利柯豎立擋箭牌。

監護人

十二年過去，到了對史提利柯而言將決定命運的年份——西元三九五年。

狄奧多西皇帝似乎一抵達冬令營區就知道自己大限將至。他在營區內發布的第一項措施，就是將史提利柯升遷為「軍總司令官」(magister utriusque militiae)。「軍司令官」還有一定的人數，然而包括在波斯國界附近擔任帝國東方防衛責任的將領在內，整個羅馬帝國只有兩名「軍總司令官」。另外，狄奧多西將他留下的兩個兒子，以及兩個兒子要背負的羅馬帝國，託付給將滿三十五歲的「半蠻族」。

這兩項措施，都由狄奧多西在臨終前，對著病床周圍的高官將領直接發布。一來是為了向群臣明示這是正式的政策以及遺言，再者是為了讓將領與高官對託付給史提利柯的遺言作證。

狄奧多西應該是真心信任與仰賴史提利柯。但在同時，狄奧多西也有他的打算。那就是無論史提利柯多講信義又有才幹，蠻族出身的條件只怕會讓他終生無法覬覦羅馬帝國的皇位。

在當時，確實有蠻族出身但在羅馬軍中晉升的武將謀反，殺害在上位的皇帝。但在這種情況下當事人通常會躲到幕後，而改由「羅馬人」登上皇位。這是因為在當時，一般大眾還是不能接受由「蠻族」成為名副其實的最高權位者。在這種情況之下，史提利柯是託付兩名皇子的最佳人選。

當西元三九五年一月十七日狄奧多西逝世之後，受託後事的史提利柯正指揮著羅馬軍中最精銳、數量也最多的部隊。當狄奧多西皇帝決心整編部隊，用於掃蕩帝國西側的敵人時，除了原本駐紮西方的部隊之外，由於當時與波斯關係良好，因此又從帝國東方駐軍中挑選精兵參戰。而史提利柯就任「軍總司令官」之後，也就直接接收了這些部隊。

換句話說，西元三九五年時，全羅馬帝國最精良的部隊正掌握在史提利柯手中。而身為這些部隊最高司令官的兩名皇帝，分別是十八歲與十歲。史提利柯如果有那個意願，大可把兩名少年踢下寶座自己登上皇位。至少如果想拿下由十歲皇帝繼承的帝國西側，那可說是十拿九穩。這年史提利柯三十五歲，妻子是前任皇帝的養女賽蕾納，亦即他擁有在這種局面下有效的王牌。可是史提利柯不但沒有這樣做，甚至沒做出觀望局面的小動作。

這種男子，絕對無法避免遇上對其地位與權力感到不滿的敵人。不過相對的是，往往也容易獲得崇敬。因為史提利柯正是典型會讓男人為其著迷的男子。當時為史提利柯深深著迷的，是埃及出身的詩人克勞狄亞努斯。

「現場證人」

在現代，大多數人一聽到「詩」(poema)，就會認定這是主觀表述作者感動或情緒的韻文文學作品，亦即所謂的抒情詩。而「詩人」(poeta)就是按照韻腳寫作抒情詩的人了。其實「詩」原本是由抒情詩、敘事詩、戲劇詩三種大類構成的文學形式，不是只有抒情詩才叫做詩。在古代，於劇場上演的悲劇、喜劇也被視為「詩」的正統領域之一。所以說，詩人可以形容是選擇以文章作為表現方式的人。克勞狄亞努斯雖然出身於埃及，但他所熱愛的卻都是敘事詩人，例如希臘的荷馬以及羅馬的維吉爾。

克勞狄亞努斯的生年不得而知，不過創作活動集中於西元三九五年至四〇四年之間，由此可推斷他應該與史提利柯年齡相近，或者處於狄奧多西和史提利柯之間。他的作品幾乎全在敘述史提利柯的故事。而從字裡行間來看，不像是年紀較輕的人敘述年長者的文章。此外，也不像宮廷詩人向主人獻媚的作品。對這名詩人來說，史提利柯是否出身北方蠻族都無所謂，一樣是救國的英雄。對出身埃及，卻深信自己是羅馬帝國公民的克勞狄亞努斯來說，史提利柯是保家衛國的「羅馬帝國的最後一面盾牌」。

有人表示，這是對史提利柯著迷之人寫下的資料，缺乏客觀性。這確實有點道理。不過若不是這名詩人留下記錄，那麼史提利柯最後不僅要以亂臣身份蒙冤而死，連在歷史上的評價都要靠反對者的說法定調。克勞狄亞努斯的著作發揮了中和效益，使得後世得以獲得雙方留下的訊息。畢竟這名詩人在西元三九五年到四〇四年這九年之間，一直待在史提利柯身邊，為這名蠻族出身的將軍行止做現場證人。

狄奧多西皇帝逝世時身在米蘭。這是因為西元四世紀的皇帝，把羅馬帝國西方的根據地從羅馬遷移到米蘭。遷移的理由有兩點。

第一點，若要率軍趕往飽受蠻族侵襲的萊茵河及多瑙河中上游帝國防線，那麼比起位於南義大利的羅馬，身在位於北義大利的米蘭要有利得多。

第二點，西元四世紀之後的羅馬皇帝已經是基督教徒。對這些人來說，羅馬的異教色彩太過濃厚。

這些皇帝全部生長於帝國的「地方」。這個時代的倫敦、巴黎、維也納、貝爾格萊德等都市，在後世雖然發展成一國首都或主要都市，然而在羅馬時代卻只是行省的地方都市。筆者時常想，不知道這些都市的人造訪羅馬時，心底會有什麼樣的感慨。

在現代，學者會在這些都市中細心的挖掘保存遺蹟。然而每當觀看羅馬時代的遺蹟時，筆者都會感受到「世界首都」羅馬與帝國行省都市之間，都市規模與水準實在有明顯差異。若要以美國人來比方的話，或許就好像蒙大拿或俄亥俄州鄉村出身的人，第一次看到紐約時的感受。

亦即，即使人們在成為基督徒之後，大可厭惡甚至忽視羅馬市——也就是基督徒過去的敵人——可是偏偏卻辦不到。儘管羅馬實質上已經不是首都，依舊具有壓倒性的存在感。到了帝國末期，維修整建工作早已成為過去。在與過往一樣強烈的陽光之下，羅馬的外觀或許不再像過去一樣壯麗。不過在建設初期羅馬人就秉持著固有的觀念，一旦決心要修建，施工、設計就一定會講究到底。即使到了帝國末期，羅馬還是個充滿威儀的異教文明都市。當西元四世紀中葉君士坦丁皇帝造訪羅馬時，也被它震懾得無話可說。想必其他的基督教徒皇帝，也會覺得受到羅馬文明震懾。對於身為基督教徒的羅馬皇帝來說，除了舉辦非基督教風格的凱旋儀式以外，實在沒有必要前往羅馬。

與羅馬相反的，北義大利的都市米蘭不會產生這種壓迫感。一方面在帝國末期，米蘭在精明的領袖米蘭主教安布洛修斯管轄下，已經成為狂熱的基督教都市。對於身為基督教徒的皇帝來說，米蘭會比羅馬顯得親近。

在父親逝世之後，十歲的霍諾里烏斯即位成為皇帝，而他的皇宮就位於米蘭。史提利柯成為少年皇帝的監護人之後，根據地自然也在米蘭。而他的妻子賽蕾納也在這個時期離開君士坦丁堡，遷居至此。這也就代表在羅馬帝國東方首都君士坦丁堡中，已經沒有人能抑制反史提利柯派的動向。君士坦丁堡皇宮失去了狄奧多西皇帝這個重心，十八歲的新任皇帝又不關心國事，整個權力中心落入官僚出身的宰相魯菲努斯手中。

西哥德族

對伺機入侵的人來說，有實力的皇帝剛過世，沒有政績的新皇帝剛接任的時期，正是天大的好機會。西元三九五年春季，前任皇帝逝世還不滿三個月，西哥德族已經展開行動。

在西元四世紀之後，哥德族便時常入侵羅馬帝國領土。而在這個世紀末，哥德又分裂為西哥德 (Visgoto) 與東哥德 (Ostrogoto)，由不同的領袖統率。當西哥德成為羅馬帝國的「同盟部族」(foederatus) 之後，率領西哥德族的，是曾在羅馬軍中服役的阿拉里克。原本照理來說，有同盟關係的人應該不會入侵才對。然而就是因為會在自己不如意時輕易撕毀條約，所以才叫做蠻族。他們覺得與其在被指定為居住區的色雷斯地區耕作，還不如四處掠奪發財來得好。阿拉里克這人，可用狡詐一詞來形容。他避開了由史提利柯率領的羅馬軍主力所在的西方，把目標集中在因西派精兵而失去防衛能力的東方。西哥德族沿著多瑙河下游離開色雷斯北部，開始大舉南下入侵。

這場浩劫如雪崩或海嘯般，城池碉堡連準備迎擊的機會都沒有，便遭暴力沖倒。在歷史研究人員中，有人主張這不是蠻族入侵而是民族大遷徙。但如此殘暴的行動真的能稱為「遷徙」嗎？

蠻族少有僅由戰鬥人員入侵的行動。絕大多數的狀況下，是整個部族攜家帶眷的入侵。這是蠻族與僅由戰鬥人員迎擊的羅馬方面的差異。當然，在戰場上相遇時還是僅由男子戰鬥，家眷則是在戰場後方將貨車排成圓陣等待。

不過，家眷只有兩軍對陣會戰時會等在戰場後方。一旦會戰獲勝，或者直接展開襲擊時，老弱婦孺照樣會積極參與燒殺擄掠的行動。也許讀者會認為，既然是由弱者從事，那麼燒殺擄掠的人員、金錢受害也就不高，但實際上卻不是如此。在某些時候，婦孺會比男子更加殘暴。而且官兵必須服從指揮官的命令，只要指揮官有這個意願，大可管制官兵的行動，可是婦孺才不理會這一套。即使由族長親自統率，一樣難以抑制這些人的殘暴行為。

話說回來，既然隊伍中包含婦孺，當羅馬軍迎擊後，犧牲人員中的婦孺比例勢必也會隨之攀升。只不過，唯有文明國家才會關切人員的傷亡。未開化民族往往對這種事情毫不在意。這是「蠻族」的特質之一，也是他們的強處之一。簡單來說，羅馬帝國末期的「民族大遷徙」，就是在這種人手底下，以這種方式進行的。

儘管整個部族攜家帶眷，阿拉里克率領的西哥德族南下的速度還算是迅速。這是因為他們認為沿路可以搶奪必需品，所以沒有攜帶家當或牲畜。沒花多久時間，相當於現代保加利亞的色雷斯、達其亞地區慘遭蹂躪，連今日土耳其西側的重要都市艾迪魯內都跟著淪陷。這座都市修建於羅馬時代，以當時的皇帝名諱命名為哈德良堡。若走上古代的「高速公路」羅馬大道的話，這座都市與君士坦丁堡的距離還不到兩百公里。也就是說，通往羅馬帝國東方首都的路，已經敞開在西哥德族面前。

在同一時期的帝國西方，史提利柯為了避免蠻族利用新舊任皇帝交替的時期入侵，正在萊茵河上游地區整頓防衛體制。他在當地聽聞巴爾幹地區的關鍵都市哈德良堡落入西哥德族手中後，馬上將手邊的部隊一分為二。一部份繼續整頓高盧地區的防衛體系，自己則率領由狄奧多西從東方帶來的官兵趕往巴爾幹。

史提利柯是由狄奧多西任命的「軍總司令官」。這名三十五歲的武將認為，無論是帝國的西方或東方，他都必須擔負防衛職責，更何況是緊臨西方的巴爾幹地區。因此，即使身在君士坦丁堡的阿卡狄奧斯皇帝沒有下令進軍，責任感依舊會驅使他率軍趕往巴爾幹。

史提利柯之前見過阿拉里克。這並非因為史提利柯帶有汪達爾族血統，而阿拉里克出身於西哥德族。而是因為阿拉里克曾率領西哥德族男子加入「同盟部族」，在狄奧多西皇帝下服役。這名西哥德族首領生年不詳，不過若從過世的年份倒推來看，他的年紀應該與史提利柯相近。

在這年的夏初，兩名男子在亞德里亞海濱的薩羅那耶附近的平原上正面對決。史提利柯始終保持優勢，最後也獲得勝利。阿拉里克在戰場上留下三千多名死者，逃入了山區。

史提利柯決心在第二場戰鬥中追擊、包圍敵軍。不過，他手邊的兵力不足以執行戰略，必須等待事前下達命令的部隊到達萊茵河畔。而支援部隊，要到盛夏時期才能到達目的地。

可是意料之外的事情發生了。這時從高盧趕來的支援部隊已經到達，在適當的休息之後，正準備發起第二次戰鬥。由於從高盧前來的支援部隊係經由海路移動，因此部隊正集結於希臘東北部的海港都市帖撒羅尼迦。而史提利柯就在這時候接到皇帝下的命令。根據詩人克勞狄亞努斯記載，當天的情形是這樣的：

「騎兵拉著韁繩抑制住浮躁的戰馬、喇叭手做最後保養以便讓號角響徹戰場，眾人等著總司令官下達出師令。這時帶著皇帝命令的使者衝進營區。史提利柯隨即閱讀皇帝下達的命令書，並為此發愣了一會。無法抑制的憤怒從他口中衝了出來。『那膽小的蠢貨幹的好事！』即使他不明說，眾人也知道指的是誰。那就是以輔佐皇帝為名義掌權的宰相魯菲努斯。當史提利柯回到陣營的宮殿之後，表情因爆發憤怒後感到的屈辱而扭曲。」

阿卡狄奧斯皇帝的命令書中，要求史提利柯把狄奧多西皇帝從東方選拔的部隊全數送回君士坦丁堡，軍總司令官史提利柯則率領西方部隊向西折返。

史提利柯躲進宮殿中不接見任何人，讓副官通知已經做好出擊準備的官兵取消作戰。不久後他傳喚蓋納斯將軍入內報到。蓋納斯出身於哥德族，但長年在羅馬軍中服役，而且升遷全憑藉個人的才幹。史提利柯命令蓋納斯指揮要送往君士坦丁堡的部隊。

當部隊在做好出擊準備後，突然接獲終止命令，並受命返回個別的基地時，無法馬上轉向直接出發。畢竟部隊的兵力數以萬計，而且軍隊有一項特色是，如果不能凡事自給自足，組織就無法在軍事方面發揮十全的力量。行軍時不能只帶著戰鬥人員出發，附屬於部隊的各單位也必須做好行軍的準備。

這項準備工作，不知道要耗費多少時間。已知的是，到了冬天，史提利柯才從陸路率軍進入義大利。而由蓋納斯率領，向東行軍的部隊，要到十一月底才到達君士坦丁堡郊區。

身兼軍方最高司令官的皇帝，有義務迎接歸建的官兵。西元三九五年十一月二十七日，阿卡狄奧斯皇帝在距離君士坦丁堡市區一羅馬哩（約一．五公里）的練兵場舉行歸建官兵的閱兵典禮。這天宰相魯菲努斯當然也在場。在指揮官蓋納斯的口令下，閱兵典禮就在滿臉對國事不在乎的十八歲皇帝面前舉行。

當典禮進行到一半，列隊在皇帝面前行進的部份官兵突然脫隊，衝向站在皇帝右方的魯菲努斯。手起刀落，事情在眾人連喊都來不及喊叫的短時間內就結束了。在君士坦丁堡玩弄權勢的魯菲努斯，就這樣倒臥在滿臉蒼白兩腿發抖的皇帝腳邊的血泊裡。

東羅馬帝國一人之下萬人之上的權貴遭到殺害，卻沒有因此產生混亂。這是因為皇宮侍從長奧脫洛派阿斯馬上取代了他的位置。而這名宦官很快的收拾了殘局。

下手殺害魯菲努斯的官兵中，沒有任何人遭受處分。這是因為遭到殺害的魯菲努斯生前在皇宮內外到處樹敵的關係。

皇宮內的敵人，包括皇妃、與皇妃合作的侍從長奧脫洛派阿斯，及其下的宦官。皇宮外的敵人，則是為嚴格徵收的重稅感到絕望，一旦抗議就會遭軍隊鎮壓的平民百姓。簡單來說，魯菲努斯遭到殺害後，沒有人會對此感到悲傷惋惜。我們不知史提利柯是否與此次的刺殺案件有關連。在後世的史學家中，多數認為史提利柯應該有涉案。

可是在羅馬帝國內部發生這些事情後，原本於夏季戰敗躲入山區的阿拉里克，也就充分獲得了重整旗鼓所需的時間。

阿拉里克

次年，西元三九六年春季，由阿拉里克率領的西哥德族再度開始進軍。當史提利柯率軍向西轉進後，巴爾幹地區已經沒有障礙物了。在君士坦丁堡內，還有由蓋納斯指揮的東方軍。阿拉里克雖不畏懼正面衝突，但也不希望進行曠日費時的大城市圍城戰。

於是，蠻族的侵襲由北向南席捲了整個希臘地區。掃蕩完馬其頓之後，西哥德族進入亞該亞地區，攻陷了雅典與科林斯。因哈德良皇帝、馬庫斯．奧理略皇帝曾參加祕密儀式而聞名的埃留西斯也遭到掠奪。蠻族的腳步甚至踏進了伯羅奔尼撒半島最大的都市亞高斯。

同樣位於伯羅奔尼撒半島，但以堅毅剛直聞名，向來與發財無緣的斯巴達，也無法躲過蠻族的蹂躪，因為蠻族帶走了大量以青年和兒童為主的俘虜。富裕的人在遭到威脅之後大可把隱藏的金銀財寶拿出來消災。至於生活不那麼富裕的階層，若要避免親人被賣為奴隸，自然也會想方設法去籌措贖身費。而父母湊不出贖身費的人，只好淪為奴隸了。

在這一整年中，由阿拉里克率領的西哥德族橫行在整個希臘地區，做盡了各種野蠻行為。君士坦丁堡皇宮知道局勢如何但不願提出任何對策。阿卡狄奧斯皇帝給蓋納斯將軍的唯一一道命令，就是加強首都的防衛體制。

既然現狀如此，任何人當然都會想徹底利用局勢。如果阿拉里克有那個意願的話，只怕早就能拿下整個希臘中南部吧。只不過，希臘這一帶是缺乏耕地的山區，也因此希臘人自古就往貿易與海外遷徙發展。哥德族是住在多瑙河北岸的民族，對他們來說沒有人員物資可以搶奪的地方等於廢物。到了西元三九七年春季後，由阿拉里克率領的西哥德族為尋求能劫掠的對象，又開始往北方行進。

刻在印章上的阿拉里克肖像（因為是印章所以左右相反）

他們往北行進的速度，只怕要比如洪水般往南席捲時慢上許多。因為他們要帶著搶奪來的財寶與俘虜。儘管如此，移動過程依舊沒有半點和平，希臘的西岸地區讓他們從南至北踐踏了一回。

不知道是否接到阿卡狄奧斯皇帝下令或要求，史提利柯總算開始出兵了。由他率領的軍隊開始前往希臘。首先由義大利半島靠亞德里亞海濱的港口出海，由亞德里亞海南下進入愛奧尼亞海，在希臘西北部上岸。部隊登陸之後，正好阻擋在朝北行進的西哥德族面前。

不過在登陸之後，並未立即展開戰鬥。化身為工兵的士兵開始製作綿長的柵欄，準備將包括婦孺在內的西哥德族趕進柵欄內。這回史提利柯打算將敵軍一舉消滅。而根據筆者的想像，可能當時打算等待由蓋納斯將軍率領的東羅馬帝國軍隊到達後，才展開作戰。如果能從北方與東方雙面夾擊，的確很有可能對西哥德族造成毀滅性的打擊。

無論共和時期或帝政時期，羅馬軍向來喜好一次投入大軍早日結束戰役的作法。他們不在乎外人批評他們以多欺少。在西元一世紀的猶太戰役最後，躲在馬薩達要塞堅決不願投降的猶太人僅有五百人左右。馬薩達要塞位於峭壁頂端，地形易守難攻，羅馬方面為了擊倒五百名守軍，一次派出了六千名兵力。

羅馬人非常厭惡逐次投入兵力，亦即分批派遣部隊的方法。因為這種方法會造成長期戰鬥，連帶付出原本沒有必要的犧牲。不過隨著帝國的衰退，這種想法也等比例的漸漸消失。西元三九七年春季，君士坦丁堡的軍隊到最後都沒有出現在戰場上。

據說在西元四世紀初期的戴克里先時代，羅馬帝國整體兵力高達六十萬人。不過百年來兵力逐漸衰退，有些研究人員認為，到帝國最後一個世紀五世紀時，兵力可能只剩下三分之一，甚至四分之一。如果這是事實的話，軍總司令官史提利柯能動用的兵力，也頂多一萬到兩萬人。這只相當於元首政體時代的一個軍團，由軍團長階層負責指揮，戰力絕對不足以包圍殲滅西哥德族。

最後，史提利柯只好僅依靠由義大利帶來的兵力與阿拉里克對決。不過一旦開戰，獲勝的依舊是史提利柯。阿拉里克戰敗之後，只好又放棄掠奪來的財寶和俘虜躲入山區。

可是君士坦丁堡方面卻開始責難史提利柯。他們認為史提利柯出身蠻族，阿拉里克也是蠻族領袖，史提利柯在與蠻族作戰時特別手下留情。君士坦丁堡元老院會議中，甚至有人提議把史提利柯認定為「國家公敵」。可能史提利柯也因此感到厭惡，隨即停止追擊，率軍直接返回義大利。這使得阿拉里克又獲得了東山再起的好機會。

阿拉里克率領的西哥德族盤據的地帶，轉移到了希臘西北部一帶。也許有人認為，遠在希臘東邊角落上的君士坦丁堡會因而安全，但實際上卻不是如此。因為橫跨希臘地區北部的艾格那提亞大道，可直達原名拜占庭的君士坦丁堡。東羅馬帝國的首都，依舊籠罩在對大道另一頭的西哥德族的恐懼下，人們恐懼得無法安眠。

君士坦丁堡皇宮的主導權，不在身為皇帝的阿卡狄奧斯手上。整個皇宮掌握在法蘭克族將領的

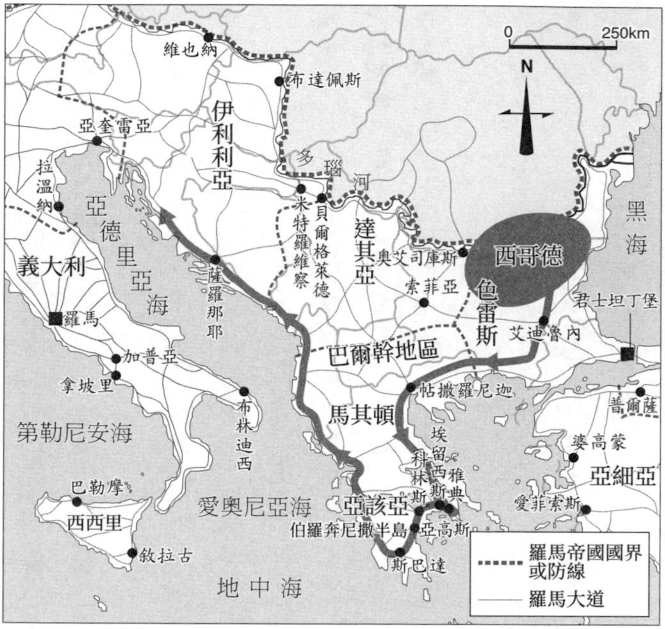

阿拉里克與西哥德族入侵巴爾幹地區的路線

女兒，現任皇妃奧多利雅，以及積極協助她攀上皇妃寶座的宦官奧脫洛派阿斯兩人手上。這兩個人在協商如何去除阿拉里克的威脅後，想出了一個辦法。而當時二十一歲的皇帝只負責在文件上簽名。

於是，西哥德族長阿拉里克，就這樣正式獲派為羅馬帝國的「軍司令官」。而且職銜還是「伊利利亞地區軍司令官」(magister militum per Illyricum)。「伊利利亞」是北起多瑙河，南至亞德里亞海的廣大區域。到西元二世紀為止，這裡被區分為「近旁諾尼亞」、「遠旁諾尼亞」、「諾里肯」、「達爾馬提亞」四個行省。往年的羅馬極為重視多瑙河中游防線，使得防線被人稱為羅馬帝國國防能力檢測儀器。而固若金湯的多瑙河防線所保護的也就是這塊地方。從羅馬軍團基地都市化的維德波納（今日的維也納）、阿克因肯（今日的布達佩斯）、辛基多努姆（今日的貝爾格萊德）都面臨多瑙河，監視著河流對岸的蠻族。

到了西元四世紀末期，昨天還在燒殺擄掠帝國人民與城鎮的人，竟然能在對帝國國防來說極為重要的地區擔任軍總司令官。而且一旦族長獲得官方地位，旗下的部族自然也就成為「同盟部族」。這下子他們可就省了襲擊與搶奪的工夫。因為只要發道命令，想要的東西隨時都可以到手。兒子遭到殺害的父親也好，妻子慘遭強暴的丈夫也好，如今都有義務服從「軍司令官」阿拉里克的命令。因為這是皇上的旨意！

阿拉里克的待遇並非特例。只不過在以往的例子中，是羅馬方面戰勝之後，向走投無路的蠻族提出結盟並提供兵力的要求。這種案例中的「軍司令官」任命，是與「同盟部族」協定配套的。阿拉里克的案例特色在於，他把羅馬帝國會屈服在威脅下的事實，公開在陽光之下。這個風氣會不會波及其他蠻族首領，也只是時間的問題了。

羅馬帝國如今不僅暴露在蠻族的侵襲之下，還要暴露在蠻族的威脅之下了。

此外，阿拉里克就任「伊利利亞地區軍司令官」之後，西羅馬帝國還要多面臨一項問題。在許多歷史書上刊登東西分裂後的羅馬帝國地圖中，「伊利利亞」(Illyricum) 地區明顯屬於西羅馬帝國。不過這是在東羅馬帝國與西羅馬帝國明確分裂之後的狀態。在狄奧多西皇帝逝世不到三年的這個時期中，東西界線還沒劃分得這樣清楚。狄奧多西只是讓長子擔負東方，次子擔負西方的統治職責而已。狄奧多西遺言的含意，是希望兄弟兩人能同心協力統治帝國。因此他認為，東羅馬帝國與西羅馬帝國的邊界，沒有劃分清楚的必要。

在擔任西方統治工作的格拉蒂安皇帝身故後，狄奧多西一個人承擔了帝國東西兩方統治與防衛工作，期間長達十二年。再加上他是西班牙出身的拉丁裔羅馬人，觀念中沒有當時希臘裔羅馬人常見的，輕視西方的傾向。因此他也不可能推動歷任羅馬皇帝想都沒想過，更不可能施行的東西分裂政策。不光是元首政體時代的奧古斯都、圖拉真、哈德良，即使是在衰退期的皇帝戴克里先，乃至於君士坦丁大帝，也只讓別人來分擔國防工作，沒有將國土分封給別人。

羅馬帝國最後一位親自率軍的皇帝狄奧多西，當然不會打破羅馬皇帝的傳統。只不過在他身故後，羅馬帝國最後分裂了。其起因主要是東方想與西方分離的想法成為主流。這時期正好與東羅馬帝國政府中樞——君士坦丁堡皇宮掌權的人，從拉丁裔羅馬人替換成希臘裔羅馬人的時期一致。

阿拉里克的「軍司令官」人事案，也就是在君士坦丁堡內漸漸形成主流風氣的具體例子。這樁人事案的真正目的，是要把在自家院子裡的不速之客扔出去。至於不速之客最後跑到哪個鄰居院子裡搗亂，那就管不著了。

不過，即使狄奧多西沒有明確標示界線，光從地圖上就看得出來：同屬多瑙河流域的達其亞、色雷斯屬於東方，相反的伊利利亞則屬於西方。多瑙河是帝國最重要的一道防線，而從上游與中游沿岸前線起始的大道，絕大多數朝向義大利本國，亦即往西前進。相對的，由多瑙河下游前線起始的大道，則是朝向君士坦丁堡，亦即往東行。

這是在君士坦丁大帝建設君士坦丁堡之前就有的現象。歷任皇帝從敘利亞的安提阿前往義大利的羅馬時，常常先到多瑙河沿岸的防線上視察，之後才轉向義大利。當然，東方的敘利亞行省與義大利本國之間，海路陸路向來暢通無阻。所以由東方先轉往多瑙河，其後才轉向義大利的途徑，照理說應該是基於軍事需求。因為唯有皇帝會為了軍事上的理由繞道，商人與行政官可沒這個必要。

基於上述原由，起始自多瑙河沿岸的羅馬大道，大致可分成往東南與往西兩種。而伊利利亞起始的大道，絕大多數都朝向西方。昨天還在橫行霸道的阿拉里克，今天卻成了「伊利利亞」地方的軍司令官，西羅馬帝國當然會因此感到心慌意亂。

以現代的觀點，無法理解古代的羅馬世界。伊利利亞地方相當於現代的「中歐」區南半部，而義大利則屬於南歐。然而古代的羅馬世界不僅包括中歐南半部，甚至包括東歐、西歐、中東以及北非。而且從伊利利亞地區北部的維也納到義大利半島東北入口亞奎雷亞的距離，與亞奎雷亞到羅馬的距離相等。再加上伊利利亞地區南邊面臨亞德里亞海，亞德里亞海到義大利之間

里加
莫斯科
維爾鈕斯
明斯克
華沙
基輔
布拉迪斯拉瓦
布達佩斯
基西內夫
多瑙河
布加勒斯特
貝爾格萊德
達其亞
索菲亞
色雷斯
艾迪魯內
巴爾幹地區
帖撒羅尼迦
馬其頓
布林迪西
雅典
亞該亞
斯巴達
愛奧尼亞海
中
海
克里特
伊斯坦堡
（君士坦丁堡）
黑海
潘特斯
安卡拉
小亞細亞
亞細亞
愛菲索斯
塔耳索斯
羅德斯
塞浦路斯
奧林恩斯
敘利亞
貝魯特
巴勒斯坦
耶路撒冷
尼羅河
亞歷山大
開羅
阿卡巴
昔蘭尼加
埃及
裏海
提弗利司
巴庫
葉勒凡
波斯薩珊王朝
美索不達米亞
底格里斯河
巴格達
幼發拉底河
東羅馬帝國

西元五世紀初期的羅馬帝國

的海域，連現代的偷渡客都能乘坐橡皮艇輕易渡過，整個航程只需一天。如果要想像古代的羅馬世界，也許用今日偷渡客的角度反而易於理解。

可以確定的是，這個時期的東羅馬帝國，對西羅馬帝國的國防狀況感想是「與我何干」。也因此才會不負責任又惡毒地，把無論從地勢或國防觀點來看都歸屬於西羅馬帝國的伊利利亞地方送給蠻族。

羅馬帝國的東西分裂，是由東方主動著手。或許對於以希臘人為主軸進行基督教國家化的東羅馬帝國來說，當時的西羅馬帝國雖說是拉丁人的基督教帝國，卻依然保留了太多異教時期的羅馬色彩，實在看來不像與自己同性質。這也使得羅馬世界走上東西分裂的路。

不過，希望各位讀者記得這一點。羅馬世界即使東西分裂了，但還沒南北分裂。這也是另一項如果以現代觀點來看的話，無法理解的古羅馬特質之一。而且同樣的，如果能以偷渡客的眼光來看的話，反而比較容易理解。這樣才能理解當阿拉里克率領的西哥德族盤據了亞德里亞海對岸，今日的克羅埃西亞共和國一帶之後，實質統領西羅馬帝國的史提利柯為何要暫時不管阿拉里克，認真因應情勢劇變的北非問題。

地中海是「內海」的時代

西元前二世紀，羅馬人擊倒迦太基將霸權擴展到北非時，當時除戰敗者迦太基人以外，尚有許多居民存在。其中一個民族是主要居住於現今摩洛哥一帶的摩爾人。因為羅馬人把當地的茅利塔尼亞人稱作「茅祿斯」，所以這地方在羅馬時代也就叫做「茅利塔尼亞」。後來拉丁文的茅祿斯，又轉音成了摩爾、摩洛等名詞。莎士比亞的悲劇以及威爾第的歌劇「奧泰羅」，主角就是摩爾人。

雖然同為北非民族，摩爾人的體格不像沙漠遊牧民族柏柏爾人那般粗獷，膚色也較為明亮。由於他們屬於通商民族，無論在海上或陸地都顯得積極活躍。

雖然羅馬人身為征服者，但帝國的基本政策卻是讓戰敗者成為命運共同體，亦即羅馬人口中「家族」的一員。羅馬人觀念中的「帝國」原本就是個多人種、多民族、多文化、多宗教的國家，因此「共存」對他們來說，是再基本不過的觀念。從羅馬人的眼光來看，既然羅馬社會能吸收惡鬥百年的迦太基人，那把摩爾人納入自己的社會裡也是理所當然的事情。

古代的北非也是良馬產地，因此在羅馬軍中參戰的「茅祿斯」也多半是騎兵。其中最有名的人物，是在圖拉真皇帝率領的達其亞戰役中的功臣盧西厄·克伊耶圖斯。這人在獲選為執政官之後換了羅馬式的姓名，不過他其實是個土生土長的摩爾人。在如今依舊聳立於羅馬市區內的「圖拉真圓柱」上，以浮雕方式「敘述」的就是當年達其亞戰役的過程。而在圓柱上雕塑的各個戰役場面中，盧西厄·克伊耶圖斯出場機會僅次於圖拉真皇帝。因為當初就是這名摩爾人，率領著茅利塔尼亞出身的騎兵作戰。

在羅馬的威風能遍布整個帝國疆域的元首政體時代裡，帝國內的其他民族能接受與羅馬人共存的生活。從除了猶太人以外，幾乎沒有發生過叛亂案例來看，就可證明共存路線還能發揮功能。不過反過來說，這也代表如果共存不能帶來利益的話，局面就會朝向背叛的方向發展了。儘管北非地區接受「共存」的期間已經超過五百年。不過從人情的角度來看，一旦知道列車失控，即使是「家族」的一員，也會想要自己跳車逃生。

以羅馬帝國來說，國家能否發揮功能，會在「行省」中顯露無遺。羅馬帝國的歷任皇帝多半受頒過「國父」的尊稱，亦即皇帝也就是羅馬帝國這個「大家庭」的「大家長」。與純由血親組成的家庭不同的是，多民族國家羅馬帝國的家長，可不是成天坐著就可以負責的。

筆者把在第IX冊《賢君的世紀》中出場的圖拉真皇帝，形容為親自回覆每個員工寄來的E-mail的總裁。這名皇帝不僅閱讀統治行省的總督送來的報告書，更不惜花費時間，嚴肅且正確的回覆總督送來的各種請示事項。

同一冊中出場的哈德良皇帝更是不等待總督的報告，直接前往各行省，在現場直接解決行省的各種問題。筆者認為這個人，就好像是在任期內前往世界各地分公司視察的跨國企業總裁。不過這也是受託代行強大權力之人應負的職責。元首政體時期的皇帝中，除了少數例外以外，每個皇帝都對職責抱有共同的想法。

不過這種「大家長」在二世紀末之後銷聲匿跡。經歷三世紀的蠻族大入侵，以及由基督教改變共同體（亦即「大家庭」意義）的四世紀之後，「大家長」再也沒有餘裕把眼光遍及整個家庭了。行省總督就好似斷了線的風箏。而北非地區，就是弊害比其他地方明顯的地區。

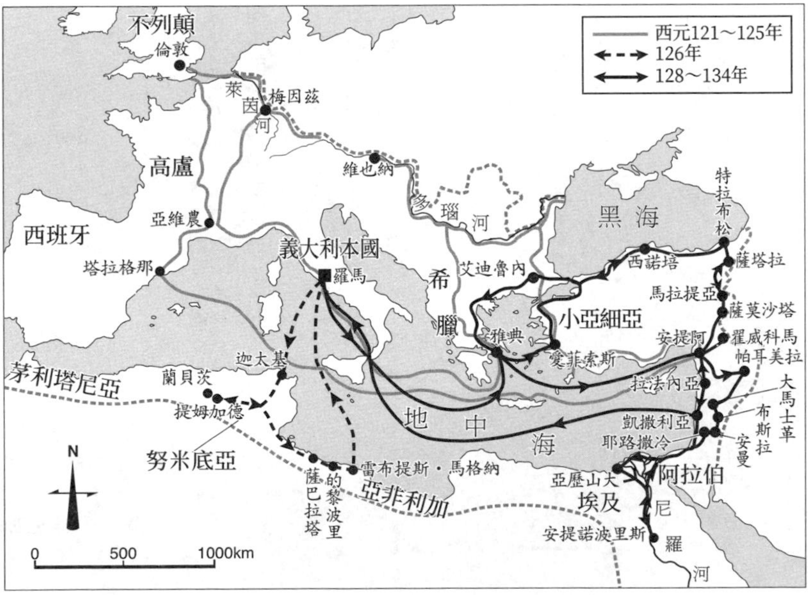

哈德良皇帝視察路線

亞非利加叛亂

羅馬人口中的「亞非利加」代表埃及以外的非洲北部。在羅馬時代，這地方由東至西分別是昔蘭尼加、的黎波里塔尼亞、亞非利加・普羅科斯拉里斯（前執政官統治的亞非利加）、努米底亞、茅利塔尼亞・凱撒廉西斯、茅利塔尼亞・庭吉塔那等六個行省。在現代，則相當於利比亞、突尼西亞、阿爾及利亞、摩洛哥等四個國家。

北非地區的行政負責人，比其他地區都還像是「斷線風箏」，也就是說施政時可以胡作非為了。反過來說，起因在於以迦太基為中心的北非地區，基督教會的力量過於強盛。

羅馬帝國東方的強力教區，有埃及的亞歷山大、敘利亞的安提阿，以及君士坦丁堡。在同一個時代，

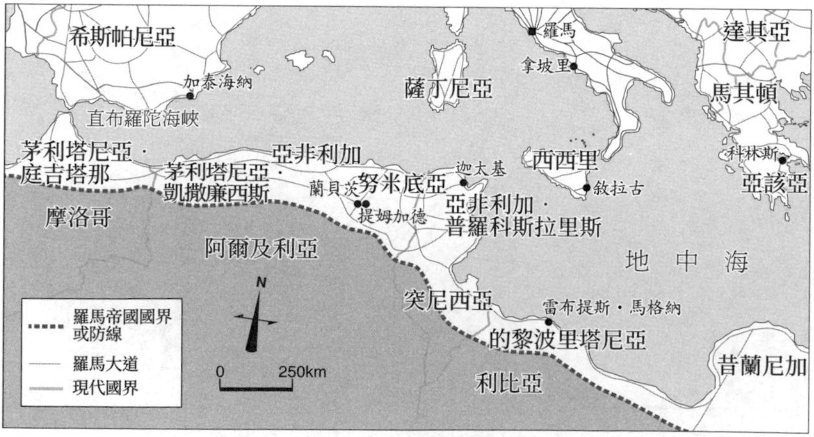

北非及其周邊

帝國西方的強力教區則有羅馬與迦太基。米蘭主教安布洛修斯是個影響力十足的名人，不過這是基於他個人的才幹，並不代表米蘭教區勢力強大。所謂強力教區的定義，就是信徒人數眾多，教會資產雄厚，又能與當時的掌權者維持密切的關係。當然，若想要獲得並維持這種特權，也要看主教個人的才幹如何。

話說回來，既然宗教是人類活動之一，必然就會有將抽象的尊敬、敬意、崇拜等情感，轉化成具體形式的現象。就好像在以貨幣為絕對主角的金融圈子裡，信用所扮演的重要角色。以迦太基教區為核心的北非基督教會能夠強盛，正是因為當地有熱心於宗教活動，並出身地方的優秀神職人員。

在這種神職人員之中，包括筆者在第XII冊《迷途帝國》最後引用其言論，作為全書結尾的迦太基主教基普利亞努斯。這個人沒有宗教狂熱氣息，當遇到四世紀後半皇帝對基督教徒偶發的鎮壓行動時，大可遠走高飛避難去。實際上，他曾一度逃難，但認為自己身為主教有其責任，又出面自首殉教。

這個人雖然以殉教結束人生，但在重新收容因遭鎮壓而一度放棄基督教信仰的信徒時，卻顯得十分寬容。或許他認為「牧羊人」有應該背負的責任，但如果以同樣水準要求「羔羊」就不通人情了。如果筆者生在當時，即使聽過他的演說，想必不會成為基督教徒。不過相信筆者也會毫不猶豫地稱讚他是「時代的良心」吧。只不過，當贊同他的想法普及之後，勢必會產生反對者。批評基普利亞努斯與其贊同者立場不堅定的，是同為北非地區主教的鐸那圖斯。因此，與基普利亞努斯代表的寬容派涇渭分明的強硬派，就稱做「鐸那圖斯派」。

鐸那圖斯派觀念中的基督教會，是完全由純潔無辜的人所構成的信仰組織。從他們的立場看來，人一旦犯罪——這裡指的不是法律上的罪，而是宗教上的罪——那就不能光靠懺悔來贖罪，而應該從再度洗禮開始從頭來過。若要從現實生活層面來看，以一句話表達天主教派與鐸那圖斯派的差異，那就是天主教派認同羅馬帝國這個世俗的機構。而無論是羅馬也好，其他組織也罷，鐸那圖斯派絕不認同一切既有組織。

這樣一來也理所當然的，當基督教獲得承認、尼西亞公會議認定三位一體派，亦即天主教派為正統之後，羅馬帝國境內的鐸那圖斯派就成了應遭排斥的「異端」。

不過在當時的北非，純樸的基督教徒要比羅馬來得多。與其他奉天主教派為正統的地方相較，北非的鐸那圖斯派數量要多上許多。在兩派為尋求妥協而召開的公會議上，出席的主教人數不相上下。從這點可以推測，北非的天主教派與鐸那圖斯派勢力在伯仲之間。在這種狀況下，被斷定為「異端」的一方勢必不會善罷甘休。相對於體制內的天主教派，鐸那圖斯派成了反體制派。而會向行省政府抗議暴政的，也是鐸那圖斯派。後來出現了想要利用北非局勢，實現自己野心的人。這個人是摩爾人吉祿德。

多民族國家羅馬帝國採取完全門戶開放政策，敗於羅馬手下的其他民族，可以自由融入羅馬社會中。不過若是戰敗者想在維持部族群聚的狀態下，成為羅馬帝國這個「大家庭」的一份子，一樣可以獲得認同。完全融入羅馬社會，甚至出現皇帝人選的迦太基人就是前者的好例子。至於羅馬時代稱為「茅祿斯」的摩爾人，似乎較傾向後者。羅馬時代會將現代的摩洛哥及阿爾及利亞西半部地區稱作「茅利塔尼亞」，也是因為這邊住著大量的茅利塔尼亞人，亦即摩爾人。

吉祿德出身於摩爾人的仕紳家庭之中。行省的仕紳階層男子，多半會在羅馬軍團內累積經歷。在吉祿德家中，包括他本人在內，兄弟三人都當上了羅馬軍的將領。

後來，長兄翡爾睦斯不知為何起兵向迦太基總督造反。在行省政府還無法拿出斷然措施時，叛亂的火苗已經開始延燒。當時正值狄奧多西皇帝在位時，狄奧多西當然不會放置北非叛亂問題不管。除了從歐洲調派來鎮壓的部隊之外，吉祿德也是討伐部隊的一員。

在殺死首謀者翡爾睦斯之後，鎮壓工作也就結束了。狄奧多西任命吉祿德成為其後北非地區國防負責人。羅馬皇帝賜給這名摩爾人的職銜叫做「亞非利加地區軍司令官」(magister militum per Africae)。在行省總督無法充分行使職權的這個時代中，這項職務是北非地區實質上的首席人員。不過吉祿德想要的，是名副其實的北非地區首腦地位。

機會就在狄奧多西皇帝逝世後到來。繼承狄奧多西的兩個兒子都還年幼，而繼承北非地區所屬的帝國西方皇位的霍諾里烏斯，這時還只是個十歲的少年。

在西元三九五年狄奧多西剛逝世時，吉祿德還沒有表明態度。不過在兩年後，他展開了第一步行動。首先他發表宣言，表示由他擔任軍司令官的北非地區，不向身在米蘭的霍諾里烏斯皇帝，而是向身在君士坦丁堡的阿卡狄奧斯皇帝宣誓效忠。可能他判斷與其選擇附近的「主人」，不如讓「主人」遠在天邊來得容易任意行動。

過了不久之後，他又踏出了第二步。如果生於西元三三〇年的說法正確的話，吉祿德這時已經六十七歲了。可能他認為自己已經沒有時間可以浪費。而他踏出的第二步行動，是北非對義大利的糧食禁運措施。具體來說，他禁止所有載滿小麥的商船離開迦太基港。

西元前三世紀，羅馬擊倒了比自己強盛許多的大國迦太基，成為西地中海的霸主。從那時起，羅馬帝國的本國義大利，尤其是首都羅馬市的主食小麥便開始仰賴海外進口，至此已有五百五十年的歷史。直接的因素，在於缺乏耕地的義大利所生產的小麥，價格上競爭不過擁有廣大農地的西西里及北非出產的小麥。而羅馬也將其轉換成對霸權下其他國家的政策。

人即使知道自己屈服於軍事力量之下不得不低頭，但當知道霸主需要自己時，抵抗心態也就會減弱。戰勝者羅馬認為，認同戰敗者長年累積的文化，尊重戰敗者的心情，將有益於統治。

地中海世界的最高學府是希臘的雅典，以及埃及的亞歷山大。這些教育機構沒有被迫遷徙到羅馬，反而是羅馬的良家子弟外出留學。

早在布尼克戰役開戰之前許久，迦太基便擁有農耕研究書，或者該說是農藝手冊。迦太基人不僅是通商民族，同時也是有效率的農莊經營者。當羅馬擊倒迦太基之後，也保留住迦太基的通商與農耕特質。北非地區成為羅馬的穀倉，迦太基人的船開始將小麥等各項農產品運往義大利。在羅馬的外港奧斯提亞裡，甚至常駐有迦太基人的商船公司分店。日後埃及會成為羅馬的另一個穀倉，征服者羅馬則藉由成為尼羅河流域所生產之小麥的買家，進而統治這個有悠久歷史的大國。不過既然主食轉為仰賴進口，保障糧食也就成為歷任皇帝的重要職責之一。如果不把歷任皇帝維持小麥庫存量與品質的心思拿出來說說，任其埋沒在歷史文獻底下，那還真是太可惜了。

既然義大利與北非之間的糧食航運已有五百五十年的歷史，吉祿德想必認為自己禁止向義大利出口小麥，也就等於拿到了一項強力武器。他揮舞這個武器的目的，當然是要讓西羅馬帝國與北非分裂。

藉由糧食攻擊西羅馬帝國的策略，著眼點確實不錯。實際上，羅馬的民眾一聽到這個消息，馬上爭先恐後的衝往糧食市場。

光是上述情勢，對西羅馬帝國來說就值得憂慮了。在將近半數北非民眾支持吉祿德之後，問題也就更加複雜。因為吉祿德一方面擁有「軍司令官」的官方地位，卻又拉攏了抵抗天主教派將近一個世紀的鐸那圖斯派基督教徒。

這些被稱為「鐸那圖斯派」的人遭天主教派打為異端，長年來遭受排擠欺凌。如果要粗略分類的話，與羅馬人深度同化、住在都市區的迦太基裔居民是天主教派；與這些人相較，同化速度較慢的農村地帶鐸那圖斯派較多。也就是說，鐸那圖斯派被排除在行省政治的主流之外。而且儘管與義大利半島的貿易興盛，使得北非被稱為羅馬帝國的穀倉，在古今中外貿易過程中，獲利最多的往往是仲介者而不是生產者。

也就是說，北非的鐸那圖斯派勢力會發展成如此不可小看的局面，是因為其中夾雜了宗教、政治，以及經濟上的因素。日後讓基督教天主教派譽為「教父」名列聖人的聖奧古斯丁無論多費心遊說，也都無法打動鐸那圖斯派的心靈，其真正的原因也就在此。

此外，由於牽涉到了宗教因素，局勢失去了妥協的空間。對於住在北非的鐸那圖斯派來說，天主教派的信徒不過就是信仰錯誤的可惡敵人而已。與排斥異教的活動相比，排斥異端的行為往往更加陰險殘忍。這點從橫掃中世紀的異端審判史實也可看得出來。為了反體制與反天主教而發狂的鐸那圖斯派，就把一身希望寄託在因為身為摩爾人，所以與既有統治階層有距離的吉祿德身上。

這就是即將進入西元五世紀時的北非局勢。名義上輔佐霍諾里烏斯皇帝治國，實質上統治西羅馬帝國的史提利柯，也自然要想盡辦法解決這個局面。結果，這名汪達爾出身的「軍總司令官」，選擇了與他三十七歲的年齡相符，又果敢又謹慎的解決辦法。

首先他發布緊急命令，從高盧與希斯帕尼亞進口大量小麥，優先穩定市場。當小麥將出現在市場時，他前往首都羅馬的元老院，請求投票決議「軍司令官」吉祿德是「公敵」(hostis publicus)。在比自己年長許多的元老院議員面前，三十七歲的武將這樣說：

「如今我們的食糧全掌握在一個摩爾人手中。而且這個人物不是以供應者，而是以威脅者的姿態面對我們。」

為史提利柯著迷的詩人克勞狄亞努斯留下了這樣的文章：

「軍隊沒有元老院決議就無法進軍，是羅馬人自古以來的作法。在歷經幾個世紀之後，史提利柯又讓這項作法復甦了。元老院議員向將軍下令後，軍隊方能展開軍事行動的這個作法，曾為羅馬在戰場上帶來諸多勝利。

說實在話，眼見羅慕路斯以來的法律權威復甦，武器遵從元老院決定的模樣，真不知有多麼高興。」

崇拜者雖然有其用處，但也會帶來困擾。尤其這名在西元四世紀出身埃及的羅馬崇拜者，觀念已經與史實有所偏差。無論政體是王政、共和政治、元首政體，元老院在漫長的歷史之中，從未是純文官的集合。在羅馬這個國家之中，除了後期以外，文官與武將之間並無區隔。要到了西元四世紀之後，這個局勢才有所改變。當時羅馬帝國已經不是元首政體的帝國，而是絕對君主政治的帝國。一旦最高權位者從「元首」暨「公民領袖」轉換成「絕對君主」，那麼原本身為最高權位者輔助機構暨權力制衡機構的「元老院」，存在理由也自然漸漸薄弱。到了西元四世紀之後，元老院的權力與權威衰退速度有如石頭滾下坡。其真正的原因，在於文官與武將的職業生涯已經明確分離。沒有實權的權威，當然無法成為真正的權威。詩人懷念往昔的元老院，是一個由文武雙全的人物，亦即懂得軍事的政治人物集結成的機構。因此在判斷宣戰與否的重大問題時，能從軍事角度做正確的判斷，也提升了獲勝的機率。

在這些年的軍旅生涯中，史提利柯早已展露了軍事方面的才華。他自然不會純為了思古幽情，向百餘年來沒上過戰場的元老院議員請示是否能遠征北非。他向元老院請求的，是讓身為「軍總司令官」的他，能向同事「軍司令官」吉祿德展開軍事行動的大義名分。尤其是他出身於汪達爾族，在羅馬人眼中是蠻族出身，更是需要這種名分。畢竟征戰的對手，是在汪達爾人出現的數百年前，就與羅馬人共同奮鬥的摩爾人。

此外，元老院的「公敵」宣言，也具有支援軍事行動的效果。因為一旦與公敵作戰，就可向大型農莊徵召農奴入伍。如果農莊主人想避免提供農奴，政府可向每一名農奴課徵二十五索利鐸斯金幣，當作免役的代價。當然這些費用，將轉用於聘雇有意在羅馬軍中服役的蠻族傭兵。

這也是羅馬帝國軍隊內部蠻族士兵數量增加的另一項主因。

也正基於上述最後一項理由，以大型農莊主人為主流的元老院，不願意承諾史提利柯想要的公敵宣言。一來大型農莊幾乎凡事都能自給自足，即使斷絕了北非進口的物產，受到的影響也沒有一般民眾大。而如果市場缺乏糧食，有可能引發民眾暴動，進而襲擊大型農莊。偏偏這時史提利柯的緊急進口措施已經讓市場恢復穩定。

面對視野狹隘、觀念利己的元老院議員，史提利柯只好採取強硬的手段。他請求霍諾里烏斯由米蘭來到羅馬，在元老院議場上演說討伐吉祿德的重要性。其實當時只是由一個十二、三歲的少年，拿著史提利柯寫的草稿朗讀而已。不過至少成功的讓北非遠征成為皇帝與元老院合作的軍事行動，而不是史提利柯個人的武斷獨裁。當皇帝列席時，元老院滿場一致決議，通過認定吉祿德為國家「公敵」的宣言。

史提利柯並未親自前往北非遠征。或者正確的說，他根本無法前往。這時獲得軍司令官這公共地位的阿拉里克，與旗下的西哥德族正盤據在義大利半島附近，逼得史提利柯無法離開義大利。因此史提利柯委託一位最適合討伐吉祿德的武將，負責指揮北非遠征軍。

這個人是吉祿德的胞弟馬歇澤爾。他與兄長吉祿德對抗失敗之後，只好逃到義大利避禍。

據說兄弟兩人開戰的原因，在於信仰天主教派的馬歇澤爾，看不慣吉祿德為實現野心不惜與異端鐸那圖斯派結盟的作法。由於事關宗教，因此鬥爭特別激烈。在兩名兒子遭到吉祿德殺害之後，馬歇澤爾只好逃亡到義大利。除了身為弟弟對兄長吉祿德的敵意之外，兩名兒子遭到殺害後，他心中又多了作父親所抱持的恨意，以及虔誠天主教派信徒才會有的宗教熱情做支柱。也是基於這些理由，史提利柯才會選擇他做領隊。

馬歇澤爾率領的討伐軍人數只有五千人，這樣的規模實在稱不上是「軍隊」。不過這五千人不僅是善於作戰的老手，同時全體都是可用狂熱形容的天主教派信徒。而史提利柯挑選這些人的用意也很明白。在敵方軍中，除了天主教派信徒以外，還有為數不少的鐸那圖斯派士兵參戰。那麼如果派出深信自己是正統基督教信徒的天主教派信徒，就可望造成敵軍分裂。

這個作戰後來完全成功。據說馬歇澤爾率領五千名官兵在北非登陸後，與其對峙的軍隊多達七萬餘人，數量將近十五倍。可是當兩軍在平原布陣完畢，馬歇澤爾單獨前進大喊「這場戰鬥是正統基督教與異端的戰鬥」之後，勝敗也就底定了。吉祿德陣營中的天主教信徒紛紛拋下武器表示沒有戰鬥意願；不熱心於基督教信仰的摩爾人士兵為此大感動搖，心中只想著如何逃跑。陣營完全崩潰，吉祿德也當場逃亡。不過他不久後就遭到追捕，被拖到馬歇澤爾面前斬首。於是在西元三九八年夏季，討伐軍離開比薩港不到半年後，北非地區又回到西羅馬帝國版圖中。

後來馬歇澤爾沒有機會以戰勝者的姿態進入迦太基城內。據說他在前往迦太基的路上，於過橋時不慎跌入河裡，因盔甲沉重而溺斃。儘管他站在反吉祿德與反鐸那圖斯派的立場，畢竟他是個摩爾人，在他死後整個部隊的指揮官馬上由別人取代。這個人物是史提利柯特派到討伐軍中的，並非摩爾人。長期由吉祿德統治的北非重整工作，也就交給這個人物負責。

迅速解決北非問題之後，高興的可不只是主食小麥不虞匱乏的一般民眾。原本不怎麼合作的元老院，也表決通過在羅馬廣場豎立史提利柯立姿像，藉此表揚他的功勞。打從羅馬還是帝國頭腦兼心臟的時代起，對羅馬男子來說，能在市中心豎立人像是最高的榮譽。

不過，史提利柯無法像共和時期的羅馬領袖一樣，修建公共建築物捐贈給公民。在進入帝政時期之後，只有皇帝能享受勝利的榮耀。而能行使權利回禮的，當然也只有皇帝。

吉祿德的資產悉數遭到沒收，成為勝利者，亦即皇帝的資產。在長年掌權之下，似乎這份資產也相當可觀。史提利柯決定全數投入這份資產，以東羅馬帝國皇帝阿卡狄奧斯與西羅馬帝國皇帝霍諾里烏斯的名義，為提供羅馬市新鮮用水的水道進行全面修復工程。依照慣例，羅馬帝國的公共建築上，除了鑲嵌刻有修築者姓名的石板以外，還會明示日後維修、修復人員的姓名。這是深知基礎建設維修工作有多重要的羅馬人才會有的風俗習慣。而西元三九八年的工程中同樣遵循這項慣例。鑲嵌在水道橋牆面上的大理石板上，刻著這樣一段文字：

「謹此明記，皇帝阿卡狄奧斯與皇帝霍諾里烏斯，接受值得尊敬的軍總司令官史提利柯建言，投入皇家經費推行修復工事。」

不過三十八歲的史提利柯不會為這點小事得意忘形。他沒有忘記戰前元老院堅決反對的態度。因此他認為，有必要為蠻族出身的自己鞏固地位。他將女兒瑪莉亞——在當時，只要生的是女兒，很多家長都取這個名字——嫁給了霍諾里烏斯皇帝。據說當時霍諾里烏斯十四歲，瑪莉亞的年齡要更小一點。這對少年少女當然不大可能馬上養育下一代。但至少史提利柯成了皇妃的親生父親、皇帝的岳父。當要完成先帝狄奧多西留下的旨意，輔佐少年皇帝執政時，皇帝的岳父身份可以讓反對派不易行動。即使沒有這個立場，在西元三九八年迅速解決北非問題時，他的威勢也正在急速攀升。只不過，權力與威勢很有可能為了些微的理由急速轉變。三十八歲的軍總司令官想在局勢丕變之前穩固自己的基礎。如果考慮到他接下來要推行的措施，他勢必需要一個穩固的地位基礎。尤其像他這種無論做任何事情，「蠻族出身」四個字都會緊追在後的人，更是不能疏忽。

當羅馬史走到了尾聲，筆者心中的某個想法逐漸擴大且明朗。那就是一個人的幸運與否，與其要看個人的才幹，不如看當事人活在一個什麼樣的時代。尤其史提利柯的後半輩子，更是典型的實例。活在高度成長期的共和羅馬，或者穩定成長期的帝政，亦即元首政體時代的羅馬人不用面對某些問題。但活在帝國最後一個世紀的史提利柯，卻無法迴避這種問題。

在羅馬人的眼中看來，史提利柯無疑是具有汪達爾族血統的蠻族。但如果他生在過去那種能坦蕩接納異族的羅馬帝國，可能在軍事才華受認同之後，受託防衛帝國某條重要的防線，在讚賞與榮譽之中結束人生吧。然而人類社會一旦失去活力，就會漸漸的愈來愈封閉。這種問題與時代的前後沒有關係。在西元二世紀時不形成障礙的事情，在五世紀時卻會是大問題。

而且到了西元四世紀之後，羅馬帝國的最高權位者已經不是代表公民領袖的「元首」，而是奉基督教上帝旨意的「絕對君主」。也就是說，這是由上帝決定的人事案，人類不能隨意更動。創設這個體系，為後世「君權神授說」開先河的，是君士坦丁大帝。而從大帝的時代至此已經過了將近一個世紀。百年的時間，已經足夠讓一個體系生根。西元五世紀前半的皇帝雖然無能，但可享受長得出乎意料之外的在位期間，也就證實這個體系確有用處。

除了皇位來自天神賜予的理由之外，因為在狄奧多西皇帝臨終前曾當面立過誓約，史提利柯又多了一份為霍諾里烏斯死守皇位的義務。羅馬人是法治民族，對法治民族來說，有契約效力的不止於白紙黑字簽名過的誓約書，羅馬人認為口頭上的誓約與書面具有同等效力。若以現代的方式形容的話，這是一種「君子協定」。既然信任對方並做出約定，那這誓約可是一言九鼎。羅馬人認為，唯有蠻族才會在打破這種約定時不感到羞愧。既然史提利柯期望自己比羅馬人更加羅馬人，那他當然不會打破這項約定。

不過史提利柯要面對的，是名義上由少年皇帝治理，實際上卻要由他一個人應付的五世紀羅馬帝國時勢。也就是說，他要面對的是在任何條件上都與元首政體時代相反的羅馬帝國。

無論是否成立國家，人類社會大體上是由兩種人構成的，那就是生產者與非生產者。這兩種人之間很難嚴格劃分，不過大體上可以像下列這般區隔。

生產者是從事「農」、「工」、「商」等職業的人。也許有人會認為「商」人本身不事生產。不過流通可以促成進一步的生產，因此筆者將其歸類在生產者。

非生產者則是從事政治、行政與軍事的人。這三種職業的人共通之處，在於本身雖然不事生產，但職責在為生產者整頓適合生產的環境。

在人類社會中，這兩個階層的人都是不可或缺的，不過非生產階層的人責任比較重大。因為這些人的職責，是在軟、硬體兩方面為社會整頓基礎建設。而筆者認為，所謂基礎建設，就是由社會代為執行憑個人努力無法辦到的事情。好比說個人可以每天晚上為自己的家門上鎖，但無法抵禦外敵入侵。

農民成為農奴

在以農業為主要產業的古代，農民自然是生產者的代表。而農民在羅馬帝國確實走上衰敗的西元三世紀到五世紀為止的動向，大致如下。

三世紀——蠻族大量且一再入侵之後，農民手足無措，只好拋售或捨棄耕地遠離家鄉，流入有城牆保護的都市，造成地方人口流失與都市人口密度過高。基督教能夠給予對未來感到絕望的人救濟和希望，進而在都市區廣為流傳，也是因為都市人口過度密集化成為溫床。

四世紀——這個世紀前半的兩名專制君主，戴克里先皇帝與君士坦丁大帝，將所有職業世襲化。一旦生於農家，這一生中就只能當農夫。在這項政策的強行控制之下，原本急速加劇的地方人口流失速度得以減緩。然而即使軍方成功擊退入侵的蠻族，在羅馬境內開戰的現象已經淪為常態。換句話說，並沒有找回「羅馬和平」。農民被政策捆綁在土地上之後，和平與安全並未再度獲得保障。

五世紀——西元四世紀後半起，農民開始有回歸地方的現象。不過儘管回歸地方耕作，實際情形與過去卻大有不同。因為即使負責國防工作的軍人數量擴大到元首政體時代的兩倍，帝國內部的和平與安全卻沒有恢復到足以保證能專心務農。因此，雖然農民又回到耕地上，但已經不是以往的「自耕農」(agricultor)，而是在大型農莊下工作的「農奴」(colonus)。當年格拉古兄弟與朱利斯・凱撒創設「農地法」，奠基並培育羅馬社會的中堅階層，而如今中堅階層也已成為過去。這也就難怪以自耕農為支柱的羅馬軍事力量，在質與量兩方面都跟著衰敗。

不過在批評這種自耕農轉型為農奴的現象代表羅馬人活力衰退之前，我們也該站在羅馬人的立場想想。

一再受到蠻族襲擊，代表受害的不只是辛苦收成的農產品被搶個精光而已。這些人隨時隨地都忘不了自己全家老小的身家性命受到威脅的恐懼感。

保障帝國疆域安全與和平的「羅馬和平」之消逝，帶來的不僅是蠻族入侵而已，也代表國境內盜匪橫行。即使想要帶著農產品到城鎮銷售，途中也隨時要面對遭到搶奪的風險。

與此同時，農民被視為最容易課稅的職業，因此要繳交以各種名義強取豪奪的稅金。在以往，公有土地租金是收成的百分之十，相當於實質上的永久貸款，如今局面已非如此。根據研究人員的初步估計，自耕農在自有土地上耕作的話，要繳交百分之二十五至三十，在他人的所有地或公有地上耕作的話，更要繳交約百分之五十的稅款。而且稅金必須以不容易受貨幣匯率變動影響的金幣繳交。如果將全數作物出售的話，也許還能因應，但能售出全數作物的保證卻一天比一天差。

如果成為農奴的話，自耕農肩膀上的這些重擔也就幾乎全數消失了。大型農莊內有自保用的私人警力組織。即使無法對抗大規模的入侵蠻族，至少有辦法應付蠻族分支或者山賊團。此外，農產品能否順利銷售，納稅及其他與公共機構的接觸工作，全數都由莊園主人承擔。由於自己與家人對莊園主人來說是勞力來源，即使受到皇帝下令徵召入伍，也不用像以往那般恐懼。大型農莊的主人通常不是元老院議員就是高官，對個別農民來說非遵從不可的命令，在這些人手中也找得到規避的方法。

相對地，農奴會失去自由與獨立，但至少不是被視為動產的奴隸。在當時農莊買賣契約中，交易對象通常包括在其中工作的農奴。不過在這個時代，限於職業世襲制度，這些人只能成為農民。即使他們不追求自由獨立，優先選擇安全與食物的保障，我們也不能責怪這些在國力衰微時首先遭殃的人們。

如果擔憂因遺產繼承或買賣而換主人的問題，大可去投靠沒有這種問題，屬於基督教會資產的農莊。這種農莊同樣與世俗政權關係密切。即使在當時，投靠教會或修道院所有的農莊，藉以保障安全與食物，也是一項不錯的選擇。在中世紀維繫農業存續，由地方諸侯與教會持有的大莊園，也就發源於此。

從自耕農轉型為農奴的現象簡單來說，就是「大樹之下好乘涼」。一旦「國家」(res publica) 無法盡到原來的職責，個人當然只好自尋生路。

從國家的角度來看，即使農民全數轉為農奴，只要還能維持生產力的話，那也還可以接受。不幸的是生產力依舊日益衰退。衰退的原因，與上述自耕農生產力衰退相同。連帶與「工」、「商」的生產力互相影響，使得羅馬帝國整體的經濟力量與生產力走下坡。

經濟力量衰退，會造成人口減少。首先，苦於貧困無法成家的人會增加，這也就等於出生率下降，且營養不良時身體的抵抗力會衰退、容易生病，再加上不歡迎入浴的基督教普及，使得人民失去保持身體清潔的生活習慣。即使不遭到蠻族或強盜殺害，因疾病死亡的人數也在增加。就算把農民回歸地方的現象計算進去，西元四世紀末期到五世紀，大都市人口減少速度依舊令人訝異。

首都羅馬的人口，據說在二世紀時高達一百五十萬。根據研究人員推測，當進入四世紀時人口已經減半，到四世紀末時人數更少，已經逼近三十萬關卡。就連在人口方面，「世界首都」的面容也正在慢慢失色。

非生產人員的增加

不過，西元四世紀後半到五世紀的羅馬帝國真正面對的問題，是生產者減少、生產力衰退的同時，呈反比例增加的非生產人員數量。除了軍人與官僚這兩大非生產人員之外，羅馬政府還必須豢養數量上、力量上與前兩者不相上下的基督教會人員。因為這時基督教已經完全是羅馬帝國的國教，而且這個新的國教與傳統的羅馬宗教最大的不同之處，不在於一神教與多神教的差異，而是有無專業的神職人員階級。既然神職人員以侍奉神明為主要任務，就必須有其他人為其整頓環境。雖然說修道院內一樣有農地，但使用目的不在生產，而是在於勞動。至於會影響到宗教活動的重勞動，還是一樣交給農奴負責。而教會各項活動所需的費用，最理想的情形是透過捐款與教會資產營運產生，但教會組織已經膨脹到無法僅依賴這些經費來源維持。

羅馬政府並未像對待軍人或官僚一樣，保證以主教為首的神職人員有固定薪資。神職人員的收入，係由各教區以教會活動經費的名義給付。只不過，教會活動不光是彌撒或祈禱，還包括有慈善、福利、醫療、教育等各種活動。直到元首政體時代為止，社會福利係由中央、地方政體與富裕階層分擔。至於醫療與教育，則是以從事者為行省人民時，可獲得羅馬公民權，亦即以免除屬直接稅的行省稅方式，委由民間自理。不過隨著帝國的衰敗，這些巧妙結合「公家」與「私人」的體系也崩潰了，基督教會便順理成章的拿下這些地位。這樣一來，除了原本就擅長的慈善活動之外，基督教會又獨占了福利、醫療與教育，因此原為世俗組織的國家，也必須在某種形式上對其贊助或後援。羅馬史研究人員會在軍人與官僚之後，把基督教神職人員列入壓迫帝國生計的四大非生產人員之一，理由也就在此。

公德心的衰退

歐美的羅馬史研究人員以及繼承其觀念的學者中，多半將通常擁有大型農莊的元老院議員，列為四大非生產人員之末，並責難這些人儘管擁有龐大收入，卻只用於個人的奢侈生活與華麗花俏的表演活動，充分顯現帝國末期的公德心已經淪喪到底。尤其最常讓人抨擊的，還不是東方首都君士坦丁堡的元老院議員或行省的大型農莊主人，而是西方的羅馬元老院階級。理由是後者的富裕程度遠超過前兩者，但缺乏公德心，有充分的理由遭受責難。筆者以前也同樣這樣想，也一樣感到憤慨。認為就是這些好吃懶做的有錢階級的利己主義，毀掉了羅馬帝國。

不過，現在筆者對這種看法大感疑問。

第一項疑問是，這些大型農莊的所有人是否真的是非生產者。早在擁有國外行省的西元前一世紀時，羅馬帝國行省農業的支柱就是大型農莊，唯有本國所在的義大利半島維持共和時期的傳統，以中小型自耕農為主力。在城邦國家之中，農民同樣是公民，是能夠決定國家走向的有權者，而早在這個時代起，元老院就被視為大型農莊所有人的堡壘。與這些富裕階層相對的，格拉古兄弟與朱利斯·凱撒被視為平民派的代表，他們會如此熱心於確立自耕農的權利，一方面固然為了培育羅馬社會的中堅階層，另一方面也是為了幫支持自己的階層保障利益。

儘管帶有牟利色彩，優良政策就是優良政策。多虧自耕農優待政策，自耕農階層才能在羅馬帝國的本國義大利存活到最後一刻。而當義大利的政局走到末期，自耕農也成為農奴，讓大型農莊吸收。

這種社會現象，在今日稱為壟斷化。羅馬帝國末期的農業無法避免壟斷化造成的弊害，整體農業的生產力衰退。不過，還沒到農產品不在市場流通的地步。在「羅馬和平」還能充分發揮功能的時代，農產品的流通獲得保證，自耕農也依然健在，因此生產力高，市場上有充裕的農產品。然而在缺乏條件的西元四世紀末期，也找不到發生大型饑荒的文獻，同時也沒有其他讓人推測可能曾經發生饑荒的記錄。儘管價錢比過去昂貴許多，農產品依舊在市面上流通。而筆者認為，應該是大型農莊承擔了生產的任務。

這樣一來，我們只怕不能斷定身為大型農莊所有人的元老院階級是非生產者。原本對羅馬人來說，「別墅」(villa) 意為田園中的家，是耕作、豢養家畜，生產以葡萄酒 (vinum) 為首的農產品生產基地。而義大利本國的別墅規模較小，在帝國末期才轉變為與行省同業相當的大型農莊，並且在自耕農消失，到處都是農奴的時代中，承擔整個國家的糧食需求。實際上，當大型農莊直接蒙受祖國滅亡的弊害時，市場上的食物也就真的消失了。

不過，即將進入西元五世紀時的羅馬元老院階級，確實缺乏公德心。史提利柯往北非派遣軍隊時，極力請求元老院宣告吉祿德為「公敵」。這是因為唯有透過這種緊急狀況宣言，才能向大型農莊的私人警力或農奴徵兵。以往元老院議員中也有許多擁有大片土地的人，不過在以前，是莊園主人主動帶著在農莊裡工作的男子趕赴沙場。而到如今，就連要求他們如果不願送農奴入伍，則每人要繳納二十五枚金幣的命令，都會遭到抵抗。就好像許多羅馬史研究人員說的，帝國末期的元老院階級充斥著利己主義，而這只是讓人心寒的末期症狀之一而已。

不過，如果我們不站在一千五百年後的二十一世紀，而是從五世紀時的觀點來看的話，又是如何呢？

大型農莊主人會抵抗政府對私人警力與農奴的召集令，是因為唯有這些人力才能保護自己的家人與資產。換句話說，他們已經無法信任國家提供的安全保證。

西元前一世紀時，朱利斯．凱撒計畫拓寬首都羅馬的市中心。當時圍繞羅馬的塞爾維斯城牆妨礙拓寬工程，凱撒卻不變更設計，採用拆除城牆的作法。不過，既然要破壞城牆等公共建築物，就必須有適當的名義。而且凱撒這個人，是無論做出什麼事情，都不會僅為了一個目的的人物。因此他宣稱羅馬的安全應由「防線」，亦即國界來保護，而不是環繞首都的城牆，城牆在拆除之後沒有任何復舊工程。他的這個想法決定了羅馬日後的走向，並受後來的歷任皇帝繼承。因此共和時期防衛羅馬的塞爾維斯城牆被切成許多段，至今只剩下幾處斷牆。

其後的三百二十年，帝國的首都羅馬過著沒有城牆的日子。因為環繞廣大羅馬帝國的「防線」，保衛帝國不受外來勢力侵襲。在這段期間中不僅是首都，帝國內的其他都市也只有能防禦盜匪夜襲的城牆。而且「羅馬和平」這句話具有劃時代的含意，不僅代表保障國民安全不受外敵入侵，同時也保障不為國內的敵人侵襲。前者意指防衛國土，後者則代表公共安全。第二任皇帝臺伯留則特別在意治安問題，在這名皇帝整治之下，無論走在大道上，或者住在鄉村裡，都比以往要安全得多。

如果比對羅馬時代的別墅與中世紀領主的建築設計，就能明確感受其中的差異。羅馬時代的別墅缺乏安全上的考量。雖然別墅四周有矮石牆圍繞，但是頂多只能阻止半夜走出森林在鄉村附近晃蕩的野獸，讓人看了真擔心遭到強盜襲擊時要怎麼對付。另外，臺伯留皇帝規定，強盜集團的首腦應處極刑，被捕後將綁在木樁上，放在競技場正中央讓猛獸生吞。若借用羅馬人的說法，唯有"securitas"（security 的語源）獲得保證，才能夠保障"pax"（peace 的語源）。「羅馬和平」的真正價值也就在這裡。對於活在已經喪失羅馬和平時代的人來說，"securitas"與"pax"全靠自己想辦法。

「共同體」(res publica) 與「個人」(privatus) 利害不一致，也是亡國的末期症狀之一。而公德心也只有在個人認為自己的利益與共同體利益相關時，才有可能萌芽。

在即將走入最後一個世紀的羅馬帝國，尤其西羅馬帝國的元老院階級，的確無視國家國防能力衰退，過著奢華的生活。而這也是後世歷史研究人員爭相責難的事項之一。

不過若不站在後人的立場，以當時的眼光來看，還是有辯護的餘地。

同樣遭受蠻族入侵，西羅馬帝國滅亡之後，東羅馬帝國卻維持存續。關於這個問題筆者曾經假設過一套想法。

亦即，西羅馬帝國內的富裕階級避難到相對比較安全的東羅馬帝國，進而造成西羅馬帝國的經濟衰退。經濟衰退造成防衛經費縮減，因此無法抵禦外族入侵。而東羅馬帝國則靠著從西方移居來的人力、經費投入防衛工作，因此得以維持存續。

不過，如今筆者已經完全拋棄這套假設。因為筆者想起來，西羅馬帝國富裕階層的經濟力量基礎在於廣大的農地，土地是沒辦法帶著逃難的。這些人儘管知道蠻族入侵的危險，但也只好留在帝國西方。根據學者的說法，與東方首都君士坦丁堡的元老院階級相較，西方首都羅馬的元老院階級資產要豐富許多。而這些人選擇留在羅馬或義大利。

他們雖然留下來了，卻把錢花在舉辦競技大會、鬥劍士決鬥，以及猛獸決鬥等表演活動，使得他們遭到後世的批評。

然而，這應該是民族特有文化的問題。

就好比說身為日本人的筆者，無法理解英國的鄉居紳士愛好的獵狐活動。總覺得有人有馬還帶著大批獵犬去追殺一隻狐狸，實在不公平。不過想必英國人有英國人的理由。一來要保護環境，再來要維持僱傭機會，三則要保護祖傳的文化。

羅馬帝國末期的元老院議員，會為了慶祝兒子就職公務，舉辦戰車競賽或猛獸決鬥，招待公民參觀。從他們的角度來看，這不過是承襲長年來的羅馬菁英階層生活方式。又或者說，元老院議員參與國政的權利遭到剝奪，又在文官武將完全分隔的政策之下，失去了從軍參與國防的機會。對這些人來說，找理由舉辦娛樂活動招待公民參觀的事情，也是元老院議員僅存的自尊心依歸也說不定。在第XIV冊的最後，筆者介紹過敘馬庫斯這個人。敘馬庫斯是最後一個站在異教論點上與米蘭主教安布洛修斯激辯的人物。而他在私人信件中，也曾留下擔心慶祝長子初次就職公務時，北非運來的猛獸是否來得及送達的訊息。我們確實可在閱讀這些信件後，為帝國末期的菁英階層墮落程度感到悲觀。不過何不容許這些人緊抓著自己的「生存理由」不放呢？儘管在蠻族的腳步漸漸逼近時，依舊與羅馬帝國鼎盛期一樣熱衷於戰車競賽，是對現勢認識不清的行為。

以上所敘述的，是在擁立少年皇帝之後，史提利柯要面對的西羅馬帝國現況。雖然是筆者多管閒事，不過在這還是要表示一下意見。既然史提利柯出身於蠻族，那麼拋棄問題叢生的羅馬社會，投入逐步進逼的蠻族團體中，日子會過得寫意多了。以史提利柯的軍事才幹，搭配上日耳曼民族的勇猛，要奪下西羅馬帝國實在易如反掌。

不過，史提利柯自有他個人的「生存理由」。即使旁人無法理解，對他而言卻是少了它，便不值得活下去的某種東西。

西元三九八年到四〇一年這三年間，西羅馬帝國度過了短暫的和平。儘管北非問題曾一度造成糧食恐慌，但討伐摩爾人首領吉祿德的軍事行動，在不到六個月的期間內，僅派遣五千名官兵就告結束。這使得已經衰退的西羅馬帝國得以避免更加衰微，南方暫時可以不用擔心受到侵害了。在這段期間內，史提利柯一直身在義大利北部，監視著西方的高盧、北方的日耳曼，以及東方的巴爾幹。這使得時常意圖渡過萊茵河或多瑙河入侵的北方蠻族，不得不停下行動。不過，雖同樣暫時停止入侵，率領著西哥德族的阿拉里克卻趁這段期間大舉強化麾下的兵力。阿拉里克受東羅馬帝國皇帝正式任命為巴爾幹地區的「軍司令官」之後，充分利用占據此一地位所享有的權利。也就是說，他能自由地使用羅馬帝國軍用倉庫裡所儲存的武器裝備與糧食。這樣一來，西哥德族與其他蠻族男子便大有不同。不但帶著精良的武器，穿著防禦力高的裝備，甚至還營養充足。

史提利柯只能默認這個現象。因為阿拉里克如今已是東羅馬帝國正式認同的「軍司令官」，地位雖然處於「軍總司令官」史提利柯之下，兩人卻是軍事方面的同事。

而且到了西元四〇一年，又發生一件對史提利柯不利的事情。東羅馬帝國的軍司令官蓋納斯失勢遭到殺害了。哥德族出身的蓋納斯是在前任皇帝狄奧多西之下歷練過的將領。當初史提利柯受東羅馬帝國皇帝阿卡狄奧斯命令，必須遣返隸屬東羅馬帝國的部隊時，蓋納斯受史提利柯命令，率領這些官兵。而傳言中由史提利柯策畫的魯菲努斯宰相刺殺事件，若沒有蓋納斯參與，計畫勢必無法成立。

蓋納斯失勢的原因，是遭受東羅馬帝國境內的蠻族排斥運動牽連。儘管如今站在羅馬帝國陣線內，蓋納斯畢竟是哥德族出身，而哥德族信仰的是基督教亞流教派。東羅馬帝國與西羅馬帝國一樣，信仰主張三位一體說的天主教派，然而在信仰的熱度上，東方遠勝過西方。東羅馬帝國境內的蠻族排斥運動，其實只是舉著民族歧視大旗的異端排斥運動而已。

蓋納斯一死，代表史提利柯與東羅馬帝國之間僅存的連繫也被切斷了。再加上這時東方正由天主教派的主教領頭，燃燒著排斥蠻族的氣勢。對這些人來說，出身哥德族信仰亞流教派的蓋納斯也好，汪達爾族混血的天主教派信徒史提利柯也罷，同樣都是「蠻族」而已。東羅馬帝國的主教演講內容，也是一場比一場熱烈。

「西方應受解放。讓我們從蠻族與亞流派的跋扈手中解救出西方！」

原本東羅馬帝國應當協助受北方蠻族覬覦的西羅馬帝國，如今卻是由東羅馬帝國親手攻擊原本是同胞的西羅馬帝國。

再度入侵

蓋納斯死亡之後，東西間關係逐漸僵化。到了西元四〇一年秋季，住在多瑙河上游北邊的蠻族，開始大舉入侵位於當今德國南部與奧地利西部的拉耶提亞行省。這個時代的蠻族入侵，不像以往那般在謀生困難的狀況下侵入羅馬帝國境內，奪取物資後回到個別定居地，而是在入侵之後，直接盤據在入侵地。這種遭到其他蠻族侵襲，為求新的定居地而侵襲羅馬帝國的現象，早在西元二世紀末期已有案例，不過在以往，還是日耳曼民族之間的相互推擠。到了四世紀末期，亞洲出身的匈族出現後，整個局勢大為改變。匈族的剽悍兇猛，逼得日耳曼人都將他們稱為「蠻族」，不想喪命的話唯有逃亡一途。西元五世紀之後的蠻族入侵，同樣是大量遷徙，但心情卻比往年更為急切。也因為如此，迎擊方面也必須有相對的心理準備。

一接獲北方蠻族入侵拉耶提亞的消息後，「軍總司令官」史提利柯彷彿早已久候似的，隨即率軍往北開拔。萬一這一帶讓蠻族全面掌握的話，蠻族與義大利之間就只隔著一道阿爾卑斯山脈了。阿爾卑斯山於義大利北方由西向東形成一道弓形天然護牆，然而羅馬人在這座山脈上開通了許多條羅馬式的石板大道。向西往高盧有四條，往北朝多瑙河上游一帶有三條，往東朝多瑙河中游部份則有兩條。羅馬人鋪設了九條幹道，使得阿爾卑斯山連在冬季都能維持交通。

所謂基礎建設，無論是道路、橋梁、公共建築物等硬體設施，或者法律、金融制度、醫療、教育等軟體建設，都需要事後維修服務來保持其功能。在元首政體時代，維修方面不成問題。然而到了帝國開始迷茫的西元三世紀之後，羅馬缺乏維修的資本與意志。根據研究羅馬大道的學者所示，羅馬大道最後一次正式維修工程完工於西元三七五年。依據傳統，羅馬大道無論是鋪設或維修工程，都由軍隊負責施工。原本羅馬大道就是為了便於軍團迅速趕往目的地而鋪設的軍用產物，因此才形成了放下武器、拿起十字鎬的軍團兵施工的傳統。也因此，只要是由軍人負責施工，也就代表道路工程十分紮實。假設最後一次維修工程是在西元三七五年完工，那麼在西元四〇一年時羅馬街道網路應該還能發揮一定程度的功能。即使是平地仍是秋天、山區卻已經進入冬季的這個時期，前往迎擊的羅馬軍依舊能輕易的跨越阿爾卑斯山脈。同樣的，攜家帶眷的蠻族要攀越阿爾卑斯山往南入侵時，雖然不如軍隊行軍容易，但也不是辦不到的事情。而且我們不能忘記，蠻族的特色之一在於不大在乎人力損失。這些人可怕的地方，是無論是渡河時有人溺斃，或者越嶺時有人失足掉落谷底，都不會停下前進的腳步。

我們不知史提利柯趕到多瑙河上游地區之後，是如何擊退排山倒海而來的蠻族，不過至少他暫時成功的擊退敵人，因為他並沒有被拘束在拉耶提亞地區，馬上又能折返義大利。這回不僅是日耳曼南部有危險，連義大利也面臨危機。因為阿拉里克得知史提利柯趕往多瑙河上游地區之後，動員麾下全體西哥德族入侵義大利北部。

前往義大利

軍司令官阿拉里克負責防衛的區域，在後世稱作巴爾幹地區，在羅馬時代稱作伊利利亞。這個地區緊臨於東羅馬帝國與西羅馬帝國分界線的西側。儘管這個地方屬於西羅馬帝國的邊疆，任命阿拉里克擔任軍司令官的卻是東羅馬皇帝，因此他算是東羅馬帝國的高官。這件人事案正好能表達當時的巴爾幹情勢，以及東西雙方對這個地區抱持的共通看法。因為這證明當時「東方」與「西方」的區隔還不明確。

此外，阿拉里克與其下的西哥德族，在東羅馬帝國眼中看來是蠻族，在天主教派信徒眼中看來是信仰異端的亞流教派信徒。這也就難怪阿拉里克知道東羅馬帝國境內正吹著排斥蠻族和異端的風暴之後，不把自己與部族的未來寄託在帝國東方，而把眼光往西方看。北方蠻族渡過多瑙河入侵，是因為遭到匈族的擠壓。西哥德族選擇入侵西方基督教徒，而不是東方基督教徒，其中則有避開天主教派宗教狂潮的用意。

擔任巴爾幹地區防衛工作的阿拉里克入侵義大利，已經不僅是越境行為，同時也是東羅馬帝國軍司令官的越權行為。照理來說，阿卡狄奧斯皇帝必須出面制止才對。然而一如前述，東西羅馬帝國之間的感情已經冷卻。而且從東羅馬帝國的角度看來，阿拉里克與西哥德這群蠻族兼異端能主動走出「東方」到「西方」去，那真是求之不得的好事。

阿拉里克可能也是算計好東羅馬帝國的反應，才立意要入侵義大利。他攀越了古代稱作「朱利斯的阿爾卑斯」(Alpes Iuliae) 的山區大舉入侵。這段山脈如今名稱依舊，只是義大利境內的以義大利文拼音標示，斯洛伐尼亞共和國境內以斯拉夫文標示。沒多久，他就展開了對義大利半島東北部首要城市亞奎雷亞的攻城戰。這時已經是西元四〇一年十一月下旬。

史提利柯陷入了兩面作戰的困境。分別是多瑙河上游的拉耶提亞，以及相當於義大利門戶的東北義大利。他這年四十一歲，除了「軍總司令官」職位之外，同時兼任該年度的執政官，軍事與政務兩方面的職責同時落在他的肩膀上。

阿拉里克是個很有戰略眼光的人物。他知道無論發動多少次攻擊，要拿下有城牆保護的都市都非易事。因此，他不執著於是否真正攻下城市，而是持續攻打北義大利無人不知的大城市亞奎雷亞，直到大城岌岌可危的消息傳遍北義大利，人們陷入恐慌之際，他便轉換策略開始四處搶奪。雖說這時是冬季，而且義大利北部的冬季相當嚴峻，但義大利北部有大河波河橫貫，四處充斥著良田。要帶著部下在收割後的冬季搶劫食物，自然是不成問題。

史提利柯在多瑙河上游收到阿拉里克入侵義大利的消息之後，並未立即趕回義大利。在五年前他已經與阿拉里克兩度交鋒並獲勝，深知要如何作戰才能致勝。不過當他知道身在米蘭的霍諾里烏斯恐懼到精神失控之後，便立刻帶領著少數騎兵穿越阿爾卑斯山，趕往米蘭晉見。

西羅馬帝國皇帝霍諾里烏斯已即位六年，這時已經十六歲。然而他害怕何時阿拉里克會從大門闖進來，晚上嚇得連睡都睡不好。霍諾里烏斯開口閉口只有一句話，就是要逃往南高盧（現今法國南部一帶）。

見到史提利柯之後，霍諾里烏斯再度提起這個意見。四十一歲的史提利柯，以嚴肅的語氣對這個沒有皇帝氣魄的十六歲青年說：

「對羅馬帝國來說，皇帝逃往行省是最大的恥辱。」

話說回來，霍諾里烏斯有著平時個性軟弱，但一旦固執意見之後絕不退讓的拗脾氣，放任他待在米蘭也會造成問題。因此史提利柯任命一名心腹手下擔任羅馬的「首都長官」，由他負責保護前往羅馬避難的皇帝與皇妃安全。皇妃是史提利柯的女兒瑪莉亞，而代為養育皇帝的賽蕾納也陪同前往羅馬。同時史提利柯下令首都長官動工加強羅馬的城牆。

從羅馬時代稱作美迪拉紐的米蘭前往羅馬，通常是由艾米里亞大道前往亞德里亞海濱的利米尼，在此轉入弗拉米尼亞大道直達羅馬。不過這時阿拉里克與西哥德族正在義大利北部出沒，因此無法使用橫越北義大利南端的艾米里亞大道。一行人首先由米蘭前往日努瓦（今日的熱那亞），由此轉入沿著第勒尼安海南下的奧雷里亞大道前往羅馬。羅馬人偏好有多重選擇，認為道路形成多線網路是理所當然的事情，在這種時候果真發揮其作用。

史提利柯未能目送皇帝等人離開米蘭，已在稍早前趕回北邊。雖然這使得他在短期內來回攀越隆冬時節的阿爾卑斯山，畢竟多瑙河濱有著非他處理不可的問題在等待。

這年渡過多瑙河上游入侵拉耶提亞地區的蠻族是蘇威比與阿蘭兩個部族，共通之處是其皆屬於日耳曼後裔，而且是遭到匈族擠壓逼出定居地。對史提利柯來說幸運的是，這年兩個部族是由蘇威比族的王侯率領。一旦外交交涉對象是握有實權的個人，要取得妥協就不是困難的事情。史提利柯回到拉耶提亞地區之後，馬上與這名王侯直接交涉。由於他們不久前遭受史提利柯率領的羅馬軍猛烈反擊，蘇威比族的王侯馬上接受了史提利柯的提議。

交涉結果，雙方決定締結「同盟」協定。一般來說，這種協定是由羅馬方面提供蠻族土地作為代價，由其代為防衛土地，是一種傭兵契約。不過在有關這場交涉的文獻中，找不到關於酬庸的記錄。可能是之前羅馬方面在戰鬥中占盡優勢，使得事後省下了傭兵酬勞。總而言之，史提利柯脫離了兩面作戰的窘境。他得以將原本帶往多瑙河上游作戰的部隊幾乎全數帶回義大利，之後只需率領這些部隊與阿拉里克作戰。

史提利柯為了從米蘭趕回多瑙河上游而攀越阿爾卑斯山時，應該是從米蘭前往科摩，利用以科摩湖為首，遍布阿爾卑斯山區的各個湖泊常駐船團。羅馬人並不會在山區強行施工開闢道路，如果有湖泊的話會在湖泊派遣常駐船團，藉此運輸軍隊。也就是說，羅馬人不會為了一條道路硬行開山挖地。除了阿爾卑斯山腳下的科摩湖之外，阿爾卑斯山區內的大小湖泊同樣得以運用。最初構思並推動這項交通建設的，是西元前一世紀前半的朱利斯．凱撒。一如他的預期，其後五百年內對羅馬人來說，「防線」是萊茵河與多瑙河，而不是阿爾卑斯山。

不過，由義大利往北跨越阿爾卑斯山的道路不只這一條。第二年西元四〇二年二月，史提利柯率領部隊攀越阿爾卑斯山回到義大利時走的就不是這條路線，而是更偏東邊的道路。這條道路是西元前一世紀後半，開國皇帝奧古斯都在進入帝政時期後，為了征討日耳曼而鋪設的道路。也因此，比起其他三條由義大利往北跨越阿爾卑斯山的道路，這條道路的設備更加完善。

在一千八百年後，歌德等嚮往義大利南國的德國人走的也是這條道路。從羅馬時代稱作威爾狄迪那的茵斯布魯克南下，在布倫納羅山口穿越現在的奧地利國界，途經波扎諾、特雷多，最後到達威羅納。在現代，這是利用高速公路迅速穿越的走法。而在羅馬時代，這同樣是幹線大道。

史提利柯會選擇這條路徑，並非因為這裡是幹道。由於阿拉里克與西哥德族準備在入春後攻打米蘭，此時正在米蘭周邊過冬。如果沿著科摩湖南下，就必須陸續擊倒分散到各冬令營的敵軍。如果南下威羅納後轉向西行朝米蘭行軍，就能從背後攻擊阿拉里克所在的敵軍本部。而且既然阿拉里克的根據地在義大利東方的巴爾幹地區，從東邊攻擊阿拉里克，也就代表已經切斷了他的退路。

對決

事情發展正如史提利柯的計畫。二月還在冬季，阿拉里克與西哥德族沒想到羅馬會在隆冬攀越阿爾卑斯山反擊，因此失去了讓婦孺避難，由男子重整旗鼓的餘裕。而且即使想讓婦孺避難，在米蘭周邊也找不到安全的地方。這時西哥德族仍在攻打米蘭的途中，但還沒有攻陷的跡象。遭到由東方步步進逼的史提利柯部隊，與依舊健在的米蘭城守軍雙面夾擊的風險反而較高。

阿拉里克決心逃亡。然而往北有阿爾卑斯山阻隔，往東有逐漸逼近的史提利柯。南邊的熱那亞同樣不能當作逃亡目標。這個時代的熱那亞只是個小型海港，沒有豢養幾萬名蠻族的基礎。結果，阿拉里克似乎認為雖然同樣受阿爾卑斯山阻擋，但西方是唯一的退路。他決心攻陷特里諾，趁勢衝過阿爾卑斯山逃入高盧境內。

阿拉里克與西哥德族解除對米蘭的包圍後，首先南下前往帕威亞，由此轉入朝西的大道往特里諾行軍。他們一邊聽著背後傳來米蘭居民脫離險境後歡天喜地的歡呼聲，一邊拉著四處掠奪後滿載著行李的貨車。

史提利柯也同樣的，沒有機會在米蘭城裡聽民眾歡呼的聲音。他與麾下的部隊沒有進入米蘭市區，直接追擊往西行進的阿拉里克與西哥德族。只不過，走的路線不一樣，而且追擊時軍隊並未匯集一處，是分散成許多分隊。阿拉里克率領的西哥德族雖然人數占絕對優勢，但是隊伍裡有婦孺與貨車，

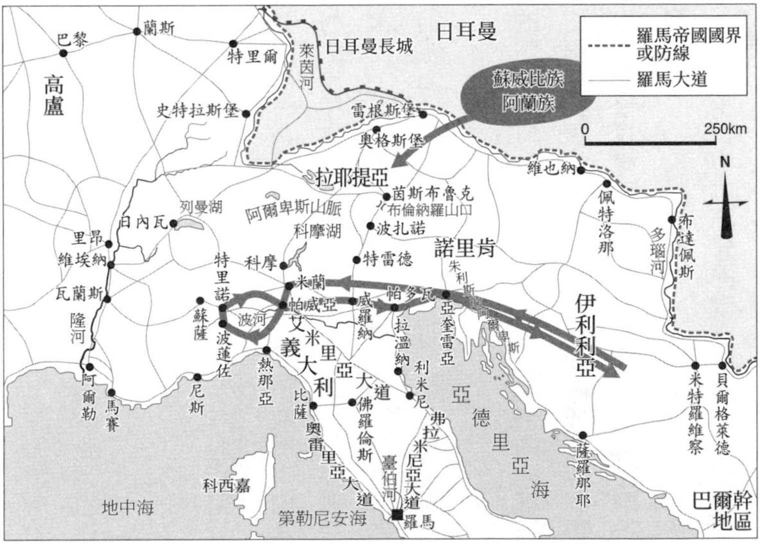

西元四〇一～四〇二年阿拉里克與北方蠻族的入侵路線

整個隊伍並未一起行動。因此必須先派遣軍隊把分散的敵人漸漸驅趕到一處，以便最後一網打盡。要以數量吃虧的兵力擊倒優勢敵軍，最有效的方法是令其匯集在一處之後，施加致命的打擊。阿拉里克原本應該朝西往特里諾直行的，在中了史提利柯的計謀之後，甚至因此半途往西南方大幅繞道。

在今天，波蓮佐這個小村落唯一出名之處，是義大利國王於十九世紀時曾在這裡設置一座狩獵時居住的別墅。不過在羅馬時期這裡叫做波蓮提亞，是個以手工業立足的小都市。到如今在這個地圖上都找不到的小村落郊區，還有著與村落規模完全不符合的羅馬水道、神殿遺蹟。

西元四〇二年四月六日，兩軍在波蓮提亞的平原上對峙。西哥德族讓婦孺與貨車退到後方，男子在阿拉里克的指揮下準備作戰。史提利柯方面則擺出由步兵在中間，騎兵站在兩翼的傳統羅馬陣形。

不過在當時，如果有人能同時看到雙方陣營的話，大概會認為由阿拉里克率領的西哥德軍比較像是羅馬軍，而不是史提利柯率領的部隊。史提利柯軍的左翼，是不久前剛成為「同盟部族」的阿蘭族騎兵，從遠處就可看到他們穿著打赤膊的日耳曼武裝。相對的西哥德軍卻拿著取自羅馬帝國軍用倉庫的羅馬式武器，穿著厚重的軍裝。

我們不知當天阿拉里克在何處指揮作戰。不過在羅馬軍中央陣營的後方，隨時可以看到史提利柯挺直身軀坐在馬上的身影。

可能是負責記述的詩人克勞狄亞努斯對這方面的事情不大關心，我們無法得知戰況的演變過程。似乎是史提利柯麾下的騎兵從兩翼迅速展開搶得先機，把西哥德族的部隊驅趕到背對溪流的狹隘平地裡，讓西哥德族在地形箝制之下大敗。部隊在陣形混亂後遭到驅趕殺戮，就連阿拉里克的妻小都遭到俘虜，可見在戰場後方的家眷也失去安全。儘管如此，阿拉里克還是成功的將半數部隊撤出戰場，史提利柯與阿拉里克的對決還沒結束。

一路追擊向東逃逸的阿拉里克與西哥德族後，戰場轉移到了威羅納。在威羅納近郊展開的戰鬥，同樣又由史提利柯獲勝，而西哥德族這次無法避免地全面潰敗。

這一次阿拉里克又成功逃脫了。只不過，他與麾下的西哥德部隊無法像是在波蓮提亞戰鬥時一樣撤退或轉進，而是以完全潰逃的姿態，回到半年前剛拋棄的巴爾幹地區。

總而言之，阿拉里克與西哥德族受到短期內無法復原的重大打擊。也就是說，阿拉里克暫時無法威脅義大利了。

不僅是直接受害的義大利北部，整個義大利都為了脫離蠻族威脅而欣喜若狂。無論是元老院議員或是平民，人人都充滿了安心與喜悅。而且這一次，沒有任何人懷疑史提利柯是不是二度手下留情放走阿拉里克。

拋棄高盧

當大多數人為了脫離蠻族威脅而安心鬆懈時，唯有功臣史提利柯一個人保持冷靜。他利用這個機會，制定了許多平時會大受抨擊的法律。而且還不是在戴克里先與君士坦丁大帝轉入專制君主政體後，羅馬人常見的「敕令」形式；反而是遵循元首政體時代的立法程序，由立法機構元老院表決成立國法。正因為他想採取這個作法，因此覺得飽受眾人支持與期望的現在，是通過受人批判的法律的好時機。

西元四〇二年秋季到四〇三年秋季這一年中，由史提利柯制定的法律大致可以分成兩類。首先是關於義大利的防衛工作，其次則是行省，尤其是與義大利安全息息相關的高盧南部防衛工作。兩者共同之處在於都是重整防衛體制的法律。

首先成立的法律，認同義大利半島「長官」握有募兵權。其次成立的法律，則是設立能成為該長官手足的機構。此外，史提利柯加強了在入伍後無確切理由而脫逃者的罰則，後續的法令更加強了這項罰則，逃兵一旦被捕將隨即處死。

以當時的局勢來說，這些法律確實有存在的必要，但卻飽受社會各層面的抨擊。一百多年來，義大利半島境內沒有徵募過軍人。義大利本國的男子被人視為軟弱無能，無法承受嚴苛的工作條件和惡劣的環境。因此徵募軍人的地區往往限定於巴爾幹或者高盧東部。新法成立之後，義大利境內的男子開始做出共和時期或元首政體時期羅馬人聽到後會大為憤慨的迴避兵役行為。為了逃避兵役而自殘軀體的平民屢見不鮮，大型莊園的主人則是不願意讓手下的警衛或農奴服役。可見公德心一旦喪失，可是不容易再挽回的。

至於重整高盧防衛體制的法律是在何時、以什麼法律成立的，後人無法得知。可能羅馬帝國到了末期之後，連留下記錄的意志都跟著衰退。義大利境內的文獻還勉勉強強，與行省有關的記錄則無論在質或量都大幅衰減。我們已知的是，史提利柯將整個高盧境內的羅馬勢力根據地，從特里爾遷移到了阿爾勒。

特里爾位於萊茵河的支流摩澤爾河中游，除了河運以外，另以三條羅馬大道直通羅馬帝國的防線。而史提利柯放棄了這個以開國皇帝名諱命名，羅馬時期稱作「奧古斯塔·特列維羅姆」（奧古斯都營）的重要基地，遷移到瀕臨地中海，羅馬時代稱作「阿拉提」，今日稱作阿爾勒的城市。如果以現代的國籍來看，就是把高盧地區的總根據地從德國西部遷移到法國的南端。光是從這一項來看，就可以想像史提利柯腦海中的高盧防衛計畫是個什麼樣的內容。

也就是說，他打算放棄羅馬人長年稱呼為「長髮高盧」的高盧北部、中部。在事隔四百五十年之後，放棄了朱利斯·凱撒征服得來的高盧地區。為了防衛高盧地區，羅馬在不列顛常駐了三個軍團，放棄「長髮高盧」也就表示連不列顛一起放棄。那麼，為什麼史提利柯要保留高盧南部？

現在的法國南部，統稱為普羅旺斯。其實只是從羅馬人的語言拉丁文中，把意為行省的"provincia"轉成法文拼音而已。西元前三世紀，羅馬與迦太基展開第二次布尼克戰役，在戰勝漢尼拔之後把這個地區行省化。在西元前一世紀進入帝政時期之後，羅馬街道網路才在義大利本國外大幅拓展。不過早在百年前，羅馬人就已經鋪設了橫跨南法的大道。鋪設這條大道的目的，是為了銜接在第二次布尼克戰役後獲得的西班牙。西元前一世紀中葉，凱撒將高盧北部與中部行省化。不過早在一百五十年前，高盧南部已經是行省了。

因此普羅旺斯對羅馬人來說不是普通的行省，是已經與羅馬合而為一的行省。「長髮高盧」或不列顛出身的人員中，沒有人登上羅馬帝國的皇位，但是南法出身

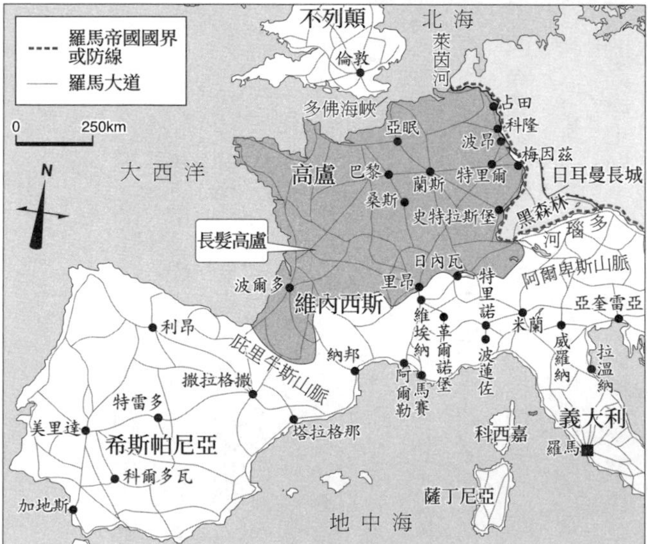

高盧與希斯帕尼亞

的人員裡頭有，這個人就是五賢君之一的安東尼奧．派阿斯。圖拉真與哈德良雖然出身西班牙，不過是移民當地的羅馬公民後裔。羅馬帝國鼎盛時期的皇帝之一安東尼奧．派阿斯卻是由羅馬征服的部族後裔，而且在元首政體時期裡，帝國高官之中不乏像他這種羅馬化高盧人。

在古代，普羅旺斯可不像我們觀念中根深蒂固認定的，是法國的一部份。對古代羅馬人來說，南法與西班牙、北非要比法國北部、中部、不列顛來得親近。我們不能忘記的是，無論是共和或者帝政時期，羅馬都是個地中海帝國。

儘管出身於日耳曼裔的汪達爾族，史提利柯在觀念上還是個標準的羅馬人。想必對他來說，寧願放棄不列顛與「長髮高盧」也要保住普羅旺斯，是很自然的選擇。

不過，這項政策同樣飽受批判。對於住在義大利半島的平民來說，阿爾卑斯山另一頭的高盧畢竟很遙遠，因此反彈的程度不如直接加諸身上的兵役制度。可是元老院議員可沒上當。他們發現史提利柯把高盧地區的羅馬勢力根據地從特里爾遷移到阿爾勒的目的。當然，史提利柯並未表示要放棄高盧北部與中部，也沒有撤除不列顛常駐軍團。然而光是把根據地從萊茵河中游遷移到地中海這一點，就足以看穿史提利柯的意圖。

以「元老院階級」統稱，擁有地位、財力的羅馬上流社會男子之間，開始醞釀一股對史提利柯不滿的氣氛。史提利柯強迫他們把大型莊園裡的警衛與農奴提供出來服兵役，已經夠讓他們生氣。而實質放棄「長髮高盧」的政策，更讓他們產生祖先辛苦博得的榮耀遭人踐踏的感覺。

尤其推動這項政策的人是個蠻族出身的男子，更是讓他們忿忿不平。

即使對他們勸說這種感情只是一種懷舊氣息，如果要面對現在的嚴苛環境就必須有勇氣與過去別離，恐怕也是白費功夫。西元五世紀的羅馬上流社會，理論上也知道目前該如何做。然而在國家分崩離析的過程中，占據人心的往往不是「道理」而是「感情」。

史提利柯也知道整個社會對他的反感開始蔓延，因此他決定舉辦在羅馬絕跡已久的凱旋儀式，試圖消解民眾的不滿。

要舉辦凱旋儀式就需要名義。這回凱旋儀式的名義是兩年前當阿拉里克率領西哥德族入侵義大利北部時，在波蓮提亞、威羅納兩度決戰，逼使阿拉里克逃回巴爾幹地區。如果儀式的目的是與公民同享勝利，應該要在西元四〇二年，戰勝年度的秋季舉辦，然而儀式卻拖延到西元四〇四年秋季舉行，可見慶祝戰勝只是名義，實際上的目的在消解民眾對史提利柯的反感。

凱旋儀式

進入帝政時期之後，皇帝身兼羅馬的最高司令官。即使戰勝的功臣另有其人，在首都羅馬舉行凱旋儀式時主角一律由皇帝擔任。西元四〇四年秋季舉辦的凱旋儀式中，坐在駕駛人驅策的雙頭馬車上，享受群眾夾道歡呼的，同樣是霍諾里烏斯皇帝。

不過，凱旋儀式是羅馬的傳統祭典，因此與羅馬的傳統文化息息相關。從基督教的角度來看，這個儀式的異教色彩太過濃厚。本來凱旋儀式的存在之於基督教國家就是矛盾的，可是民眾一遇到凱旋儀式又會為其瘋狂。因此在成為基督教國家之後，羅馬依舊保留了凱旋儀式，只不過儀式的模樣與以往大相逕庭。

首先，由凱旋武將親自駕駛四頭白馬戰車的作法完全遭到廢除。採用白馬駕車的規定還留著，但是數量減少到兩匹，同時兩頭戰車也改由駕駛人驅策。

另外，用紅顏料塗滿凱旋武將臉部的作法也廢除了。在羅馬，將臉部塗成紅色是用於表示神明的方法。也就是說在儀式當天，凱旋武將因擊破敵軍保衛家鄉的功勞暫時成了神明。可是在一神教基督教之下，哪怕只有一天，依舊不能容許唯一真神以外的其他神明存在。在廢除「只當一天神明」的規定後，以前站在接受群眾歡呼的凱旋武將背後，不斷提醒他「勿忘你是註定一死的凡夫」的奴隸也就消失了。將凱旋武將捧上神明寶座，又不斷提醒他其實身為人類，是成為基督教國家之前的羅馬特有的巧妙均衡感。到如今羅馬也成為用不著重視這種均衡感的國家了。

以月桂樹的葉子編製，代表戰勝者的月桂冠同樣也消失了。往年桂冠是希臘的奧運競技冠軍以及羅馬皇帝所佩戴的飾品，因此被認為是異教的象徵。實際上，當羅馬成為基督教國家之後，貨幣上也找不到戴著桂冠的皇帝肖像了。

西元四〇四年的凱旋儀式同樣地極度排除異教色彩。在遊行隊伍最後由戰勝者乘坐的雙頭馬車上，除了霍諾里烏斯皇帝之外，還可看到史提利柯的身影。當然，坐在前面享受群眾歡呼的是霍諾里烏斯。儘管穿著華麗的軍裝，十九歲的霍諾里烏斯不但體型矮小肥胖又短腿，同時還面無表情。從他身上看不出來半點擊退蠻族保家衛國的氣魄。相反的，站在霍諾里烏斯身後的史提利柯有著四十來歲黃金時期男子特有的沉著氣勢，還有比皇帝高一個頭的身高、結實的身材、銳利的眼神，實在比主角皇帝要吸引眾人的眼光。民眾當然知道，雖然行成年禮至今已過三年，霍諾里烏斯卻是一遭到外敵入侵就從米蘭避難到羅馬，唯有史提利柯勇敢的向前迎敵，就連元老院議員也不得不承認這項事實。而這場利用凱旋武將的雙頭馬車，展示兩名權貴與公民共享戰勝喜悅的示威活動，算是成功落幕了。

史提利柯也善用這個好機會，讓霍諾里烏斯皇帝出席元老院會議，由霍諾里烏斯向議員演說目前議會不願通過的法律有多重要。霍諾里烏斯雖然年輕但有氣無力，當天演講的原稿想必也是由史提利柯所寫的。在皇帝勸說之下通過的法令規定，即使在沒有「國家公敵」宣言等緊急局勢宣言下，大型農莊的所有人如果不願意依照政府要求的人數提供農奴服兵役，那麼同樣有義務為每一名人員付出二十五索利鑠斯金幣。在這項法律通過之後，史提利柯總算為編制新部隊找到財源。因為身兼大型農莊主人的元老院議員，絕大多數不願提供警衛或農奴，寧可選擇付錢。

遷都拉溫納

在這個時期，史提利柯把霍諾里烏斯皇帝的居所從米蘭遷移到拉溫納。遷都拉溫納的原因，在於霍諾里烏斯既堅持不願意回到危險的米蘭，也不想繼續待在羅馬。

羅馬太寬闊，住在這裡的人也太開放。習慣只與熟人打交道的霍諾里烏斯無法適應這種環境。相對的拉溫納面積小，又位於波河的河口，受到周圍如魚網般的水路保護。在共和時期，拉溫納南方的盧比孔河是分隔義大利本國與北義大利行省的界線，而拉溫納正是北義大利行省總督官邸所在。到了帝政時期後城鎮擴大規模，擁有兩個海港。四百年來南義大利的米塞諾與北義大利的拉溫納，一直是羅馬帝國的兩大軍港。

將宮廷設在拉溫納的目的，在於讓膽小的霍諾里烏斯安心，認為緊急時還能從海路逃亡。這就是遷都拉溫納的前因後果。在這裡要岔題說一下，拉溫納與羅馬相同，是自古至今名稱一直未改變的都市。

儘管如此，史提利柯重整義大利半島防衛體制的工作依舊沒有完成。一方面未能受到羅馬社會各層面的協助，另一方面，羅馬帝國的國力已經衰退了。

西元四世紀初期，戴克里先皇帝行使強權，把羅馬全體兵力倍增到六十萬人。然而百年來人數逐漸衰減，根據研究人員推測，西元五世紀初期時，恐怕人數只剩下三分之一。由於帝國末期的文書記錄質與量也隨之衰減，我們連「軍總司令官」史提利柯能親自率領多少官兵都不知道。不過就連他都無法率領十萬大軍，頂多只有一兩萬人的部隊。而他要面臨的入侵蠻族，往往人數超過十萬以上。

與西羅馬帝國的國防力量相較，東羅馬帝國同樣有兵力衰退的問題，但減少的程度沒有西方嚴重。

這並不表示東羅馬帝國的國力比西羅馬帝國高，也不表示東羅馬帝國的官兵比西羅馬帝國的同袍勇敢。對東羅馬帝國來說，這個時代的敵國是大國波斯，而波斯部隊會跨越幼發拉底河向西入侵，絕非因為在波斯活不下去要往外掠奪。波斯軍隊會入侵羅馬帝國，理由在於要藉由軍事行動，收復七百年前敗給亞歷山大大帝以前的古波斯帝國領土。因此當時的波斯物資豐厚，若能擊退波斯軍隊，東羅馬帝國的官兵甚至可以獲得大量的戰利品。

相對的，西羅馬帝國的官兵作戰的對象，是因為謀生不易，或者遭新來的部族壓迫逼至遷徙，不得不入侵羅馬帝國的蠻族。就算擊敗了這些對手，能拿到手的戰利品也很有限。

這方面的差異，也形成了東羅馬帝國與西羅馬帝國志願從軍人數，以及官兵個人鬥志的差異。這同樣是當「國家」與「個人」利害關係不一致的衰退期現象之一。因為在羅馬帝國鼎盛的元首政體時期中，戰鬥的對象一樣是無法期待戰利品的北方蠻族，但即便當時的羅馬以嚴格標準篩選，依舊能輕易招集到優秀的官兵。

只不過，鼎盛時期的帝國政府自有相當的對策。

首先，政府保障官兵能有與羅馬社會中產階級同等的年薪。在沒有固定薪資的時代裡，這是非常有吸引力的一項優勢。

其次，是保證官兵得享同一時代其他國家沒有的，期滿退伍後的退休俸。當時似乎會隨官兵個人意願，以土地或現款方式發放。官兵不用擔心在退伍後如何展開第二段人生。奧古斯都皇帝為了開闢退休俸的財源，甚至創設了在古代前所未聞的遺產稅。這項稅賦規定由六等親以外人員繼承遺產時，要由遺產中繳納百分之五的稅金，不但讓未服兵役的公民一同承擔國防安全責任，也幫助社會建立公德心。

以上所說的，是由羅馬公民權所有人所組成的羅馬主要戰力軍團兵的待遇。出身於行省，沒有羅馬公民權的輔助兵在期滿二十五年退伍之後，一樣有退休俸可以領，只不過這些人領到的是羅馬公民權。這項政策出自於羅馬式的觀念，認為行省民既然一同承擔了羅馬帝國的國防重責，也就有資格享受與羅馬公民同等的權利。而且與醫師或教師等職業所取得的個人羅馬公民權不同的是，行省出身的官兵獲得的公民權是世襲權益。也就是說，這些人的後代已經不是行省民，在任何方面待遇都與世傳的羅馬公民同等。

第三點則是由朱利斯·凱撒開創的退伍官兵回歸公民社會政策。筆者向來認為，羅馬帝國是由中央集權與地方分權巧妙搭配才能發揮功用的國家組織。因此儘管以皇帝為首的中央政府沒有選舉過程，地方政體的選舉活動卻很熱絡。凱撒擔任「終身獨裁官」之後運用強權推動了許多改革措施，其中一項是地方議會的活化政策。根據凱撒的法案，議員候選人的資格年齡分成下列三種。

一、無兵役經驗者：三十歲以上。

二、具有軍團步兵兵役經驗者：二十三歲以上。

三、具有騎馬或百人隊長兵役經驗者：二十歲以上。

羅馬社會認為男子滿十七歲才成年，軍隊不接受低於這年紀的志願役人員。而軍團兵的服役年限，雖然要到奧古斯都時代才有明確規定，不過退伍年限在服役二十年之後。也就是說，軍團兵退伍時年齡應該介於三十七至四十歲之間。能在二十或二十三歲就退伍的人，唯一的理由應該是傷病。也就是說最高司令官朱利斯．凱撒的福利政策，普及到在戰鬥中受傷或兵役期間罹病，因而不得不提前退伍，也因此無法享受退休俸的官兵。

國民公德心與官兵的鬥志勢必有個人差異存在，所以屬於不確定要素。如果國家希望能運用這些不確定要素的好處，就必須顧及對薪資、退休俸的保證，以及回歸公民社會時的優勢。大多數的人，要在能夠心安時才會提起幹勁。也唯有在這情況下，才能期待「國家」與「個人」利害一致。

然而羅馬政府在西元二一二年時，將羅馬公民權頒贈給帝國境內除奴隸以外的所有國民。這就是由卡拉卡拉皇帝所頒布，史上有名的「安東尼敕令」。乍看之下，這是一道充滿人道精神的法令，然而它卻使得羅馬公民權失去魅力。因為公民權從要為國家效力才能到手的「取得權」，轉為只要在帝國境內出生就可獲得的既得權，再加上兵役期間能獲得的薪資與退休俸規定開始模糊不清。此外，文官與武將職業生涯完全分離的政策，也使得兵役經驗者再也休想轉入地方議會。

不過，即使有辦法候選，也恐怕沒有人願意擔任地方政體的要職了。

西元四世紀後的羅馬帝國與以往的元首政體不同，轉型為專制君主政體的帝國，成為中央集權國家，地方議會淪為照中央決定金額徵稅的機構。議員們在稅收未達預定金額時要自掏腰包補貼，因此沒有人願意進入議會。唯有靠職業世襲法的規定，把出生在議員家庭中的男子束縛在議席上。這樣一來，個人與國家的利害自然會不一致。

也許有人會反駁說，朱利斯·凱撒與開國皇帝奧古斯都所整頓的官兵優待措施，會讓後繼的歷任皇帝承襲為羅馬帝國的基本政策，起因在於羅馬是個軍事國家。若真遇到這種人，筆者也想表示一下意見。這種利用將文人領軍視為金科玉律的現代觀念拿來審判古代的態度，往往容易妨礙對古代社會的理解。

生於希臘城邦國家公民的義務，是抵禦外侮、保護自己的國家。相對地，公民拿到手的權利，就是參與母國政治的參政權，因此古希臘城邦國家的公民都會親手拿起武器防禦外敵。例如哲學家蘇格拉底、政治家伯里克里斯、悲劇作家索福克利斯、寫實作家克先諾馮、史學家修昔的底斯等。

羅馬是起源自城邦的國家。「公民」(civis) 的義務是保衛國家，權利同樣是透過選舉參與政治，歷史上會將兩個時代並稱為「希臘羅馬時代」，也是基於在這方面的共通處。亦即，無論在希臘城邦或在羅馬帝國，「公民」的首要義務是保衛「國家」。直到西元前一世紀為了推動失業救濟政策而將兵役轉為志願制為止，羅馬施行的是全民皆兵的徵兵制度。而在將兵役轉為志願制之後，擔任國家要職的必備條件是曾有兵役經驗，全國上下沒有任何人對這點表示反對。在共和時期的羅馬要角中，沒有軍事經驗的，恐怕只有身為哲學家兼律師，又曾擔任過執政官的西塞羅。就連歷任皇帝，也幾乎全是曾經服役的人員。在羅馬國內的菁英職業生涯，通常是來回於行省的軍事經歷與中央的文官職位之間。

羅馬帝國長年來未將文官與武將生涯分開，因此也不會產生文人統管軍人的概念。文武混合的傳統路線，促進了文官武將兩個領域的人才運用，結果有利於羅馬的國家整體利益。

到西元四世紀後，禁止元老院議員從事軍事的法令成為國策，也轉變了上述風氣。從此以後文官與武將完全分立，雙方的人員素質並未因此提升。從後來雙方的表現看來，素質恐怕只有日益衰退的分。組織一旦明確的縱向分割之後，人員也就失去從不同領域經驗中獲得刺激的機會。這也就難怪即使將軍方總兵力增加到元首政體時代的兩倍，長期效益卻不如預期。西元四世紀初期羅馬帝國的兵力從三十萬擴編到六十萬人，但當國家因財政困難逐步裁軍之後，北方蠻族也就又開始自由進出羅馬國土。筆者認為，三世紀初期由卡拉卡拉皇帝推動的羅馬公民權既得權化，四世紀初期強行推動的文武完全區隔政策，是讓羅馬軍事力量衰退的兩大主因。

在兩百年之後，羅馬進入西元五世紀初期。也就是說，到了由史提利柯承擔國防全責的五世紀初期時，兩百年來漸漸形成的上述傾向，已經穩固到無法回頭的地步。如果元首政體時代的領袖有機會看到羅馬帝國的現狀，恐怕會對一個人承擔責任的史提利柯表示同情。

西元四〇四年秋季舉辦凱旋儀式後的小康局面，同樣沒辦法維持一年。第二年，西元四〇五年冬季即將來臨時，大批蠻族入侵的消息再次震撼全義大利。這時二十歲的霍諾里烏斯皇帝同樣不願離開拉溫納半步，史提利柯只好又一個人扛起保衛義大利的重責大任。

巨浪臨頭

西元二六〇年發生現任皇帝被波斯俘虜的空前事變後，羅馬棄守「日耳曼長城」，從此再也沒有收復失土。然而這道防線在羅馬的國防上發揮過極大的功用。第二任皇帝臺伯留早先發現這個地區的重要性，因而草創建設，其後圖密善皇帝正式建設防線，日後的圖拉真、哈德良、馬庫斯．奧理略等五賢君戮力強化防線的建設自有其原由。因為向北流的萊茵河、向東流的多瑙河都發源自這個地區。再加上包括羅馬時期稱作涅凱爾的涅卡河在內，兩條大河在此地又有許多支流存在。而且這一帶的西南部是羅馬人稱為「未開發森林」(silva) 的「黑森林」(schwarzwald)。儘管羅馬人在這裡鋪設了羅馬式的石板大道，黑森林依舊是連白天都一片陰暗的地區。

簡單來說，羅馬人稱為"agri decumates"，介於萊茵河上游與多瑙河上游之間的地區因為屬於山區，是個難以防衛的地帶。而"agri decumates"直譯的話就是「十分之一稅耕地」。當初羅馬帝國將居住在此地的日耳曼人收為行省民，承認其居住權，保障他們的安全，相對地其收入的十分之一要上繳帝國，因此產生了這個名詞。西元四世紀以後，羅馬與北方蠻族的關係是認同其居住權、簽訂同盟契約、由羅馬給付傭兵酬勞聘請其一同作戰。與羅馬鼎盛時期的元首政體時期相形之下，帝國與蠻族的關係差異讓人印象深刻。不過這也是因為「日耳曼長城」——一座在敵人進入大河上游與白天依舊陰暗的森林前就擊退敵人的長城——早在一百五十年前就消失的緣故。

自從羅馬棄守這個地區之後，蠻族入侵幾乎全集中在這個地方，由此就可證明「日耳曼長城」發揮過多大的功效。西元四〇五年秋季的入侵只是其中的一個實例，只不過入侵的人數空前絕後。

這次的入侵，同樣符合西元四世紀後半至五世紀前半的蠻族入侵特色，蠻族們遭到匈族擠壓，不得不侵襲羅馬帝國。若從他們的角度來看，這些入侵蠻族的身份是「難民」。入侵的遠因是匈族遠從亞洲向西入侵，最初擠壓了多瑙河下游北岸的蠻族，其次轉移到多瑙河中游，到了五世紀初期時，行動已經擴及多瑙河上游。亞裔蠻族的兇猛，似乎連日耳曼人都無法應付，且往往是日耳曼人遭受到擠壓。因此，匈奴除了「兇猛」之外，又多了一個百戰百勝的名號。

被逐出「十分之一稅耕地」這個如今僅有諷刺意味、羅馬帝國的威光早已不及的地區之後，蠻族們只好流入南邊的拉耶提亞行省。不過這次入侵並未事前訂定目標，由特定部族領袖帶隊。名目上，這次入侵的領袖是東哥德族的國

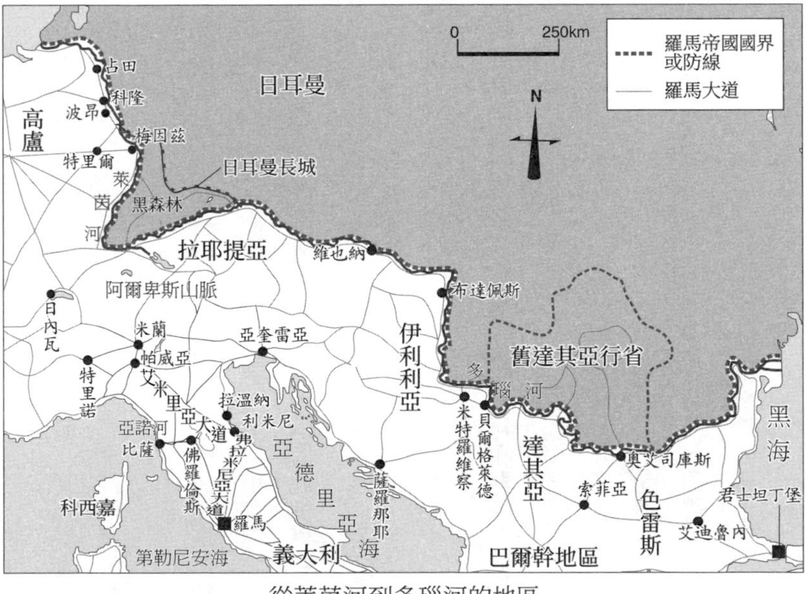

從萊茵河到多瑙河的地區

王拉達蓋索，不過拉達蓋索立場上只是此次入侵時的日耳曼裔部族聯盟代表。西元四〇五年秋季入侵西羅馬帝國境內的，除了拉達蓋索旗下的東哥德族以外，尚且混有蘇威比、阿蘭、勃艮第等部族。共通點在於都屬於日耳曼裔，而且遭到匈族侵襲失去居所，不願意喪命或淪為奴隸就只好向外逃逸。

只不過，這些人雖然同屬日耳曼裔蠻族，卻與雖受天主教派打為異端，但一樣信仰基督教亞流教派的阿拉里克與西哥德族不同。拉達蓋索率領的「東哥德族」是異教徒。與東哥德族一同行動的蘇威比、阿蘭、勃艮第等部族與東哥德族同樣信奉日耳曼傳統神明，相信森林是日耳曼之母。這些人活在羅馬文明圈的外頭，羅馬人不為過的稱呼這些人叫做「蠻族」。而這回包括婦孺在內，共有四十萬人湧入羅馬境內。

如果華格納生在這個時代，迎擊的羅馬人或許會認為自己正在聽著壯麗又充滿野蠻力道的華格納歌劇。在這裡聊個題外話，華格納的代表作，由「萊茵河黃金」、「飛行的女武神」、「齊格飛」、「諸神黃昏」四部曲構成的「尼貝隆根的戒指」之中，出場人物是羅馬帝國末期，一再入侵羅馬領土的蠻族勃艮第族。德國的西部與南部在古代屬於羅馬帝國領土，然而華格納的故鄉萊比錫，卻位於羅馬帝國放棄征服的日耳曼深處，是個發祥於中世紀的城鎮。順帶一提，若要以古代的角度辨別莫札特的故鄉薩爾茲堡、貝多芬的故鄉波昂到底屬於日耳曼還是羅馬的話，這兩個地方都位於羅馬境內。這讓人不禁想像，原來華格納的歌劇會比較具有日耳曼風格，

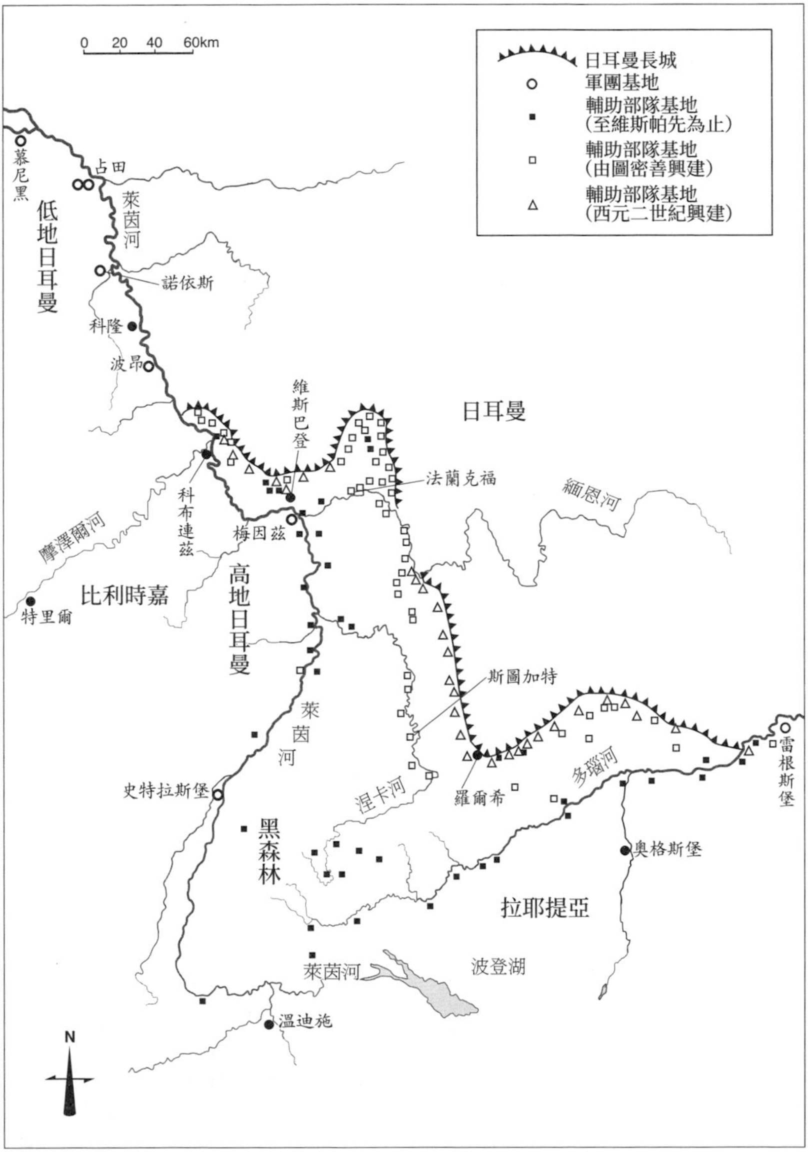

建設完成的日耳曼長城（引用自“*The Grand Strategy of the Roman Empire*”）

是因為背後有這樣的歷史因素。

總而言之，日耳曼民族入侵義大利時，如果背景有著華格納的樂曲，想必會是個壯麗又整齊的行軍畫面，可是實際上卻是毫無隊伍可言。數量龐大的人員、家畜，就在沒有規律與明確目的地的狀況下不斷南下。

住在南下路徑上的人們承受的損害，想必無法估計。他們之間並未發生戰鬥，只是一大群人突然冒出來搶劫，殺害有膽量抵抗的人之後又揚長而去，整個情況有如蝗蟲過境。

迎擊

對於要負責迎擊的史提利柯來說，這次面對的敵人每個條件都無法估計。羅馬軍中的指揮官裡，不乏像是阿拉里克這樣曾在羅馬軍中擔任職務的首領，可是其中不包括拉達蓋索。而且他以往沒有與羅馬作戰過，使得羅馬無法推測他會在戰場上做出什麼樣的舉動。更嚴重的問題是，連這些數量龐大的蠻族到底以哪裡為目標都不知道，因此無法預測他們會經過哪些地方。起初羅馬以為他們朝高盧前進，直到西元四〇六年春季，拉達蓋索與旗下的四十萬人攀越阿爾卑斯山出現在義大利北部時，大家才知道原來他們是往義大利前進。

史提利柯在迎擊這個從羅馬的眼光來看難以捉摸的敵人時，最緊要的問題是要籌集兵力。

西元四〇五年冬季，收到拉達蓋索率領的日耳曼部族由多瑙河上游入侵的消息時，史提利柯立即向西羅馬帝國境內各個行省發令，要求派遣援軍前來會合，然而他卻無法獲得行省規模的兵力。這並非各個行省拋棄了義大利本國，行省不送來援軍的首要理由，在於不列顛、高盧、希斯帕尼亞、北非等地光是自保就已經捉襟見肘，沒有多餘兵力可以支援；第二項原因，在於即使派出援軍，也沒辦法保證援軍可以平安到達義大利。筆者確信「和平」才是終極的基礎建設，當「羅馬和平」結束之後，不僅是抵禦外敵，就連防衛內賊，亦即所謂的治安工作，都會產生問題。也因為如此，響應史提利柯的命令來到義大利的，全是在高盧境內以「同盟部族」身份在羅馬軍中服務的蠻族兵。其中包括曾是阿拉里克的部屬薩洛所率領的西哥德部隊，以及由烏爾丁指揮的匈族傭兵。

雪上加霜的是，由於大型莊園主人的抗拒，義大利境內的徵兵工作推展得很不順利。到了西元四〇六年五月，史提利柯只好採用在羅馬帝國史無前例的強硬手段。他成立法律規定將奴隸也納入徵募軍人的對象。這道法令似乎不是必須經由大型莊園主人占多數的元老院表決通過的國法，而是由皇帝頒布後直接生效的敕令，也就是所謂的臨時措施法。不過敵人已經近在眼前，最重要的是能不能迅速因應。

志願服役的奴隸可獲得的酬勞是，在戰後可以脫離奴隸身份，以及領取兩枚索利鐸斯金幣。既然身為奴隸，背後自然會有主人。至於奴隸的物主有沒有獲得什麼樣的補償措施，就不得而知了。總而言之，到了西元四〇六年入夏時，史提利柯才好不容易湊出三萬兵力。

羅馬帝國實際戰力

如果把元首政體時期的羅馬帝國分成東西兩塊，當時常駐西方的戰力是由十個軍團六萬人的主要戰力（擁有羅馬公民權的軍團兵），以及人數同等的輔助戰力（行省兵）構成，總計十二萬人。歷經三世紀危機之後，西元四世紀初期人數倍增，擴編到二十五萬人。西元四世紀前半羅馬帝國能免於大規模的蠻族入侵，與兵力倍增這個大刀闊斧的政策大有關係。只不過，軍事上大刀闊斧的政策，自然會壓迫到國家財政。到了西元四世紀後半，這項政策的弊端也就慢慢浮現了。也就是說，因為國家在人力、財力上都無法維持，使得這段期間內羅馬帝國的國防力量不斷衰退向下探底。

不過讓人感到詫異的是，西羅馬帝國的軍總司令官把徵兵對象擴大到奴隸之後，到手的兵力竟然只有三萬人。在元首政體時期，三萬人不過是皇帝之下十來名司令官或軍團長所指揮的戰略單位。

一個優秀的司令官會考量盡可能減少麾下官兵受損的戰術，但是也知道作戰時勢必會產生損耗。無論是亞歷山大大帝也好、漢尼拔也好、朱利斯·凱撒也好，在獲得全面勝利之時，在戰場上必定折損部分兵力。可是西元四〇六年時，史提利柯卻連折損的機會都沒有，因為他已經沒有補充兵力的來源了。另外史提利柯還背負了第二項負擔，就是他必須將包括奴隸在內，好不容易張羅來的三萬兵力，在未經訓練的狀況下送上戰場。

陷入這種狀況之後，總司令官只剩下一種戰略可以選擇。既然不能讓兵力折損，也就不可能在推動多次前哨戰之後發動決戰。剩下的唯一戰略，就是等待敵人聚集在一個地方後，才主動發起決戰。

這年四十六歲的史提利柯決心等待時機到來。為了等待時機，他只好坐視拉達蓋索與旗下的四十萬人像蝗蟲過境一樣的橫掃義大利北部。

菲耶索萊之役

到了六月，拉達蓋索與旗下的四十萬人放棄了讓他們吃乾抹淨的義大利北部，開始朝義大利中部移動。如果他們是以羅馬為目的地的話，最快、最容易的途徑是由艾米里亞大道前往利米尼，由此轉入弗拉米尼亞大道直達羅馬。不過拉達蓋索以往從未與羅馬帝國有過接觸，可能他不清楚羅馬的富裕，以及羅馬石板大道的便捷。一群人好似油漬在布料上暈開似的，從義大利北部湧入了義大利中部。在中部遇到了第一個城鎮佛羅倫斯之後，馬上展開了圍城戰鬥。可能是他們剛剛攀越亞平寧山脈，伙食即將見底了吧。

羅馬時代的佛羅倫斯名叫「佛羅倫提亞」(Florentia)，位於發源自亞平寧山脈、注入第勒尼安海的亞諾河北岸，是由羅馬人修建的都市。以往這裡是伊特魯里亞人的居住地，不過伊特魯里亞人有在丘陵上建設城鎮的習性，因此他們居住的地方，是如今遍布別墅的菲耶索萊丘陵。征服並同化伊特魯里亞人的羅馬人，卻是喜好在平地上修建城市的民族。因此，修建於亞諾河濱的佛羅倫斯，實際起源自羅馬時代。西元前一世紀時，蘇拉選定這個城鎮作為麾下官兵退伍後的落腳處。不過後來這名猛將的部下因牽涉到加帝藍陰謀而全數喪生。最後是由朱利斯·凱撒看中這個差點淪為無人廢墟的地方，讓退伍的部下定居。據說意為「花都」的佛羅倫提亞這個名稱，同樣起源在凱撒時期。直至文藝復興時期，作為文藝復興發源地的佛羅倫斯，已經是有著一千五百年歷史的古都。而且到了現代，依舊以國道二號卡西亞大道(Via Cassia)與首都羅馬相連。

只不過，文藝復興時期的佛羅倫斯已經擴及亞諾河的南岸，而羅馬時代的佛羅倫斯範圍僅限於亞諾河北岸，實際範圍僅有亞諾河岸與「聖母百花聖殿」圈起的方形區域。在現代，只要走出佛羅倫斯市區，就可攀上菲耶索萊丘陵的緩坡，在羅馬時代兩地卻相隔一大段距離。中間的一大片平原，是時人的耕地。而這片廣大的耕地，也成了拉達蓋索與麾下四十萬人攀越亞平寧山脈後，圍城攻打佛羅倫斯時的營地了。

史提利柯接獲偵查兵報告之後，知道他苦等的時機終於到來了。他的部隊基地位於北義大

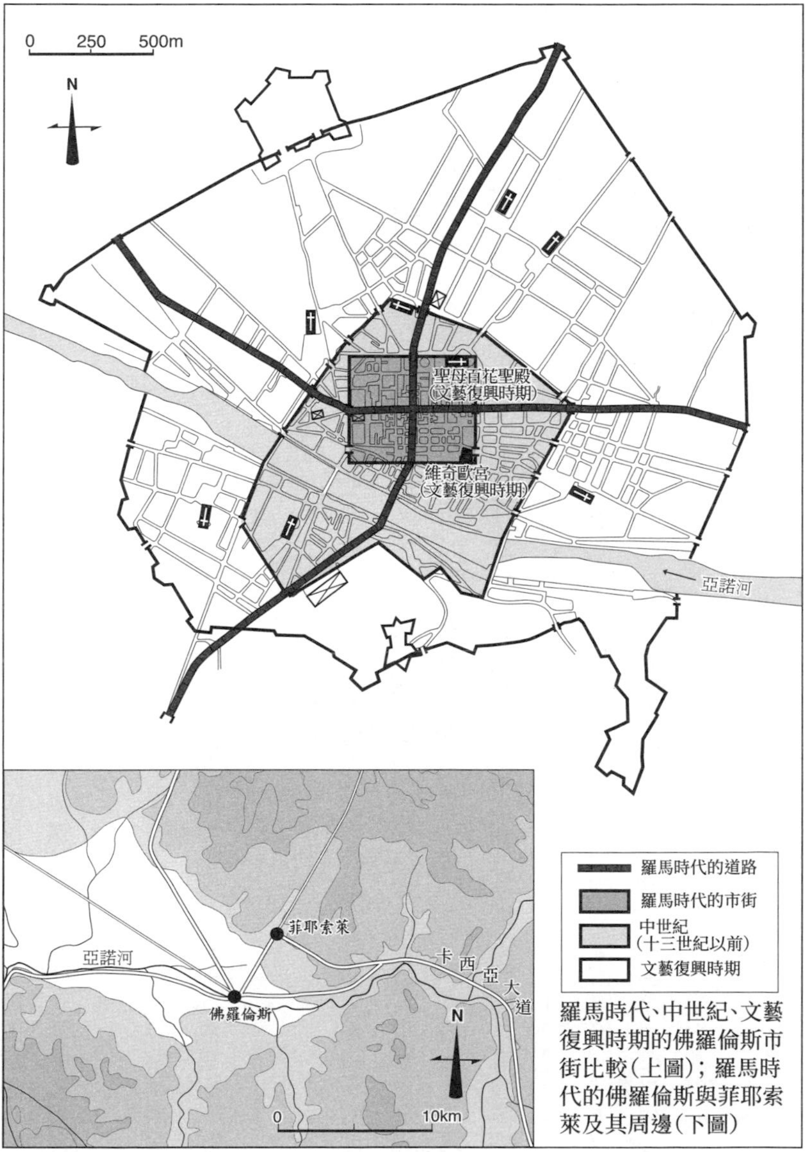

羅馬時代、中世紀、文藝復興時期的佛羅倫斯市街比較(上圖);羅馬時代的佛羅倫斯與菲耶索萊及其周邊(下圖)

利的帕威亞，在一路監視拉達蓋索的動態之下，將領與三萬部隊選擇保持特定距離的道路，從義大利北部跟著移動到中部。最後得知敵人為了攻擊佛羅倫斯而集結於佛羅倫斯與菲耶索萊之間的平原。

史提利柯一到達菲耶索萊後方，馬上派人與忙於準備防衛工作的佛羅倫斯取得聯繫。蠻族本就不擅長攻打有城牆圍繞的都市，再加上佛羅倫斯又面朝亞諾河，整個包圍網漏洞百出，要與市區內取得聯繫並不困難。

史提利柯向佛羅倫斯的居民要求食糧與人力協助。「食糧」是為了供應他率領的三萬官兵；「人力」則是為了因應史提利柯構思的土木工事。佛羅倫斯居民原本為了蠻族來襲正準備做絕望下的防衛戰鬥，自然樂得答應史提利柯的要求。而在蠻族搜刮食糧後，一貧如洗的菲耶索萊居民，也樂於提供人力支援。一個環繞佛羅倫斯與菲耶索萊之間的平原，利用木柵壕溝驅趕囚禁蠻族的戰略就這樣成形了。

當然，在蠻族發現工事阻擾時，有必要派遣部隊將其擊退。不過與跟數量占十倍的敵軍直接衝突比起來，人員損失可說是少之又少。而且當蠻族發現工事後逃亡時，甚至沒有派兵追殺的必要。因為人一旦發現危險，往往會往同夥的方向逃亡。就在盛夏的烈陽下，史提利柯展開了利用木柵壕溝囚禁敵人的飢渴作戰。

佛羅倫斯四面有丘陵環繞，夏季不僅炎熱而且潮濕。儘管當地位置比羅馬偏北方，夏季卻比羅馬炎熱，冬季又比羅馬寒冷。尤其佛羅倫斯與菲耶索萊之間的平原屬於典型的盆地地形，八月的氣候悶熱到讓人難以承受。住在平地的佛羅倫斯人會在周邊的丘陵修建別墅，也是為了在夏季前往避暑。在盛夏的陽光之下，缺水斷糧的四十萬人就像是讓人驅趕到柵欄內的羊群，不斷的傳出傷亡消息。這個狀況持續了將近一個月，但是史提利柯一點都不著急。更讓人佩服的是剛納入他麾下，從高盧初到義大利的蠻族官兵，還有剛由奴隸轉行從軍，民族成分複雜的男子們，竟然能在這麼長一段時間內沒有鬧事。最奇妙的是，這些人就好像是已經在史提利柯麾下從戎多年的舊部一樣，服從這名汪達爾族出身的武將。

話說回來，由於對象人數高達四十萬人，要等到這些人全數飢渴倒地不知道要花多少時間。因此在八月中旬時，史提利柯刻意開放了西側包圍圈的一個角落，讓還倖存的蠻族逃往亞諾河的方向。在同時，派遣部隊跟在這群為了瘋狂追尋水源而接近亞諾河的人群之後。能支撐過飢渴的人，會在這次作戰中蒙受刀兵與溺死的苦難。

只不過上列戰況推演，全基於不到兩個月時間不可能造成二十萬名死者的前提假設，並沒有任何現場記錄做根據。醉心於史提利柯，以記錄這名蠻族出身武將言行為己任的克勞狄亞努斯，這兩年來沒有留下隻字片語。在西元四〇四年之後，這名似乎比史提利柯年長的埃及詩人退出了歷史舞臺。不知道他是已經身故，還是因病返鄉養老。這場史上稱為「菲耶索萊之役」

的戰鬥，是透過奧古斯丁口中流傳下來的。然而這個日後讓人封為聖賢的人，當時在北非擔任主教，還是從別人口中輾轉聽說這場在義大利中部發生的戰鬥。

也就是說，「菲耶索萊之役」的史料相當匱乏。不過我們可以得知幾項既定事實。

八月二十三日倖存人員投降後，作戰就結束了。整個木柵壕溝囚禁作戰的過程還不滿兩個月。只不過，沿著亞諾河逃至比薩，進而逃往南法地區的人數據說高達十萬人。率領四十萬人入侵義大利的拉達蓋索在逃亡過程中被捕，拉到史提利柯跟前後隨即斬首。史提利柯在投降的人員中挑選了一萬兩千名精壯男子編入軍隊，其他人員全數賣到奴隸市場。由於人數太多造成奴隸價格暴跌，三個月前還是奴隸的官兵，甚至可以在戰後買下生平第一個奴隸。

西元四〇五年至四〇六年，拉達蓋索與四十萬蠻族蹂躪義大利半島北部，讓首都羅馬陷入恐懼之中。可是最後簡直像是在菲耶索萊丘陵下，給盛夏的烈陽曬到蒸發了一樣。

史提利柯表演了一場全面勝利。這個等待時機來到，一鼓作氣決定大事的作法，讓人回想起四百五十年前朱利斯．凱撒率領的阿列沙戰役。羅馬元老院在得知阿列沙戰役獲勝時，還特別攀上卡匹杜里諾丘向朱比特等諸神致謝。在四百五十年後的羅馬，長年守護羅馬人的諸神已經被視為邪神。不過當遇上這種喜事時，想要找對象表達感激也是人之常情。西元五世紀初的善男信女搶著前往聖彼得教堂或拉特朗教堂，向基督教神明表達謝意。聖奧古斯丁在北非教區得知獲勝的消息後，還發表演說表示這是天神賜予的奇蹟。

不過，義大利居民的人心並未因此向史提利柯傾倒。羅馬元老院的議員身處於除基督教之外不容許任何宗教存在的時代，因此只好表面上偽裝成基督教徒，實際上在這些人之中，不乏偏好羅馬傳統多神信仰的人物。不過這些潛在的異教徒可沒有躲在家中深處，悄悄地向諸神表達謝意。有一句俗話說「過了喉嚨忘了燙」，他們也把過去半年來的恐懼感忘得精光。在這些記性差的人之中，還包括身兼該年度執政官，卻不懂得執政官為何有義務率先迎敵的二十一歲皇帝霍諾里烏斯。這些人不僅忘記了恐懼感，還反過頭來指責史提利柯。以十萬人逃入高盧境內為由，責罵史提利柯犧牲高盧來拯救義大利。

史提利柯畢竟已經四十六歲，既沒有沉醉在勝利之中，也不為了責難而動搖。他很清楚，儘管他等待時機成熟並一舉成功，卻不像凱撒一樣在遠離義大利的敵境作戰，而是在敵人入侵義大利半島後才成功的。像這種成果，還稱不上是滿足了一再與霍諾里烏斯皇帝共同擔任執政官之人應負的責任。儘管當時已經無法完全阻止蠻族入侵羅馬帝國西側，至少也該保障義大利本國不受外敵入侵。他心中認為，要達到這個目的，就不能疏忽與義大利相鄰的高盧地區，尤其南高盧更是特別重要。而他所擔心的事情，就在四個月後發生了。

高盧現勢

西元四〇六年十二月，日耳曼裔的蠻族又大舉渡過萊茵河入侵高盧。這次的成員由汪達爾、蘇威比、阿蘭、薩爾馬提亞等部族組成。與一年前拉達蓋索入侵時相似的是，這些人同樣是在匈族的擠壓之下不得已入侵羅馬境內。他們選擇萊茵河中游做入侵點，是因為下游地區已有法蘭克族定居。而這些人也不願意與日耳曼蠻族中數一數二的大族法蘭克正面衝突。

十五萬名在匈族追趕之下無家可歸的難民，就這樣拿起武器湧入了羅馬帝國。已經毫無防衛力量可言的軍團基地連像樣點的反抗動作都來不及做，就一個個淪陷了。而且這回入侵的是由四個大部族所組成的集團，上頭沒有像拉達蓋索一樣的統帥。

萊茵河畔的梅因茲失陷，特里爾也被攻破之後，敵軍很快就到達了蘭斯。而當蘭斯陷落後，下一個目標是巴黎，巴黎失守之後，奧爾良馬上成了犧牲品。最後蠻族更攻陷了都爾、波亞提耶，到達波爾多。而且先遣部隊甚至到過托爾茲，我們可以說這場侵襲是在撞上庇里牛斯山脈後才好不容易停下腳步。整個高盧境內有如遭受從東北往西南吹的颶風襲擊一樣。與颶風不同的是，這些人在入侵後就隨地住了下來。如今蠻族已經脫離了入侵後盡量搶奪，然後躲回萊茵河對岸的時代；而是進入了能搶劫照樣搶劫，但是直接盤據在災區的時代了。可是對於高盧居民來說，帶來人禍的還不只是北方蠻族。

從元首政體時期起，羅馬就在不列顛常駐三個軍團。不過兵力隨著時代變化衰減，到了西元五世紀時，恐怕兵力連原本的半數都不到。而且這些人數減半的部隊，還要對付由北跨越哈德良長城入侵的蘇格蘭族，以及由東渡過北海入侵的盎格魯族、薩克遜族。西元四世紀末期羅馬分裂成東西兩個帝國之後，西羅馬帝國並未正式放棄不列顛。只不過對當地狀況不聞不問，已經足以使派駐在不列顛的官兵覺得自己

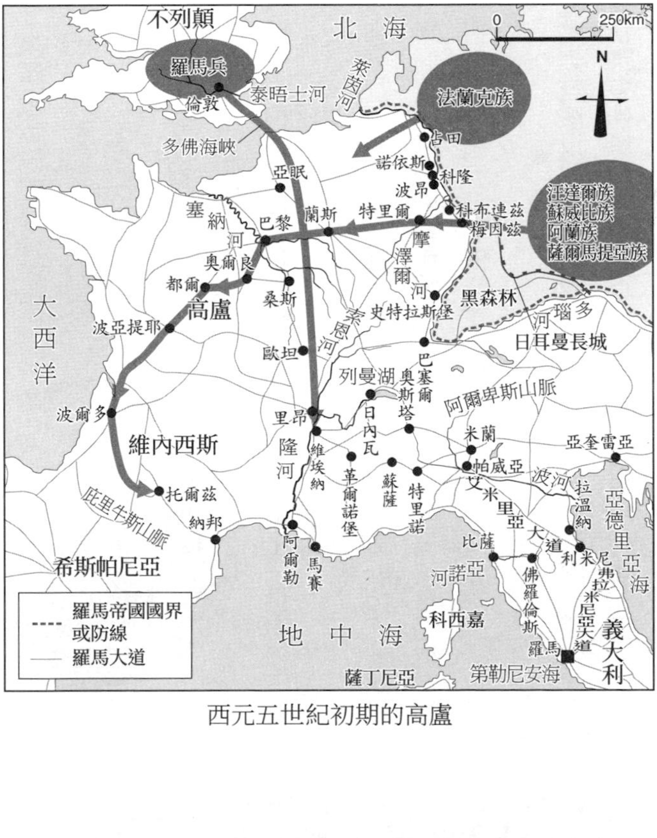

西元五世紀初期的高盧

遭到皇帝遺忘。因為這時期的羅馬政府已經無力顧及遠在帝國邊疆的不列顛。

在這個一來覺得自己被遺忘、二來薪資糧餉的分發斷斷續續之情形下，敵人依然天天來報到，不列顛駐軍也就開始注意某位同袍提出的，轉進到高盧的意見。這名士兵似乎口才還不錯，官兵們也好像打算向忘記自己存在的皇帝報復，因此擁立這名士兵稱帝。受到擁立的這個男子在即位後，把自己的名字換成君士坦丁的名諱，自稱君士坦丁三世。不列顛駐軍就在君士坦丁三世率領下渡過多佛海峽，攻進了高盧地區。

君士坦丁三世

高盧居民剛剛受蠻族由東北往西南蹂躪，而且為了蠻族盤據的情況感到絕望。因此他們見到君士坦丁三世與其麾下的不列顛駐軍之後，歡迎的程度簡直像是對待救主。儘管自稱皇帝的君士坦丁三世在國法上屬於篡位者，民眾已經沒有多餘的心思管這些瑣事了。

西元五世紀初期的高盧局勢，混亂到無法以地圖正確標示。由東北往西南是渡過萊茵河入侵的日耳曼部族盤據的帶狀地區。而橫跨多佛海峽的君士坦丁三世與麾下的不列顛駐軍，則是一邊攻破擋在面前的蠻族，一邊往東南推進。再加上高盧南部還有拉達蓋索的殘部。當時高盧的局勢一片混亂，人們頂多只能畫出一個粗略的示意圖。整個高盧唯一平靜無事的是北部地區，而當地早已是法蘭克族的居住地。以上所敘述的就是西元四〇七年的高盧現勢，這個局勢使得史提利柯計畫中，為防衛義大利半島必須保守高盧南部的想法完全過時。

對於擁護霍諾里烏斯皇帝的史提利柯來說，自稱皇帝的君士坦丁三世，要比盤據在高盧的蠻族危險。

第一點，只要霍諾里烏斯在位一天，另一名皇帝就是篡位者，史提利柯當然不能放任這種人不管。

第二點，這名篡位者備受高盧群眾支持，使得西羅馬帝國多了失去整個高盧地區的風險。

第三點，君士坦丁三世由西北向東南進軍後，決定以維埃納做根據地。維埃納位於里昂南方不遠處，只要通過沿著隆河南下的大道，就可到達由史提利柯定為羅馬在高盧地區的勢力根據地——阿爾勒，而且只要往東跨越阿爾卑斯山，就可到達義大利。

西元四〇七年秋季，史提利柯請求羅馬元老院認定篡位者君士坦丁三世為公敵。羅馬的元老院議員也反對兩名皇帝並立的現象，因此順利通過表決。在史提利柯之下參加過菲耶索萊之役，由哥德族出身的薩洛率領的一支分隊隨即跨越阿爾卑斯山進入高盧。薩洛的表現相當優異，讓君士坦丁的兩名心腹武將陣亡。只不過部隊未能攻陷維也努，只好又攀越阿爾卑斯山退回義大利。不過這場戰鬥至少讓君士坦丁三世知道，如果他膽敢有半點覬覦義大利的表現，馬上會吃不完兜著走。

話說回來，高盧的局面還是沒有獲得改善。而且即使想改變局勢，史提利柯麾下連蠻族與奴隸出身的人員算進去，也只有三萬人馬。這個人數光是防守義大利都成問題，根本沒有餘力派兵到高盧去。

讓人覺得不可思議的是，在菲耶索萊之役後，蠻族與奴隸等孤立於羅馬社會的官兵竟然繼續留在史提利柯麾下。當時的人為這個現象提出一套解釋。這些人雖然大多數日後成為反對史提利柯政策的人，不過連反對陣營都表示讚賞的話，內容說不定更可信。

據說史提利柯是個凡事公正的領袖。他對待部下雖然嚴格，但是無論部下是羅馬公民、蠻族還是奴隸出身都一視同仁。他對官兵的賞罰也極為公正，不僅是獲得賞罰的當事人，連無關的旁人看了都會覺得有道理。而且他雖然是西羅馬帝國實質上的最高權位者，卻沒有沾染任何中飽私囊的行為。

在這個時代，皇帝與弄臣成天模仿東方專制君主過奢華日子；高官濫用職權為自己斂財；基督教的主教生活豪奢的程度足以使良知之人不忍卒睹。史提利柯的清廉作風成為連反對者都認同讚揚的美德，他不僅向部屬發放戰利品時大方，還關心每個官兵的狀況，比起他個人的三餐，他更在意官兵的伙食，恐怕就是史提利柯的一貫作風，吸引了無親無故的蠻族後裔與奴隸出身官兵。總而言之，史提利柯是個能獲得麾下官兵全面信賴與忠誠的將領，只不過三萬人能做到的事情還是有限。

以毒攻毒

根據史學家吉朋的說法，史提利柯在西元四〇四年就開始與西哥德領袖阿拉里克祕密交涉。如果這項說法無誤，那麼很可能是在以二度擊敗阿拉里克為名義，於羅馬舉辦完凱旋儀式之後馬上開始的。

前年夏天史提利柯以義大利北部為戰場與阿拉里克大戰時，阿拉里克的家人淪為羅馬軍的俘虜。敵軍將領的妻小可是凱旋儀式上不可或缺的要素。要是缺了這項要素，群眾可不會善罷甘休，因為少了這些人就少了一項看頭。不過羅馬人儘管會在凱旋儀式上展示俘虜，卻甚少有事後殺害他們的例子。會遭到殺害的俘虜都是被羅馬官方視為極端危險的人物，亦即只要生存就會對羅馬構成嚴重威脅。而敵軍將領的妻小自然不在這個範圍內。

又說不定，就在舉辦凱旋儀式之後，史提利柯便祕密下令歸還阿拉里克的家人。阿拉里克敗給史提利柯之後，逃回亞德里亞海對岸的達爾馬提亞地區某處藏身。如果走海路的話，這個地區距離義大利只有一天一夜的行程。若是在令群眾瘋狂的凱旋儀式剛結束的時期，史提利柯自然有本錢冒這種風險。而且在與不幸淪為俘虜，認定終生無法再見的家人意外重逢之後，阿拉里克的心情也可能為這場驚喜起變化。無條件歸還家屬的待遇，很可能成為極機密交涉的契機。

假設史提利柯與阿拉里克早在西元四〇四年就開始接觸的話，事情浮上檯面也就需要四年時間了。很可能史提利柯沒有必要在這方面著急。這段期間中史提利柯致力於強化防衛體制，在面臨拉達蓋索與四十萬蠻族入侵時，又以等待時機一舉成功的方式粉碎了敵軍。也就是說，在這段期間內史提利柯的立場一天比一天強勢。在我方立場日益增強的時期中行動時，大原則就是不得急於妥協。不過，立場變化總會面臨極限，極限到來的時期可能就是西元四〇七年至四〇八年這段時期中。

另一方面，阿拉里克如果想站在對等立場與史提利柯進行交涉，那也絕對需要四年時間。四年前他與史提利柯兩度對決都徹底失敗，只能慌忙地逃回伊利利亞地區。若要召集四散逃亡的倖存者，力圖重振旗鼓的話，只怕四年時間還嫌不夠用。

那麼為何史提利柯不選擇其他北方蠻族領袖，偏偏挑上西哥德族的阿拉里克做交涉對象？時常由萊茵河下游入侵高盧，已有定居高盧北部氣勢的法蘭克族這時雖然不是同盟部落，至少也沒有與羅馬敵對。為什麼史提利柯要選擇包括達爾馬提亞戰役在內，前後直接交鋒過四次的阿拉里克？

其實正因為雙方直接交鋒過，而且每次都能擊敗這個對手。史提利柯很有把握，認為只要自己有那個意思，隨時都可以擊倒阿拉里克，所以才找他當交涉對象。而且阿拉里克雖然老是敗給史提利柯，卻是個善於統御麾下蠻族的領袖。史提利柯打算把阿拉里克送往混戰局面下的高盧地區收拾殘局。也就是說，他計畫派遣同屬日耳曼裔的蠻族，前往壓制在高盧地區到處作亂的蠻族。

對羅馬人來說，這種「以毒攻毒」的戰略並不陌生。不但如此，對羅馬政府而言，這是不分共和、帝政時期長年慣用的政策兼戰略，在史上例子多到不勝枚舉。

西元前三世紀即將走入尾聲時，迦太基名將漢尼拔在義大利半島內盤據了十六年，而羅馬方面每戰必敗。一直到年輕的西比奧發現漢尼拔致勝的關鍵，在於能巧妙運用騎兵戰力，羅馬才有了轉機。然而羅馬軍傳統上主要戰力為重裝步兵，因此沒有強力的騎兵傳統。所謂傳統，就是應盡量避免變化的事物，沒有某項傳統，代表即使勉強改變模仿，也難以期待產生效果。西比奧並未要求旗下的步兵開始學騎馬，相對地，他拉攏了迦太基的鄰國，同樣位於北非的努米底亞。在古代一流名將漢尼拔生平僅有的敗仗扎馬會戰中，獲勝的是拉攏努米底亞王馬西尼沙一同作戰的西比奧。

至於帝政羅馬的實質創始人朱利斯·凱撒，更是無論政治、軍事，乃至於個人舉債等各方面，都是以毒攻毒的好手。光是看他在花費八年征服高盧後進行戰後處理時的作風，就讓人覺得難怪一千八百年後的史學家毛姆森要稱讚凱撒是羅馬史上唯一具獨創性的天才。

凱撒不僅認同沒多久前才與他敵對的高盧各部族族長既有的地位與權力，甚至將羅馬公民權，乃至於元老院議席賜給他們。唯一的條件就是高盧必須成為羅馬的行省，而羅馬軍防衛高盧的代價是政府向高盧人徵收行省稅。凱撒在做完戰後處理後就離開高盧，不久後與元老院爆發衝突，陷入了羅馬內戰局面。在四年內戰期間之中，高盧境內看不到羅馬軍的身影。因為凱撒與元老院派的戰鬥，是在遠離高盧的希臘、北非、西班牙等地展開。

也就是說，高盧人若是打算跟羅馬翻臉，已有非常充分的時間做準備。可是在這適合恢復獨立的四年大好時機之中，高盧人沒有掀起任何叛亂事變。不僅如此，當凱撒在西班牙境內作戰時，高盧人還應凱撒的要求提供糧食。更讓人感到奇妙的是，與能在希臘、埃及等地調度資金的元老院派相較，凱撒隨時苦於經費短缺，而高盧人卻能照凱撒要求的數字上繳稅款。可見由凱撒所制定的「羅馬人主導的寬鬆統治」，對高盧人來說沒有不便之處。由此可見為何高盧人羅馬化的程度，向來是帝國境內各民族的模範了。

繼承凱撒地位的歷任皇帝，也忠實地繼承了利用他人以達目的的作風。

羅馬與周邊勢力之間有一種後世史學家稱為「緩衝」，羅馬人稱為「朋友」(amicus) 的關係。羅馬人的「防線」也是羅馬的國界，而羅馬政府向來注重如何與國界外側的居民建立友好關係。在帝國東方，交往的對象多半是近鄰王國；在帝國西方則多為蠻族部落。羅馬與這些勢力成為「朋友」之後，朋友也就形成了政治上的「緩衝」了。

若要長期維繫這個囊括羅馬帝國周邊的大政策，互相之間當然要有「付出」與「回饋」。

向帝國東方同盟國「付出」的是，當這些國家遭周邊大國侵襲時，羅馬要出面承擔防衛工作。而對帝國西方的蠻族「付出」的，則是在境內召開市場時，開放給這些人入場，並且購買這些人提供的特產皮革、毛皮。對羅馬方面來說，「回饋」則是國家的全面性安全保障。因為平日與羅馬有接觸的蠻族，拿起武器與羅馬敵對的機率會低許多。

基於上述內情，直到元首政體時期為止，羅馬帝國的國界是一種開放性國界。就連遍布木柵、壕溝的「日耳曼長城」，也開設有許多城門。城門不僅提供外出巡邏的部隊通行，同時也是接納鄰近蠻族入內參觀市場的大門口。

話說回來，以毒攻毒的政策不但是賭注，而且是風險極高的賭注。這項政策能夠成功的原因，在於羅馬帝國有足夠的體力，因此羅馬政府不必擔心毒性侵蝕身體。史提利柯會看上阿拉里克的原因，恐怕也是在迴避中毒的風險。

進入最後一個世紀的西羅馬帝國，其缺乏兵力的狀況足以讓人絕望。如果要解決這項問題，唯一的辦法就是拉攏蠻族同盟。換句話說，唯一的方法就是利用蠻族防衛蠻族。

到了西元四〇八年入春時節，史提利柯才公開與西哥德族長阿拉里克交涉同盟的政策。他召開元老院會議，要求表決承認與阿拉里克之間的同盟協定。

協定內容中規定，西羅馬帝國任命阿拉里克為「軍司令官」，由其承擔部份防衛工作，使阿拉里克與其下的西哥德族對帝國國防負有責任。同時羅馬政府按照阿拉里克的要求，給付四千利普的金塊作為酬勞。

元老院議員為此大感動搖。長年以來羅馬元老院的議論過程，說好聽點是踴躍活潑，說難聽點就是喧鬧得有如蜂窩。這一次元老院議場又陷入了同樣的景象。只不過當時唯有持反對意見的議員高聲喧嚷，持贊成意見的議員個個滿臉沉痛的保持沉默。

話說回來，為何阿拉里克要求不以索利鐸斯金幣，而是以黃金給予酬勞？一個世紀前，君士坦丁大帝把帝國的基準貨幣從元首政體時期的狄納利斯銀幣，換成了索利鐸斯金幣。他將貨幣從銀本位制度轉換成金本位制度，阻止了貨幣價格因通貨膨脹而暴跌的現象。為了達成政策目標，索利鐸斯金幣的重量雖然僅有元首政體時期的奧理略金幣的一半，但成分維持在百分之百。因為日常使用的銀幣銅幣還維持匯率變動制，帝國基準貨幣的信用好壞，就看索利鐸斯金幣的品質如何了。

前後不過百年光景，蠻族在要求傭兵酬勞時，竟然不說是三十七萬五千枚索利鐸斯金幣，而要求的是四千利普，亦即一千五百公斤的黃金。難道說純金的索利鐸斯金幣之中已經有了雜質？阿拉里克二十年前曾在狄奧多西皇帝麾下擔任軍務，領過以索利鐸斯金幣給付的薪資，為何這時他特別要求黃金？如今活在二十一世紀的我們只能憑空想像。不過這局面就好像產油國家在出售原油時，要求的不是美元、歐元或日幣，而是以黃金為代價一樣。

從僅存斷簡殘篇的史料中推測，阿拉里克要求四千利普的黃金做酬勞，價錢似乎比起其他「同盟部落」高出許多。這又激起我們另外一個想像，到底這項要求是否顧慮到受要求方的給付能力。

至於西羅馬帝國的給付能力呢，國家光是籌措三萬兵力都成問題，應該是無力給付了，再來就要看個人的能力。研究人員曾對西羅馬帝國的富裕階層提出一套推測數據，而且正好是以利普金塊做單位。

由於能持有大型農莊的人幾乎全是元老院議員，在這裡先從元老院議員看起。我們姑且假設元老院議員能維持元首政體時期的三百人員額。根據研究人員表示，「大富豪」是年收入超過四千利普的人，「富豪」收入在一千至一千五百利普之間。

至於「大富豪」與「富豪」的比例，根據長年的元老院議員成員結構看來，三百人之中頂多三到五名「大富豪」，二十名左右「富豪」。其他大多數的元老院議員，則上自勉強可列入「富裕階層」的人，下至「小康之家」。由於有許多元老院議員席位來自家傳，因此元老院議員不能與富裕劃上等號。

不過研究人員又表示，如果僅評比大富豪與富豪的話，羅馬元老院議員的財力是君士坦丁堡元老院議員的兩倍。這項差距的來由，應該起因自累積財富的時間長短。光從帝政時期起算，羅馬元老院就至少有四百年的歷史。君士坦丁堡元老院在這時只有百年歷史，而且是在專制君主身邊的榮譽職，「庫存」當然會有差距。

在羅馬帝國境內財力排行數一數二的羅馬元老院議員之中，我們還可探索某一位屬於「富豪」的議員生活型態。這人名叫敘馬庫斯，是在第XIV冊《基督的勝利》最後出場，與米蘭主教安布洛修斯激辯的敘馬庫斯長子。這人出身於「異教羅馬古老榮耀的最後一把火」的名門之中，儘管富裕程度屬於中等，在元老院中還是廣受議員崇敬。

至於敘馬庫斯家的資產詳情，據說在首都羅馬市區內擁有三棟宅院，在全義大利境內擁有十五座別墅。這些別墅都是典型的羅馬式別墅，附有廣大的農地，改稱為農產基地恐怕還比較合乎實際。據說十五座別墅的年收入，相當於一千五百利普的黃金。

敘馬庫斯家在義大利半島前方的西西里上有座別墅。這座被人視為敘馬庫斯家資產的別墅，位於地中海最大的島嶼西西里中央的恩那地區附近。別墅目前還在接受考古挖掘調查，不過已知的是興建於西元四世紀，直到六世紀末還有人使用。

在占地寬廣的田園別墅之中，房間的數量多達三十個。屬於家人生活空間的內庭以列柱環繞，為三十六×三十公尺的空間。內庭東側的走廊寬五公尺，長六十公尺，通往具備冷暖熱三種浴室，能滿足羅馬生活中必備沐浴需求的大浴場。接待客人用的客廳為十二×二十四公尺的空間，除此以外另有一個二十一公尺見方的沙龍，內部有三個呈半圓形的愛賽德拉

（Esedra，半圓形柱廊）空間。可見沙龍室內的牆面在當時擺滿了雕像，足以讓人稱為「雕刻展示房」。

各房間的牆面與地板殘存的鑲嵌畫，充分顯現了物主的格調。鑲嵌畫之中沒有任何採用基督教主題的作品，描繪的都是田園收割、野外狩獵等生活情境。通往浴室的迴廊上有長達二十一公尺的鑲嵌畫，描繪著羅馬「大競技場」中最受眾人歡迎的戰車競賽情景。

這座別墅的壯麗甚至超越羅馬鼎盛時期的別墅，可是住在別墅中的人卻是活在基督教時代裡。為什麼別墅中會充斥著異教色彩？在這個羅馬傳統宗教已經被打為邪教的時代中，如果對傳統宗教抱持親近感的話，就是所謂的「潛在異教徒」。很可能名門出身又屬於「富豪」的元老院議員可以不用刻意隱藏自己的傾向，而且別墅又遠離已經讓基督教掌握的米蘭與羅馬，位處西西里的內地。

不過，筆者又想到一件事情。要維持營運這座別墅，勢必需要數十名傭人。而若要在別墅周邊的廣大農地中耕作，勢必又需要數以百計的農奴。如果這是「富豪」的生活，那麼「大富豪」過得會是什麼樣的日子？

確實這座被視為敘馬庫斯家資產的別墅，位於還沒受到北方蠻族侵擾的義大利南部。不過就算連這個因素都估計進去，在帝國的最後一個世紀之中，西羅馬帝國依舊擁有財富，只不過是國家貧窮、個人富裕的局面。儘管經濟局勢與帝國鼎盛期的元首政體時期相反，羅馬還是有財力聘雇阿拉里克與其下的十萬兵力。

可是當史提利柯請求議決通過與阿拉里克的同盟協定時，元老院卻大表不滿。很可能元老院議員的真正意思是他們不願意為此出錢。以前史提利柯在維修道路時，曾經要求在道路附近持有莊園的元老院議員提供三分之一收入做經費，很可能元老院議員不願意一再破財。不過若是為錢財反對，又會讓這群自認為是帝國菁英的人名譽受損。因此議員們拿起羅馬傳統做辯駁用的工具。有一位名叫藍帕底斯的議員就做了這樣的表示：

「與阿拉里克的協定不是帶來和平的協定，是通往奴隸化的協定。」

有許多議員對此表示贊同，但史提利柯毫不退讓。他堅持表示付給阿拉里克與其下的西哥德族四千利普的黃金，並非換取義大利不受入侵的貢品，而是令其服軍務的酬勞。可能有許多議員雖然不甘心，但覺得必須贊成史提利柯，因此元老院會議中表決通過了與阿拉里克的同盟協定。

在外力逼迫下面對不願目睹的現實之後，人們往往會憎恨逼迫自己面對現實的人物。不單是投反對票的議員，連在苦澀的決斷下投贊成票的議員，也開始以不同的眼光看待史提利柯。他們彷彿到了這時才回想起史提利柯出身蠻族，以別的眼光看待自己的軍總司令官。同時他們也為自己感到憤怒，憤怒的是必須在蠻族的說服之下投票通過法案，與另一名意圖入侵義大利的蠻族締結同盟。

狄奧多西皇帝也曾以贈與土地及給付傭兵費的方式，拉攏不久前敵對的蠻族一同作戰。然而狄奧多西不但是皇帝，父母又都是羅馬人。如果對象是羅馬人皇帝，那還可接受，讓蠻族出身的軍總司令官勸說與蠻族聯手是拯救羅馬的唯一途徑，而且還非承認不可的苦澀現實，使得他們開始憎恨史提利柯。他們心中感到不平，認為蠻族哪能了解羅馬菁英的心情。

不過仔細想想，這種心態其實沒有理論根據可言。在西元五世紀時的羅馬元老院議員中，已經沒有從元首政體時代傳下的世家子弟。就連西元四世紀到五世紀的名門貴族敘馬庫斯家，在百年前的西元三世紀時也是沒沒無聞。至於抨擊協約是奴隸化的前奏，反對議案到底的藍帕底斯，還是在這場會議中才登上歷史舞臺，說不定他是剛進入元老院階級的新人。

無論是共和或帝政時期，議員在羅馬元老院會場發言時，不是以「諸位議員」開頭。按照慣例，議員發言前會以“Patres Conscripti”（各位建國父老以及新進人員）開頭。從這項習慣中可以得知，相當於現代國會的元老院，並非由王政時期傳下的三百建國父老家門壟斷。元老院的大門隨時為“homo novus”（新入門）敞開。這項作風得以隨時為統治階層引進新血，避免組織僵化。在西元五世紀的元老院議員中，已有相當比例的新人。

元老院議員與史提利柯同樣都是新入門的帝國統治階層人員。唯一不同的是，這些人很可能與大多數當時的羅馬人一樣，身上帶有蠻族血統，但是至少父親是羅馬人。而史提利柯卻是在羅馬人母親與汪達爾族父親之下成長。就好像即使母親是個女傭，只要父親是國王的話，小孩也自然是王子一樣的。像拉丁文《聖經》譯者耶柔米這種有識之士還會將史提利柯稱為「半蠻族」，與其他蠻族做區隔。在一般人眼中看來不管前頭有沒有「半」，反正史提利柯就是「蠻族」。元老院議員直到這個時期，才為自己十三年來實質上受「蠻族」統治的事情感到痛苦。

史提利柯（右）與妻小

孤立

對史提利柯的敵意還不僅充斥在元老院議場內。史提利柯的妻子賽蕾納這時期正停留在羅馬市區內，而賽蕾納也在這時背離了丈夫史提利柯。賽蕾納是前任皇帝狄奧多西的姪女，由狄奧多西收為養女後特別賜嫁給史提利柯，兩人之間育有一男二女。當年東羅馬帝國首都君士坦丁堡皇宮內常為嫉妒衍生出反史提利柯的陰謀，也是賽蕾納在這些陰謀尚未成熟時一一化解。

這對理想的夫妻，在結縭二十五年後卻破滅了。可能在生長在皇室的賽蕾納眼中看來，丈夫所提出的攏絡蠻族政策是種藐視帝國的作法。再加上史提利柯雖然信仰天主教派，卻從未抵制過異教或異端信仰，而賽蕾納卻是個虔誠的天主教派信徒。而丈夫意圖結盟的阿拉里克與西哥德族，信奉的是被天主教派宣告為異端的亞流教派。說不定宗教問題才是賽蕾納突然變心的真正理由。

或許是安布洛修斯生前教導有方，米蘭是個比羅馬其他地方都狂熱的天主教都市。而米蘭就在這時開始帶頭反抗史提利柯，表示不願意與異端合作。更糟糕的是，米蘭居民沒有把反對史提利柯的想法藏在心中。

「軍總司令官」史提利柯直屬部隊的義大利基地位於義大利北部的帕威亞。帕威亞距離北邊的米蘭不到三十公里。帕威亞軍事基地的糧食靠米蘭商人供應，官兵休假時也是前往米蘭遊玩。米蘭城內這股認為與可恨的異端同盟是違逆基督教義行為的觀念，遲早會滲透到營區內。

史提利柯受元老院階級敵視、受妻子背棄，麾下官兵中占半數的羅馬兵責罵他是賣國賊。如今依舊對史提利柯忠心耿耿的，只剩下蠻族及奴隸出身的官兵，而這些人的基地位於波隆那。西元四〇八年春季時，留在史提利柯陣營下的同夥，只剩下波羅尼亞駐軍，以及帕威亞基地的將領。這些軍事高官由於隨時身在前線，很清楚西羅馬帝國的國防能力極限所在。

不過在西元四〇八年春季時，霍諾里烏斯皇帝並未表明他對史提利柯的看法。二十三歲的霍諾里烏斯成天躲在拉溫納城裡。自從登基以來，霍諾里烏斯十三年中一直照著史提利柯的指示行動。也正因為如此，在當時的記錄中找不到能看出他個人觀點的文字，也或許這個人根本沒有觀點可言。

霍諾里烏斯

不過對史提利柯來說，已經有一個壞徵兆出現。史提利柯的長女瑪莉亞嫁給霍諾里烏斯後，在懷孕生子之前就過世了，次女隨即接替了長女的位置。瑪莉亞到了西元四〇八年才過世，可見長女與次女的交接是在四〇八年春季完成的。然而霍諾里烏斯皇帝不願與新任皇妃同寢，但他也沒做出疏遠皇妃的父親史提利柯的舉動。不過到後來，發生了讓霍諾里烏斯表明態度的事件。

東羅馬帝國皇帝阿卡狄奧斯在五月初逝世的消息，傳入了西羅馬帝國境內。以當時的資訊傳遞速度來看，消息要從君士坦丁堡傳入羅馬需要兩個月時間。因此霍諾里烏斯與史提利柯應該是在七月得知這個消息。

阿卡狄奧斯身體、精神都相當虛弱，雖然身為皇帝，治國工作卻全委由皇妃及皇宮官僚代理。這個人與他的弟弟霍諾里烏斯一樣，是個枯坐在皇位上的皇帝，而他逝世時僅有三十一歲。皇妃奧多利雅是個連正式的「皇后」稱號都要到手的幹練女性，老早就幫她七歲的兒子確立了皇位。同時她在確保由自己為七歲的狄奧多西二世擔任攝政工作之後，才將東羅馬帝國皇帝逝世的消息傳往西羅馬帝國。

霍諾里烏斯接獲消息之後，很難得的表明了自己的想法。他主張要親自前往君士坦丁堡，協助年幼的姪子統治國家。當然這只是表面話，實際上是打算趁皇帝年幼，霸占東羅馬帝國的皇位。

這項主張遭到史提利柯反對。反對的理由是西羅馬帝國正處於艱困複雜的局勢，關鍵人物皇帝不能不在場。反對的理由很合理，不過也同樣是表面話。真正的理由是如今反史提利柯的氣勢節節高漲，只剩下霍諾里烏斯具有穩固史提利柯立場的力量。

正如君士坦丁大帝生前預估，只要打出君權神授說，讓決定即位的意志脫離人間走入天堂之後，不管多無能的皇帝都有辦法維持皇位。君士坦丁為此承認基督教，並強力扶植基督教勢力。因為一旦皇帝成了凡人「無法接觸」的存在，也就確保了無能皇帝一樣可以維持皇位的理由。這項措施確實迴避了因皇帝陸續換人而使政局紊亂的風險，同時也造成了無論由何人繼位，無論皇帝的能力如何，都會是國家關鍵人物的局面。

以表面話應酬，不能互相坦率的人際關係，即使能解決問題也一定會留下後患。霍諾里烏斯遭理論駁倒之後只好撤回己見，可是他也開始憎恨從十歲時起一直輔佐自己的史提利柯。這個生性懦弱的男子在生平第一次主張遭反對之後，態度也就僵化了。十三年來皇帝與軍總司令官的關係向來良好，如今卻突然冷卻了。這使得皇帝身邊的皇宮官僚獲得機會與力量，得以從事多年來一直無法出手的反擊史提利柯行動。

計謀

從奧林派厄斯這名字來推測，這個人說不定是個希臘出身的宦官。這名男子過去的經歷不明，不知何時起成了深受霍諾里烏斯信任的手足；同時他為了宣傳自己是個虔誠的基督徒，在慈善事業上投入不少功夫，受天主教派信徒尊稱為「教父」，日後列名聖人的奧古斯丁還曾經讚揚過這個人。奧林派厄斯開始在皇帝身邊耳語，表示史提利柯戮力防衛西羅馬帝國並非為了保護霍諾里烏斯，而是為了讓自己的兒子攀上皇位。

二十三歲的皇帝想起了不久前的一件事情。史提利柯前來向皇帝請願，希望能讓兒子迎娶霍諾里烏斯同父異母的妹妹嘉拉．普拉齊達。原本漠然的懷疑，就此變成確信。幾天後，霍諾里烏斯皇帝就離開羅馬往北行進，為的是經由波隆那前往帕威亞。在出發之前皇帝公開表示，這次的旅行目的在激勵波隆那與帕威亞駐軍。軍總司令官史提利柯陪同皇帝到了波隆那。因為奧林派厄斯主張往帕威亞的旅程只要皇帝本人就夠了，並獲得霍諾里烏斯贊同，因此史提利柯留在波隆那沒有同行。

雖然霍諾里烏斯皇帝的意志較為薄弱，但他並非惡人。從事前跡象看來，他不知道在帕威亞會發生什麼事情，照理說是在無知的狀況下成行的。這一切應該是奧林派厄斯等皇宮官僚設下的計謀。

西元五世紀初期，波隆那（羅馬時代名叫波諾尼亞）是義大利中部的主要城市之一，非正規軍的營區也位在此處。由此沿著艾米里亞大道可通往義大利北部的帕威亞（羅馬時代名叫提齊努姆），也是正規軍的營區所在。根據史提利柯的戰略，蠻族從北方入侵後，首先由正規軍在義大利北部迎擊，其後可在義大利中部殲滅敵軍，因此才如此配置部隊。基於這項策略，波羅尼亞駐軍由史提利柯親自指揮，帕威亞駐軍則交給深受史提利柯信任的部將帶領。

自從霍諾里烏斯即位十三年來，這還是皇帝首度參觀軍團基地。帕威亞全體守軍為此忙著準備迎接皇帝。

依據軍方慣例，當身兼最高司令官的羅馬帝國皇帝造訪軍事基地時，官兵要分隊行進至左右由高官陪同的皇帝面前。部隊在行進後整隊面對皇帝，接受訓辭與激勵。這天霍諾里烏斯左邊是皇宮官僚，右邊是基地司令官與大隊長，坐在高臺上的寶座進行閱兵。

閱兵典禮開始了。當典禮進行到一半時，原本一邊向皇帝敬禮一邊行進的一列官兵突然脫離隊伍，拔起武器衝向皇帝右側的司令官與大隊長。

軍方高官當時並未穿著適於實戰的裝甲，而是身穿以美觀為前提製作的典禮用武裝。在意外遭受多數士兵襲擊的情形之下，沒有人能夠自保。

騎兵司令官倒下，步兵司令官也躺臥在血海裡；基地後勤負責人成了犧牲，就連基地會計官都遭到殺害。帕威亞基地內的軍事高官全數遇害，而這些人可說是史提利柯的心腹部屬。在其他官兵不知如何因應的短時間內，也在皇位上滿臉蒼白全身發抖的霍諾里烏斯面前，史提利柯派軍官就這樣全數遭到肅清了。奧林派厄斯這時才站出來，代替嚇得說不出話的皇帝向官兵表示所謂的皇帝旨意。他表示遭到整肅的高官意圖謀害皇帝，打倒這些罪人的官兵值得受到讚賞。過了好一陣子，常常聽米蘭天主教派信徒抨擊史提利柯的官兵才開始接受奧林派厄斯轉述的皇帝旨意。

這件事變的消息馬上就傳到了波隆那。想必是史提利柯派的某位隊長成功脫逃後，立即策馬通知史提利柯。因為對於肅清史提利柯派的奧林派厄斯等人來說，史提利柯越晚知道事變的消息越好。

我們不知史提利柯在得知消息之後做何感想。以記錄史提利柯言行為己任的詩人克勞狄亞努斯已經不在，史提利柯本人又沒留下任何文件。若根據反史提利柯派的人留下的少數記錄來推測，事情應該是這樣發展的。

派駐在波隆那基地的非正規軍官兵，雖然是由蠻族與奴隸所組成，但這些人決心站在史提利柯的陣線。因此官兵派遣代表前往參見史提利柯。他們出現在滿臉悲痛的史提利柯面前時表示，萬一發生與帕威亞駐軍戰鬥的局面時，即使對手是皇帝的人馬，大家也願意在史提利柯之下作戰到最後一兵一卒。

史提利柯沒做出任何回應，只是靜靜的聽，靜靜的送走這些人。這名現年四十八歲，出身蠻族的羅馬武將，面臨了一生中最重大的問題。

在史提利柯派軍官全數犧牲後，帕威亞駐軍成了無人率領的集團。如果由史提利柯帶領波隆那駐軍反抗的話，想必能輕易的取勝。不過，要是他這樣做的話，他就再也不是羅馬人了。

苦惱

狄奧多西皇帝知道自己大限將至時，特別召見史提利柯，委由他保護當時十七歲的阿卡狄奧斯與未滿十歲的霍諾里烏斯。史提利柯向臨終的皇帝宣誓受託至今已經十三年，如果現在舉兵反抗霍諾里烏斯皇帝，也就打破了當年的託孤誓約。對於身處領導階層的羅馬男子來說，死守曾經發過的誓約，是超越法律的道德問題。儘管羅馬當時的道德早已淪喪到底，然而史提利柯的理想並非同一時代的羅馬人，而是往年的羅馬人。

另外，一旦他舉兵反抗曾宣誓效忠的皇帝，就再也不是羅馬軍人了。羅馬人不但認為信守誓約是最重要的道德，而且相信羅馬軍的特色就是無論地位高低，軍人之間互相堅守交換過的誓約。雖然這也已經是過去的事情了，但是對史提利柯來說，一點都不是過去。

除了上述兩項問題點以外，第三點是有個北方蠻族汪達爾族父親的史提利柯，特別感受到的問題。

史提利柯在羅馬人母親之下成長，二十來歲受狄奧多西皇帝賞識重用至今，這二十五年來他一直以「羅馬人」(Romanus)身份活著。而且在狄奧多西病逝後的十三年來，他一邊擁立年幼的皇帝，一邊堅守著西羅馬帝國國防。史提利柯比同一時代的任何人都堅持羅馬人理念，多年來保護著羅馬帝國。如果他現在舉兵反抗，也就毀了羅馬帝國。這代表他脫離「羅馬人」身份，以「蠻族」身份行動。這點讓他無法接受。他不能接受在當了四十八年的「羅馬人」之後，退回「蠻族」身份。

可是如果不在這時起兵，就要面臨個人毀滅。到底是要坐待毀滅，還是起兵以蠻族身份活下去？

每個人心中都會有絕對不能退讓的底線。這條底線隨個人千差萬別而沒有客觀性，因此既不能用法律規範，也無法以宗教引導。這是個人心目中認為最佳的生活方式，不是探求萬人共通真理的哲學。要以拉丁文來形容的話，這就叫做"stilus"，義大利文叫做"stile"，也就是英文的"style"。即便從旁人眼中看來無關緊要的事情，對當事人來說卻是頭號優先的事項。因為一旦違反了個人風格，自己就再也不是自己了。

朱利斯．凱撒在西元四十四年三月十五日的一個多月之前，就知道有人想要謀害他。不過當三月十五日他出席由他召開的元老院會議時，沒有採取任何的自保措施。因為元老院議員赤手空拳參加會議，是羅馬長年來的傳統。

可是在這一天，布魯圖斯等十四名元老院議員身穿代表元老院議員的紅邊白袍，身上卻暗藏著暗殺用的短劍，這十四個人拿著武器攻擊依照羅馬元老院傳統毫不設防的凱撒。據說當天十四名刺客中，有人興奮到不小心砍到自己的手，也在凱撒身上造成二十三道傷口，但是只有一處致命傷。

長年從軍的凱撒馬上知道自己得了致命傷。他在倒地之前唯一做的事情，就是重新把袍子捲好。因為他不希望自己倒地後肉體暴露在外。

凱撒指定的繼承人，就是羅馬帝國的開國皇帝奧古斯都。這個人在位期間有凱撒的十倍長，出席元老院會議的次數想必數都數不清。不過他從未孤身出席會議。話說回來，他並沒有帶著警衛出席，也沒有派人向出席會議的議員搜身。奧古斯都同樣尊重羅馬元老院的傳統。不過他只有在幾名對自己絕對忠誠，而且體格健壯的議員陪伴的情況下，才會參加元老院會議。

凱撒會在諸多人才中選定奧古斯都做繼承人，想必是從這個因年幼而沒有業績的青年之中，發現了什麼與眾不同的資質。奧古斯都也確實回報了凱撒的期待，證明他的確是凱撒的最佳繼承人。羅馬帝國可說是在這兩個人手底下開創了。

不過這兩人雖然資質同等，"style" 卻依舊不同。說不定人與人的差異不在資質高低，而在於屬於自己的風格。也正因為如此，「風格」等同於個人的魅力。就好像亞歷山大大帝的魅力，在於他雖短暫但充實的一生。

死亡

史提利柯為了是要終生堅持羅馬人身份，還是回到蠻族作風而苦惱。當他知道霍諾里烏斯皇帝已經離開帕威亞回到拉溫納之後，決定下個賭注。因為史提利柯對皇帝從小到大的任何事情都瞭若指掌，他實在不相信肅清帕威亞軍官的事情與霍諾里烏斯有關。於是他決定前往拉溫納，直接與霍諾里烏斯見面。

從波隆那前往拉溫納時雖然距離上會拉長，不過先經由艾米里亞大道前往利米尼，再由此沿著亞德里亞海濱北上是最省時的路徑。史提利柯原本只打算帶著貼身衛兵上路，但是有一群官兵堅持無論如何都要同行，因此在進入拉溫納時變得挺顯眼的。可能史提利柯想要避免刺激皇宮，因此在到達拉溫納後並沒有回到家中，而是寄宿在教會附屬的主教公館。他從公館中派遣使者到皇宮，請求皇帝接見他。

我們不知道使者帶回來的答覆是霍諾里烏斯皇帝准許他晉見，或者是准許他進入皇宮。不過至少是獲得許可了，雖然條件是要他一個人出面。

史提利柯到達皇宮後，卸下佩劍交給了傭人。這是十三年來做過無數次的動作。只不過這天，皇帝起居室的大門沒有對他開啟。

二十三歲的皇帝，不願意接見這名四十八歲的忠臣。出現在史提利柯面前的是奧林派厄斯。而這名皇宮官僚，也只是冷冷的宣讀皇帝批准的死刑宣告，罪名是與蠻族共謀打倒羅馬帝國。到了後期帝政時代，叛國罪無法像元首政體時期一樣獲得有律師辯護的審判，一經定罪隨即處死。西元四〇八年八月二十三日這天，皇宮執行了斬首刑。

史提利柯的人生就這樣結束了。由於遺體下落不明，因此也沒有墳墓。有一位後世的史學家寫下這麼一句話：「在霍諾里烏斯長達二十八年的在位期間中，這個皇帝唯一做過的決定就是處死史提利柯。」

空白

史提利柯身故後「軍總司令官」的職位出缺，最後由奧林派厄斯占據這個職缺。史提利柯派的官兵接獲這個消息後，知道羅馬軍中已經沒有自己的容身之處，集體離開了軍事基地。如果史提利柯的長子在世的話，或許會與這些人同行。然而霍諾里烏斯皇帝在執行完史提利柯的死刑後，馬上派人殺害這名與自己一同求學的青年。

在史提利柯死後，由他編組並一同作戰，以蠻族與奴隸構成的非正規軍也就消失了。陪伴他前往拉溫納的官兵也好，在波隆那等待消息的部隊也好，就在某一天的清晨像候鳥遷徙一樣的，走得一乾二淨。

到哪去？到能接納自己的人身邊去。也就是到西哥德族的阿拉里克身邊去。或許對這些人來說，心目中最後一道底線就是不能在殺害史提利柯的人之下作戰。

史提利柯逝世一個月之後，阿拉里克開始有動作了。加上前來投靠的史提利柯派官兵後兵力還只有三萬人，以蠻族入侵來說算是小規模的了。不過，唯一值得敬畏的人如今已經不在。

阿拉里克率領西哥德族與混合部隊，跨越了分隔義大利與巴爾幹的阿爾卑斯山，入侵義大利東北部。由於隊伍中多了在史提利柯之下歷練過的戰場老手，阿拉里克軍的入侵方式比以往還要合理。他們首先攻打義大利東北部的重要都市亞奎雷亞。不過並未嘗試必須長期對峙的占領作戰，在搶奪必要物資之後就離開了。畢竟阿拉里克起兵的目的在威脅不在占領。

實際上，他們攻打亞奎雷亞之後一路又進攻了康克迪亞、阿爾提墨、帕多瓦（羅馬時代叫做帕達維姆）。從此處沿著波比利亞大道可以到達拉溫納，可是他們連先遣部隊都沒派遣，因為皇帝對他們來說沒什麼作用。部隊沒有南下而是直接西行，在克雷摩納（羅馬時代也這樣稱呼）才渡過波河。

到了這個時候，他們才派遣

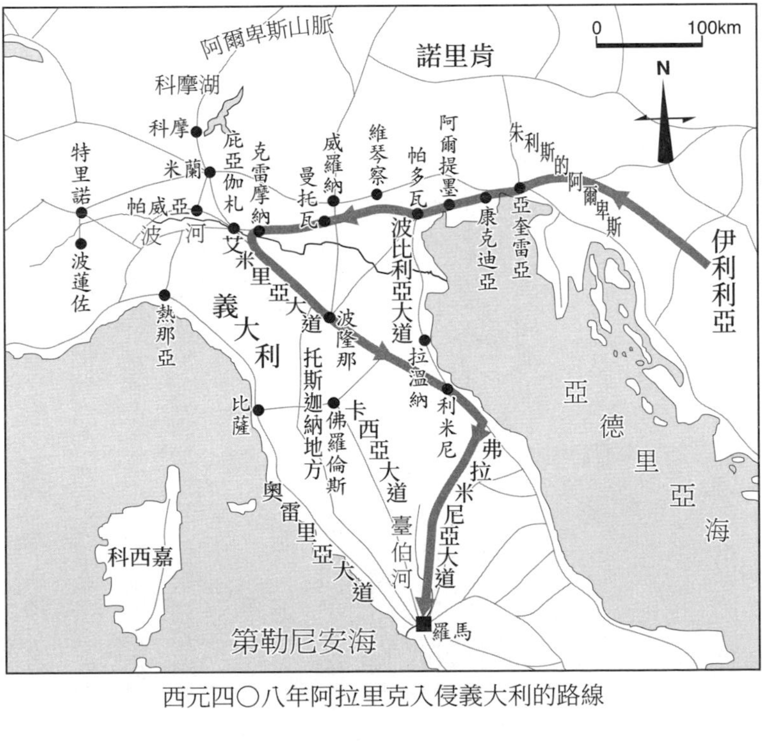

西元四〇八年阿拉里克入侵義大利的路線

使者帶著書信來到羅馬元老院，書信中要求元老院履行半年前表決通過的同盟協約。簡單來說，要元老院照協約內容付出四千利普的黃金。元老院在表決通過之後，卻拖延了半年沒有履約，是因為半年來與阿拉里克同盟議案的提議人史提利柯立場惡化。而且元老院認為在處死史提利柯之後，同盟協約也就作廢了。問題是，元老院表決通過的是國策，一旦通過就不隨提議人生死而變更。若想推翻決策，就必須重新投票否決。因此這回道理站在蠻族阿拉里克這邊。

阿拉里克與旗下的部隊渡過波河後，在河流附近等待元老院的回覆。也就是說，這些人當時在距離帕威亞的羅馬軍基地不到七十公里遠的地方紮營。然而帕威亞駐軍知道這消息，卻沒有半點動作。史提利柯身故後獲派為羅馬軍總司令官的奧林派厄斯、躲在拉溫納的霍諾里烏斯皇帝，同樣也是屏氣凝神不敢有動作。阿拉里克在枯等不到回覆之後重新展開了行動，彷彿沒把帕威亞駐軍看在眼裡似的，背對著帕威亞往利米尼前進。到達利米尼後轉入弗拉米尼亞大道，一路往羅馬直走。如今已經沒有任何羅馬人能阻擋在他們面前了。

恐嚇．其一

羅馬也有遭敵人逼近城牆的經驗，不過是在六百二十年前。第二次布尼克戰役期間，迦太基名將漢尼拔曾經在距離羅馬城牆只有四、五公里的地方紮營。不過就連漢尼拔都放棄占領羅馬的戰略。因為攻打都市需要長期圍城，漢尼拔手上沒有足夠的兵力。

光是讓阿拉里克跟三萬部隊逼近，本來還不足以讓羅馬感到動搖，可是當時羅馬人心卻動搖了。三萬兵力不可能把二十公里長的城牆包圍得水泄不通，因此阿拉里克當時執行的不是圍攻，而是封鎖。他挑選十二處主要城門配置兵力，讓市區內的人無法外出。同時派兵到周遭地區，從中攔截要送往首都的物產，另外從南北兩個方向封鎖流入羅馬的臺伯河。不過，羅馬城牆一共有十八道城門，加上某些地方因地形因素，人員還是可以通行。

羅馬市區人口雖然比二世紀帝國鼎盛時期劇減許多，在西元五世紀時還有三十萬人。而且元首政體時期建設的倉庫群至今還能發揮功能，使得羅馬市儲藏糧食的能力相當優異。也就是說，只要能預測最惡劣的局面，做好組織準備，羅馬還是撐得過長期的圍城戰。羅馬市有無抗戰能力的問題不在物資，而是在居民的精神層面。

羅馬居民聚集在城牆上，眼看蠻族部隊漸漸出現在城牆下之後，心裡感到的不是「恐懼」，而是遇到意外局面時常有的「驚訝」。而當驚訝的感覺消失後，心中浮現的不是「決心」而是「憤慨」，覺得這些蠻族竟然膽敢封鎖永恆首都羅馬，真是有勇無謀。

可是就在驚訝與憤慨之間，缺乏食糧的問題開始浮現。在市場上流通的糧食開始短缺，價錢也隨之暴漲，這使得貧困階層的人馬上受到衝擊。

沒有任何史料記載封鎖羅馬措施是何時開始的。從前後的局勢演變來看，阿拉里克的封鎖作戰應該短則一個多月，最長也不滿兩個月。過去的「世界首都」，竟然不到兩個月就大喊吃不消。

最後元老院終於決定派遣兩名議員與阿拉里克交涉。元老院表示願意與表決通過史提利柯提出的同盟議案時相同，付出四千利普，亦即一千五百公斤的黃金，作為解除封鎖的代價。這回阿拉里克可不答應，可能他覺得以「永恆首都羅馬」的贖身費來說，這價錢太便宜。實際上，蠻族首領阿拉里克與兩名羅馬元老院議員之間往來的已經不是給同盟部族的傭兵費，而是給恐嚇犯的贖金。

當時阿拉里克這麼說：「我要你們提供羅馬市區內所有黃金白銀，無論原本位在國庫內還是私人家庭。再加上金銀以外的所有貴重物品。同時我要求你們釋放在市區內公共機構與私人家庭工作的日耳曼裔奴隸。」

兩名元老院議員訝異的回應說：「如果這是你的要求，你會留下什麼給我們？」

西哥德族長很自然的表示：「留下性命。」

最後，兩名元老院議員總算爭取到在元老院討論議決期間的休戰待遇。臺伯河與十二道城門解除封鎖後，羅馬居民總算能鬆一口氣。在休戰期間內，元老院議員滿臉憂愁的在會場上討論，帶著討論結果前往阿拉里克陣營交涉的議員來回奔波。不過整個交涉過程只能算是討價還價而已。

到了將近年底時，交涉總算獲得妥協，阿拉里克終於點頭了。最後定案的贖金內容如下所述。這讓我們重新回想起來，阿拉里克當初只向史提利柯索取四千利普的黃金。

五千利普（一千八百七十五公斤）的黃金。

三萬利普（一萬一千兩百五十公斤）的白銀。

四千件由東洋進口蠶絲布料縫製的睡袍。

三千捲上等的手工緋紅薄布料。

三千利普（一千一百二十五公斤）由印度進口的食用香料。

當然，日耳曼裔奴隸也全成了自由之身。只不過這些人未全數背離羅馬投入阿拉里克陣營。付出這樣昂貴的代價之後，羅馬人只獲得解除封鎖而已。阿拉里克可沒有答應成為羅馬人的「同盟部族」，協助羅馬國防工作。

阿拉里克是能獲得史提利柯青睞的人物，在作戰時雖然打不過史提利柯，統御部下的能力卻相當優秀。西哥德陣營在確認「贖金」全數搬入營區之後，拔營向北離去。離去的隊伍不但井井有條，甚至讓羅馬居民訝異的是，竟然沒發生這種局面下常見的零星暴力案件。不過阿拉里克與麾下的三萬部隊並沒有回到阿爾卑斯山的另一頭，而是前往以卡西亞大道與羅馬相連的托斯迦納地區，準備在當地過冬。

阿拉里克離去之後，羅馬無論是元老院議員或一般平民，心中都充滿了無法言喻的屈辱感。他們開始懷念起史提利柯，同時也可能對明知羅馬遭到封鎖，卻躲在拉溫納毫無動作的霍諾里烏斯皇帝感到不滿。因為直到這個時候，拉溫納皇宮才正式公布史提利柯遭處死的理由。如果想將死刑正當化，照理說應該在剛執行完畢的八月底公告才是。事隔四個多月才發表公告，讓人難免懷疑其動機。

以下幾點是由皇帝方面主張，將軍總司令官史提利柯以「國家公敵」身份處死的理由。

一、行動一再違反君士坦丁堡皇帝的意向，造成東羅馬帝國與西羅馬帝國關係惡化。

二、身居西羅馬帝國公職，卻密謀與蠻族敵人合作賣國。史提利柯生前享有的權力與財富，全來自於與蠻族密謀的結果。

三、私下策畫由長子即位登基。

既然這是承天意即位的皇帝說的話，基督教會也就不惜餘力從旁協助了。在皇帝頒布公告之後不久，教會馬上也貼出了彈劾史提利柯的公告。公告中判定史提利柯是個無信仰的叛徒。表示史提利柯身為天主教派信徒，卻與信仰異端亞流教派的阿拉里克合作，密謀毀滅天主教派國家羅馬帝國。

史提利柯就這樣讓身為世俗權威的皇帝彈劾為賣國賊，讓具有宗教權威的教會批判為無信仰。然而這種批判彈劾，可不是張貼公告就結束了。在羅馬還有一種叫做"Damnatio Memoriae"，抹煞與死者有關的一切記錄的刑罰。除了公文會被銷毀以外，刻有當事人功績的石碑、羅馬廣場上的雕像也都會遭到破壞。簡單來說，「記錄抹煞刑」會銷毀與當事人有關的一切事物。對於重視名譽的羅馬男子來說，這項刑罰是比斬首還要嚴重的懲罰。在元首政體時期，受到這項刑罰的是卡利古拉、尼祿、圖密善等皇帝。而如今史提利柯又要接受與這些昏君相同的刑罰。

只不過歷史總會有所回饋。無論是當時的人或是我們這些後人，總會有人懷疑受到記錄抹煞刑的人為何會如此惡名昭彰。這些持疑的人也會留下文獻，但畢竟無法恢復已經遭到破壞的雕像。如今唯一能看得到史提利柯臉部的史料，是米蘭北邊十公里的小鎮墨迪齊亞（今天的蒙扎）教堂收藏的象牙板。這塊象牙板的造型，有如現代的桌上型相框。製作時期在西元五世紀，應該是當時某個人物的收藏品。說不定這是史提利柯的妻子賽蕾納的私人物品也不一定。

不過賽蕾納守寡的日子也不長。皇宮公開表示史提利柯是以「國家公敵」名義處死不久之後，背離史提利柯遷居羅馬的賽蕾納也以「公敵」的名義遭到處決。在丈夫剛被處死時，賽蕾納還能以皇帝姊姊的身份躲過刑罰，但這回只好把脖子伸到劊子手面前。

至於成為皇妃的史提利柯次女，則被逼入修道院內隱居，當成從未與霍諾里烏斯有過婚事。由於基督教不承認離婚，因此官方只好否定曾經結婚的事實。

恐嚇・其二

人只要一度屈服在恐嚇之下，就得準備接受日後的連番恐嚇。各地蠻族聽說羅馬元老院在恐嚇下釋出大筆資金後紛紛聚集。這使得光是西元四〇八年到四〇九年的跨年期間，阿拉里克的兵力就從三萬暴增到十萬人。而阿拉里克當然知道要如何運用暴增的兵力。

西元四〇九年春季到來之後，阿拉里克的使者來到了元老院。使者轉達阿拉里克的意見表示，上一年同意的只是解除封鎖，並未答應和平。同時使者轉述，阿拉里克希望被視作羅馬與和平的朋友，並提出獲得和平的代價要求，建議元老院帶著這些要求前往拉溫納，取得霍諾里烏斯皇帝的許可。

一、正式任命阿拉里克為西羅馬帝國軍司令官。

二、每年提供一定數量的金條與小麥，作為阿拉里克與麾下官兵於羅馬帝國服務的酬勞。

三、割讓達爾馬提亞、諾里肯兩個行省作為阿拉里克麾下官兵與家眷棲身之處。提供義大利半島東北部的威尼特地區做阿拉里克的根據地。

四、義大利北部至多瑙河間，所有軍事要地的城池碉堡全部歸軍司令官阿拉里克管轄。

以上是阿拉里克的要求。如果全數通過，差不多等於讓西哥德族在義大利北部到多瑙河之間建立獨立王國。

這回派人前往拉溫納說服皇帝與蠻族頭目結盟時，成員不僅是元老院議員，還包括了一名主教。因為霍諾里烏斯跟元老院雖然沒什麼往來，卻是個虔誠的天主教派信徒。

可是主教卻表示對拉溫納途中的治安沒信心，拒絕一同前往。元老院為了讓主教能安心上路，只好找阿拉里克協助護衛。羅馬人竟然要在哥德官兵的護衛下，在自己的家鄉義大利境內旅行。

拉溫納皇宮在迎接元老院議員與主教之後，陷入讓旁人看了都感到同情的混亂局面。身兼宰相與軍總司令官的奧林派厄斯強烈主張應該全面拒絕阿拉里克的要求。問題是阿拉里克與十萬部隊已經盤據在托斯迦納地方了。霍諾里烏斯皇帝儘管這時已經二十四歲，還是一樣沒有自己的一套想法。他唯一開口表示的意見，就是要離開拉溫納，從海上逃亡到君士坦丁堡。遭到反對之後，他又改口說要聘雇一萬名匈族傭兵來對抗，讓眾人感到無言以對。

也難怪他們不知道要如何回覆阿拉里克的要求。不到三個月前，他們才公布說史提利柯的罪狀是與阿拉里克密謀，臉皮再厚的人也難以在這種狀況下接納阿拉里克。為了局勢而發狂的霍諾里烏斯皇帝，到處死奧林派厄斯之後才好不容易冷靜下來。可是就在拉溫納陷入一片混亂時，阿拉里克又有動作了。

據說第二次圍困羅馬的時期，是在西元四〇九年夏季。與第一次不同的是，阿拉里克改變了封鎖的方式。他沒有像上一年一樣封鎖十二道城門，而是轉換策略占領羅馬的外港奧斯提亞。因此，當阿拉里克與西哥德族沿著卡西亞大道南下後，碰都沒碰一下羅馬，沿著城牆繞道繼續往奧斯提亞走了過去。

也許有人會表示，這算不上是封鎖，羅馬居民還可以從東方與北方取得食物。不過這只適用在生鮮食品方面，我們不能以同樣的標準看待主食小麥仰賴海外進口的羅馬市。元首政體時期的皇帝長年整頓奧斯提亞的港灣設施，就是為了讓從羅馬世界兩大小麥產地埃及與北非出發的小麥船團能順利入港，並且有效率的進行卸貨工作。百年前君士坦丁大帝建設君士坦丁堡之後，埃及產的小麥就改送往君士坦丁堡，可是北非出產的小麥至今依舊以羅馬為主要出口對象。而從北非送來的小麥，就是在奧斯提亞卸貨的。如今奧斯提亞落入阿拉里克手中，代表他即使不在每個城門外派遣部隊，一樣能掐著首都羅馬的脖子。

阿拉里克拿到一座滿載食糧的船隻不斷入港的港口後，自然不必為了遽增到十萬人的部下操心伙食。阿拉里克打穩根基之後沒有派兵到通往羅馬的兩條道路上，進而威脅首都的居民。相反的，他做出了更加嘲弄羅馬的行為。

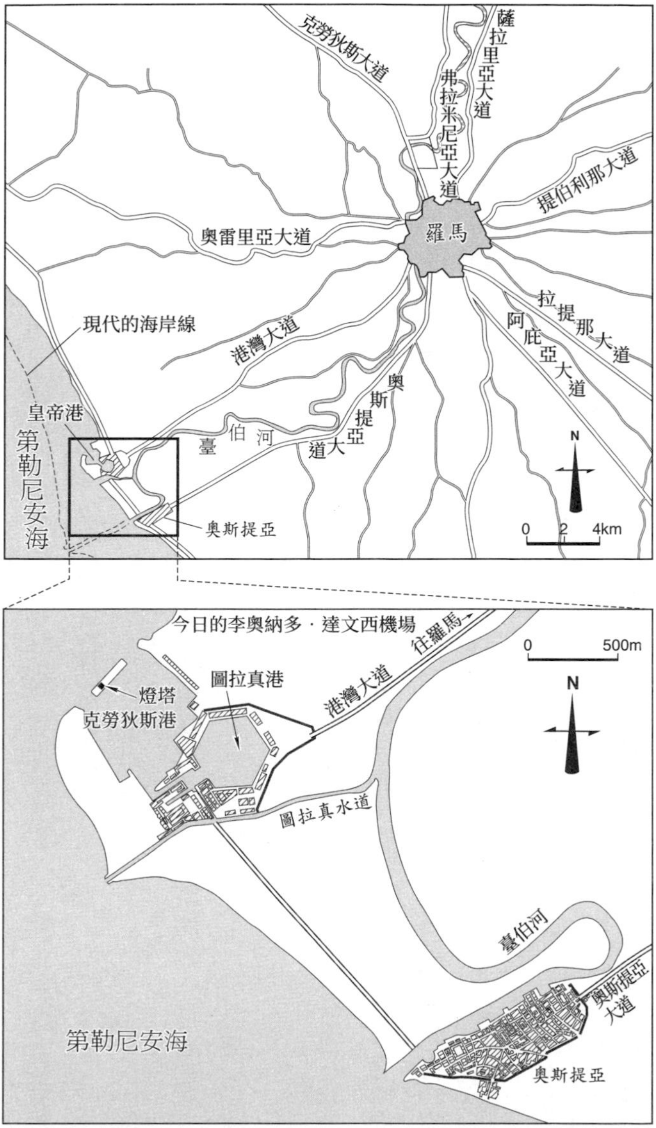

羅馬周邊的街道網路（上圖）；圖拉真皇帝大幅改建後的奧斯提亞港灣設施（下圖）

當時奧斯提亞港務管理所的長官，名叫阿塔魯斯。阿拉里克竟然任命阿塔魯斯擔任西羅馬帝國皇帝。阿塔魯斯讓人拉到官兵面前時，這些蠻族官兵也用以武器敲擊盾牌的羅馬軍傳統方式表示贊成登基。阿拉里克隨即派遣哥德衛隊護送阿塔魯斯到羅馬，還讓他帶著寄給羅馬元老院的推薦書，上頭寫著「請與這名皇帝協力治理首都羅馬」。

阿塔魯斯在哥德衛兵護送下通過羅馬廣場，進入廣場一角的元老院議場，而議員起立表示歡迎，整個場面看來就像一齣失敗的喜劇。民眾雖然沒有當街怒罵，但也只是以難以言喻的表情在一旁圍觀而已。

失敗的喜劇當然不會有什麼政治成果。阿拉里克透過阿塔魯斯間接統治羅馬的計畫失敗後，這名惱羞成怒的西哥德族頭目逮捕了阿塔魯斯，把他送到身在拉溫納的霍諾里烏斯面前。隨行還附上書信表示，「這是篡位者，請隨意處置」。至於這位可憐的奧斯提亞港務長官下場如何，就沒人知道了。就在拖延之中，西元四〇九年結束了。阿拉里克與麾下的十萬部隊依舊盤據在離羅馬不到二十公里的奧斯提亞。

相信在第二年，西元四一〇年的前半年，有不少人離開羅馬市。因為除了往北的道路之外，往南的阿庇亞、拉提那等大道上一樣沒有敵軍。而且即使不屬於擁有廣大農莊的富裕階層，羅馬人長年來同樣習慣保有在某個程度上自給自足的別墅。一般羅馬人每個月會兩度離開都會，享受田園生活。我們可以想像這些人離開羅馬時心中沒有多大的糾葛。

只不過，有許多人無力擁有郊區別墅。另外又有許多人雖然有地方可去，但不認為羅馬會被占領。奧雷利亞城牆修築於西元二七五年，至今一百三十五年來，羅馬還沒讓敵人踏進過。有許多人認為，以前沒發生過的事情，以後也不會成真。雖然拿不到經由奧斯提亞進口的糧食，至少羅馬還沒斷炊。儘管敵人近在眼前，還是有許多人留在首都羅馬。只不過這些人若不是無處可去，就是正在做白日夢。

「羅馬洗劫」

首都羅馬已經八百餘年沒有落入敵人手中了。在想像中，進入市區前雙方先隔著城牆激烈決戰，之後為了完全占領又要持續一場激烈的街頭戰。實際上，根本不是這麼一回事。

西元四一〇年八月二十四日清晨，阿拉里克率領的西哥德先遣部隊可能是在內賊串通之下，開啟了由羅馬往北，為薩拉里亞大道所開設的城門。這些人隨即又開啟了薩拉里亞門左右的六處城門。就在市中心居民發現之前，蠻族已經從永恆首都東邊與北邊潛入。

羅馬建國於西元前七五三年，至此已有一千一百六十三年。多年來羅馬人不能忘懷的事變之中，包括西元前三九〇年遭凱爾特人占領的記錄。

凱爾特是希臘文，羅馬人將這些人稱作「高盧」。在尚未確立共和政體的西元前三九〇年時，住在義大利北部的一個高盧部族前來攻打羅馬。

羅馬方面迎擊失敗，由七座山丘構成的羅馬市區除了卡匹杜里諾丘之外，其餘地方全遭高盧人占領。幸運的是這時的敵人在搜刮搶奪後就離去，使得羅馬沒有成為高盧人的首都。這場「凱爾特襲擊」成為羅馬人絕對不能忘懷的大事，讓人記錄在羅馬史書裡。王政時期建設的「塞爾維斯城牆」也趁這個機會施工強化。

從西元前三九〇年起保衛羅馬的「塞爾維斯城牆」，卻在西元前四十五年遭到破壞。而且不是在敵人攻打下破壞，是由羅馬人親手拆毀的。當時的最高權位者朱利斯·凱撒構思並推動了擴大羅馬市關鍵要地——羅馬廣場的計畫，有部份城牆妨礙到他的工程。凱撒面臨變更計畫或是拆除城牆的選擇時，他很理所當然的選擇拆除，而且沒有在外頭建設新的城牆。

凱撒表示，將王政時期賽爾維斯王所興建，保護羅馬七百年的城牆拆除後不再重建的理由，在於今後首都羅馬的安危應當由「防線」（國界）保護，而不該是由環繞首都的城牆。這項理論後來成了羅馬帝國的國防基本策略。

於是直到西元二七五年，由奧雷利亞皇帝修建遺留至今的「奧雷利亞城牆」為止，三百三十年來羅馬是個沒有城牆的都市。如果有人要問「羅馬和平」是何時開始，筆者應該會表示，就是首都羅馬沒有城牆的日子。

話又說回來，西元二七五年修築「奧雷利亞城牆」之後，羅馬長年過著不受敵軍逼迫的日子。奧雷利亞皇帝深知羅馬已經沒有多餘戰力可分布多瑙河北岸，因此不惜撤出達其亞行省（今日的羅馬尼亞）。對這名皇帝來說，在首都修築城牆只是事前防範的謹慎政策。實際上，在其後一百三十五年來，羅馬還是沒碰過兵臨城下的局面。

而當敵軍一靠近城牆，羅馬馬上就失陷了。這讓我們回想起凱撒認為城牆不能禦敵的觀念。帝國首都羅馬一受到城牆保護，馬上就失守了。

總而言之，西元四一〇年「羅馬洗劫」是個史上有名的大事件。不過阿拉里克事前曾對部下發布下列命令。

一、不得殘殺不抵抗的人。

二、不得侵擾基督教教堂。

多虧這兩道命令，才使得占領行動時的殘暴程度，比一般十萬兵力下手時輕微。一來羅馬內部根本沒有起身抵禦的兵力，二來四處逃竄的居民一知道教堂夠安全就會轉往教堂內避難。阿拉里克與西哥德族雖然信仰的是被天主教派打為異端大力排擠的亞流教派，至少還是基督教徒。羅馬內部的諸多教堂與信徒，則屬於在尼西亞公會議中成為正統，以三位一體為中心思想的天主教派基督教。與天主教派比起來，亞流教派對於「異端」比較寬容。阿拉里克與西哥德族認為，羅馬市內的天主教堂與其信徒同樣是基督教的一份子，因此沒有向這些人出手。

只不過，阿拉里克旗下還不只有西哥德族人。短期內由三萬遽增至十萬的官兵中，有許多人信仰日耳曼族的傳統宗教，在官兵成員中甚至包括來自亞洲的匈族。對這些人來說，與基督教相關的建築、人員，同樣是掠奪的好對象。

再加上羅馬在恐嚇下交出五千利普黃金的消息，已經傳遍各地蠻族。他們認為每一戶羅馬人家中都會藏有金條。蠻族甚至侵入非宅院的公寓建築，四處抓人威脅拷問收藏財寶的地方。有許多人身無分文根本無從招認，就這樣死在憤怒的蠻族刀下。要說西元四一〇年這場事變叫做「羅馬洗劫」還真不錯，因為的確發生過蠻族施暴掠奪與殺戮的行為。而且包括修女在內，有許多婦女遭到施暴。當時的北非主教聖奧古斯丁為此在著作 *De Civitate Dei*（《上帝之城》）裡表示，在強制下非經同意的性行為不構成罪惡。

不過西元四一〇年的這場掠奪只花了五天就結束了。很可能是因為由十萬人徹底執行，所以結束得特別快。另外由於沒有任何勢力起身反抗，也有助於掠奪的效率。從潛入城內的那天起算，第六天清晨阿拉里克與十萬部隊就帶著所有帶得走的東西往南拔營。貨車與人員的漫長隊伍布滿了整條阿庇亞大道。

當然，離開羅馬的還不只這些人。有些身份地位高或者看來有錢的人，也因為可望在事後付出大筆贖金，因此遭到蠻族綁架，在這之中應該有不少元老院議員。而俘虜中最顯眼的，則是霍諾里烏斯皇帝的妹妹嘉拉．普拉齊達。

八百年來未曾淪陷，長年讓人讚揚為「世界首都」的羅馬遭人施暴這一事，在當時是世界級的大新聞。例如遠在巴勒斯坦編纂拉丁文《聖經》譯本的耶柔米，雖然身為基督教徒但出身義大利，因此深受這則新聞打擊。耶柔米因在修道院中的虔敬行為，以及翻譯《聖經》的功績，後來讓教會列為聖人。在當時他曾向朋友寄出這樣一封信。

耶柔米（達文西繪）

「西方傳來一則可怕的消息。羅馬遭到包圍，最後提出黃金換取居民生命。然而在遭人剝削後再度遭到攻打，這次不僅失去一切財物，甚至失去性命。我在口述這封信時，聲音為悲傷而顫抖，為湧出的眼淚而哽咽。

征服世界將其列入統治下的都市，如今在蠻族之前屈膝。哦，神啊！無信仰者正在對您的遺產出手，褻瀆您所建設的神殿。」

我們不知道阿拉里克在離開羅馬後，下一個目的地是哪裡。一行人沿著阿庇亞大道沿路南下搶劫，最後在加普亞離開阿庇亞大道，前往諾拉。很有可能他考慮沿著第勒尼安海前往義大利南部，進而到達以農產品豐富出名的北非。

只不過阿拉里克沒有這個機會。根據推測，阿拉里克年紀應該與史提利柯相當，西元四一〇年時只有五十歲左右。然而他在沿著右側的第勒尼安海朝南義大利行進的途中突然病逝。葬禮依照日耳曼首長的傳統葬禮方式，先阻絕河流後，在河床上開挖足以安置棺材的洞穴，等到棺材入土後才重新放流。從事阻絕河流、挖掘河床等作業的奴隸，在葬禮後全數遭到殺害。這也是北方蠻族的風俗之一。

阿拉里克身故後，由親戚阿塔沃夫接替他的位子。阿塔沃夫與羅馬元老院之間似乎私下達成了和解對策，或許羅馬方面又付出了一筆贖金。因為新的西哥德族頭目阿塔沃夫取消了往南義大利的行程，轉頭帶著部屬前往南法地區。在這段行程中有許多俘虜付出贖金恢復自由之身，但阿塔沃夫沒有放過皇帝的妹妹嘉拉．普拉齊達。阿塔沃夫在進入南高盧後，就與這名年輕的公主成婚。不知為什麼，哥德人新郎在婚禮上穿的是羅馬式的袍子。

離開羅馬的人

西元四一〇年發生的「羅馬洗劫」事件，似乎逼得倖存的人做出拋棄羅馬的決定。其中包括決心回到故鄉高盧的納瑪提亞努斯。

盧提留斯．納瑪提亞努斯在後世唯一出名的是詩人身份，因為他生前留下題為"De reditu suo"（〈歸鄉〉）的長詩。然而這個人雖然是出身行省的高盧人，卻是在羅馬市擔任過重要職務的「公共人物」。他擔任過的職務包括首都羅馬的最高行政官「首都長官」(praefectus urbi)，不過還算不上特例。在羅馬帝國中，由行省出身的人物前往首都擔任公職，藉此形成國家領導階層，是打從元首政體時期延續至今的政治傳統。

實際上，西元五世紀前半的西羅馬帝國權貴阿尼齊亞家、敘馬庫斯家，是在百年前沒沒無聞的「新入門」。據說阿尼齊亞家是五世紀時的羅馬首富，如果將小麥與葡萄酒庫存全數出清的話，年收入約等於六千利普的黃金。如果他有這個意思，在史提利柯提議時已經能獨力雇用阿拉里克與西哥德族。與阿尼齊亞家相較，難怪年收入一千五百利普的敘馬庫斯家要被人列為富豪。只不過敘馬庫斯家是在教養方面代表羅馬帝國。當然這兩人都是羅馬元老院的議員，曾經擔任過「首都長官」的納瑪提亞努斯應該也具有議員身份。至於資產方面，我們只知道他在高盧擁有大型農莊。在寫下作品時，年齡約在四十歲左右。

長詩〈歸鄉〉如今雖然只剩下斷簡殘篇，不過我們可以從僅存的段落中得知，這個人無疑是個「潛在異教徒」。這部作品完成於西元四一六年，除基督教以外的其他宗教被打為邪教已經過了二十多年。然而在充分表露對羅馬帝國愛情的〈歸鄉〉之中，看不到半點基督教的影子。這名高盧出身的菁英深信自己是真正的羅馬人，並且以此自豪。

盧提留斯．納瑪提亞努斯流傳下的長詩〈歸鄉〉，讓人譽為「異教拉丁文學最後一首詩歌」。至於標題命名為〈歸鄉〉的原因，是因為他寫作時正身處返回故鄉的船上，一邊回顧逐漸遠去的羅馬與義大利，一邊留下這篇作品。納瑪提亞努斯還沒到退休的年齡就返回家鄉的原因，在於要重建遭西哥德族侵襲而嚴重受損的莊園。在這個狀況下，實在沒有可能再次踏上羅馬的土地。因此長詩〈歸鄉〉實際上是羅馬人寫來向羅馬道別的詩歌。以下將從僅存的片段中，挑選部份介紹給各位讀者。

「哦，羅馬，您長年是世界的女王。您是諸神的母親，也是許多優異男子的母親。

您所表現的崇高，就像太陽不會完全消逝一樣的，不會從人心中消失。您給人帶來的贈禮，就好像陽光普照大地一樣的，充滿了整個羅馬世界。無論灼熱的沙漠或是結冰的北海，都無法遮蔽您發出的光芒。無論在何處，只要有人類居住，那裡就會有羅馬。羅馬啊，您將分裂為諸多民族與部族的人類統合成一個國家，讓他們知道在法律下享受平等的感受。確實我們剛開始受到羅馬征服，但不久後隨即感受到在羅馬之下生存的好處。因為羅馬雖擁有強大的軍事力量卻懂得自制，知道如何有效運用軍事力量。結果使得住在羅馬帝國內的人學會在羅馬法之下，一邊維持自己特有的風俗，一邊與不同風俗的民族共存。彷彿羅馬帝國本身就是由諸多民族形成的聯合國。

至今為止，不知有多少帝國興亡。然而在其中唯有羅馬帝國的偉大遠超過其他國家。羅馬帶來的和平，並非忘我的自信帶來的產物；羅馬的光榮，並非獨夫自創的業績，而是匯集帝國內的才能所產生的。羅馬能身為支配者，是因為他們真正具有支配外人的資格。

然而，不久之前起，羅馬無法從苦惱中脫身。不過總有一天，羅馬會治好傷痕，四肢再度恢復力量。因為逆境正是興隆的、廢墟正是復興的前一階段。

羅馬的敵人如今高唱凱歌，但總有一天他們會遇上沒落凋零的時候。就連漢尼拔，最後也只有為自己的成功嘆息。

敵人或許認為自己將羅馬踏為廢墟，然而總有一天廢墟中會生長出新的羅馬。以往豐饒一片，如今遭人棄置荒廢的萊茵河畔，總有一天會再度成為有人居住的地方。尼羅河沿岸的土地，想必也會再度向西方運送大量的小麥。在這時候，想必不僅是義大利，全歐洲都會成為質精量多的葡萄酒產地。」

這就是西元四一六年時，從奧斯提亞上船，沿路停靠基威塔威加、比薩、熱那亞往南高盧航行時，一名四十來歲男子的心聲。這個人從高盧上岸後，就沒有人知道他的下落了。

第二章

羅馬帝國的消逝

（西元四一〇～四七六年）

西元四一〇年夏季發生的「羅馬洗劫」，是個震撼西起不列顛，東至巴勒斯坦的羅馬世界的大事，當時的人們從中感受到羅馬帝國實質上已經崩潰。在事件發生後，霍諾里烏斯皇帝隨即向西羅馬帝國境內所有總督、軍指揮官、法務官發出下列公文。

「阿拉里克與其下的蠻族不僅燒毀首都羅馬光榮的紀念碑，同時蠻橫地奪走羅馬居民的一切。

因此，無論經濟或軍事方面，帝國再也無力因應行省的要求。從今爾後行省唯有自立自強。相信諸位有充分的力量滿足這項要求。」

據說在「羅馬洗劫」後皇帝馬上頒布上述的公文。不過至今沒有任何史料證實這項說法，因此這很可能只是事發當時的流言之一。不過，萬一這是事實的話，問題就嚴重了，因為這代表在西元四一〇年時，西羅馬帝國已經不是帝國。

霸權國家的職責

帝國並非只要具有能支配其下各民族的軍事力量就可以稱為帝國。唯有盡責保護其下國民，人民才會願意接受帝國統治。如果以缺錢缺人為由，表示無力保衛人民，要求人民從此以後設法自保，那麼帝國就再也不是帝國了。西羅馬帝國要到西元四七六年才結束，但是在西元四一〇年時，人們便隱約感到帝國實際上已經解體。正因為如此，住處遠離羅馬的行省居民才會感同身受的，為「永恆首都」遇到悲劇感到傷心。

因為羅馬八百年來未曾受外敵踐踏，而這件事也代表羅馬帝國尚且健在。

在「羅馬和平」無法發揮功能的西元三世紀之後，帝國內的主要都市，無論是敘利亞的安提阿、埃及的亞歷山大；帝國西方不列顛的倫敦、高盧的巴黎與里昂、日耳曼西部的波昂和科隆，同樣有遭外敵襲擊入侵，平民百姓遭到殺害的經驗。東有波斯與沙漠遊牧民族，西有北方蠻族，帝國人民遭這些外敵入侵施暴的經驗並不少。就連帝國的本國義大利境內，無論是亞奎雷亞、米蘭、威羅納，也都無法保全。定都不滿百年的君士坦丁堡，也曾因為毀棄傭兵契約，一時遭到憤怒的蠻族攻擊。在這局勢中，唯有羅馬能在到西元四一〇年為止的八百年中保持毫髮無傷。

到了帝國最後一個世紀西元五世紀時，羅馬人口減少到鼎盛時期西元二世紀時的五分之一。儘管如此，在這個帝國國界「防線」不僅肝腸寸斷甚至幾乎完全消失的年代裡，唯有「世界首都」保持著安然無恙的活神話。

而且在西元四一〇年的洗劫之後，有不少外出避難的人回到羅馬。這些人認為震撼全世界的「羅馬洗劫」事件，只是單獨偶發的事件。要到不僅北方蠻族，連原本是同胞的東羅馬帝國都一再前來侵襲掠奪的時代，羅馬人口才急速減少，落到鼎盛時期的十分之一。

而且到了這個時候，「羅馬洗劫」已經不是世界性新聞，而是地區性新聞了。

不過，至少時代還沒走到這個地步。似乎西元四一〇年的羅馬人認為阿拉里克與西哥德族對永恆首都的暴行只是不幸的偶發事件。阿拉里克死後，繼承其位的阿塔沃夫帶著西哥德族離開義大利前往南法。而如今還沒有取而代之南下義大利的蠻族出現。

從處死史提利柯到「羅馬洗劫」的這兩年中，霍諾里烏斯皇帝眼見蠻族如同急流一般南下羅馬，躲在拉溫納袖手旁觀。在洗劫之後他卻積極推動重建首都的措施。

首先他制定政策，準備為身在定居城鎮中卻淪為難民的國民緊急從北非進口小麥，並立即付諸實施。

其次，在羅馬市區內開始重建遭破壞的公共建築物。不過如今全體公民都是基督教徒，公共建築物的重建工程中，除了直接影響市民安危的城牆城門加強工事之外，優先接受施工的是教堂與附屬於教會的宗教設施。

西元四一〇年被害後的復興政策，不僅針對首都羅馬，同時適用於阿拉里克與西哥德族通過的義大利中部與南部地區。

住在這些地區的人民，今後五年得以免徵特別稅。由於帝國末期稅制紊亂，因此我們無法得知到底是哪些稅賦。不過全額減免的僅限於特別稅，土地稅與人頭稅等一般稅賦，在接下來的五年僅減免五分之一。

另外政府認可農民在所有人一去不回遭棄置的耕地上耕作。由此可知在蠻族通過之後，有不少人成為失蹤人口。

此外，政府不懲處因曾經協助阿拉里克部隊行動而遭責難的人。可能是在當時有許多人屈服於武力威脅，不得已成為蠻族的幫手。

霍諾里烏斯皇帝在「洗劫」兩年後的西元四一二年造訪羅馬。不過不是為了親自指揮重建工作，而是為了接受元老院議員與市民對皇帝的羅馬重建政策所表達的謝意。

據說若要從阿拉里克與其部隊造成的慘狀中重新立足，至少要花費七年的時間。從西元四一一年到四一七年這七年之中，霍諾里烏斯能安穩坐在皇位上的原因，倒不是二十六歲到三十二歲時的霍諾里烏斯能洗心革面善盡皇帝的職責。而是對義大利半島安危影響最大的高盧地區，簡單來說正處於入侵蠻族互相侵蝕的狀態。

蠻族化的進展

四百六十年前西元前一世紀時，朱利斯．凱撒征服高盧。其後的高盧文明化進展迅速，讓人譽為羅馬化的楷模。然而到了西元五世紀之後，由於一再遭到蠻族入侵，實際上已經漸漸成為不受帝國統治的區域。長年作為帝國「防線」的萊茵河畔，如今已經沒有任何具備迎擊力量的軍團基地。無論是波昂、科隆、梅因茲、史特拉斯堡，以往住滿羅馬兵的軍營如今卻雜草叢生。入侵的蠻族連看都不看帝國邊境地帶一眼。或者說，他們不是「連看都不看」，而是「連想看都沒辦法看」。因為他們也是在新來的匈族驅趕下才往西入侵，如果在渡過萊茵河之後馬上落腳，會有再度遭到匈族驅趕的風險。因此各日耳曼部族的共通之處，是在入侵高盧後破壞一切擋在眼前的東西，搶奪一切帶得走的東西後，再度往高盧深處前進。基於上述原由，從萊茵河各處渡河的蠻族，就在高盧深處相互衝突了起來。

從萊茵河下游處入侵高盧的法蘭克族，將勢力擴展到整個高盧北部。

汪達爾族從萊茵河中游地區進入高盧之後，從東北往西南橫掃廣大的高盧地區，最後穿越了分隔高盧與希斯帕尼亞的庇里牛斯山脈。

同樣從萊茵河中游入侵高盧的勃艮第族，可能是自知規模有其極限，因此在入侵高盧東部後便停下腳步定居了起來。勃艮第這個地名可能就起源自他們的名字。

打從元首政體時期起便有名的日耳曼蠻族之一蘇威比族，在五世紀的蠻族入侵時可不落人後。這個部族從萊茵河上游地區入侵帝國之後，一路燒殺搶奪橫掃高盧境內，同時也一路與其他先到場的蠻族產生武力衝突。在落敗後整個部族跨越庇里牛斯山脈，逃入希斯帕尼亞境內。

光是如上簡單介紹就可得知，西元五世紀時高盧境內四處充斥著蠻族，再加上南部有在

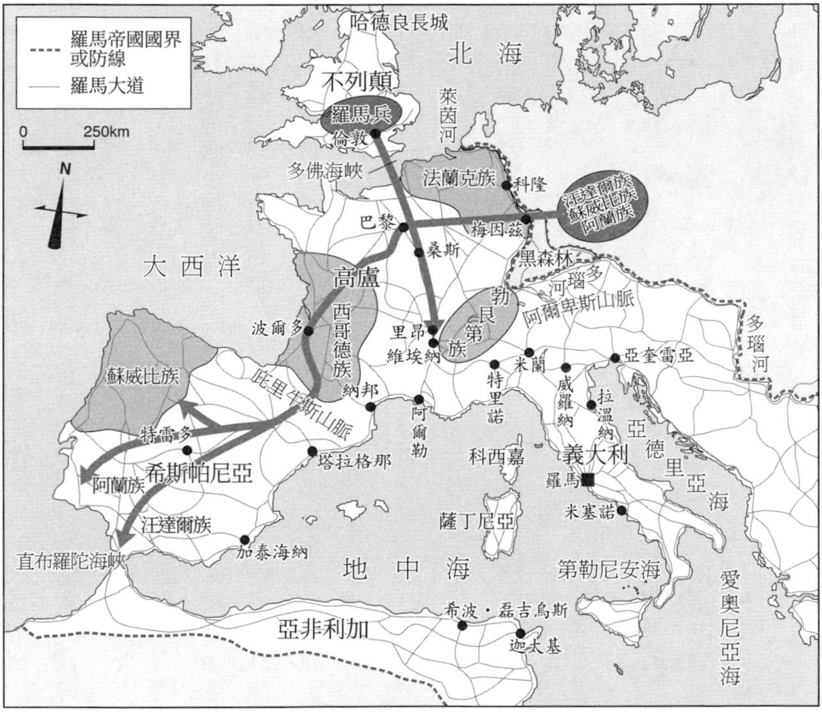

西元四一〇年左右的西羅馬帝國與蠻族分布

「羅馬洗劫」後一舉揚名的西哥德部族。阿拉里克死後繼位的族長阿塔沃夫，就是在羅馬時代稱作納爾邦的納邦，與羅馬皇帝的妹妹嘉拉．普拉齊達舉行婚禮。後代總稱為「普羅旺斯」的高盧南部地區，如今由西哥德族盤據。而且這些人並未安穩的在普羅旺斯落腳。對於從氣候嚴苛的日耳曼入侵的北方蠻族來說，豐饒的南法與義大利同樣是具有魅力的地方。

阿塔沃夫想要比其他蠻族占據優勢，因此向霍諾里烏斯皇帝請求承認與嘉拉．普拉齊達公主之間的婚事。身在拉溫納的霍諾里烏斯卻無論如何不肯承認這場婚事。他擔心的是皇統透過西羅馬帝國的公主流入蠻族手中，更何況公主與蠻族通婚後生有一名兒子。這名繼承皇統的小孩幼年夭折，才使得霍諾里烏斯感到安心。西羅馬帝國皇帝霍諾里烏斯到三十歲時還膝下無子，他雖然前後迎娶史提利柯的兩個女兒，但沒有留下子嗣，在史提利柯死後一直維持單身。

如上所述，帝國末期時羅馬皇帝的力量無法到達高盧，當地光是能獨力展開軍事行動的部族，就有法蘭克、汪達爾、勃艮第、蘇威比、西哥德等五個部族。而且這五個部族還不是各據一方混居，而是互相流動角逐稱霸。

加上從不列顛南下的羅馬軍之後，局勢更加混亂不明。不列顛的羅馬駐軍厭倦了獨力應付日耳曼裔蠻族盎格魯族、薩克遜族的日子後，渡過北海進入了高盧地區。這些人打著拯救高盧不受蠻族侵襲的旗號，在沒有霍諾里烏斯皇帝的指令下率軍渡過多佛海峽，進攻到高盧地區。只不過這些羅馬兵是由士兵出身，但自稱皇帝的君士坦丁三世所率領。對於身在拉溫納的霍諾里烏斯來說，君士坦丁三世是簒位者。儘管這群從不列顛南下的羅馬軍正和混居於高盧地區的蠻族奮戰，這批軍隊依舊算是匪軍。

只不過，羅馬政府有辦法讓不列顛部隊脫離匪軍地位。政府可以將高盧地區羅馬軍司令官的地位，頒給這名僭稱君士坦丁大帝名諱的男子，以此為條件讓他交出皇位。由於跟隨他離開不列顛的官兵中，有不少人對於受簒位者率領感到不滿，因此只要霍諾里烏斯有這個意願，這項策略絕非不可能的事情。

然而霍諾里烏斯心中充滿了身為正統皇帝卻遭人藐視的屈辱感，使得在羅馬軍中唯一與蠻族持續對抗的不列顛駐軍維持在匪軍地位。也就是說，帝國未能善用這批男子的力量。在拖延之下，君士坦丁三世最後遭爆發不滿的部屬刺殺。這時是西元四一一年冬季，在「羅馬洗劫」的一年後。

不過回想蠻族部落混居流動，加上不列顛駐軍參戰的高盧狀況之後，也就讓人覺得難怪義大利能在「羅馬洗劫」之後享受短暫的和平。由於蠻族之間相互衝擊，使得這些人腦海中尚無前往義大利的念頭。如果這時有人入侵義大利的話，相信能夠輕易的全面稱霸。因為霍諾里烏斯毫不關心重整軍備的事務，整個義大利半島幾乎毫不設防。

儘管局面如此淒慘，在一名與不列顛簒位者同樣出身士兵的武將出場後，似乎有了起色。

這名男子叫做君士坦提烏斯，與承認基督教而史上留名的君士坦丁大帝一樣，出身於保加利亞首都索菲亞西北方，賽爾維亞境內的尼什。這個城鎮在羅馬時代叫做奈蘇斯，位於從多瑙河沿岸穿越巴爾幹地區中央，通往君士坦丁堡的幹道沿線上。由於他出身低微，因此可能與這個地區的低層男子一樣，身上流著蠻族的血統。不過，雖然母親的血統不明，至少父親確實是羅馬人。霍諾里烏斯在處死史提利柯之後，對於選派有蠻族血統的男子擔任軍司令官一事特別敏感。然而他在調派部隊，將這名男子送往高盧時卻毫不猶豫。霍諾里烏斯的目的，應該是想以正統皇帝從義大利派來的羅馬軍填補篡位者遭殺害後產生的空白。也就是說這次派兵的目的，是要以正統羅馬軍吸收遭殺害的君士坦丁三世從不列顛帶來的部隊。

我們不知道將君士坦提烏斯外派到高盧時，西羅馬帝國託付了多少兵力給他。義大利當時依舊等於不設防狀態，想必也沒有多少兵力能夠調派。儘管如此，這名出身巴爾幹地區、從基層起家的軍人仍在高盧積極活動。想必從不列顛南下的官兵有大多數為這名將領吸收。不管怎麼說，君士坦提烏斯能掌握的兵力實在有限，最初的兩、三年沒有顯著的成果。

不過一如前述，對羅馬來說幸運的是高盧地區的蠻族之間忙於互相對抗。而在對抗過程中受創最重的，是在「羅馬洗劫」後回頭把入侵方向轉往南法的西哥德族。君士坦提烏斯將軍看準了這點，推動了由海上封鎖西哥德根據地納邦及其周邊的斷糧作戰。

從北方遭其他蠻族攻擊，在南方受到海上封鎖，西哥德族為此大感動搖。我們不能忘記的是，西哥德族如今要為幾萬人馬擔憂糧食問題。族長阿塔沃夫儘管在迎娶西羅馬皇帝的妹妹後志得意滿，卻無力宣洩麾下官兵的不滿。身在拉溫納的霍諾里烏斯不但不承認妹妹的婚事，就連阿塔沃夫請求讓西哥德族與西羅馬帝國結盟時，也沒做出半點回應。阿塔沃夫在進退維谷的局面下，打算穿越庇里牛斯山脈往希斯帕尼亞移動。然而汪達爾、蘇威比、阿蘭等部族早已滲透到伊比利半島。

最後，西哥德族決定殺害族長阿塔沃夫，藉此改善與羅馬的關係。

不知道羅馬方面是否有在背後穿針引線，總之西哥德族成功的更替族長。阿塔沃夫遭部屬殺害，由瓦利亞取代他率領西哥德族。瓦利亞提出的條件是，西哥德族願意將成為寡婦的嘉拉·普拉齊達遣返義大利，但羅馬方面要向西哥德提供糧食援助。從北非運來的四千萬噸小麥入港的同時，西羅馬帝國的公主也動身前往義大利。對於在「羅馬洗劫」後棲身蠻族之中的公主來說，義大利已是五年不見的故鄉。

西哥德族也趁著這個機會，成為西羅馬帝國的同盟部族。在同盟部族協定慣例中，係由帝國將部份領土頒贈給蠻族定居，蠻族也以此為代價與羅馬帝國共同作戰，不過這場協定的詳細內容並未留下記錄。目前唯一得知的是，在協定中將高盧西部面臨大西洋，於羅馬行政劃分中屬於「亞奎塔尼亞·賽肯鐸斯」（第二亞奎塔尼亞）的地區頒贈給西哥德族定居。同盟部族協定原本是一種傭兵契約，在協定內容中應該包括傭兵薪資部份。但由於沒有留下記錄，因此無法得知詳情。

不過根據其他記錄，在西羅馬帝國崩潰後，與蠻族共存的體系「三分之一系統」其實早在高盧地區實施多年。因此我們可以想像，或許西羅馬帝國與西哥德族的協定內容也是系統的實例之一。

「三分之一系統」

所謂「三分之一系統」是筆者權宜之下臨時命名的稱呼。原本這是史提利柯在將兵力撤出高盧北部與中部時所使用的障眼法政策。要頒布土地給蠻族定居時，只要是帝國境內，就一定已經有羅馬人定居。政府不能強迫羅馬人遷居把土地讓給蠻族，如果強迫執行的話勢必會引發從帝國各地湧入的反彈。

早在西元二一二年，通稱「卡拉卡拉敕令」，正式名稱「安東尼奧敕令」(*Constitutio Antononiana*)的法令公布之後，一個人即使出身於行省，只要不是奴隸，一律能獲得羅馬公民權。因此，無論身在高盧或是北非，羅馬帝國境內的居民如今都是「羅馬公民」。

史提利柯構想出一套體系，讓居住在蠻族定居地上的羅馬人，為這些已成為「羅馬同盟」

的新鄰居提供三分之一資產。實際上，就是將三分之一的農地提供給蠻族使用。如果這項體系能夠普及，羅馬政府就再也沒有必要支付飽受民眾反感，被視為向支配者進貢的「傭兵酬金」。羅馬人在付出三分之一資產後，獲得的是抵抗入侵蠻族的防衛人員。當然，這些所謂防衛人員一樣是蠻族。也就是說，這同樣是「以毒攻毒」的政策。而且史提利柯試圖讓這些人定居打好生活基礎，藉以沖淡其毒性。

由於史提利柯不但遭到處死，而且被判處「記錄抹煞刑」。與其有關的記錄大多遭到銷毀，也就無法判別這項推測的真偽。不過若是西哥德族的「同盟部族」協定同樣是基於「三分之一系統」的話，也就難怪找不到與傭兵費用相關的規定了。此外，羅馬似乎從這個時期起產生了將新來的鄰居蠻族稱為"hospitalis"（客人）的習慣。這明顯的是一種虛偽的行為，但人類社會中有時也需要虛偽一下。

西元四一五年的協定中，還有一件事情值得我們思考。羅馬方面在指定西哥德的定居地時，沒有讓出相當於後世南法地區的高盧南部，而是指定高盧西部。羅馬時代的波爾鐸斯．南涅托斯與布爾迪凱拉，後世的南特與波爾多之間，就這樣成了西哥德族的定居地。

羅馬人不願意放棄高盧南部。希斯帕尼亞地區與高盧同樣飽受蠻族滲透，然而羅馬人還是在這個地區的東部設法維持勢力。至於北非地區，目前還在羅馬帝國境內。義大利半島、南法、西班牙東部與北非還留在羅馬的勢力範圍內，圈起了地中海西半部。而不列顛、大部份的高盧

君士坦提烏斯將軍

地區、希斯帕尼亞西半部雖然已經遭蠻族侵略，但這些地方靠大西洋。由此可見羅馬人終究是地中海民族。

　回到羅馬人身邊後不久，嘉拉·普拉齊達公主就與君士坦提烏斯將軍舉行婚禮了。霍諾里烏斯皇帝不但認同這樁婚事，還藉機把出身低微的將軍提升到貴族地位。西元四一九年兩人生下了一名兒子，做母親的嘉拉·普拉齊達沿用了外祖父瓦倫提尼安一世的名諱，把兒子命名為瓦倫提尼安。既然霍諾里烏斯沒有子嗣，這名男嬰遲早會當上西羅馬帝國的皇帝。

　君士坦提烏斯出身農家卻能迎娶皇帝的妹妹，並且生下未來將繼承皇位的兒子，可說是社會上的成功人物，至於他的軍事才華如何就不得而知了。蠻族這時忙著在高盧與希斯帕尼亞鞏固地位，沒有機會踏入義大利，也使得君士坦提烏斯沒機會展現軍事才華。儘管如此，這段時期的義大利確實能享受和平，這應該要歸功於不時遠征高盧、希斯帕尼亞，藉此牽制蠻族的君士坦提烏斯。成天躲在拉溫納的霍諾里烏斯皇帝似乎也知道感謝，在西元四二一年時，讓這名巴爾幹農家出身的男子，攀上了與霍諾里烏斯同等的共同皇帝地位。亦即將「奧古斯都」的稱號頒贈給君士坦提烏斯。然而君士坦提烏斯擔任共同皇帝的時間只有八個月，他在同年秋天就過世了。他並非遭人謀害或刺殺，而是自然死亡。

君士坦提烏斯雖然沒有過人才華，但個性溫順又不具野心，時時替皇帝代理原本應該親自率領的軍事行動。在他辭世之後，年滿三十六歲的霍諾里烏斯大為動搖。生性懦弱的皇帝頓時成了暴跳如雷的活火山，而且似乎把脾氣發作在將軍的遺孤，當時只有兩歲的瓦倫提尼安三世身上。曾經下嫁蠻族的妹妹，原本就不怎麼信任同父異母的皇兄。在淪入蠻族手中，身份有如俘虜的歲月裡，做哥哥的除了提出遣返要求外，沒有設法協助妹妹脫身，做妹妹的當然對哥哥不會抱持好感。嘉拉．普拉齊達擔心兩歲大的兒子性命不保，帶著兒子投奔君士坦丁堡，目的在於向東羅馬帝國皇帝求助。

公主與兒子在君士坦丁堡皇宮定居的日子並不長。投奔未滿兩年的西元四二三年入秋時，西羅馬帝國皇帝霍諾里烏斯駕崩的消息，傳入了東羅馬帝國首都君士坦丁堡。霍諾里烏斯享年雖然只有三十八歲，不過據說是自然死亡。從十歲登基接下西羅馬帝國的皇位後，霍諾里烏斯幾乎沒做過有益於國家社會的事情，在皇位上枯坐了二十八年。

皇位繼承原本不該有什麼問題。對已故的霍諾里烏斯來說，最親近的血親是他的外甥。更何況外甥的父親君士坦提烏斯又曾經擔任過八個月的共同皇帝。

問題在於新任皇帝還是個四歲大的幼兒。霍諾里烏斯身邊沒有關係有如狄奧多西與史提利柯一樣，可以輔佐幼主登基的人物。而且照霍諾里烏斯的個性來看，也不可能考慮到找人託孤。

在沒有監護人的狀況下，替新任皇帝攝政的工作會落在太后嘉拉．普拉齊達身上。然而霍諾里烏斯身邊的皇宮官僚中，似乎有不少人對此感到不悅。最後是東羅馬帝國必須派遣軍隊護送新任皇帝與太后西行歸國，而且在兩年後才辦到。

因此，西羅馬帝國皇帝瓦倫提尼安三世的在位期間，不是從前任皇帝霍諾里烏斯逝世的西元四二三年起算，而是從兩年後的西元四二五年開始的。不過登基時他還只有六歲，必須要由母后監護。據說嘉拉．普拉齊達出生於西元三九〇年左右，在兒子當上皇帝時年紀約在三十五、六歲。西羅馬帝國掌管的領土只剩下西地中海沿岸的帶狀領地，如今更成了由女人統治的國家。不過說到由女人治國的經驗，東羅馬帝國還是領先一步。

東羅馬帝國

西元三九五年狄奧多西皇帝逝世後，羅馬帝國實質上分裂成東西兩塊。東羅馬帝國雖為基督教天主教派的國家，卻一天比一天更像國界以東的專制君主國度。往來兩國的貿易商共通的見解是，君士坦丁堡皇宮的豪奢程度，與波斯王宮早已不相上下。在君士坦丁堡擔任總主教的約翰．克里索斯托莫斯曾經留下這樣一段文字。若有人拿這段記載與元首政體時期的皇帝相較的話，想必會懷疑這是否真的同樣是羅馬帝國的皇帝。

「皇帝現身時，頭頂上一定會戴著鑲滿高價珍珠寶石的皇冠。與皇冠同時穿戴的紫袍，僅有承襲天意、身居神聖地位的皇帝有權穿著，其他人員無論多富裕都不得穿著紫衣。衣服外的披風以紫色絲綢縫製，以金絲繡有龍紋。皇帝的寶座裡外係以純金打造，沉重到一個人無法搬動。

當皇帝出現在民眾面前時，雖然這種機會少之又少，在這種時候身邊總會圍繞著大批的大臣、皇宮官員與衛兵。不但大臣與皇宮官員互相在服裝上競爭比美，圍繞在這些人外頭的衛兵在豪華上一點都不遜色。士兵手持的槍與盾牌，還有他們穿戴的頭盔短甲都發出金黃色的光芒。盾牌中央有美麗的浮雕，浮雕周圍打著象徵眼睛的飾釘。

為皇帝座車拉車的是沒有半根雜毛的純白騾子，兩匹騾子同樣披著金色的馬衣。不但駕駛的衣服是金色，在馬車左右隨風飄逸的薄簾子同樣也是金黃色的。民眾為此驚嘆，伸長了脖子想要看看簾子後頭穿著紫衣的皇帝。黃金、寶石、色彩鮮豔的絲綢衣服，在馬車晃動時受陽光照射，更加顯得耀眼。

這就是皇帝的身影，與肖像畫上的人像本質上沒什麼不同。藍色背景前，坐在寶座上的皇帝，臉部與出現在民眾面前時一樣的蒼白無表情。唯一不同的是受到騎馬衛隊簇擁，或是戰敗後讓人用鐵鍊綁著跪在波斯兵腳邊。」

以嘲諷方式描寫皇帝形象的克里索斯托莫斯主教，出身於安提阿上流社會。他是年輕時學習希臘哲學，日後從「異教徒」轉入「基督教徒」的知識份子之一。這名神職人員不但學問豐富，而且廣受信徒愛戴。不過在幾年後，被人從君士坦丁堡總主教職位上趕了下來。東地中海世界對宗教熱心到連平民百姓都熱衷於基督教的教理論爭。但讓這名知識份子主教失勢的原因不僅是論爭，還包括了皇宮內部的陰謀。東羅馬帝國的皇宮不但外觀上愈來愈接近東方專制君主，連內情也愈來愈相似。只怕唯一不同的地方，在於沒有大量嬪妃。從人性角度來看，握有特權的人會愈來愈封閉。而在封閉的空間內，沒有正式資格的人，只要能待在具備正式資格的人身邊，就可以握有權力。對於皇帝的近親，尤其女性近親來說，這是最理想的狀況。

女人與權力

西羅馬帝國皇帝霍諾里烏斯的胞兄阿卡狄奧斯，在擔任十三年的東羅馬帝國皇帝後，於西元四〇八年逝世。在位期間實際上掌權的，是法蘭克族武將之女，攀上皇后地位的奧多利雅。由這兩人所生的狄奧多西二世，在阿卡狄奧斯逝世後接下了皇位。這名皇帝在位期間到西元四五〇年為止，前後一共四十二年。在這段期間內，東羅馬帝國的實際統治者是皇帝的姊姊普凱莉雅，在位期間後半又加上了狄奧多西二世的皇妃。

普凱莉雅相當聰明，當皇妃出現之後不選擇排擠，而是選擇拉攏的作法。據說在瘋狂信仰天主教派的普凱莉雅影響之下，君士坦丁堡皇宮的日常生活幾乎可說是從祈禱中開始，在祈禱中結束。似乎對這些人來說，豪奢裝飾皇宮的作風，與修道院中的謙虛生活，雖然完全相反但

普凱莉雅

狄奧多西二世

可以自然並存。

西元三九五年帝國東西分裂之後，實際掌握東羅馬帝國的是女人以及從旁協助的皇宮官僚。到了西元四二五年之後，西羅馬帝國在這方面也成了同道。在西羅馬登場的，是以兒子年幼需要輔佐為由，走入政治世界的嘉拉．普拉齊達。

東西兩個羅馬帝國，就這樣成為由女人掌權的國家。不知為什麼，在由女人掌權的國家中，男人會變得有氣無力。狄奧多西二世在位期間為西元四〇八年至四五〇年，長達四十二年；瓦倫提尼安三世在位期間則是西元四二五年至四五五年，也長達三十年。這兩名六、七歲就登基的皇帝能享受漫長在位期間的真正原因，是他們在位時其實什麼都沒做，真正忙裡忙外的是姊姊、妻子或母親。不但在位二十八年的霍諾里烏斯沒留下子嗣，狄奧多西二世也沒留下兒子。不知道是因為女人精力充沛才讓男人顯得有氣無力，還是因為男人無能使得女人有活躍的空間。唯一清楚的是，在羅馬史上無論是屬於興隆期的共和時期，或是穩定成長期的元首政體時期，都看不到這種現象。

女人掌權並非壞事，不過必須在有行使權力的正當資格時。光是皇帝的母親或是監護人身份，還不足以形成資格。一旦缺乏這種資格，在統治帝國時勢必會遇上無法忽視的不便之處。

羅馬皇帝稱號的開頭"Imperator"一詞，含意是曾率軍盡責保衛國家的武將。因此羅馬皇帝的首要職責，即為保衛國家安全。就連飽讀詩書的哲學家皇帝馬庫斯．奧理略，也在多瑙河前線待了十年，最後更病逝在前線營區。因為他充分理解羅馬皇帝存在的理由。

可是，羅馬皇帝真正能稱為皇帝的時代，已經結束在狄奧多西一世病逝時。他的兒子阿卡狄奧斯和霍諾里烏斯到了能率軍打仗的年齡後一樣沒出現在戰場。如今已經到了因為皇帝是承襲天意的人選，如此神聖的存在必須待在安全的皇宮深處，危險的戰場指揮工作就丟給將軍負責的時代。代替皇帝上戰場指揮的，是以史提利柯為代表的軍司令官，因此史學家將這個世紀稱作「軍司令官世紀」。

或許有人認為，既然皇帝沒有上戰場的義務，女人以皇帝的名義行使權力也應該沒什麼問題。然而無論本人上不上戰場，皇帝一樣兼任羅馬軍的最高司令官。皇帝的職務中，包括統率最高司令官下的眾多軍司令官。

這一點也就是女人行使權力時的問題所在。能否統率司令官，達成保衛帝國目的時，問題在於有沒有善用人力的才華，而不在於性別。只不過，既然是女人，也就不是皇帝，更不可能是最高司令官。換句話說，沒有統率司令官時所需的官方資格。正因為如此，女人更需要具有才能。

東羅馬帝國的普凱莉雅在這方面似乎挺具有才能。她是阿卡狄奧斯皇帝的女兒，繼任的狄奧多西二世的姊姊。狄奧多西二世身後沒有留下兒子，因此普凱莉雅收了馬爾齊安當入贅皇帝。在這四十幾年之中，普凱莉雅不但實際統治東羅馬帝國，更成功防止國界相鄰的大國波斯入侵。如果不能善用多位司令官，勢必不能完成這種困難的大事。

從西元四二五年起到西元四五〇年過世為止，嘉拉．普拉齊達是西羅馬帝國的實質統治者。她是否有這方面的才能？

「軍司令官」群

嘉拉．普拉齊達在這段時期中，有兩名可以重用的將領。這兩人分別是玻尼法提斯與艾提烏斯，同樣不是從皇宮裡的陰謀中冒出頭，而是在戰場上展露才能的男子。以嘉拉．普拉齊達掌握實權的西元四二五年為基準來算，這兩名男子當時都是三十五歲。光是三十五、六歲的女子能否善用年齡相近的兩名男子，就夠讓人感到有趣了，更何況這牽涉到西羅馬帝國能否抵禦有如海嘯一般來襲的蠻族。

我們不知道玻尼法提斯的出身地與雙親血統，唯一已知的是他出生於西元三九〇年左右。在西元四一四年時，他與攻打馬賽的西哥德族作戰有功，逼得率領西哥德族的阿塔沃夫放棄占領馬賽，把目標轉向納邦。年紀輕輕二十四歲時，玻尼法提斯已經在軍中出頭。後來他在南法守軍中待了一陣子，三十二歲時被調派到西班牙與汪達爾族作戰。不久後又渡過古人稱為「海克力士雙柱」的直布羅陀海峽前往北非，與舉兵反抗羅馬的茅利塔尼亞人作戰。就在這時期，他認識了基督教會的首席理論家，日後被列為聖人的奧古斯丁。這個機緣似乎對生活在戰場的玻尼法提斯造成衝擊，原本就信仰天主教派的他甚至開始考慮要不要放下武器走入修道院。

不過在外派北非的期間，玻尼法提斯又遇到另一段機緣。他認識一名同為基督教徒，但信仰受天主教派排斥的亞流教派女性。玻尼法提斯與這名女性結婚後，在女兒出生受洗時請的是亞流教派的祭司。玻尼法提斯似乎對於教派正統或異端的問題不大關心，想必引領天主教派理論的聖奧古斯丁也對此大感失望吧。

這時玻尼法提斯與嘉拉・普拉齊達已經熟識。當嘉拉・普拉齊達與皇兄關係惡化，要帶著兒子逃往君士坦丁堡時，還是玻尼法提斯出資協助的。對於在羅馬軍中服役的玻尼法提斯來說，霍諾里烏斯不但是皇帝，還是工作上的頂頭上司。這不禁讓人佩服他竟然能毫不隱瞞，光明正大的援助嘉拉．普拉齊達。

在霍諾里烏斯皇帝病逝後，玻尼法提斯同樣積極協助嘉拉．普拉齊達回到拉溫納皇宮。當時有不少皇宮官僚與軍事高官對於女人輔佐年幼皇帝，亦即掌握實權一事感到不滿，克制這些高官的工作花去了整整兩年。正因為如此，嘉拉．普拉齊達眼中的玻尼法提斯更顯得重要。

嘉拉．普拉齊達成為皇宮的主人後，馬上任命玻尼法提斯為相當於「皇帝衛隊隊長」的"Comes Domesticorum"。在同時又任命他擔任"magister militum per Africam"（亞非利加地區軍司令官）。也就是說，與霍諾里烏斯在位時同樣的，玻尼法提斯的工作地點一樣在北非。

與嘉拉．普拉齊達同一陣線的玻尼法提斯相反，掌握西羅馬帝國實權的太后與軍司令官艾提烏斯，剛開始處於敵對關係。

艾提烏斯出生於多瑙河下游，位在今日的保加利亞境內。他的父親是在羅馬軍中率領騎兵軍團的武將，名叫高登圖斯，這個人是羅馬人口中稱為「羅馬化蠻族」的人物之一。艾提烏斯的母親是義大利出身的羅馬人。從家世來看，艾提烏斯與父親出身汪達爾族、母親是羅馬人的史提利柯挺相似。史提利柯從姓氏就看得出來出身蠻族，相形之下艾提烏斯有一個羅馬式的姓氏。這很可能是因為史提利柯的父親屬於「羅馬化」第一代，艾提烏斯的父親已經是「羅馬化」的第二、三代了。與青年時期受皇帝青睞，終生處於羅馬帝國高層的史提利柯不同的是，艾提烏斯的人生在成年前就已經波濤洶湧。

在帝國邊界擔任防衛工作的羅馬軍高官由於職務關係，不論戰時或平時都有許多與蠻族接觸的機會。而且在與蠻族間的強弱關係逆轉後的西元五世紀時，於議和或休戰期間交換人質的行為已成常態。騎兵團長的兒子艾提烏斯是最佳的「人質」人選。他最初被送到阿拉里克之下，其後又在連日耳曼蠻族都帶著畏懼稱為「蠻族」的匈族身邊當了十年人質。

我們聽到「人質」這個詞時，往往想像到在嚴苛環境下過著淒慘日子的俘虜，實際上卻並非如此。

對於收留人質的人來說，「人質」是在各方面都具有重要意義的存在。除了保證協約對象能履行約定以外，同時也是日後擴展勢力時的重要助手。因此在收留人質時，通常歡迎日後將成為社會領袖的上流社會青少年。因為當這些人脫離人質身份回到故鄉後，可以透過他們建立良好關係。羅馬帝國運用人質的功夫向來高明，如今連蠻族也開始模仿起來。

總而言之，艾提烏斯在成年時，已經熟知羅馬敵人蠻族的內情。他與長年同居的匈族特別親近，不但學會匈族語言，據說還認識日後人見人怕的阿提拉。

艾提烏斯是在脫離人質地位後，與收留方常保連絡的前任人質之一。也就是說，他在成年後依舊與讓眾人視為蠻族中的蠻族，倍受畏懼的匈族保持連絡。而他在成年後，又與遭到匈族驅趕，不得已入侵高盧的日耳曼裔蠻族作戰。到了三十來歲時，已經擁有一定的指揮權。

西元四二三年霍諾里烏斯皇帝猝逝的消息，不但超出三十二歲的艾提烏斯預期，更讓許多羅馬軍指揮官感到意外。儘管說皇帝成天躲在拉溫納皇宮裡，有許多軍官連皇帝長什麼樣子都不知道，畢竟霍諾里烏斯這時才三十八歲。一聽說霍諾里烏斯身故後，繼位的新任皇帝是個只有四歲的幼兒，大家自然知道真正掌權的會是誰。不願受女人統治的男子們競相推舉了稱帝的人選，打算阻止幼兒登基。艾提烏斯也決心協助其中一名人選。他前往匈族的地盤借調部隊，並成功歸國。可是當他回到羅馬境內時，擁立稱帝的對象已經死亡。原本舉兵反對新任皇帝的高官，也全數趁機跳槽到年幼皇帝與太后旗下。艾提烏斯陷入了必須與同儕一樣痛改前非，向嘉拉．普拉齊達低頭的局面，不過他可不是這種人。

艾提烏斯以匈族兵力為後盾，用武力脅迫，向政府要求“comes”（司令官）職位。嘉拉．普拉齊達也知道高盧地區不能沒有戰力，而且這時又沒有其他能夠委託防衛高盧的人選。結果三十五歲的艾提烏斯不但沒低頭謝罪，還贏得了羅馬軍司令官的地位。政府在接受艾提烏斯的要求時提出條件，要他解散由匈族組成的部隊，艾提烏斯也答應了。一旦成為正式的司令官，當然也就用不上匈族部隊。為了日後與匈族保持良好關係，艾提烏斯在遣返匈族部隊回到多瑙河北岸時付了充分的酬勞。

儘管最初有過兩年的動盪期間，嘉拉．普拉齊達以六歲的兒子瓦倫提尼安三世為號召治國

嘉拉·普拉齊達（右）與其子

的局面，是以尚稱良好的狀況開始。對義大利防衛工作有重大影響的高盧地區由艾提烏斯擔綱，保障義大利主食的北非地區有玻尼法提斯承擔。兩名武將年紀都坐三望四，正處於年齡上、經驗上都最適於工作的狀態，再加上兩名將領都是戰鬥好手。至此為止，嘉拉·普拉齊達算是個值得稱讚的攝政人員。

只不過俗話說「一山不容二虎」。能不能雙腳各踩著一頭老虎，就看在位的人有沒有這個本事。短短兩年之後，嘉拉·普拉齊達就暴露了女人容易有的缺陷。

「軍司令官」玻尼法提斯

現代的摩洛哥與阿爾及利亞，在羅馬時代稱作“Mauretania”（茅利塔尼亞），突尼西亞與利比亞西半部則稱作“Africa”（亞非利加）。在羅馬帝國分裂為東西兩塊之後，北非地區西半部全屬於西羅馬帝國管轄。原則上來說，約與布尼克戰役前的迦太基領土相等。至於列入東羅馬帝國管轄的北非，約等於現代的利比亞東半部和埃及，在羅馬時代分別稱為“Libya”（利比亞）、"Aegyptus"（埃及托斯）。曾有輝煌歷史的埃及位置上當然屬於東方，而利比亞行政區內包括塞浦路斯，因此自然也在東羅馬帝國管轄下。

至於被列入西羅馬帝國範圍內的「茅利塔尼亞」與「亞非利加」，由於住在這一帶的迦太基裔已經完全與羅馬人同化，因此不用擔憂迦太基裔居民成為霸權者羅馬人的敵人。在結束布尼克戰役的三百五十年後，羅馬甚至產生了迦太基裔的皇帝。除了皇帝以外，帝國要人中也不乏迦太基裔人士。羅馬帝國時代的「迦太基人」，含意跟今天義大利人眼中的米蘭人差不到哪裡去。在「迦太基人」之中，還包括五賢君時代有名的學者兼元老院議員，馬庫斯．奧理略少年時期的家庭教師佛倫多。佛倫多甚至在元老院發表過一篇叫做〈迦太基人對元老院施政的謝詞〉的演講。

既然情勢如此，也就難怪除了埃及以外的北非地區防衛工作，只需要一個由羅馬兵組成的軍團（六千人），以及數量同等的輔助兵即可承擔。這個軍團承襲創辦人開國皇帝奧古斯都的名號，叫做「第三奧古斯塔軍團」，曾在兩百年中保障了北非的安危。這個軍團的基地位於今日阿爾及利亞的蘭貝茨，基地的門口面朝南方。由此可見建設目的不在對付境內的敵人，而是預防外敵入侵。以北非地區來說，敵人是沙漠上的遊牧民族。

歷經西元三世紀、四世紀之後，隨國力衰退，北非的安全狀況也亮起了紅燈。不過真正造成傷害的原因還是在於基督教的普及。屬於都市型宗教的基督教，係以北非行政暨經濟中心迦太基市為中心向外拓展。北非的基督教會有許多具備知識與信仰心的主教，勢力與君士坦丁大帝刻意培育的羅馬不相上下。可悲的是這反而造成內亂的火種。

西元三二五年君士坦丁大帝召開尼西亞公會議，訂定以三位一體說為中心思想的天主教派為基督教的正統。從此以後其他教派都成了異端，亦即善良基督教徒應當排斥的對象。不但亞流派被打為異端，連由鐸那圖斯所提倡，因此俗稱「鐸那圖斯派」的人也立時成為異端。問題是北非地區的「鐸那圖斯派」具有龐大的勢力。

在基督教普及之前，北非的羅馬社會與其他行省一樣，大致分成上中下三層。不過也與帝國其他地方相同，各個階層間流動性高，社會階層差異並不固定。當基督教普及之後，階層便分為正統的天主教派，以及異端鐸那圖斯派，並且完全固定。如此一來，社會階層流動性的源流，亦即自由競爭精神也就跟著消逝。如果要分辨信仰與既有階層的關係的話，就是上層、中層的人信仰天主教派，下層民眾全是鐸那圖斯派了。社會階層如此僵化，也難怪反體制運動要抬頭。北非的鐸那圖斯派不但成為基督教會內的火藥庫，同時也成了北非社會的火藥庫了。儘管聖奧古斯丁把大部份精力花在反對鐸那圖斯派的運動上，由於鐸那圖斯派身懷對宗教與生活雙方面的不滿，因此即便有這名「教父」的學識與熱情，同樣無法說服北非的鐸那圖斯派。

基於上述情勢，西元五世紀的北非地區早已遠離派駐一個軍團就能保障安全的時代，而且難以推行統治，然而玻尼法提斯卻能巧妙的統治北非地區。一來他對宗教的態度具有彈性，雖說其實只是「漫不在乎」而已，但至少在劍拔弩張的天主教派與鐸那圖斯派之間發揮了潤滑功能。另外他擅長用兵，因此將旗下兵力當作威脅也能發揮一定的效果。再加上玻尼法提斯年齡坐三望四，處於能夠不浪費時間，並且熱心投入任何事物的年紀。

簡單來說，在他統治下的北非地區，處於能讓拉溫納的八歲小皇帝與皇太后完全放心的局面。只不過在專制君主之下，巧妙的統治本身就足以引發嫉妒與猜疑。

玻尼法提斯意圖分裂北非獨立的謠言，開始充斥年幼皇帝瓦倫提尼安三世與皇太后嘉拉·普拉齊達居住的拉溫納皇宮。拉溫納位於大河波河的出海口，周邊有縱橫的水路網保護，對陸上發起的攻擊具有絕佳的防衛能力，而朝亞德里亞海的方向又備有軍港。因此若要攻陷拉溫納，不但要能突破陸上的水路網，還要能夠實施海上封鎖。姑且不論突破水路網的可能性，若要實施海上封鎖，勢必需要海戰兵力。目前北方蠻族還沒有海戰能力可言，因此如果要抵禦缺乏海上戰力的北方蠻族，拉溫納確實優於米蘭或羅馬，是最佳的防衛據點。

只不過，適於防衛的地方，也容易產生封閉性社會。儘管這裡是發源自元首政體時期的軍港，具有對外交通的功能，然而如今與東羅馬帝國的關係已經漸行漸遠。而且這裡雖有港口，卻不具備商港的歷史與傳統，缺乏帶著資訊往來的商人。這時期的拉溫納是由皇帝的居所皇宮、皇帝身邊的皇宮官僚官邸，以及維持皇宮日常營運的傭人公寓所構成，都市規模維持在羅馬時代的中等程度。即使沒有容易封閉的皇宮，這種規模的城鎮也容易形成封閉性社會。

再加上西羅馬帝國的實際統治者嘉拉．普拉齊達，雖然認識一同生活過五年的西哥德族，但不知道北非羅馬人長什麼樣子。知道羅馬、君士坦丁堡與南法，但不知道北非地區的風情。

不過，如果心中只能考慮自己有經驗的事物，那頂多能當官僚，不能成為政治家。若要運用知識與想像力因應自己未曾經歷過的事物，照羅馬人的話來說就是必須 "comprehendere"，亦即「掌握並理解」。在這種時候，必須要掌握資訊，而且大前提是保有多重的資訊來源。然而從這個角度來看，拉溫納成了全義大利半島條件最差的地方。

再加上人在遭優待的對象排斥時，往往困於憤怒與失望的情緒，無心考慮別的事情。以這次的例子來說，嘉拉．普拉齊達為了優待任命亞非利加軍司令官的恩情遭背叛的想法而盲目。

皇太后以八歲的兒子瓦倫提尼安三世的名義，向玻尼法提斯發出召回令。從字面來解釋，若是徵召令的話，是要受令人前往報到；召回令則是要外派人員返回陣營。文獻中找不到解除亞非利加軍司令官職務的記錄，因此只是下令要玻尼法提斯回本國報到。只不過，這回輪到玻尼法提斯起疑心了。

不管是主動也好，應召也罷，光是想想史提利柯這個前例，就可以知道不帶兵馬前往拉溫納會有什麼風險。玻尼法提斯似乎找了某些藉口，拒絕服從以皇帝名義發出的召回命令。

嘉拉．普拉齊達因此更加憤怒。不設冷卻期間，也不尋求其他解決管道，直接派遣討伐部隊前往亞非利加。

只不過玻尼法提斯設置的防衛網路遍布整個北非地區，一、二支部隊的攻擊根本起不了作用。玻尼法提斯討伐軍隨即落敗逃回了義大利。嘉拉．普拉齊達也不試圖轉換策略，又派遣了一支討伐部隊。這回是由哥德族將領率領，以蠻族為主體的羅馬軍。

如果要成就大事，不僅要具備熱情精力，同時還要有冷靜的精神。然而熱情與冷靜往往難以並立。玻尼法提斯具有熱情精力的特性，但同樣欠缺冷靜的精神。而欠缺冷靜精神的人，容易做出不穩定的行動。

面臨由哥德武將率領的第二次討伐部隊時，玻尼法提斯不正面衝突，而是採取攏絡策略並獲得成功。然而嘉拉．普拉齊達勢必不會就此罷手。玻尼法提斯為了在北非強化自己的戰力，向曾在希斯帕尼亞敵對過的汪達爾族請求派遣援軍。想必這時玻尼法提斯的意圖，與艾提烏斯找匈族借兵時一樣的，只想要借用一支部隊。

這時接受請求的汪達爾族在與其他蠻族的角逐中占下風，也因此造成了意外。接獲西羅馬帝國北非司令玻尼法提斯的要求後，汪達爾族長堅瑟利柯不是派遣一支部隊，而是以整個部族

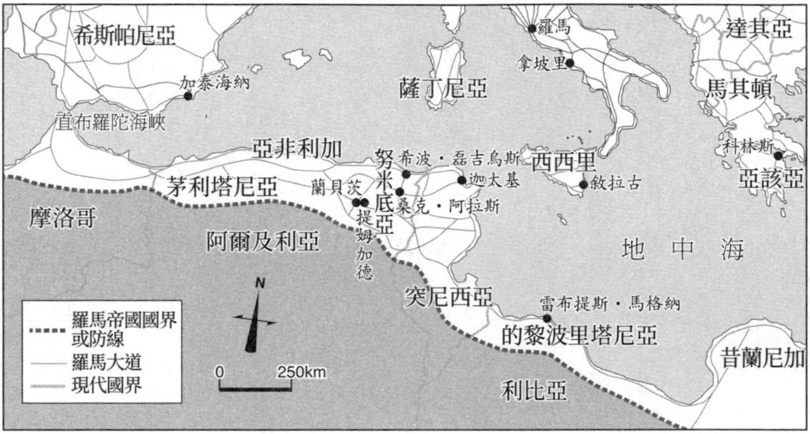

北非及其周邊地區

做回應。他們認為這是拋棄局勢失利的伊比利半島，在北非尋求定居地的大好時機。

汪達爾族

儘管直布羅陀海峽距離不長，要率領整個部族渡海還是需要大量的船隻。問題是北方蠻族出身的汪達爾族沒有海運能力，如果羅馬方面不提供支援就無計可施。玻尼法提斯沒有在這方面伸出援手，西班牙地區的羅馬居民倒是願意主動協助。對這些居民來說，侵襲希斯帕尼亞故鄉的蠻族之一願意主動離去，正是求之不得的好事。既然帝國已經不再提供安全保障，居民當然要自己想辦法保障安全。

在西元五世紀的羅馬帝國中，大型船舶已經稀有到連在碼頭都難得一見，不過在濱海的地方還是能找到許多小型船隻。儘管要額外花費時間，還是可以將近十萬人的汪達爾人送到直布羅陀海峽對岸。

於是在西元四二九年春季時，原本居住於北歐深處的日耳曼裔汪達爾族，在渡過萊茵河、橫越高盧、攀越庇里牛斯山脈進入希斯帕尼亞境內後，又越過直布羅陀海峽在北非登陸。對西羅馬帝國來說，因與義大利關係密切而極為重要的北非地區，終於遭到北方蠻族侵略了。

玻尼法提斯這時也發覺事態嚴重，因此率領著直屬部下，以及前來討伐但受他攏絡的哥德將領與蠻族兵，試圖迎擊在北非上岸的汪達爾族。只不過這時又發生了玻尼法提斯意料不到的事情。

被天主教派打為異端，長期遭受歧視排斥的鐸那圖斯派基督教徒，決心加入堅瑟利柯率領的汪達爾軍。汪達爾族同樣是基督教徒，信仰的是由天主教派打為異端的亞流教派。在鐸那圖斯派的眼中，這次汪達爾族的入侵，是異端同志合作反擊天主教派的大好時機。

這樣一來，形式變成由反體制派起兵抗拒體制。當這股風氣擴散後，因不信仰基督教而受到二等公民待遇的茅利塔尼亞人，亦即摩爾人；還有在這時代已經時常光臨濱海都市的沙漠遊牧民族柏柏爾人，也紛紛投入了汪達爾陣營中。

從這個時期的西羅馬軍規模來推算，玻尼法提斯手頭的兵力最多恐怕還不到一萬人。這下子不管玻尼法提斯是多厲害的戰鬥好手，也絕對打不過異端、異教聯軍。而且北非地區的羅馬居民沒有率先志願保衛母國的力量與意志。與飽受北方蠻族蹂躪的歐洲不同，北非至今沒遭到蠻族侵襲過，因此不知道盡早抵禦的重要性。

堅瑟利柯率領的汪達爾軍在渡過直布羅陀海峽後，隨即拿下茅利塔尼亞地區，並持續往東邁進，不久後逼近了希波．磊吉烏斯 (Hippo Regius)。這個別名依波納，面臨地中海的海港都市，與北非首要都市迦太基之間只隔著一百五十公里長的羅馬大道。因此玻尼法提斯決定以希波．磊吉烏斯為盾牌，阻擋汪達爾族的行進。長達十四個月的攻城戰鬥就這樣展開了序幕。

古代的希波．磊吉烏斯遺蹟，位於今日的阿爾及利亞都市波納 (Bona) 西南方兩公里處。西元四三〇年時，希波．磊吉烏斯還是個有眾多人口居住的都市。在城裡死守十四個月的人群中，包括後來被教會列為聖人的奧古斯丁，當時他在這個城鎮擔任主教職位。四十二歲的玻尼法提斯忙著指揮部隊防衛城池。直到幾年前還期望玻尼法提斯防衛北非的七十六歲老主教，在城裡四處安慰鼓勵因恐懼而感到絕望的信徒。他表示遭蠻族殘殺破壞的是地上的國度，對基督門徒來說，唯一的安息之地是天上的神國。

聖奧古斯丁

奧古斯丁對基督教天主教派來說是個非常重要的人物。他被教會譽為「教會之父」或者「教父」。這個人同樣是出身於北非的羅馬人，終生留下了許多著作。其中最有名的作品是《懺悔錄》(*Confessions*)與《上帝之城》，在亞洲可以找到這兩本書的譯本。

《懺悔錄》的內容簡單來說，就是他表白自己在接觸信仰之前過著多耽溺玩樂的生活，以及在什麼時候，從誰身上學到信仰，得到信仰後生活有多大的改變。

《上帝之城》據說是在西元四一〇年受到「羅馬洗劫」的消息衝擊後提筆寫作的。大意是人們目前面對地上國度的慘狀，只是通往神明國度的路程而已。當時異教教徒責難說，就是拋棄傳統羅馬諸神，信仰了基督教，國家才會落入如此田地。《上帝之城》的內容特別針對這種論點提出反駁。不過筆者閱讀後覺得，恐怕是因為當時信徒面對「地上國度」的慘狀後，宗教信仰產生動搖。寫作這本書的目的是要讓信徒眼光朝向「上帝之城」，藉此減低善男信女的動搖。宗教書籍對於不信仰該宗教的人來說，往往容易顯得無趣。然而這些作品在一千六百年後還能持續印製發行，不光是因為奧古斯丁是天主教派首席理論家，同時也因為他優越的文筆。畢竟這個人從少年時期起，就接受往昔羅馬菁英必修的文藝教育課程。

西元三五四年，奧古斯丁生於由中央政府派遣行省總督統治的北非地方自治體之一塔加斯特城。這個城鎮位於今日的阿爾及利亞境內，已經易名為桑克·阿拉斯。羅馬時代的地方自治體(municipia)是由羅馬征服列為行省後的地方都市，因此奧古斯丁很可能有迦太基人的血統。他的父親是當地的議會議員，據說直到臨終的前幾年為止，還是信仰羅馬傳統諸神的異教徒。當時基督教已經獲得君士坦丁大帝承認，但距離四世紀末期狄奧多西皇帝將其他宗教打為邪教的時代，還有一段距離。奧古斯丁的少年與青年時期，就在國家已經承認基督教，但依舊認可其他宗教信仰的時代中度過。

依照當時的良家慣例，在雙親跟前接受初等教育後，奧古斯丁前往二十公里外的另一個城鎮接受中等教育。少年時期的奧古斯丁喜好拉丁文學，尤其喜好開國皇帝奧古斯都時期的敘事詩人維吉爾。後來為了學習與觀念不同的人溝通用的修辭學，又前往迦太基留學。不過他在這個大都會中似乎貪圖享樂多過求學，十八歲就當上未婚爸爸。這件事讓虔誠信仰基督教的母親莫妮卡大感悲痛。

奧古斯丁似乎沒有立刻放棄求學，二十歲時才結束三年留學生活回到故鄉塔加斯特城，在故鄉開設私塾教授文法等中等教育課程。然而對一個二十多歲多愁善感，又經歷過迦太基都會生活的年輕人來說，內陸小都市的生活實在太枯燥。似乎他與未婚生子的情人間並未斷絕往來，兩年後又回到了迦太基。接下來的七年迦太基生活中，他以教授Rhetoric（修辭學）維生。

奧古斯丁拋棄迦太基生活前往羅馬的理由也挺有趣。他不是為了進修，而是對學生感到厭煩。迦太基的學生上課時吵吵鬧鬧，根本不在乎年輕老師在講臺前說什麼。奧古斯丁認為具有文藝傳統的羅馬學生應該會好一點，因此決心到羅馬闖蕩。

然而羅馬的學生更難纏，不但上課時不專心聽講，還有許多學生一遇到繳費期間就轉學。對於靠每月學費維生的教師來說，這真是讓人絕望的環境。年輕的奧古斯丁來到往昔的「世界首都」卻手足無措，還是當時的「首都長官」敘馬庫斯向他伸出援手。

敘馬庫斯當時是元老院議員暨「首都長官」，他表示願意成為奧古斯丁的推薦人，建議奧古斯丁接受"cathedra"考試。

"cathedra"一詞起源自意為「椅子」的希臘文"kathédra"。拉丁文拼音轉為"cathedra"後，多了擁有教學講座資格的含意，這個名詞也一直沿用至今。奧古斯丁平安通過「講座」考試之後，首都長官還幫他在米蘭找到工作。

西元三八四年這年，敘馬庫斯四十四歲。他正巧在這一年與米蘭主教安布洛修斯留下史上有名的論戰記錄。敘馬庫斯不惜直接面對強勢的基督教，大力主張羅馬傳統宗教的存在價值，讓後人譽為「異教羅馬古老榮耀的最後一把火」。敘馬庫斯很可能在奧古斯丁身上看到足以繼承這把火的資質。儘管奧古斯丁日後成為天主教派首席理論家，在這個時期還只是一個面臨失業的年輕古典學者。

奧古斯丁前往米蘭之後，遇到一生中最大的轉機。這個時期的米蘭，正處於天主教派首席實務家安布洛修斯主教的強力影響下。原本以希臘羅馬古典文學為教材，教授修辭學維生的奧古斯丁，卻受到批判希臘羅馬文明為異教的基督教吸引。據說奧古斯丁在三十二歲那年聽到安布洛修斯的演講後，覺得有如受到雷擊。

奧古斯丁放棄教師工作，與未婚生子的情人切斷長年的往來，拒絕母親推薦的婚事，決心把人生全部奉獻給天神。第二年，西元三八七年四月，三十三歲的奧古斯丁在春季接受洗禮。據說洗禮時安布洛修斯主教也在場觀禮。

奧古斯丁回到故鄉塔加斯特城後，從修道僧開始起步。不過學問豐富的修道僧勢必會對周圍帶來影響，他身邊開始有弟子聚集，很自然的形成了一座修道院。據說就在這段時期中，他的私生子過世了。

聖奧古斯丁（波提且利繪）

西元三九七年，在九年的修道院生活之後，四十三歲的奧古斯丁獲選為希波．磊吉烏斯主教。奧古斯丁原本只打算以修道僧的身份結束人生，但認為獲選也是天神的旨意，因此從修道院遷居到主教宅邸中。奧古斯丁在成為主教之後，很明確的往引領天主教派教理的方向發展。他在希波．磊吉烏斯多次召開以調整教理解釋為目的的公會議。奧古斯丁成為主教之後，在教理上愈來愈好鬥，攻擊目標往往針對被打為異端的鐸那圖斯教派。往年鐸那圖斯教派在北非的基督教徒中屬於多數派，卻在天主教派攻擊下淪為少數，據說這全要歸功於奧古斯丁主教。也正因為如此，基督教鐸那圖斯教派的信徒對他的仇恨也更為深刻。西元四三〇年攻打希波．磊吉烏斯的，就是與北方蠻族汪達爾族一同行動的鐸那圖斯教派信徒。也許和其他人比起來，反而是奧古斯丁最有必要相信真正安息的國度不在地上，而在天上的「上帝之城」。

玻尼法提斯決定棄守希波．磊吉烏斯，率軍搭船離開北非回到義大利後，這座城市的命運也就底定了。就在城牆遭人破壞的噪音中，奧古斯丁結束了長達七十六年的人生，這天是西元四三〇年八月二十八日。

幸運的是，奧古斯丁沒有活著落入被打為異端的亞流派或鐸那圖斯派信徒手中。這些年來，認同奧古斯丁觀點的天主教派信徒時常做出火爆舉動，殺害鐸那圖斯派主教、焚毀鐸那圖斯派教堂。奧古斯丁如果遭到這些人生擒，只怕要被大卸八塊。

信徒們也害怕發生這種事情，悄悄地把奧古斯丁的遺體送上船，前往薩丁尼亞避難。遺體在中世紀被薩拉森海盜奪走，為了取回遺體還必須由教會付出贖金。當遺體回到信徒手中後，被送往義大利北部的帕威亞教堂，以聖髑的定位保存至今。

玻尼法提斯拋棄北非與景仰許久的奧古斯丁，回到義大利之後，拉溫納皇宮的嘉拉．普拉齊達卻沒責怪或處分前任北非司令。皇太后準備利用這名四十來歲的武將，攻打活躍於高盧，但與拉溫納皇宮保持距離的艾提烏斯。讓人難以理解的是，在這逐漸喪失北非領土的時期，皇宮竟然還有心情考慮如何打擊高盧地區的羅馬勢力。只因為艾提烏斯時常抗命，四十歲的皇太后就認定他有脫離西羅馬帝國，在高盧獨立稱帝的意圖。太后的想法和作法與懷疑玻尼法提斯意圖獨立、派兵討伐時沒有兩樣，不同的是對象從玻尼法提斯換成了艾提烏斯。

姑且不論本人有沒有這個意圖，帝國最後一個世紀的高盧與北非局勢艱困到必須找有本事獨立的人才能防衛。至於有沒有辦法駕馭這些能人，就看最高司令官的本事如何。可悲的是代替十一歲的皇帝統管西羅馬帝國的嘉拉．普拉齊達，不具備這種能力。

我們不知道玻尼法提斯本人，對於年齡相近的艾提烏斯是否抱持競爭意識。目前已知的是，當玻尼法提斯歸國後，不但沒有因放棄北非任務遭受處分，反而又被任命為「軍司令官」，並獲頒「貴族」(patricius) 身份。文獻中沒有明示他負責的軍區。很可能兩人私下同意，在戰勝後由玻尼法提斯出任高盧地區司令。

綜合上述，羅馬此時不但失去了軍隊主動撤守的不列顛，還有高盧北部、中部以及東部海岸地帶以外的希斯帕尼亞。北非地區僅剩下少數都市及迦太基周邊還在帝國版圖內。在這種狀況下，西羅馬帝國竟然有心繼續浪費國力。被浪費掉的不僅是人力與物資，還包括時間。玻尼法提斯與艾提烏斯這兩名羅馬軍「軍司令官」之間的內戰，要到兩年後才有結果。

西元四三二年，艾提烏斯率軍攀越阿爾卑斯山進入義大利境內，與迎敵的玻尼法提斯部隊在利米尼附近的平原上正面衝突。這個地方距離少年皇帝瓦倫提尼安三世與太后嘉拉．普拉齊達所在的拉溫納不到五十公里。利米尼郊區就這樣成了羅馬軍內戰的戰場了。

雖說名義上是羅馬軍，這時官兵已經大多出身蠻族。再加上雙方指揮官不但同樣年約四十二歲，正處於男子的黃金時期，而且軍事才華又相當。雙方之間因而展開激戰，只不過戰況一直對玻尼法提斯有利。姑且不論玻尼法提斯的戰略眼光如何，他在戰術方面是一把好手。

相形之下艾提烏斯的資質比較偏向戰略方面，在考量戰況之後他決心改變作法，而且他在考量的過程中估算過玻尼法提斯的個性。

艾提烏斯提議由雙方主帥決鬥，並以決鬥結果決定勝負。

玻尼法提斯一見到使者送來的提案之後，馬上就答應了。當天晚上，在雙方陣營內，兩名主帥的侍從為第二天的決鬥而忙著保養主人的武器。只有艾提烏斯的侍從遵照主人的密令，把決鬥用的武器換成比制式規定更長的槍。

第二天雙方官兵屏氣凝神的看著主帥決鬥，在兩人策馬衝突之後決鬥立刻有了結果。玻尼法提斯左腹部被長槍刺穿後落馬，五天後不治死亡。艾提烏斯獲勝後第一件做的事情，就是將玻尼法提斯的部隊吸收到自己旗下。為了討伐玻尼法提斯而派往北非，在被玻尼法提斯攏絡後一直與其共同行動的哥德武將桑幾巴努斯，也在這時投入艾提烏斯陣營。在利米尼會戰期間，桑幾巴努斯擔任玻尼法提斯的副手，因此玻尼法提斯麾下的部隊就此全數納入艾提烏斯的掌握。等到完成這些舉措之後，艾提烏斯才與嘉拉·普拉齊達正面對決。

雖說是對決，整個「對決」的方式倒是挺巧妙的。艾提烏斯率軍前往拉溫納後，讓軍隊在拉溫納郊區等候。艾提烏斯帶著少數將領進入皇宮晉見與太后一同接見他的少年皇帝，請求獲得官方寬恕。

身為羅馬人卻與羅馬軍作戰獲勝，事後又請求官方饒恕的局面夠令人覺得好笑了。不過對當事人嘉拉·普拉齊達來說，局面已經逼到讓她笑不出來。嘉拉·普拉齊達牽起艾提烏斯的手讓他起身，表示皇帝已經寬恕他，並重新任命艾提烏斯擔任「軍總司令官」。

這個時期的艾提烏斯如果有心，大可取代少年皇帝稱帝，因為他有足夠的實力從海陸兩方向攻打拉溫納。艾提烏斯沒有嘗試廢除少年皇帝取而代之，並非因為個人沒有野心。另外，艾提烏斯雖然是基督教天主教派的信徒，迎娶的卻是信仰亞流教派的哥德族女子，並且育有兒女。假使他廢除因承襲基督教神明旨意坐在皇位上的人時，心中想必不會有宗教糾葛。唯一讓艾提烏斯克制政治野心的，是東羅馬帝國的動向。

這個時期的東羅馬帝國皇帝狄奧多西二世，儘管已經三十來歲，對治國還是沒有半點興趣。代替皇帝執掌東羅馬帝國的，是皇帝的姊姊普凱莉雅。東西兩個羅馬帝國同樣受到女人統治，兩個女人的政治才華差異卻十分明顯。東羅馬帝國在普凱莉雅的指導下，與大國波斯維持尚稱良好的關係。在面對北方蠻族侵襲時，又能將敵人的入侵目標轉移到西羅馬帝國，避免直接衝突受害。成功阻止外敵入侵，進而保障國內和平，那麼國力也自然日益增強。艾提烏斯害怕的是東羅馬帝國正式派兵西征。如果遇到這種狀況，那麼他將受到東羅馬帝國與蠻族的雙面夾擊。

為了避免遇到夾擊局面，艾提烏斯在戰勝後向戰敗方請求寬恕。相對地，他從政府手中取得西羅馬帝國實質上的最高司令官地位。

「軍總司令官」艾提烏斯

西元四三二年之後的二十二年，是艾提烏斯的時代。同時這也表示嘉拉．普拉齊達走下了政治主角的地位。

嘉拉．普拉齊達的父親是最後一位統合東方與西方的羅馬皇帝；帝國分裂成東西兩方之後，她是西羅馬帝國皇帝霍諾里烏斯的妹妹；其後成為蠻族酋長的妻子，又再嫁給從士兵熬出頭的君士坦提烏斯皇帝。最近七年，她以瓦倫提尼安皇帝的母后身份，實質掌握著西羅馬帝國政治。然而在四十二歲這年，嘉拉．普拉齊達被逼實質引退。儘管居住的地方還是拉溫納皇宮，身份還是十三歲小皇帝的攝政，艾提烏斯的實力已經超過嘉拉．普拉齊達能控制的程度了。嘉拉．普拉齊達後來又活了十八年。在這十八年中，她唯一做到的，就是幫擔任西羅馬皇帝的兒子與東羅馬皇帝狄奧多西二世的女兒通婚，以及不斷向兒子灌輸對艾提烏斯的敵意，藉以鼓動其復仇的想法。第一件事情，在西元四三七年瓦倫提尼安三世成年時辦到了。第二件事情，要到嘉拉．普拉齊達逝世四年後才實現。不過對於皇太后嘉拉．普拉齊達來說，真正值得擔心的還不是皇帝兒子，而是女兒霍諾里雅。皇帝的姊姊時常做出逾越皇家女子節度的大膽行動，為西羅馬帝國撒下騷動的種子。或許在西羅馬皇宮之中，女人要比男人來得血氣方剛。只不過這傾向從來沒有造成好下場。

艾提烏斯成為西羅馬帝國頭號掌權者之後，有不少人拿他與三十年前的掌權者史提利柯做比較。兩人的共通之處，是同樣認為不拉攏蠻族就無法完成防衛西羅馬帝國的任務。不過筆者認為，這兩人實質上卻有極大差異。乍看之下兩人都採用「以毒攻毒」的手段，實際情形幾乎完全相反。

史提利柯雖然出身蠻族，卻深深意識到體內有著母親的羅馬血統。對他來說，西羅馬帝國是無論如何都要保衛的對象，蠻族不論多有用處，畢竟是「毒素」。也就是說，蠻族不過就是為達成保護西羅馬帝國這目的時採用的手段，重要的是方便使喚與否。方便使喚的話，也代表隨時可以拋棄。

史提利柯看上阿拉里克與其下的西哥德族，理由也就在於曾四度擊敗對方，而且不論要捉拿還是要釋放，主導權掌握在自己手上。

這種心理上的關係，不僅隨時對阿拉里克個人造成壓力，也壓迫到阿拉里克之下的西哥德官兵；同時，對與西哥德族並肩作戰的羅馬官兵來說，卻會形成良好影響。因為雙方雖然並肩作戰，但羅馬官兵與西哥德族間的地位並非平等，而是強人羅馬與弱者西哥德族的局面。這樣一來「毒素」只能發揮克制其他「毒素」的效果，沒有侵蝕主體的風險。

相對的，艾提烏斯手中的「毒素」是匈族。他選擇匈族的理由，完全基於個人在匈族部落度過青少年時期所培養的好感。艾提烏斯與匈族之間的關係，是遇到必要時可以懇求借兵的依存關係。只怕連艾提烏斯本人都沒把匈族當成毒素看待。

話又說回來，從掌握大權的西元四三二年起算，艾提烏斯保障西羅馬帝國安危的時間確實長達二十年。只不過從他的作法中看不出一貫政策，讓人覺得根本是勉強應付。今天與某個部族結盟攻打另一個部族後，明天可能又換個同盟攻打今天的盟軍。根據筆者的想像，艾提烏斯的想法似乎是要盡量拉長蠻族入侵高盧與希斯帕尼亞後的互毆局面。

問題是，艾提烏斯的政策中包含了另一個極大的風險。當主帥艾提烏斯憑著局勢判斷結盟對象，忙著玩弄有如走鋼索的政策時，羅馬軍本身的戰力也就一敗塗地了。人一旦習慣於仰賴外力，也就會失去自立的本事。簡單來說，不但沒有「以毒攻毒」，甚至讓國家本身嚴重中毒。剛開始以為自己掌握著主導權，卻不知不覺地將主導權轉手讓給蠻族。

儘管如此，艾提烏斯至少還是延長了西羅馬帝國的國祚。西羅馬帝國的艾提烏斯時代能長達二十年的原因有三。

第一點，雖然在最後反目成仇，但長年與艾提烏斯結盟的，是讓北方蠻族深感畏懼的匈族。

第二點，北方蠻族入侵高盧、希斯帕尼亞、北非後，忙著確保領土，沒有餘力入侵義大利。

第三點，拉溫納皇宮與羅馬元老院都無力威脅艾提烏斯的地位與權力。這些人能忽視自身的無能，允許艾提烏斯掌權的原因只有一個，那就是與父親是汪達爾族、母親是羅馬人的史提利柯不同，艾提烏斯的雙親全是羅馬人。

然而後世的史學家在下評語時，把蠻族出身的史提利柯評為「最後一位羅馬人」，卻沒有把這個稱呼送到具有羅馬人血統的艾提烏斯頭上。史學家可能也認為，羅馬人不光是結果要像是羅馬人，連過程中呈現的風格也必須有羅馬人的氣魄。「以毒攻毒」的政策，實質上也是以掌握主導權為首要目標，是非常具有羅馬風格的政策。

到了帝國最後一個世紀的中葉時，東羅馬帝國與西羅馬帝國愈來愈走向分裂局面，甚至讓人不敢相信半個世紀前東西雙方是同一個國家。

在東羅馬帝國內，長達四十二年的狄奧多西二世時代即將結束。據說他是個幾乎把首都君士坦丁堡皇宮變成修道院的基督教徒，但在史上沒有留下其他值得記載的行為。代替他掌握國家的皇姊普凱莉雅表現得還算合乎標準，使得東羅馬帝國內外都能維持安泰。

只不過，東羅馬帝國同樣面臨蠻族威脅。在西元五世紀中葉時，最急迫的問題在於匈族對策。因為不久前匈族族長逝世，取而代之的是與穩健派兄長作風相反的弟弟阿提拉。

另一方面，西羅馬帝國皇帝瓦倫提尼安三世同樣在皇位上穩坐了三十年，但內部情勢卻大有不同。東西兩個帝國的皇帝同樣徒具形式，而在西側輔佐皇帝的太后嘉拉．普拉齊達老早離開政治舞臺，實權外移到艾提烏斯身上已經將近四分之一世紀。在艾提烏斯的走鋼索政策之下，義大利確實避免了受蠻族從北入侵的風險。不過這也代表艾提烏斯的注意力全集中在歐洲地區。對羅馬時代的義大利半島來說，北非地區的關係要比高盧和希斯帕尼亞來得深厚。然而北非地區卻未能受到艾提烏斯的關心。從實情來看，可能是毫不關心跟無力關心各占一半。如果玻尼法提斯在世的話，可能會設法打開局面，偏偏他已經被西羅馬帝國親手葬送了。

瓦解

即使動員高達十萬人的整個部族向外侵襲，人數也絕對不可能超過入侵地的居民。更何況羅馬時代的北非地區，是個綠意盎然得讓現代人無法想像的地方。從「羅馬穀倉」這個外號就可得知，當時的北非是有大量耕地、人口密集的地區。北非地區最大的港口迦太基，與羅馬外港奧斯提亞之間的海路，是地中海上交通量最大的海上幹道。直到現在，兩地之間的海底還彷佛有大道通過似的，遍布著遇難船隻的遺骸。可惜的是這一帶的海底深度太深，近年有長足發展的海底考古學依舊無力研究。不過光從兩千年後從海底的沙子冒出頭的沉船遺蹟，便足夠我們想像羅馬時代北非與義大利的密切關係。

西地中海世界數一數二的大城羅馬與迦太基物產往來密切，也就代表兩地的人員往來密切。尤其帝國在成為基督教國家之後，天主教派在帝國西方的中心地同樣是羅馬與迦太基。教會資產雄厚，運用資產推動的宗教活動熱絡，資質優秀的主教如過江之鯽，仰慕而來的信徒也多如繁星。

此外，中心地繁榮發展，代表周邊有支撐著中心地的衛星都市。對羅馬來說，衛星都市是由安布洛修斯擔任主教達二十三年的米蘭；對迦太基來說，則是由奧古斯丁擔任主教達三十三年的希波·磊吉烏斯。

羅馬人在征服北非之後，腳步依舊停留在地中海附近，沒有跨越撒哈拉沙漠往南發展。與後世的帝國主義國家不同，羅馬起源自城邦國家，即使在轉型成領土型國家之後，依舊喜好居住在他們稱為「內海」的地中海周邊。光是看羅馬街道網路涵蓋北非的哪些地方，就可以充分了解到這項特色。對羅馬人來說，有羅馬大道通過的地方，才是羅馬世界。

此外，不凡事親自操刀，也是羅馬人的傳統作法。他們認為如果想要沙漠另一端的物產，與其征服當地將之行省化，還不如等當地居民自己帶著物產來出售。向外開戰不但需要人力物

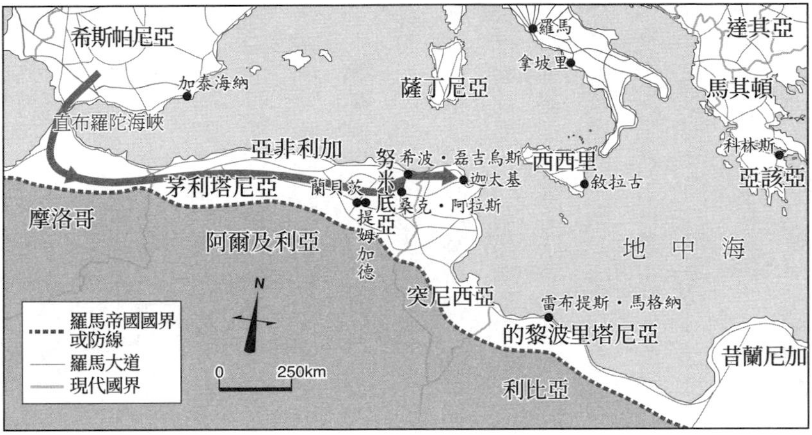

汪達爾族入侵北非路線

力，在征服並行省化之後，所需的人力財力會比開戰時多出許多。正因為如此，即便在所向無敵的時代裡，能刺激羅馬人征服欲的地方，也僅限於他們認為國防上有需要的地方。

基於上述歷史因素，在羅馬時代的北非地區，居民與財富都集中於接近地中海的帶狀區域。在這其中的關鍵都市，就是行省總督官邸所在地迦太基市。西元四二九年汪達爾族渡過直布羅陀海峽登陸北非後，一路沿著茅利塔尼亞、努米底亞朝東行進，一年後已經逼近迦太基。在玻尼法提斯撤出希波・磊吉烏斯後，北非地區可說是在不設防狀態下。儘管說汪達爾族加上摩爾人與鐸那圖斯派基督教徒，兵力還是只有五萬人，然而北非傲人的財富與人才並不等於國防力量。在勢如破竹的局面之下，北非地區落入了蠻族手中。

渡過直布羅陀海峽十年後，西元四三九年，北非的關鍵都市迦太基終於淪陷了。

在高盧、希斯帕尼亞，乃至於西羅馬帝國淪亡後的義大利，由少數征服者統治多數被征服者時，雙方必須尋找能夠共存的妥協點。因為戰勝者今後必須統治人數至少十倍以上的戰敗者。如今的蠻族入侵，已經不是像以往一樣襲擊搶奪後離去。襲擊與搶奪的行為與往年一樣，不同的是蠻族在搶奪後會直接定居下來。話雖如此，遭到汪達爾族入侵的北非狀況卻與其他地方不同。不同的因素在於征服軍中包括了鐸那圖斯派基督教徒。

鐸那圖斯派被打為異端，身為基督教徒卻長年遭受折磨打壓。對這些人來說，天主教派信徒是可恨至極的敵人。而且天主教派信徒在社會地位上、經濟力量上都占優勢，還不光是在宗教層面上欺負鐸那圖斯派。可事到如今，天主教派成了落水狗。汪達爾族入侵並征服北非後，局面會比其他行省還要嚴苛的原因，也是基於基督教普及後北非的特有情勢。

畢竟鐸那圖斯派原本是普及於北非的大教派，也正因如此，成為長期遭到北非天主教派信徒敵視欺凌的宗教。汪達爾族信仰的是基督教亞流教派，在天主教派眼中同樣是「異端」。從眾多史料中看來，天主教派對於「異端」特別苛刻，亞流派在這方面就寬容得多。如果北非是由汪達爾族單獨占領的話，只怕奧古斯丁的遺體沒有必要送往薩丁尼亞避難。將遺體外送避難的天主教派信徒也知道，奧古斯丁生前是領頭彈劾鐸那圖斯派的名人。想必他們能輕易的預測，自己敬愛的主教屍首落到鐸那圖斯派手上時，會受到什麼樣的待遇。

基於上列情勢，汪達爾族入侵北非時局面要比其他行省更加慘烈。其具體的表現，就是大批的難民。

首先，迦太基港與羅馬外港奧斯提亞之間的航線可說是海上幹道。不但航行其間的船隻眾多，熟悉這條航線的水手也不少。從迦太基前往拿坡里近郊的商港波佐里時，順風只要兩天，然而風向不定的地中海未必能天天順風，因此平均航程是五天。即便完全遇上逆風，必須仰賴有如馬達的划槳手，全程也只要十天。而且即使不前往義大利，在一天一夜的航行後也可到達西西里。這個時期的汪達爾族沒有海上戰力，因此沒有制海權。南義大利、西西里與薩丁尼亞目前還沒受到蠻族威脅。

雖說從北非外流了大量難民，這些人原本屬於北非羅馬社會的上流階層。位於社會中流的工匠、商店店主、自耕農沒有拋棄故國的實力；下流階層的農奴更是只有在主人逃往義大利後，於新主人之下過著比以往更加操勞的日子。對於留在故鄉的人來說，就連維持天主教派信仰都成了奢望。

天主教會的中階與低階神職人員同樣留了下來。與以往不同的是，他們必須在鐸那圖斯派領頭的社會裡，承受著鎮壓屈辱與折磨。奧古斯丁不光是遺體外逃避難。在當時雖是手抄本的卷軸，這名主教的著作中能付梓的，也隨著難民一起上船離開了北非。北非地區的天主教會實質上已經崩潰。

汪達爾族三十年前還住在北歐深處，與羅馬帝國的接觸點，頂多是像史提利柯的父親一樣在羅馬軍中服役的人員。然而當他們渡過萊茵河入侵高盧後，腳步十分迅速。不但從高盧攀越庇里牛斯山脈進入希斯帕尼亞，如今更渡過直布羅陀海峽擁有了北非。儘管他們是第一次踏上北非的土地，統治工作倒是挺有系統的，這十有八九要歸功於鐸那圖斯派人員的建言。因為汪達爾族不但能將迦太基等都市周邊的大型莊園全數接收，還將都市內的所有建築物全數占領。居民運氣好的流離失所，運氣差的則淪為奴隸。基督教雖然不樂意見到有共通信仰的「兄弟」受到奴役，沒有共通信仰的人可就不是「兄弟」了。根據這個想法來看，異教跟異端同樣都是沒有共通信仰的人。

在不具備共通信仰但獲准存續的人員中，包括了官兵與中下層行政官僚在內。當然，官兵必須接受汪達爾族指揮，官僚必須在新主人的命令下工作，才能維持存續。除了這些人以外，工匠與商店店主能夠獲准，是因為這些人屬於社會不可或缺的職業。

在大型莊園主人中，有些人並未拋棄故鄉。只不過這些人的莊園位於比地中海沿岸更偏向內陸的地方。畢竟即使加上鐸那圖斯派，戰勝者依舊屬於少數，沒辦法將整個北非的居民全數更換。不過從此以後，內陸農莊生產的農產品再也不能出口到義大利了。汪達爾族並非農耕民族，即使拿下了大都市周邊的耕地，產量也無法與以往相較。羅馬時代的北非原本是豐饒的農耕地區，如今淪落成豢養征服者專用的土地。

儘管北非再也不是「羅馬穀倉」，汪達爾族已經拿下了地中海南岸的大部份海港都市。北方蠻族出身的汪達爾族能否拿到海運能力，也只是時間的問題。未開化民族獲得海運能力後，百分之百會轉用於海盜用途。海盜不光是會攻擊在海上遇到的船隻，還隨時可能在海岸下船，成為陸地上的盜匪。此外，海盜逆流而上，攻擊河濱都市與鄉鎮也並非什麼稀奇的事情。

西西里與南義大利居民開始苦於汪達爾海盜的襲擊。拉溫納皇宮無法棄之不顧，只好找君士坦丁堡求援。東羅馬帝國應要求派遣了一支援軍，但是東方對西方向來漠不關心，援軍的人數少到不能成軍。這支部隊一看到汪達爾族，就在淪為俘虜或陣亡前匆匆撤回君士坦丁堡。

最後西羅馬帝國皇帝只好向汪達爾族族長堅瑟利柯派出議和使節。也就是說，西羅馬帝國正式承認喪失了重要領土。

雙方於西元四四二年締結和約，距離汪達爾族渡過直布羅陀海峽入侵北非，前後不過十三年時光。

羅馬在布尼克戰役後擊敗大國迦太基，領有亞非利加土地已經六百年。在這段漫長歲月中，原屬於迦太基的敗戰領土，就在與戰勝者羅馬人同化之後，過著比迦太基統治時期更加繁榮興盛的日子，不過這種時代已經結束了。從此之後，是無論統治者換成了什麼人種或民族，戰勝者與戰敗者之間絕對不會同化的世界。

匈族

「一切的不幸，全來自匈族播的種子。」

在基督教會藐稱為「叛教者」的朱利亞努斯皇帝在世時，阿米亞努斯·馬爾凱流斯以軍官身份伴隨皇帝轉戰沙場。當朱利亞努斯皇帝殉國之後，阿米亞努斯·馬爾凱流斯退休並進入寫作生涯。早在百年前的西元四世紀中葉時，他已經察覺到匈族的威脅。阿米亞努斯·馬爾凱流斯是敘利亞大城安提阿上流階層出身的希臘裔羅馬人。同一個階層的男子往往繼承祖產經營工商業，馬爾凱流斯卻是選擇進入羅馬軍的稀有人物。或許正是從青年時期起轉戰沙場的經驗，把他從善於抽象思考的希臘人轉換成善於具體思考的羅馬人。重複具體思考後，自然能看穿背後的真相。在剛進入西元四世紀後半的這個時期中，羅馬帝國不但與匈族還沒有直接接觸，連看過匈族的國民都不多。這時候匈族還遠在羅馬帝國「防線」，亦即國界外頭遙遠的彼方。

馬爾凱流斯與大多數羅馬人相同，從未親眼見過匈族。不過他發現與匈族直接接觸過的日耳曼裔蠻族情緒動搖，並且發覺原因在於這些人背後有匈族在推擠。而資訊這種東西有項特性，就是一旦察覺到某些開端，就會像是受到磁鐵吸引一樣陸續湧入。或許正因為馬爾凱流斯沒有親眼見過匈族，他才會透過認識的北方蠻族，蒐集有關匈族的資訊。

在馬爾凱流斯筆下的匈族是這樣的民族：

以雙足步行，但與其說是人，不如說是野獸。騎在馬上時以兩腿和馬背夾著生肉，並且在不經烹飪的狀況下食用生肉。平坦的臉上有兩個像是黑點的眼睛，鬍鬚不多，身材低矮但體格結實。平時住在森林中，穿著老鼠皮和麻線縫製的衣服。由於衣服未經洗滌直接穿到破損，因此身上隨時發出惡臭。靴子僅以未經鞣製的羊皮與麻線縫製，因此不利長時間步行。可能基於這項原因，匈族不論前往何處都會乘馬。即使在戰場上，也極端厭惡下馬戰鬥的行動。但是乘馬的匈族人馬一體，有如讓人用釘子釘在馬上，因此能發揮極大的衝擊力。

他們居住在雙輪牛車內，在車上飲食、交媾、生子。可能因為他們是最徹底的非定居民族，無論身處多肥沃的土地，都不會對耕作表示關心。

匈族會讓其他蠻族恐懼地稱為「蠻族」，除了具有優異的騎乘能力外，還因為他們具備在奔馬上正確射擊的高度技能。不過筆者認為匈族與其他蠻族不同之處在於五項「沒有」，這也是匈族的強處所在。

一、沒有目標、沒有目的地。

這使得匈族能採用臨機應變的作戰方式。

二、對購屋置產沒興趣。

這表示匈族對資產或儲蓄不抱持興趣。不過，他們喜歡黃金製品，而且不只是黃金，只要是會發亮的東西都喜歡。

三、沒有法律。

因此對匈族來說，在上位者的命令是絕對的。

四、沒有家族守護神。

這表示匈族沒有家族概念。因此人質擔保對匈族不產生作用。

五、沒有確保未來糧食的概念。

這使得匈族隨時隨地，只要有機會就會搶劫。

馬爾凱流斯的警告沒有獲得當局者接納，就這樣過了半個世紀。西元五世紀時，羅馬帝國終於與匈族直接接觸。既然遭到匈族推擠的日耳曼裔蠻族入侵、盤據在羅馬帝國境內，那麼推擠這些人的匈族出現在羅馬帝國國界的多瑙河濱，也是理所當然的事情。匈族出現的地區與現代的匈牙利幾乎完全重疊，這就是匈族的最新根據地。

實際上，東羅馬帝國要比西羅馬帝國先與匈族產生接觸。因為在東西分裂之後，多瑙河中游與下游歸東羅馬帝國管轄，而匈族的根據地在多瑙河中游附近。基於上述情勢，在初期，與匈族相關的資訊，尤其是匈族首長阿提拉相關的資訊，幾乎全集中在東羅馬帝國。只不過在西羅馬帝國，有個青少年時期在匈族族群中度過的「軍司令官」艾提烏斯。

西元四四四年，匈族對東西兩個羅馬帝國的態度有了極大的轉變。這年，原本輔助兄長統治，擔任次席族長的阿提拉取代遭落雷擊斃（匈族的官方說法）的兄長，一個人統御匈族。西元四四四年以前的匈族，對於遭他們擠壓的日耳曼蠻族來說是極為恐怖的存在，對東西兩個羅馬帝國來說，卻是好應付的對手。

東羅馬帝國與阿提拉的兄長布雷達之間，訂定有每年給付七百利普（兩百六十三公斤）黃金的「同盟部族」協定。名義上是傭兵薪資，實質上是避免匈族渡過多瑙河入侵東羅馬帝國領土的代價。

西羅馬帝國與匈族間的關係，完全建立在艾提烏斯個人人脈上。匈族時常因應艾提烏斯的請求外派援軍，由於並非正式的同盟部族協定，因此無法得知艾提烏斯到底付出多少酬勞。不過至少艾提烏斯提供的酬勞夠讓他們滿意。到西元四四四年為止，匈族借兵給艾提烏斯的次數光是有文獻記載的就多達四次。分別是西元四二九年與政敵菲力克斯決戰、西元四三二年與玻尼法提斯和背後的太后嘉拉．普拉齊達對決、西元四三七年與勃艮第族作戰，以及西元四三九年對西哥德作戰。艾提烏斯在西羅馬帝國累積地位與權力的戰鬥，幾乎全與匈族有關。只不過，艾提烏斯個人熟識的是匈族要角之一阿斯帕爾，與絕對首長阿提拉之間的感情並不特別密切。

阿提拉

在組織不成熟，而且沒有人類社會常見的律法規範的匈族社會裡，族長的命令具有絕對價值。而阿提拉是最適合這種社會的領袖人物。

匈族原本在相當於今日的匈牙利一帶的多瑙河中游沿岸暫時落腳，當阿提拉出現在政治舞臺後又開始有了動作，朝向南方的東羅馬帝國領土移動。阿提拉率領匈族，首先占領了羅馬時代稱作維納契姆的科斯特拉克。在這座城鎮附近，有著圖拉真皇帝征服達其亞時修建，全長一公里的石造橋梁，連接著多瑙河南北兩岸。

不過橋梁的石造部份僅限於河流中的橋墩，上頭的橋身還是木造結構。西元三世紀後半，羅馬帝國撤出多瑙河北岸的達其亞時，已經拆除橋身部份。不過羅馬人的建築技術高超，至今河裡的二十座橋墩依舊健在。如果在橋墩上鋪設木材搭建便橋，也已經足供人馬通行。科斯特拉克會成為阿提拉的第一個目標，很可能是匈族修復了橋梁，藉此渡過多瑙河。因為不管打造多少木筏，在渡過大河多瑙河時風險畢竟太

阿提拉（十六世紀製作的浮雕）

大，而且花費時間。

阿提拉與匈族攻陷科斯特拉克之後，又占領了向西不到一百公里處的辛基多努姆（今日的貝爾格萊德）。不久後又攻陷了色米姆（今日的米特羅維察）。可能照阿提拉的想法，他要在渡過多瑙河之後拿下附近的重要據點，在沒有後顧之憂的情況下才繼續往南前進。

在多瑙河還是「羅馬帝國國防能力檢測儀器」的時代中，河邊連綿建設了軍團基地、城池、要塞，乃至於監視用碉堡，形成了羅馬帝國的北方防線。在其中最受重視、戮力經營的軍團基地，從上游往下游方向照今日的名稱分別是雷根斯堡、維也納、布達佩斯、貝爾格萊德等四個地方。四座軍團基地中有三

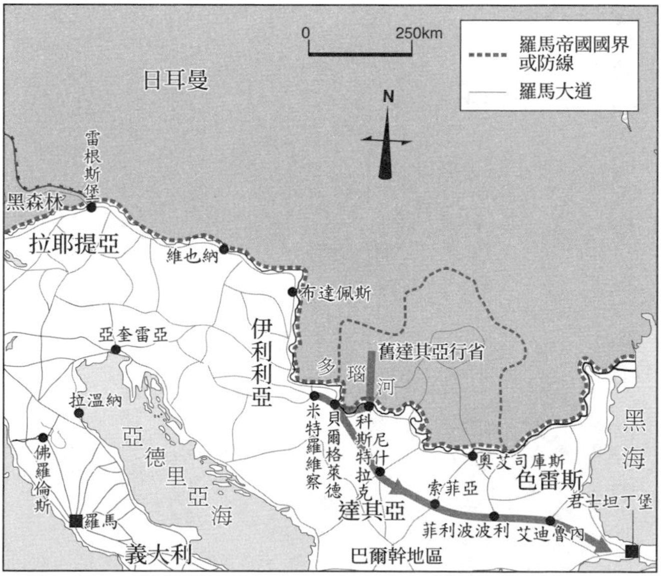

匈族入侵巴爾幹地區的路線

座成為日後中歐各國首都，讓人讚嘆古代羅馬人建設都市時的地理眼光獨到。當然這四大基地與帝國各地之間遍布著帝國的街道網路。而且羅馬人以四座多瑙河軍團基地之中，位置最偏下游的貝爾格萊德為起點，開闢了通往帝國東方的幹線大道。這條大道由貝爾格萊德起，一路朝東南穿越巴爾幹地區，途經君士坦丁大帝的出生地奈蘇斯（今日的尼什）、賽爾蒂迦（今日的保加利亞首都索菲亞）、菲利普堡、哈德良皇帝建設的哈德良堡（今日土耳其的都市艾迪魯內），最後到達原名拜占庭的君士坦丁堡（今日的伊斯坦堡）。阿提拉入侵時走的就是這條路線。

只不過，在阿提拉率領之下行進的匈族，可不會單純的行軍。羅馬帝國內的基督教徒給他起的外號叫做「上帝之鞭」，表示阿提拉會像是憤怒的神明一樣襲擊、搶奪、破壞、燒殺，使這些地方在匈族離開後雞犬不留。匈族在掠奪過程中，遇到不方便帶走的人通常會一刀了事，因此每當匈族離開某個城鎮，後頭往往會跟著漫長的俘虜隊伍。

匈族一路橫行，到了距離君士坦丁堡不到一百公里的地方。在這時他們才派遣使者向東羅馬帝國皇帝提出要求。

一、以往的「同盟部族」協約規定每年七百利普的金塊，從今起提升至三倍的兩千一百利普（七百八十七·五公斤）。並追加臨時賠款六千利普（兩千兩百五十公斤）的黃金。

二、遣返匈族軍中的逃兵。

三、若希望羅馬人俘虜恢復自由，每人須付出十二索利鐸斯金幣的代價。

面對這些要求時，四十六歲的東羅馬帝國皇帝狄奧多西二世只能坐在皇位上發抖。只不過東羅馬帝國實質上的掌權者是皇帝的姊姊普凱莉雅。她最初打算僅接受第二項要求，設法把局面應付過去。

不過雖說是逃兵，這些人可不是匈族出身的男子，而是在戰敗之後，被匈族編制到軍中的日耳曼裔蠻族。這些人無法適應在匈族的生活，以及掠奪時的殘暴舉動，因此向東羅馬帝國投降。阿提拉要求遣返這些人的要求被接受之後，這群人就在東羅馬帝國軍隊的押送之下，回到匈族的陣營內。

阿提拉接收這些人之後，動作也很迅速。他命令這些逃兵趴在地上，蓋上搭帳篷用的布幕，然後讓騎馬的匈族部隊一邊喊叫一邊策馬來回奔跑踩死這些人。一切事情，全在愕然的東羅馬官兵面前發生。

這項蠻橫的舉動不但震撼了君士坦丁堡皇宮，同時也激起了敵意。東羅馬軍中與西羅馬軍一樣，有許多日耳曼裔的官兵服役。對這些人來說，慘死在匈族馬蹄下的是血脈相連的同胞。在發生這件事情後，抗戰派成了多數，東羅馬帝國隨即派兵反抗阿提拉。只不過日耳曼騎兵實在打不過匈族騎兵，他們被輕易的擊敗。如今東羅馬帝國只好吞下阿提拉提出的一切條件，重新締結同盟部族協定。

我們可以說，東羅馬帝國是向亞洲裔蠻族匈族無條件投降了。原本以為送上豪華服飾可以軟化對方態度的樂觀看法遭到擊碎，從君士坦丁堡派往阿提拉身邊的使節任務，如今已經不是交涉，而是成了忠實履行協約的行政官。

不但如此，阿提拉還開始挑剔使節的人選。阿提拉的理由是，他有意創設統合羅馬人以外其他民族的大帝國，因此地位與羅馬皇帝同等。東羅馬帝國在派遣使節時，必須推出有資格與皇帝接觸的人選。君士坦丁堡也接受這項要求，派到阿提拉面前的使節換成了元老院議員、基督教主教等在東羅馬帝國內具有地位的人物。

這項要求帶來了意外的收穫。以往關於匈族與其首長阿提拉的資訊，全是透過第三者聽來的傳言。從此以後成了當事人，亦即現場證人的證言。既然外派的使者地位崇高，這些人勢必會帶著祕書官上路。

布里斯克斯這個人，不知道是當時的使節之一，或者是某一位使節的祕書。目前已知的是他有修辭學教學經驗、文筆穩健，並且曾著作目前僅留下斷簡殘篇的《拜占庭帝國史》。他獲派前往阿提拉身邊時是西元四四九年。這代表東羅馬帝國在西元四四七年與阿提拉締結協約後，履行協約的過程並不順利。因為阿提拉的要求一天比一天還要多，如今已經擴大到要帝國承認奈蘇斯至多瑙河的地區，亦即達其亞與色雷斯兩個行省，從此以後成為匈族的土地。

西元四四九年被派遣到阿提拉面前的布里斯克斯，記載了當時他所見的景象。

「我們一行人進入了奈蘇斯市區。這個原為君士坦丁大帝故鄉，位於幹道旁的都市，在匈族襲擊下遭到全面破壞。如今除了在教堂廢墟中遮風避雨的少數人以外，都市淪為無人死城。奈蘇斯附近有莫拉巴河流過，大道也沿著河流往西北行進。我們一路望著左手邊的河流，一邊沿著大道出發。

大道周邊也成了無人地帶。河濱四處可見遭匈族殺害後未能下葬，遭棄置到成為白骨的民眾遺體。

伊利利亞地區司令在大道的半途中等待我們，把五名逃兵交付給我們。這是一如皇帝在協約中答應的，要引渡給阿提拉的男子。與這些男子會合後，我們渡過多瑙河，進入了阿提拉的根據地。

渡過多瑙河之後，我們獲得了一組匈族衛隊。在這些人引導下行進了七十史塔迪翁（十三公里）後，到達了阿提拉的本營。交出五名逃兵之後，我們獲准晉見阿提拉。

阿提拉的帳篷周邊有許多蠻族圍繞。不過我們一進入帳篷，馬上知道坐在木几上的人就是他了。因為周邊每個人都站著，只有他一個人坐著。

我們站在離這個粗糙的寶座稍遠的地方，只有馬克西謬斯上前向阿提拉問候。他傳達皇帝期望阿提拉與匈族更加繁榮的祝福，送上由皇帝親筆寫下的書信。蠻族頭目回答說，他也期望皇帝與羅馬人更加繁榮。

帳篷內的阿提拉，受到眾多高官與武將簇擁。說實在的，我因阿提拉的服裝樸素感到驚訝。他身邊的高官武將都穿著布料、手工、色彩千變萬化的豪華服飾。從這些服裝上的花鳥刺繡看來，想必是從西奈人或波斯人手中搶來的。

在這個統領萊茵河至多瑙河廣大土地的部族首長帳篷中，竟然找不到半個昂貴的家具或具有藝術價值的飾品。帳篷內連臥鋪都找不到，唯一值錢的，只有鋪在地上的毛皮，以及幾張粗製濫造的木頭椅子。阿提拉身邊架著弓箭與斧頭，但帳篷內再也沒有其他武器。

阿提拉身高低矮但體格魁梧。臉色暗黃，幾乎沒有鬍鬚，臉型平坦到讓人驚異。他的雙眼斜睨，黑色凹陷的雙眼彷彿看著什麼稀奇事物的一直對著我們。

阿提拉似乎不論用餐、就寢或會客，全都在這個帳篷內解決。我們沒看到餐桌，倒是看過餐具。這些餐具由金銀製作，想必也是掠奪得來的。

阿提拉是個隨時保持行動的男子，我們也只好與他保持距離，策馬一起走動。在渡過許多條小河之後，我們到達了被他立為首都的城鎮。這個地方說是城鎮還不如說是村落。連阿提拉本人的木造房屋周邊，都只圍著一圈恐怕沒有防衛效果的木柵。在阿提拉的房屋附近，有著規模稍小，屬於匈族中地位第二高的歐內結希睦的房舍。這座房舍同樣以木柵圍起。

阿提拉一進入村落後，就有一群年輕女子一邊唱歌一邊前來迎接。在這些人之中有某些人披著白紗，其後由其他女子捧著紗布。歐內結希睦的妻子帶著大批女奴出現，向阿提拉獻上食物與酒類。據說這是匈族表達最高敬意的方式。

阿提拉從臣子捧著的銀盤中抓取食物，喝著由女人捧著杯子送上的酒類。在整個過程中，他一直騎在馬上。」

這就是西元四四九年時阿提拉與東羅馬帝國之間的關係。從兄長逝世，阿提拉成為絕對首長以來，還不滿五年。如果局勢繼續這樣發展，只怕東羅馬帝國會比西羅馬帝國還先滅亡在阿提拉率領的蠻族聯軍手下。不過到了第二年西元四五〇年時，局面有了重大變化。主要原因有以下兩項。

西元四五〇年七月二十八日，東羅馬帝國皇帝狄奧多西二世病逝，享年五十歲。儘管他終生沒做過什麼皇帝該做的事情，可是在羅馬成為基督教國家之後，皇帝即位與否要看天神的意思。多虧了這個便於世襲統治權的規定，狄奧多西二世才能夠憑著前任皇帝兒子的身份穩坐四十二年的皇位。很可能他也知道自己欠教會恩情，因此對宗教熱心到謠傳皇宮成了修道院。也很可能因為如此，在皇妃沒有留下兒子就過世後，他對傳宗接代也很不熱心。這些年來代替弟弟為帝國掌舵的普凱莉雅，必須另外設法找人繼位。

儘管普凱莉雅與弟弟一樣熱衷於基督教信仰，被人暱稱為皇宮修女，至少長年統治帝國的經驗沒有白費。一般在這種局面下，獲選的皇帝會是不妨礙權力運作但是無能的人物，可是普凱莉雅沒有這樣做。

即位當上東羅馬帝國皇帝的，是在君士坦丁堡擔任元老院議員的馬爾齊安。與西元四世紀文武分途後的羅馬元老院不同，君士坦丁堡的元老院議員，具有讓退休武將享譽的名譽職位色彩。畢竟羅馬元老院從建國時期就存在，至今已有一千三百年的歷史。相對的，一百三十年前君士坦丁大帝建設君士坦丁堡 (Constantinople) 後，立意在冠有自己名諱的首都中設置與羅馬同等的「元老院」，才促成了君士坦丁堡元老院組織。如果有足夠的歷史的話，還能形成世代產生議員的元老院階級，但君士坦丁堡的歷史不夠悠久，因此只好讓退休的將領或高官以名譽職位型態，在君士坦丁堡元老院擔任議員。

馬爾齊安

登基稱帝的元老院議員馬爾齊安是個在東羅馬帝國軍中歷練過的人物。他出身於多瑙河下游的色雷斯 (今日的保加利亞)，而當地是精兵良馬的產地。因此，儘管他並非世家出身，也沒受過高等教育，而且這時已經六十多歲，至少他熟知戰場光景。

如果羅馬帝國還沒成為基督教國家，這些條件已經足夠讓他登基就任。可是當帝國成為基督教國家，皇帝不是承「人意」而是「天意」即位之後，即位時「天意」就成了必備條件。馬爾齊安在迎娶前任皇帝的姊姊、前前任皇帝阿卡狄奧斯的女兒，具備「天意」的普凱莉雅之後，才能順利登基。婚前普凱莉雅提出的唯一條件，是她已經立誓將貞節奉獻給天主，因此婚後不能同寢。不過新娘是個五十來歲的老婦人，這項條件沒造成什麼影響。

軍人出身的馬爾齊安皇帝，一舉一動都充滿積極色彩。他在登基即位之後，首先宣布全面廢棄與阿提拉之間的協約。在與這名匈族頭目的「同盟部族」協約中，阿提拉的領土南端已經擴及巴爾幹地區關鍵都市之一奈蘇斯。這表示東羅馬帝國境內的達其亞，以及其東鄰的色雷斯大部份都成了匈族領地。對於色雷斯出身的馬爾齊安來說，這是最大的屈辱。

老當益壯的新任皇帝在廢除與阿提拉的協約同時，著手增強東羅馬帝國的軍備，同時宣布要親自率軍禦敵。前面兩任東羅馬皇帝，連離開首都君士坦丁堡的次數都有限。而在半個世紀之後，東羅馬帝國又獲得一位御駕親征的皇帝。即使不離開首都，羅馬皇帝還是軍方的最高司令官。如今馬爾齊安宣示他將是名副其實的最高司令官，並且付諸實行。

除此以外，馬爾齊安皇帝這時有辦法將增強後的東羅馬帝國軍，幾乎全數投入西方的多瑙河。在東方的幼發拉底河濱，目前與波斯王國的關係尚稱良好，常設部隊已經足以承擔防衛工作。

阿提拉當然知道局勢發生了什麼變化。正巧就在這個時期，傳來了一件對阿提拉來說是從天上掉下來的好消息。

西羅馬帝國皇帝瓦倫提尼安三世，有一位叫做霍諾里雅的姊姊。父親是共同皇帝君士坦提烏斯，母親是前任皇帝狄奧多西一世的女兒嘉拉·普拉齊達，因此霍諾里雅是個百分之百的皇室子女。不過在成為基督教國家後的羅馬帝國中，公主的立場比想像中還要不自由。前任皇帝的女兒，現任皇帝的姊妹，自然跟「天意」有關連，也就是說無法隨意結婚。任何事物一旦擴散之後，其原有的力量也會隨之薄弱。因此公主若要結婚，則必定是政治婚姻，只不過帝國未必隨時都遇得上適合讓公主出嫁的對象。

霍諾里雅

因為承受「天意」者的女兒，在結婚生子後小孩也同樣承繼了「天意」。皇帝的外孫與內孫繼承的「天意」份量沒多大不同。這很可能造成繼承權糾紛，亦即皇室內鬥問題。羅馬帝國在成為基督教國家之前，皇帝的女兒同樣是政治婚姻的棋子。只不過由於沒有「天意」干涉，事情沒有嚴重到找不到對象就無法結婚的地步。實際上，以往的公主可以輕易嫁給父親麾下的武將。當帝國成為基督教國家之後，前任皇帝的女兒、現任皇帝的姊妹如果沒有適當的政治婚姻對象，就必須終生維持單身。最適合終生未婚的職業，也就是將人生獻給天神的修女。因此，找不到結婚對象的公主，唯一的去處就是修道院。

霍諾里雅在無法結婚的狀況下到了三十歲，但她又沒有進入修道院的意思。正好在這時期，長年壓制她行動的母親嘉拉·普拉齊達病逝，這使得霍諾里雅獲得能自主決定的條件。

霍諾里雅將一名受自己信任的宦官悄悄送到阿提拉身邊，讓這名宦官帶著信件與一眼就能看出原屬於皇家的昂貴戒指。信中表示，阿提拉如果與她通婚的話，可拿到半數西羅馬帝國領土做嫁妝。

阿提拉也打算利用這個機會。東羅馬帝國在馬爾齊安登基繼位後轉向強硬路線，先遣部隊如今已經到了多瑙河附近。等到馬爾齊安率領的主力到達後，雙方勢必免不了一場大戰。

阿提拉派遣使節晉見西羅馬帝國皇帝瓦倫提尼安三世，並藉此向霍諾里雅求婚。瓦倫提尼安三世為此大感驚訝。雖然緊急將姊姊監禁處分，但事情已經發生。在與身處高盧的軍總司令官艾提烏斯商量後，皇帝回絕了阿提拉的請求。問題是，阿提拉的眼光已經離開東羅馬帝國，朝向西羅馬帝國。匈族部隊已經離開多瑙河中游的根據地，往萊茵河沿岸移動。

西羅馬帝國就此成為阿提拉的攻擊目標。對於西羅馬帝國實質領袖艾提烏斯來說，他面臨必須與長年親密往來的匈族直接對抗的局面。

香檳會戰

橫行短短十年就在古代末期西洋史上留名的阿提拉，是個大膽果決、統御能力優越、部下貪圖享受時個人生活樸素的人物，最適合擔任蠻族領袖。不過若要像他公開表示的，想建立統合日耳曼族在內的北歐大帝國的話，就顯得他缺乏冷靜合理的戰略。換句話說，他的行事作風也只是臨場因應而已。這甚至讓人認為，這種程度的男子會在史上留名，真正的原因恐怕是因為基督教徒畏懼的稱呼他為「上帝之鞭」。

阿提拉先前以暗示要攻打首都君士坦丁堡的方式，從東羅馬帝國手中取得了巴爾幹地區的大部份。儘管三年後意外出現強硬派的馬爾齊安皇帝，使得一切努力付諸流水，但藉由軍事力量威脅的方式並沒有錯。因此，如果要把同樣的作法套用在西羅馬帝國身上，首先要將部隊從多瑙河中游移動到上游，渡過多瑙河後進入羅馬領土。其後持續南下攀越阿爾卑斯山，進逼義大利半島北部，立刻圍攻皇帝所在的拉溫納。

拉溫納可不是什麼固若金湯的好地方。只要封鎖海陸雙方，穩紮穩打慢慢攻擊，由於城鎮規模不大，最後勢必會淪陷。但蠻族向來不擅長封鎖海陸交通的長期戰，因此敵人如果是蠻族的話，拉溫納確實是固若金湯的好地點。

只不過，阿提拉沒有必要攻陷拉溫納。一旦攻擊皇帝所在的拉溫納，瓦倫提尼安三世勢必會向身在高盧的艾提烏斯發出歸返命令。西羅馬帝國軍總司令官艾提烏斯既不能抗令，也不能當成沒接到消息。在不得已之下，一定要回到義大利援救皇帝。

然而艾提烏斯能在高盧地區節節獲勝，並非因為手下有強力的羅馬部隊，他不是找了少年時期就熟識的匈族借兵，就是拉攏在高盧互相衝突的北方蠻族結盟。在義大利可不會上演同樣的戲碼。

首先，長期仰賴的匈族如今已經成為敵手；其次，如果想率領高盧的蠻族同盟到義大利，也是不可能的事情。蠻族如今正忙著在高盧確保領土，暫時對義大利不感興趣。他們如果派兵跟著艾提烏斯南下義大利，外派期間內很有可能遭到其他蠻族偷襲。結果，艾提烏斯只能率領直屬部隊。

如今羅馬軍徒具虛名，實際上只是蠻族出身的傭兵集團，因此也具有傭兵特有的弱點。這些人的弱點，倒不是一上戰場就陣亡，而是一看到形勢失利就會潰逃。與手邊只有這種兵力的艾提烏斯不同，阿提拉手下的匈族兵，是一旦知道事後能獲得戰利品，即使在戰場上挨刀子也會硬撐的兵力。在這種局勢之下，司令官個人戰術能力發揮不了什麼作用。假使在圍攻拉溫納的途中遇上回國救援的艾提烏斯，勝算應該依舊在阿提拉手中；此外，拉溫納城裡的皇帝也不是能在失利局面下堅持到底的人。皇帝說不定會在恐慌之下把多瑙河到義大利之間的土地送出來求和。

然而阿提拉沒有渡過多瑙河朝義大利前進，而是渡過萊茵河進入高盧。知道他如此選擇的原因後，讓人更覺得無言以對。原來是法蘭克族族長過世後，留下的兩個兒子之間發生衝突。哥哥向阿提拉求助，弟弟則向艾提烏斯尋求支援。阿提拉在受人求援後轉往高盧地方前進，這不但讓身在拉溫納的皇帝鬆了口氣，同時也加強了艾提烏斯在高盧的立場。

原本日耳曼蠻族入侵高盧確保領地的原因，是因為遭到匈族推擠，不得已之下只好前往高盧求生。他們會在高盧互相爭奪領土，也是因為再也回不到匈族盤據的日耳曼地區。對這些人來說，匈族入侵高盧的消息，當然會是切身危機。阿提拉在沒有明確計畫的狀況下進入高盧，使得艾提烏斯能獲得組織羅馬軍與日耳曼部族聯軍的好機會。

西元四五一年四月初，阿提拉率領匈族由萊茵河中游的梅因茲附近，渡過萊茵河進入高盧。據說光是匈族部隊，兵力便有三萬人。匈族手下還有其他戰敗後遭到收編的蠻族，因此無法判斷詳細兵力。阿提拉在渡過萊茵河之後又與法蘭克族會合，總兵力可能已經多達十萬。

後人推測阿提拉兵力眾多的根據，是他一進入高盧後就兵分三路。

據推測由阿提拉率領的第一路，首先由梅因茲起步途經特里爾，並沿途路過門茲，前往蘭斯，最後又從蘭斯經由巴黎逼近奧爾良。整個進軍過程沿著羅馬大道行軍，不到兩個月已經進入高盧地區的中央。

第二路軍行軍路線較第一軍偏南，同樣沿著大道往奧爾良前進。第三路軍大幅往南方繞道，朝向高盧地區中心移動，不過同樣也是以奧爾良為目標。高盧北部能夠平安無事，是因為當地屬於法蘭克族勢力範圍。而且這三路部隊不會單純的行軍，沿路對看得到的大小城鎮燒殺搶奪，毫不客氣，乃名副其實的“invasion”（侵略）。這個英文名詞起源自拉丁文的“invāsio”。順帶一提，這個名詞是在帝國後期才產生的新詞。這也就代表在羅馬高度成長的共和時期，以

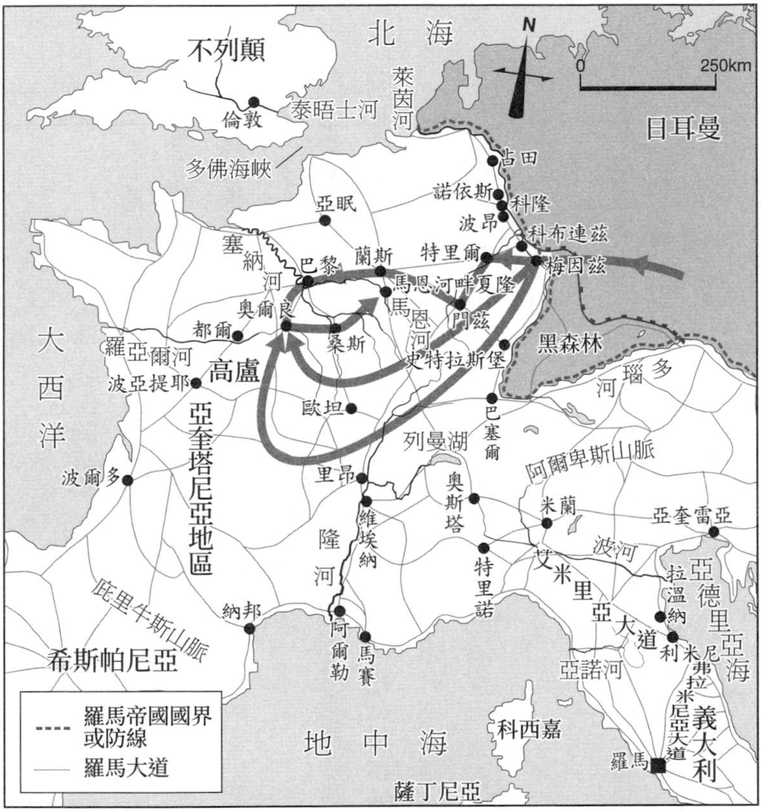
北海
N
0
250km
不列顛
倫敦
泰晤士河
萊茵河
日耳曼
多佛海峽
吉田
諾依斯
科隆
波昂
亞眠
科布連茲
塞納河
巴黎
蘭斯
特里爾
梅因茲
馬恩河畔夏隆
奧爾良
馬恩河
門茲
都爾
桑斯
史特拉斯堡
黑森林
大西洋
羅亞爾河
高盧
波亞提耶
多瑙河
歐坦
巴塞爾
亞奎塔尼亞地區
列曼湖
阿爾卑斯山脈
波爾多
里昂
奧斯塔
米蘭
維埃納
亞奎雷亞
隆河
特里諾
波河
艾米里亞大道
拉溫納
亞德里亞海
庇里牛斯山脈
納邦
利米尼
阿爾勒
馬賽
弗拉米尼亞大道
希斯帕尼亞
亞諾河
羅馬帝國國界或防線
羅馬大道
科西嘉
義大利
地中海
羅馬
薩丁尼亞

匈族入侵高盧路線

及穩定成長的元首政體時期，羅馬人的生活中用不到這種名詞。

艾提烏斯活在這個"invāsio"成了家常便飯的時代，當時他正位於高盧地區根據地阿爾勒。接獲阿提拉入侵的消息後，他從還屬於羅馬勢力的南法，向西派使者請求鄰居亞奎塔尼亞地方(今日的亞奎提努)的西哥德族聯合作戰。高齡的西哥德族長提歐鐸力克隨即表示同意。艾提烏斯同時向其他日耳曼蠻族提出聯合參戰的要求。不過整個反阿提拉聯軍的構想，到四五一年六月後才實現。

反阿提拉陣營開始從南方與西方，朝向正遭受阿提拉圍攻的奧爾良派兵。在這要重新強調，蠻族不擅長必須長期推動才能成功的圍城戰。奧爾良在羅馬時代名叫齊納波(Cenabum)，是高盧地區中部的關鍵都市之一。不但有堅固的城牆圍繞，旁邊還有羅亞爾河流過。我們不知道為何阿提拉會盯上勢必難以攻打的奧爾良，就在他磨磨蹭蹭的過程中，艾提烏斯取得了準備反擊的時間。

阿提拉得知艾提烏斯接近後，解除了奧爾良的包圍，開始向東撤軍。我們也不知道當時他為何打算撤退，唯一已知的是，他似乎打算渡過萊茵河回到日耳曼境內。當時他離開奧爾良路過桑斯，很可能準備沿著蘭斯、特里爾等兩個月前走過的路線行進，最後從梅因茲渡過萊茵河。不過在還沒到達蘭斯時，他就被艾提烏斯追上了。

這一帶在羅馬時代稱作“Campania”（坎帕尼亞），在後代改稱為“Champagne”（香檳），是擴及馬恩河兩岸的平原地帶，位於羅馬時代匯集七條大道的蘭斯城南方四十公里處。

阿提拉被追上之後，只好轉頭準備應戰。他堅信自軍的騎兵所向無敵，在平原上開戰能完全發揮戰力。

西元四五一年六月二十四日，阿提拉與艾提烏斯以香檳平原為舞臺，展開了史稱「坎比·卡塔勞尼齊 (Campi Catalaunici) 會戰」的戰鬥。「卡塔勞尼」(Catalauni) 是高盧尚未進入羅馬前住在這一帶的凱爾特部族名稱，同時也沿用成為附近小鎮的名字。往年的卡塔勞尼，在現代名叫馬恩河畔夏隆 (Châlons-sur-Marne)，因此這場戰鬥又叫做「夏隆會戰」。

艾提烏斯可能想減緩匈族騎兵的速度，因此挑選了左邊面臨山丘，右邊由河流圍繞的地帶布局。

由老提歐鐸力克率領的西哥德部隊位於面臨河流的右翼，中央部隊是其他部族的兵力，艾提烏斯親自率領的部隊在左翼的山腳下擺下陣式，三軍的布局呈現弓形。

相對地，阿提拉的陣容採右翼、中央、左翼直線分布。左邊面臨河的左翼為東哥德族，面對艾提烏斯的右翼則是與東哥德族一樣被列入麾下的蠻族兵。中央則是由阿提拉親自率領的匈族騎兵。

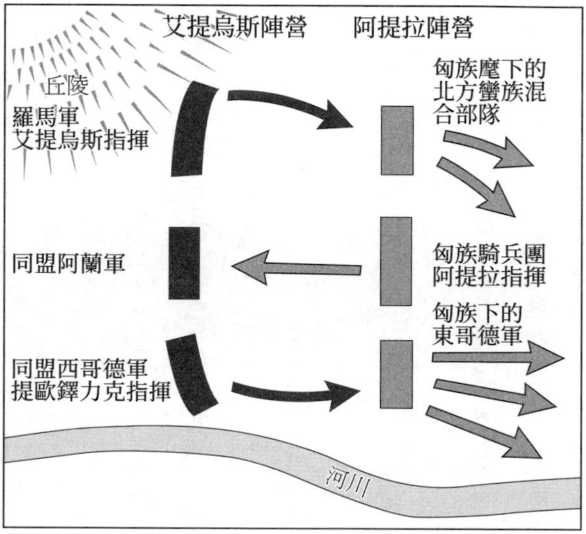

坎比．卡塔勞尼齊會戰示意圖

從陣形可以看得出來，艾提烏斯的戰術是趁中央部隊抵擋敵人時，左右兩翼部隊擊退敵軍兩翼，孤立中央的騎兵。阿提拉的策略是由攻擊力最強的騎兵衝破羅馬軍中央，將敵人分成左右兩邊，並由左右翼部隊前往消滅對手。

如果要達成戰術目標，阿提拉的左右翼部隊必須要有辦法向前衝鋒，艾提烏斯的中央部隊則必須挺得住敵軍騎兵的猛攻。

光從陣形來看，讓人覺得似乎能重現共和時期羅馬軍的作風，表演出漂亮合理的會戰。實際上，雙方光是布陣就浪費大量時間，到了下午三點鐘才開打。整個戰鬥過程談不上是運用戰術的會戰，只是正面硬碰硬的混戰局面。艾提烏斯的戰術也好，阿提拉的計畫也罷，最後全部宣告失敗。

在羅馬方面，負責右翼的西哥德族勇敢善戰，甚至發生老族長提歐鐸力克陣亡的事件。艾提烏斯指揮的左翼部隊能繞過丘陵襲擊敵軍側面，打垮了敵軍右翼。只不過艾提烏斯陣營的中央部隊，擋不住匈族騎兵團的猛攻。這代表在阿提拉陣營中，僅有布署於中央的騎兵能發揮期望中的效果，左右兩翼的部隊全部潰敗。

而既然雙方的戰術都宣告失敗，代表戰局陷入貼身混戰狀況，亦即在戰鬥中會造成大量傷亡。儘管如此，到太陽下山時，阿提拉方面因為不能完全切斷羅馬陣營，因此局勢失利。據說阿提拉回到陣營時滿臉憔悴，甚至表示想要放火自焚。

仔細想想，長年來受人畏懼的匈族，一遇上正式點的戰鬥就落敗了。這讓人懷疑是不是蠻族只有在攻擊沒有充分防衛準備的平民時才能發揮力量。

在這場會戰中，如果艾提烏斯有這個意思，大可讓「上帝之鞭」阿提拉如香檳平原上的朝露般消逝。西哥德族在族長提歐鐸力克陣亡後鬥志更加堅定，族長的兒子托利斯孟德甚至表示，他們等不及天亮，趁夜就要衝入敵軍陣營。

這時候，艾提烏斯出來勸阻了。他勸這名西哥德年輕人回到領地去，優先統整族長剛過世的西哥德族。包括托利斯孟德在內，陣亡的老提歐鐸力克有四名兒子。托利斯孟德開始擔心父親死後兄弟出來爭權，因此接受艾提烏斯的勸告，帶著西哥德部隊回到亞奎塔尼亞地方。當同盟部隊走後，艾提烏斯沒有能力單獨追擊阿提拉。

曾一度被追擊到考慮自殺的阿提拉，就這樣平安渡過萊茵河，回到了日耳曼地區。整個過程簡直可說是被艾提烏斯放過一馬。

就連在當時，都有許多人懷疑為何要放過阿提拉。會不會是艾提烏斯不忍心讓長年親近的匈族就此消逝？

又或者說，是他擔心匈族崩潰後，西哥德族在高盧的勢力會過度膨脹？

我們無法得知當時艾提烏斯的觀感如何。唯一確定的是阿提拉與匈族雖然遭到重大打擊，但是成功脫逃。往年讓人聞風喪膽的阿提拉入侵高盧不到三個月，在首度的正式戰鬥中落敗，並且逃回萊茵河對岸。照一般的觀念來看，就連阿提拉也應該會收斂一陣子。可是實際上卻不是如此，阿提拉在第二年又入侵了義大利境內。當初入侵高盧的理由是受法蘭克族求援，如今入侵義大利的理由是要與霍諾里雅公主成婚。照他的觀點來說，既然拿到戒指，也就代表婚約成立，因此他要求羅馬帝國履約。

阿提拉率領著匈族，選擇了從多瑙河中游前往義大利時最順利的途徑。阿爾卑斯山由西向東圍繞在義大利北方，而阿提拉從阿爾卑斯山最東邊的角落進入了義大利境內。入境之後，阿提拉搶先攻打擋在路上的亞奎雷亞。不過匈族與其他蠻族一樣，不擅長圍城戰鬥。此外，香檳會戰的結果已經傳入義大利境內。再加上從現在殘留的遺蹟雖然不易想像，但羅馬時代的亞奎

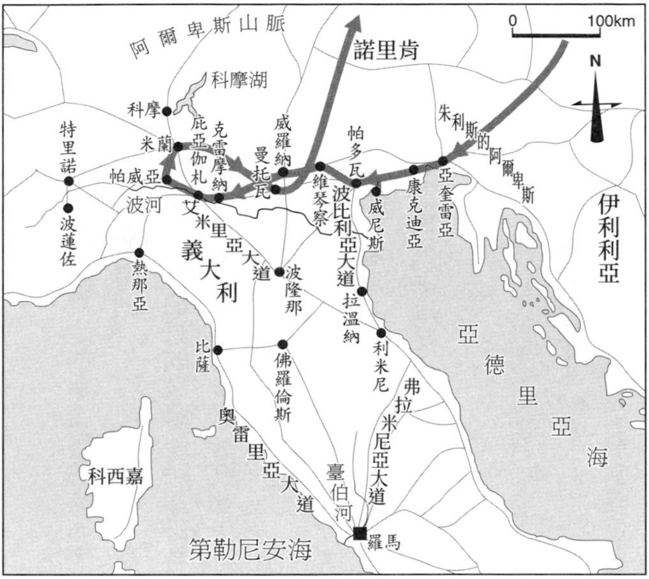

匈族入侵義大利路線

雷亞位於亞德里亞海後方，是東北義大利最大的海港都市。不但都市內常駐有衛隊，居民也充滿了自衛意識。阿提拉面臨久攻不下的局面，只好暫緩攻陷亞奎雷亞的目標，優先讓麾下數萬部隊滿足糧食保障與掠奪慾望。

阿提拉將部份兵力留下來牽制亞奎雷亞，其他的兵力全分散到義大利北部各處開始搶劫。匈族在義大利北部充分發揮了兇暴異常的本性。首先攻陷康克迪亞後，陸續又拿下帕多瓦、維琴察、威羅納、克雷摩納、庇亞伽札、帕威亞、米蘭。這些城鎮都是有堅固城牆保護的大城，會在匈族面前一一淪陷的理由在於，居民覺得與其抵抗不如趁早開門投降。到了帝國末期，羅馬人已經不期待頑強抵抗之後可獲得皇帝的援軍解救。

威尼斯開國

阿提拉逼迫身在拉溫納的皇帝履行其與霍諾里雅公主的婚約，卻沒有派兵前往拉溫納。可能他打算照多年來的慣例，先讓部下把義大利北部打入恐慌之中。對於住在義大利半島北部的居民來說，這場災難恐怕真的像是神明揮舞著鞭子降災吧。同時這場事變，也連帶催生中世紀有名的航海通商國家威尼斯共和國。筆者在多年前出版的《海都物語》中，是這樣開始的：

「亞奎雷亞聽說也遭焚城了，連婦孺都無一倖免。」
「匈族人殺過來了！」
「阿提拉攻過來了！」

蠻族很可怕，不管抵抗與否都要送命。即使奉上財寶，一樣不得僥倖。匈族過後寸草不生的傳言，迅速的傳遍整片國土。

這時正值羅馬帝國末期，是個蠻族接連入侵，人民落入恐慌深淵的時代。在蠻族中，尤其阿提拉率領的匈族特別狂暴受人畏懼。義大利半島東北部威尼特地區的居民，在聽說教區主教所在的亞奎雷亞遭到可怕的匈族襲擊後，意志大為動搖。

「我們快逃吧！」

沒有人認為山區是逃亡的好方向。這一帶是幾條注入亞德里亞海的河流沖積出的平原，如果想朝遠方的山區逃難，在到達前勢必會被追上，白白送上自己的性命。那麼，如果沿著亞德里亞海南下，逃往帕多瓦，或者更南邊的拉溫納又如何？

不過，如果有人想表示這種意見，那麼他們必須馬上把話吞回肚子裡。蠻族勢必會朝拉溫納或羅馬前進，人們不可能在他們的行進路上逃亡。接受眾人請示的祭司，如今也不知道該說些什麼好了。祭司如今似乎不是為了祈禱，而是為了無法釋懷的絕望，張開雙手仰頭朝天。

就在這時，天上傳來了聲音。

「登上高塔，往海上看。你們所見的就是你們今後的住處。」

眾人攀上教堂的鐘塔，這時正巧遇上低潮時刻，看到了露出地表的沼澤地帶。這是長滿蘆葦的潟湖地區，連一棵樹都看不到。

不過天神已經這樣啟示了。人們不分貧富，無論男女老幼，由祭司帶頭遷居到這個地方。與其他地方帶著家具財產逃難的人不同的是，這些人必須先帶著建築用的木材避難。因為在他們的新天地中，除了魚類以外再也沒有其他資源。不過，至少性命保住了。

以上所敘述的，是在威尼斯早期編年史中所記載的傳說。實際上，天神只怕沒做過什麼表示。對於將歷史視為科學的人來說，傳說或許不值一顧。不過對於遙想當時民眾心理，意圖盡量復古的人來說，這是不能輕視的史料。

現在的威尼斯是個美麗的水都，甚至能讓許多外國人流連忘返。對於一千五百多年前，必須遷居到長滿蘆葦的沼澤地的人來說就不是這樣了。尤其他們身為具有高度文明的羅馬帝國國民，即使是為了逃避匈族的暴行，也需要極大的決心。如果不自己勸告自己說這是上天的指示，恐怕還真的沒辦法施行。因為遷居到這個居住條件惡劣至極的土地，是當下唯一的自救手段。

編年史中記載這件事發生在西元四五二年。二十四年後，西羅馬帝國滅亡。

據說阿提拉與匈族在義大利北部橫行無阻的時期，係西元四五二年春季到秋季的半年間。在這段期間內，身在高盧的艾提烏斯沒有半點動靜。或者說，因為高盧的蠻族對義大利依舊不表興趣，他根本沒辦法有任何動作。結果證明這些年他不但不能「以毒攻毒」，真正會的其實只是拿著蠻族的「毒藥」揮舞把弄而已。

羅馬方面這回有了動作。由兩名元老院議員與羅馬主教雷歐組成了交涉團，前往曼托瓦晉見阿提拉。不過交涉只是表面話，實際上只是表示願意出錢送客而已，因此整個交涉過程完全繞著金額打轉。至於最後到底以多少金額成交，可能是因為有礙名譽，因此沒留下記錄。唯一確定的是阿提拉接受條件後，翻過阿爾卑斯山回到多瑙河北岸。

根據筆者想像，阿提拉會輕易答應交涉，可能是基於下列三項原因：第一，為了讓部下滿足，需要一定金額的財寶；第二，當事人的身體已經感到疲憊；第三，則是他在精神上已經感到厭倦。缺乏持續意志是阿提拉最大的弱點。

在這時，又產生了一段傳說。不過這個傳說並非民間口耳相傳留下來的，而是在基督教會大力宣傳下製造的消息。傳說中主教雷歐在聖保羅與聖彼得協助下，提起勇氣責難阿提拉的暴行並鼓勵培養慈悲心。阿提拉讓雷歐的雄辯說服後離開了義大利。當然在這段故事中提都沒提到花錢消災的事實，宣揚的是深厚的信仰從蠻族的殘暴中拯救了基督教社會。在當時，西方基督教會兩大領袖之一迦太基主教已經形同虛設，羅馬的基督教會有必要強調羅馬主教的存在。也從這個時期之後，羅馬主教開始被稱為羅馬教宗，成為西方基督教徒的支柱。

順帶一提，教宗雷歐一世勸說阿提拉的故事後來被拉斐爾畫成壁畫。到今天還展示在梵諦岡的「拉斐爾室」一角。

總而言之，為義大利北部帶來半年恐怖時光的阿提拉與匈族總算離開了。西元四五二年可說是開始於阿提拉，也結束於阿提拉。在這段期間，瓦倫提尼安三世雖然已經三十三歲，依舊成天躲在拉溫納皇宮裡。西羅馬帝國軍隊實質最高負責人艾提烏斯也只能窩在南法不動。義大

教宗雷歐一世（左方戴三重冠的騎馬者）勸說阿提拉撤出羅馬（拉斐爾繪）

利半島居民看待這兩人的眼光，也就變得冰冷異常。

第二年，西元四五三年時，阿提拉的死訊與春天一同來到義大利。在這時不光是匈族，連其他蠻族族長也已經自稱是"rēx"（王）。消息說匈族王在宴席中突然大量吐血，就此不治。

參加葬禮的不光是匈族人，還包括匈族旗下各日耳曼部族族長，場面十分壯觀。另外入殮時採用殺害掘墳奴隸殉葬的傳統匈族方式。

只不過，匈族隨即因爭奪繼承權而四分五裂。以往苦於無力對抗阿提拉，不得已加入旗下的日耳曼部族也趁機離去。曾經統理多瑙河至萊茵河之間廣大領土的匈族，隨著阿提拉的死亡灰飛煙散。仔細回想起來，整個過程還不滿十年。

為了阿提拉死訊高興的，還不只是住在義

大利半島的羅馬人。對於正在高盧地區忙著確立領土的日耳曼蠻族來說，這同樣是好消息。自從阿提拉死後，在整個高盧地區，以及與高盧隔著庇里牛斯山脈的希斯帕尼亞之中，北方蠻族的勢力更加堅定穩固。對這些人來說，一旦沒有匈族威脅，也就沒有什麼人值得害怕了。如今的西羅馬帝國早已不是值得畏懼的對象。

自行崩潰

第二年西元四五四年，可能是在得知阿提拉的死訊，以及匈族土崩瓦解的消息後覺得安全無虞吧，瓦倫提尼安三世造訪了首都羅馬。在同時，艾提烏斯也從南法來到了羅馬，因為艾提烏斯有事想向皇帝請願。

西羅馬帝國皇帝與帝國軍總司令，在元首政體時期皇帝的住宅兼辦公處——帕拉提諾丘皇宮的一角會面了。這天皇帝左右圍繞皇宮官僚，但據說艾提烏斯身邊只有侍從。這天他是為了私事與皇帝會面，因此沒有穿著戎裝，而是赤手空拳的長袍打扮。皇帝基於立場掛著佩劍，但從未實際使用過，純粹當成寶石飾品看待。

想必皇帝認為，軍總司令官這天是為了兩年前容許阿提拉在北義大利橫行的事情前來請罪。在那半年中，皇帝一樣躲在拉溫納城裡不敢出聲，因此皇帝與軍總司令官一樣犯了瀆職罪。

瓦倫提尼安三世

然而在阿提拉於義大利北部肆虐的半年中，瓦倫提尼安三世一直待在北義大利的拉溫納，他感受到的恐懼遠遠超過身在阿爾卑斯山另一邊的艾提烏斯。更何況後世的史學家吉朋形容這名皇帝是「肉體成熟但心智幼稚」。儘管瓦倫提尼安三世沒有盡到皇帝的職責，他依舊深信自己是皇帝，艾提烏斯不過是個臣子。由此可見「天意」會讓名義上承繼天意的人，比任何人都認定自己承蒙上天垂憐。承繼「天意」的自己，與自己任命就職的人絕對不會站在同等地位。因此自己若要謝罪，只需找上天謝罪，而臣子應該一個個向自己磕頭謝罪才對。理論上，這套說法還勉強過得去。

可是在這天，六十歲的艾提烏斯卻沒這樣做。他很可能認為自己當時表明無法整編部隊前往義大利，就算是盡了職責。結果他不但沒謝罪，反而提出請求，希望能讓他的兒子迎娶皇帝的女兒。

越是膽小的人，反而越容易發怒。因為這種人情緒隨時保持緊繃，一點小事就能引爆脾氣。再加上直到四年前過世為止，太后嘉拉．普拉齊達長年在瓦倫提尼安三世耳邊灌輸對艾提烏斯的仇恨。皇帝不禁拔起佩劍，尖聲怪叫的往艾提烏斯衝了過去。

儘管皇帝佩劍是裝飾品，劍尖一樣銳利。佩劍深深插入艾提烏斯穿著長袍的胸口，不久後白袍便染成一片血紅。艾提烏斯就這樣一言不發的倒下了。

打從事件發生開始，眾人的看法就分成兩派。有人認為這是皇帝一個人的仇恨心發作，也有人認為是宦官帶頭在背後策畫。不管怎麼說，二十二年來勉強抵禦住蠻族入侵的艾提烏斯就這樣喪生了。

第二天皇帝前往元老院議場，表示他是為了貫徹正義不得不殺生。有一名在臺下聽講的議員這樣對瓦倫提尼安三世表示：

「陛下，我不知道陛下當時心中做何感想。不過連我都知道，您用左手斬斷了自己的右手。」

又過了一年，到了西元四五五年三月十六日，瓦倫提尼安三世在拉特朗聖若望大殿前廣場閱兵時，被兩名突然脫隊的士兵殺害。這兩名士兵都是蠻族出身，曾經長年在艾提烏斯麾下服役。

西元四〇八年史提利柯被霍諾里烏斯皇帝處死，退出歷史舞臺後，引發了西元四一〇年西哥德族的「羅馬洗劫」。西元四五四年瓦倫提尼安三世親手殺死艾提烏斯後，引發了四五五年六月汪達爾族的「羅馬洗劫」。說不定蠻族比羅馬人還要了解，如果西羅馬失去右手代表什麼意思。

由於瓦倫提尼安三世沒有兒子，因此繼任人選由元老院決定。元老院以多數通過由佩特羅尼烏斯·馬庫希穆斯接任皇帝職位。這個人是出身貴族階級的元老院議員，屬於羅馬帝國首富阿尼齊亞家門。年齡既不衰老也不年輕，外形看來是個標準的羅馬菁英。在公職方面曾任兩次執政官，以及三次首都長官，雖然這些職務任期僅有一年。他是個凡事有板有眼的人物，隨時攜帶著計時用的小水鐘，以水鐘為基準推動工作。這個人的作風讓人想起五賢君之一安東尼奧·派阿斯。如果他能在羅馬帝國充分發揮功能的時代登基，應該會是一名賢君。只可惜西元五世紀後半條件與二世紀後半已截然不同。

羅馬時代的希斯帕尼亞（今日的西班牙）與茅利塔尼亞（今日的摩洛哥）之間，只有隔著古代稱為「海克力士雙柱」的直布羅陀海峽。兩地之間距離只有十四公里，若是搭船的話，真的是一跨足就到達目的地。西元前三世紀的第一次布尼克戰役後，迦太基敗給羅馬。為了取代戰敗後讓羅馬接收的西西里，迦太基人將希斯帕尼亞納為領土，將新的領土的中心都市（今日的加泰海納）命名為「迦太基諾瓦」（新迦太基）。在其後的第二次布尼克戰役中，羅馬與名將漢尼拔苦戰許久終於獲勝。而從地緣政治學的角度來看，羅馬在取得希斯帕尼亞全區之後，眼光自然會往北非看。羅馬在第三次布尼克戰役後摧毀了迦太基，把古人想像中，希臘英雄海克力士左腳踩在伊比利半島、右腳站在北非的幻想化為現實。

亦即，在古人觀念中，歐洲的南端與非洲的北端是相連的。後人命名的「直布羅陀海峽」給人帶來隔絕的印象，而如今兩地也形成基督教國家與伊斯蘭國家對峙的局面。在這種對立關係尚未成立的時代中，人們在地中海航行時，認為自己是受到左腳踩在南歐、右腳踩在北非的海克力士保佑。

日耳曼裔的蠻族趕上了古代的末期，也承繼了古代地中海居民的這種觀念。當他們從面臨北海的日耳曼故鄉，跨越萊茵河進入高盧時，想必對日耳曼與高盧的差異印象深刻。然而當他們南下高盧、又從希斯帕尼亞南下，渡過「海克力士雙柱」在北非上岸時，想必感受不到什麼差別。因為兩根柱子同樣屬於羅馬世界這個文明圈內。

佩特羅尼烏斯·馬庫希穆斯

汪達爾族於西元四二九年春季登陸北非，第二年西元四三〇年夏季攻陷了希波·磊吉烏斯，進逼到迦太基面前。然而蠻族向來不擅長攻城戰鬥。結果，他們整整花了十年才拿下相當於現代摩洛哥到利比亞的北非地區，這個地區最大的都市迦太基直到西元四三九年才淪陷。

不過這個十年為北非帶來了巨大的變化。以迦太基為中心的北非地區完全失去羅馬特色。

首先，主要以大型莊園主人形成的「羅馬時代北非」上流社會逃往西西里或義大利避難。大型莊園必須以有機且有效率的方式經營，才能讓北非成為羅馬的穀倉。即使耕地保持原樣，氣候也沒有改變，亦即自然條件相同，北非再也不是能出口農作物的農業地帶了。

再者，是基督教天主教派的衰退。雖說汪達爾人是基督教亞流教派信徒，不過真正熱衷排斥北非天主教派的，是同樣被打成異端的鐸那圖斯派基督教徒。因為他們長年懷有遭天主教派欺壓的仇恨。

不過，北非天主教會的衰退，不僅是宗教層面的問題。教會衰退連帶造成知識份子的力量衰退。不光是筆者命名為《迷途帝國》的第XII冊最後介紹的迦太基主教基普利亞努斯，還有本冊介紹的希波．聶吉烏斯主教奧古斯丁，凡是對後代造成影響的基督教天主教派理論家，幾乎都出身北非。這些高階神職人員在淪為汪達爾族俘虜前逃往義大利，連帶造成北非知識份子階層的衰退。失去了具備經濟與知識的人力之後，北非羅馬人也就沒有能力發起抵抗運動，反抗新來的汪達爾族統治者。

雖然上流社會的人能夠逃難北非，但中下階層居民沒有逃難的目的地與足以仰賴的人物，只好留在原地。這些人不是拋棄天主教派信仰，就是隱瞞自己的真正信仰。而這些人之中，有一大部份是造船工匠。

畢竟北非沿岸面海，往年的迦太基是西地中海最大的航海國家。在其後的羅馬時代中，也因為羅馬政府獎勵，北非居民的造船技術得以跨越時空獲得傳承。這使得不久之前還是森林居民，不懂得運用海洋的汪達爾族，也能夠親近大海。亦即，與渡過北海入侵不列顛的盎格魯族、薩克遜族相同，汪達爾族也知道搭船出海的作用了。只不過，他們還是將船隻的操縱交給統治下的迦太基裔羅馬人船員。

然而，同樣是出海，方式又可以分成兩種——從事漁業或貿易，或者從事海盜業。迦太基人與羅馬人屬於前者，汪達爾族則屬於後者。他們渡過萊茵河後，陸續在高盧、希斯帕尼亞過著搶劫維生的日子。在北非上岸後，一樣搶奪當地居民的物資。恐怕就算出海了，一樣改不掉以襲擊搶奪維生的習慣。

義大利半島的居民在阿提拉病逝之後，脫離了來自北方的匈族威脅，卻馬上又面臨南方汪達爾族壓力。海盜不光是會襲擊在海上遇到的船隻，搶奪人員與物資。在海盜的工作中，海上掠奪的比例還是比較低的部份。他們主要工作，是乘船到海岸線或溯流而上，襲擊濱水的城鎮村落。大概是與其攻擊會移動的目標，攻擊不會移動的目標比較方便吧。海盜與山賊的差異，只是沿著陸地或沿著水域出現而已。在襲擊、破壞，燒殺擄掠的行為模式上，雙方沒有什麼不同。

北非遺蹟

劇場：雷布提斯．馬格納
（今日的利比亞）

朱比特神殿：斯貝多拉
（今日的突尼西亞）

圓形競技場：愛爾潔姆
（今日的突尼西亞）

北非出土的羅馬時代
鼎盛期鑲嵌畫

吹號角的海神托林頓

獵鹿的女神黛安娜

詩人維吉爾與兩名繆斯女神

從船上卸貨的人員

國家失去制海權之後，就是這麼一回事。眼見非法集團以海域為舞臺橫行霸道，國家卻因為沒有鎮壓用的海軍力量，而只好坐以待斃。平常我們聽到制海權，總會以為這是軍事方面的事情。其實一旦失去制海權，首先受害的、受害最嚴重的，往往還是平民百姓。這個現象代表連在地中海的水面上，"Pax Romana"（羅馬和平）也已經完全走入歷史。

不過，如果汪達爾族沒有精明強勢，又能長期行使政權的領袖，在登陸非洲二十五年，占領全北非十五年的短時間內，恐怕無法培養起這麼大的勢力。只怕會像其他蠻族一樣發生內鬨，部族四分五裂失去力量，最後遭到北非的羅馬社會吸收。

然而汪達爾族的族長堅瑟利柯不但精明強勢，還相當長壽。光從他能帶著十萬人放棄西班牙登陸北非，就可得知他絕非普通的領袖。而且在北非上岸之後，他僅利用反對北非羅馬勢力這個特點，吸收鐸那圖斯派基督教徒、非基督教徒的摩爾人，以及不可能羅馬化的沙漠遊牧民族柏柏爾人一同作戰。不但如此，他還能稍微抑制鐸那圖斯派的宗教狂熱、摩爾人的獨來獨往，以及柏柏爾人的狂暴。這裡用「稍微」來形容，是因為如果完全抑制的話，對汪達爾族獨占統治權的作法反而造成不便。

此外，堅瑟利柯還設法改善與東羅馬帝國的關係。這並非因為他喜好和平，而是汪達爾族入侵之後，北非漸漸成為基督教亞流教派的國家。而他希望能避免將亞流派打為異端戮力排斥的東羅馬帝國派兵攻入北非的局面。不過相關的外交行動未能獲得成果。這並非堅瑟利柯缺乏外交能力，而是目前東羅馬帝國並不關心北非的局勢。

汪達爾族的領袖堅瑟利柯不但精明而且狠毒。在汪達爾族前往北非後，西哥德族在伊比利半島漸漸確立了勢力基礎。然而兩地之間只隔著直布羅陀海峽。對於正在北非建立勢力的堅瑟利柯來說，如何避免位於西班牙的西哥德族對北非產生興趣，是最為重要的事項。

因此，堅瑟利柯讓兒子迎娶了西哥德族國王的女兒，使得汪達爾族與西哥德族成為姻親。不過當與前任西哥德王關係惡劣的人物繼位之後，姻親關係反而會帶來困擾，因此堅瑟利柯把休掉的兒媳婦送回娘家。在送回時還不是單純的遣返，而是事前把兒媳婦的鼻子削斷才送走。這使得西哥德族與汪達爾族雙方的關係更加良好。再加上當時的西哥德族正忙著與蘇威比、阿蘭等蠻族爭奪伊比利半島的霸權，使得直布羅陀海峽沒有被運輸蠻族用的大量船隻堵塞。

再度「羅馬洗劫」

由堅瑟利柯率領的汪達爾族，並非在西元四五五年時突然出現在羅馬城牆前。若從北非關鍵都市迦太基出港的話，最近的陸地是西西里與薩丁尼亞。當然附近還有其他島嶼，只不過畔提雷利亞、馬爾他、蘭佩多薩等島嶼較小，一天之內就足以掠奪殆盡。相形之下西西里與薩丁尼亞大得幾乎不能稱為島，在地中海的島嶼中面積數一數二。儘管汪達爾族海盜專挑這兩座島搶劫，但腳步尚未踩入內陸部份。汪達爾族在掌握北非之後，並不期待能奪得更多的領土，同時也沒有足夠的軍事力量入侵內地。此外，在地中海世界中，財力最雄厚的還是臨海都市。兵力有限的海盜集團，往往只挑最有效率的地方開搶。

這些年來，汪達爾族搶遍了西西里與薩丁尼亞的臨海都市與城鎮，久而久之即使身為強盜，也會產生擴展「職業領域」的想法。羅馬就這樣成為他們的目標。

既然連住在西西里的人都能得知汪達爾族的動向，羅馬居民，尤其在西西里擁有莊園的元老院議員當然不可能不知道。只不過人類的眼睛，只看得到自己想看見的事物。這個時期的羅馬居民，眼中只看得見阿提拉與匈族。也就是說，長年只注意北邊之後，看不見南邊的動向。因此對羅馬居民來說，堅瑟利柯率領汪達爾族在奧斯提亞登陸的消息，簡直是晴天霹靂。在羅馬人腦海中的蠻族，是在陸地上乘馬前來襲擊的野蠻人，而不是坐船從海上入侵的男子。

只不過，阿提拉三年前病逝，匈族也在兩年前瓦解；一年前「右手」艾提烏斯被皇帝親手刺殺，到這年皇帝又被艾提烏斯的兩名舊部行刺。其後由馬庫希穆斯登基繼位，至今只過了兩個月。

堅瑟利柯想必對這方面的消息瞭若指掌，尤其他一定知道西羅馬帝國失去「右手」的消息。艾提烏斯在高盧玩弄蠻族的活動時期長達二十年，不但懂得匈族語，還學會其他蠻族的語言，在蠻族之間同樣是有名的大人物。簡單來說，西元四五五年由汪達爾族發動的「羅馬洗劫」並非一連串偶然堆積成的不幸意外。

筆者曾為了應該用什麼名詞形容西元四五五年由汪達爾族發動的「羅馬洗劫」而大傷腦筋。從定義來看，這是威脅、奪取，甚至不惜殺戮的行為，照理說受害方應該會抵抗才是。

西元四一〇年由阿拉里克率領西哥德族發起的「羅馬洗劫」之前歷經三次圍城，因此羅馬方面確實曾經抵抗過。相對的，西元四五五年堅瑟利柯率領汪達爾族「羅馬洗劫」時，羅馬方面沒有做任何抵抗，卻一樣人員物資遭受搶奪。儘管受害人數較少，一樣有人喪生。反過來說，敵軍已經到達了距離羅馬市區不到二十公里的外港奧斯提亞。之後無論是沿著臺伯河逆流進入羅馬市區，或是沿著「奧斯提亞大道」(Via Ostiensis)、「港灣大道」(Via Portuensis) 兩條大道接近羅馬都不困難。因此即使沒有親眼見到敵軍的身影，對羅馬居民一樣造成威脅。

西元四五五年五月，堅瑟利柯在奧斯提亞登陸，他占領這座港口後，一點都不著急。其麾下的船艦停留在由克勞狄斯皇帝興建，圖拉真皇帝擴大規模的「皇帝港」(Portus Augustii)，不用擔心風雨侵襲。根據推測，堅瑟利柯當時率領以汪達爾族為主的兵力，總數只怕不到一萬人。相對地，羅馬市雖然在第一次「羅馬洗劫」後人口外移的速度變快，至少城裡還有二十萬人。儘管如此，蠻族在奧斯提亞登陸的消息一樣嚇得羅馬人驚慌失措。

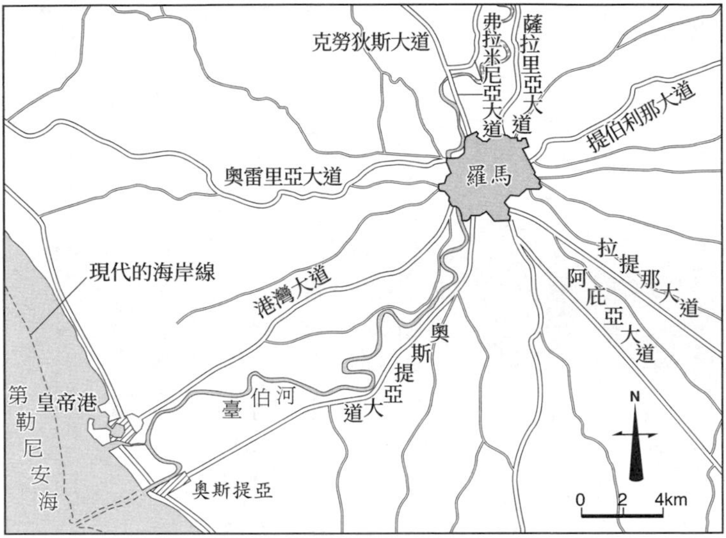

從羅馬到奧斯提亞之間的略圖

兩個月前登基的馬庫希穆斯試圖緩和眾人動搖的心情。然而民眾也知道，沒有兵力的皇帝起不了作用。馬庫希穆斯在白費一個月的努力之後，遭到因過度恐懼而亢奮的群眾殺害，在位期間還不滿三個月。之後接連兩個月，皇位維持虛懸狀態。羅馬市區內因蠻族在外港上岸的消息大感震撼，連思考下一個皇帝由誰接手的餘裕都沒有。更別說危機管理能力，連指揮系統都完全癱瘓。

在這情況下，動身的是如今已被稱作羅馬教宗的羅馬主教雷歐一世。根據天主教派信徒的說法，三年前西元四五二年就是教宗前往阿提拉陣營，讓這名無信仰的蠻族打消繼續侵略義大利的念頭。西元四五五年，教宗前往奧斯提亞拜會堅瑟利柯。而在這場會面中，羅馬教宗雷歐與蠻族族長堅瑟利柯就「羅馬洗劫」的方式達成協議。

一、基督教教堂與相關設施排除在掠奪對象之外。
二、不得殘殺不抵抗的人。
三、不得拷問俘虜。

西元四五五年六月十五日起至二十九日為止的兩星期中，昔日的「世界首都」被人很有系統的搶奪殆盡。沿著臺伯河逆流而上的小舟陸續停靠在碼頭邊，把岸上事前堆積好的物品裝上船之後，又成群結隊回到皇帝港。到達皇帝港之後，把貨物從淡水小舟搬運到渡海用的大船上。汪達爾族官兵連監視居民的必要都沒有，因為天神的意旨要靠主教轉達，主教下的命令就是天神的意思。身為基督教徒的羅馬居民會完全遵照教宗雷歐的命令辦事。

被人裝上船的還不只是金幣與珠寶飾品。除了青銅像之外，所有透雕的銅製欄杆、門窗也全被拆下來帶走。卡匹杜里諾丘陵上的最高神朱比特神殿的屋頂，採用的是鍍金的銅瓦片，如今也全被拆下來裝上船。

上述一切作業，包括拆卸、搬運、堆貨等過程，全由羅馬居民親手進行。汪達爾族官兵唯一做的事情，就是在羅馬市區四處巡邏，不時進入屋內指定要搬上船的東西。

一如上述，羅馬被人洗劫一空，喪生的人卻不多。在這段期間內喪生的人，如果不是為了阻止兒女被俘而遭到殺害，就是沒有抵抗但受到誤會。與西元四一〇年阿拉里克率領西哥德族

「羅馬洗劫」的五天時間比起來，西元四五五年堅瑟利柯率領汪達爾族「羅馬洗劫」十四天造成的死亡人數少得讓人訝異。

教宗雷歐將包括個人宅院與綜合公寓在內，與基督教無關的羅馬送給蠻族，藉此保住居民的生命。不過就連教宗也無法阻止為了賺取贖金而綁架上流社會、富裕階層人員的行為。光是避免神職人員與修女遭到綁架，就已經耗盡教宗的能力。而且汪達爾族雖然是長期遭天主教派排擠欺凌的亞流教派，卻守住與教宗雷歐的約定，沒有侵襲天主教派的教堂。

因贖金而遭受綁架的人員中，包括了前任皇帝瓦倫提尼安三世的皇妃與兩名女兒。堅瑟利柯將其中一名公主嫁給了他的兒子烏內利柯。如今羅馬帝國的公主下嫁蠻族族長或其子的消息已經不再稀奇。

西元四一〇年的「羅馬洗劫」是轟動地中海東岸的世界級新聞，相形之下四五五年的「羅馬洗劫」連新聞都稱不上。當時的有識之士之中，沒有任何人留下文章哀嘆永恆首都羅馬的命運。可能是因為已有前例，而且整場「洗劫」是在加害與受害雙方合作之下達成的吧。更何況連屋瓦都被拆光的朱比特神殿，早在半個世紀前就是空屋了。

最後二十年

一個國家的最高領導人頻頻換手的現象，就好像病人忍受不住疼痛在病床上打滾一樣。以下這張表應該可以回答為何西羅馬帝國滅亡後，東羅馬帝國依舊存續的疑問。東羅馬帝國並非沒有問題，它要面對的問題與西羅馬帝國一樣多，只不過因應問題的人具有能掌握問題、沉著因應的優勢。以現代話來形容的話，就是政局穩定。在現代，即使經由選舉方式產生總統或首相，也會保證當事人有五年至七年的任期，原因也就在此。

當汪達爾族載著幾乎讓船艦翻覆的大量掠奪物資回到北非一個月之後，繼任皇帝的人選好不容易才定案。這個人是羅馬時代的「高盧裔羅馬人」之一，是個生於高盧，又在艾提烏斯麾下長年擔任軍職的人物。不過他並非純粹的軍人，在奧弗涅地區還握有廣大的農莊產權。簡單來說，他是高盧地區的仕紳階層。

如今高盧已經實質落入蠻族統治之下。高盧地區的蠻族對待當地仕紳，亦即羅馬帝國下既有階層的方式，大致可以分成兩種。

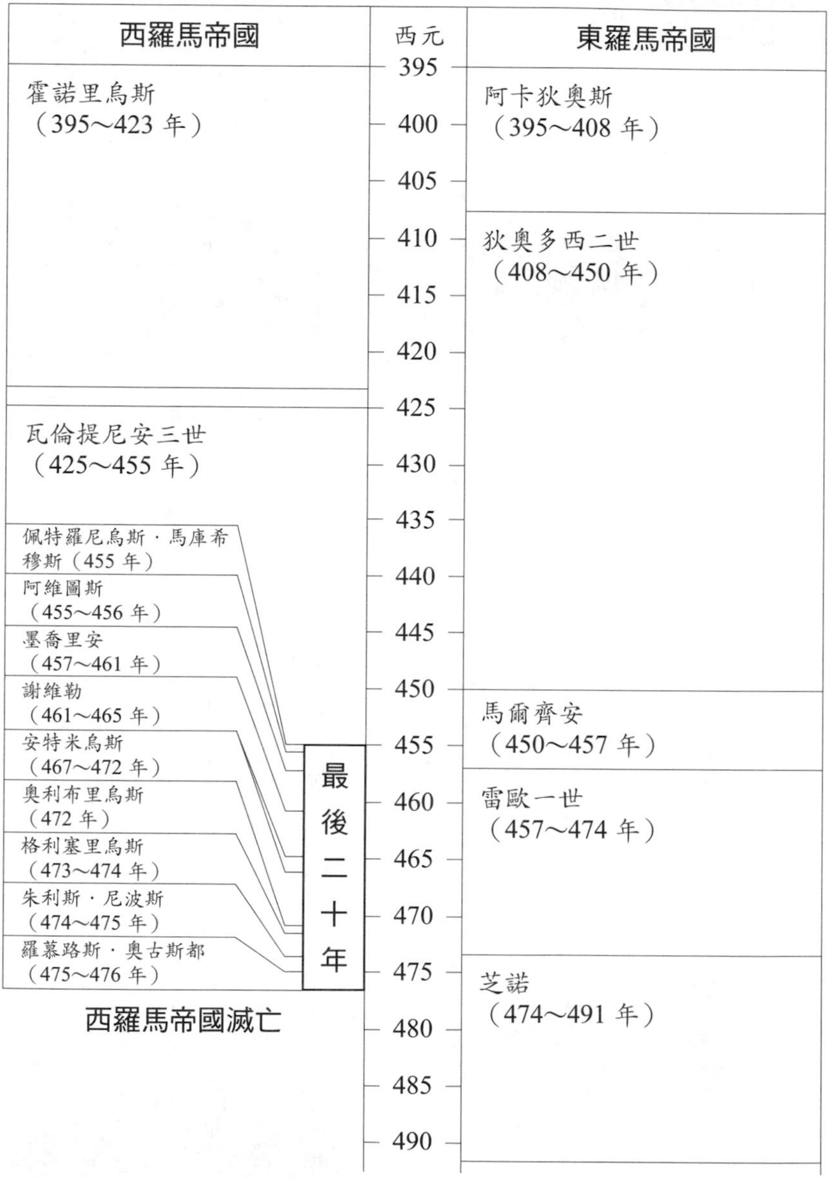
西羅馬帝國
西元
東羅馬帝國
395
400
405
410
415
420
425
430
435
440
445
450
455
460
465
470
475
480
485
490
霍諾里烏斯
（395～423 年）
瓦倫提尼安三世
（425～455 年）
佩特羅尼烏斯．馬庫希穆斯（455 年）
阿維圖斯
（455～456 年）
墨喬里安
（457～461 年）
謝維勒
（461～465 年）
安特米烏斯
（467～472 年）
奧利布里烏斯
（472 年）
格利塞里烏斯
（473～474 年）
朱利斯．尼波斯
（474～475 年）
羅慕路斯．奧古斯都
（475～476 年）
最後二十年
西羅馬帝國滅亡
阿卡狄奧斯
（395～408 年）
狄奧多西二世
（408～450 年）
馬爾齊安
（450～457 年）
雷歐一世
（457～474 年）
芝諾
（474～491 年）

第一種，作風有如北非的汪達爾族，將社會中下層與上流階層一視同仁，通通當成被征服者對待。相反的，第二種則是拉攏仕紳取得協助，允許既有階層在蠻族之下存活。當時的高盧地區，北部有逐步擴展勢力的法蘭克族，西部有向下扎根的同時，又將腳步跨入西班牙的西哥德族。在相互爭霸的兩族之中，西哥德族屬於後者。當初在對付阿提拉與匈族時，阿維圖斯也曾協助西羅馬帝國軍總司令官艾提烏斯與西哥德族長提歐鐸力克結盟作戰。

第一與第二種作法的差異，表現在受到蠻族統治的地方仕紳是爭相逃難，或者是留在當地。汪達爾族征服北非後產生了大量的上流社會難民，在西哥德族統治的高盧西部就沒有這種現象。

西元四五五年「羅馬洗劫」後，阿維圖斯成為西羅馬帝國皇帝。而且他不是受到義大利居民擁立，而是在高盧地區即位的。更特殊的是他不是受到羅馬軍官兵推舉，而是在西哥德族領袖推舉下稱帝。因此當阿維圖斯皇帝進入義大利境內時，已是第二年西元四五六年，登基即位已經超過半年時光。

然而當皇帝成為絕對專制君主後，在兼具公私性質的皇宮內任職的宮廷官僚階級也開始握有權力。這些人當然不會歡迎在高盧受蠻族擁立稱帝的阿維圖斯。阿維圖斯一到達義大利，雙方關係便宣告破裂。剛開始只逼迫阿維圖斯讓出皇位，最後卻是以命案結束了受蠻族支持登基的羅馬皇帝。

阿維圖斯

拉溫納皇宮官僚選出的下一任皇帝，是名叫墨喬里安的蠻族軍人。這名男子同樣是在艾提烏斯下歷任軍職的人物。與阿維圖斯不同的是，他是個職業軍人，而且出身蠻族。或許皇宮官僚認為這種人物好操控。然而新任皇帝一登基就表現出政治企圖，打破了皇宮官僚的期待。皇宮官僚形成了既得利益階層，新任皇帝墨喬里安推出的政策，卻沒有一項不傷害既得利益。

第一項政策是特赦令，不過僅針對稅金部份，把欠稅記錄一筆勾消。同時皇帝保證今後將公正執行徵稅業務。對於官僚來說，徵稅業務是最有甜頭的肥缺。

第二項政策是恢復地方政體的政權。具體來說，他免除地方自治體議會議員在無法照中央規定金額徵稅時，自掏腰包補缺額的義務。因為這項義務規定逼得地方議員人數漸漸凋零。而羅馬時代的地方自治體行政要職，照規定是由議員兼任。

此外墨喬里安皇帝又設立了直譯叫做「都市護衛」的機構。

在羅馬人使用的拉丁文中，都市叫作“civitas”。對於起源自城邦國家的羅馬帝國來說，都市依舊是重要的核心。在進入帝政時期後，對歷任皇帝而言，如何將權利分配到以羅馬公民權所有人為主要居民的「都市」，以及受羅馬征服者居住的「地方自治體」，是相當重要的政策問題。換句話說，元首政體時期民心安定的真正原因，在於中央集權與地方分權的巧妙均衡。因此，墨喬里安皇帝的地方分權政策，只是把戴克里先皇帝以來過於偏向中央集權的帝國軸心，重新調節成與都市和地方政體均衡的局面。光從這點來看，這是理想至極的政策。

只不過戴克里先與君士坦丁大帝兩人把國家轉向中央集權方向後，至此已有兩百年。即使政策沒有問題，也未必能被時代接受。就算背後沒有皇宮官僚反對，政策也無法取得效果。

可能皇帝為了施政效率感到著急，接著又發表了遠征北非的計畫。這項政策也很合理。如今汪達爾海盜一天比一天跋扈，就連遠離北非、面臨亞德里亞海的南義大利都市也接連受害。攻擊海盜根據地北非，解救人民遠離恐懼，確實是不錯的大義名分。只不過，這同樣是不符時代的政策。遠征所需的財源在哪裡？西羅馬帝國已經拿不到從高盧、希斯帕尼亞和北非送來的稅金。如果要在這種狀況下強行推動政策，勢必要勉強行事。

墨喬里安皇帝決心即使萬分勉強也要推動遠征。他以南義大利的米蘇穆（今日的米塞諾）軍港，以及伊比利半島的海港迦太基諾瓦（今日的加泰海納）為中心，推動建造三百艘戰艦的計畫。當造艦結束後，將從南義大利與西班牙東部兩路進攻北非。

墨喬里安皇帝登基於西元四五七年，兩個海港的造艦工作也在同一年展開。由此可見進攻北非是墨喬里安皇帝的重點政策。他甚至經常前往加泰海納，親自指揮造艦工程。

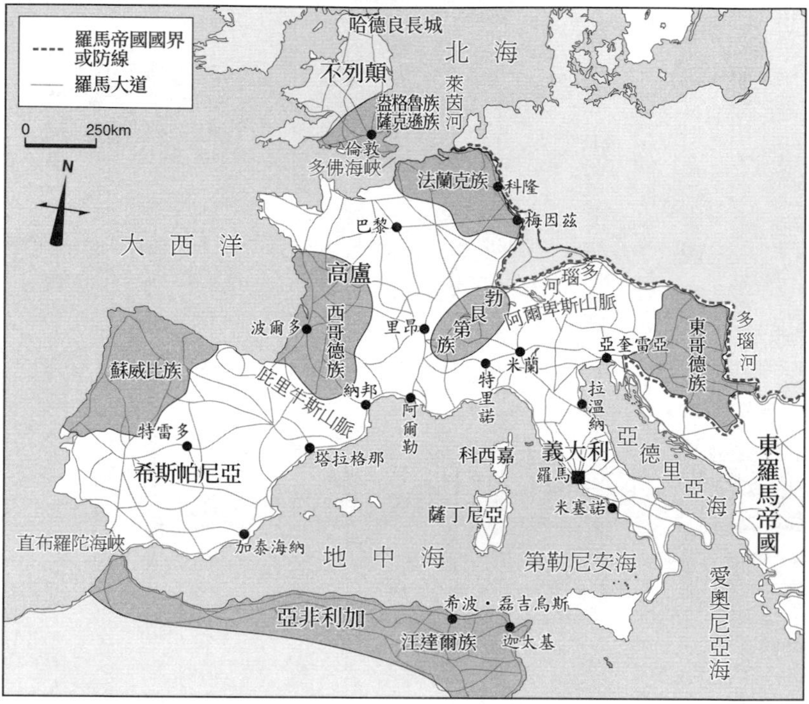

西元五世紀中葉的西羅馬帝國及其周邊

身在北非的堅瑟利柯，似乎對以往行事被動的西羅馬帝國的改變感到訝異。堅瑟利柯派遣使節前往拉溫納，表示希望締結北非汪達爾王國與西羅馬帝國間的友好條約。他所表示的理由是，日後接任汪達爾王的次子烏內利柯妻子是瓦倫提尼安皇帝的女兒，因此兩國間友好是自然的發展。拉溫納皇宮官僚也建議接受這項要求，唯有墨喬里安皇帝表示拒絕。

遭到拒絕後，堅瑟利柯也改變策略了。他三十五年來統率著十萬名蠻族，而且能帶著這些人渡海在北非上岸。不但如此，更有在不耗損兵力的狀況下，和平達成「羅馬洗劫」的記錄。後世的文藝復興時代政治思想家馬基維利認為，領袖必須具有獅子與狐狸兩種特質，汪達爾王在這方面想必合格。在得知敵人正在打造大量艦艇後，他不選擇加強遭攻打時的防衛措施，而是改以其他方式對抗。堅瑟利柯似乎掌握了資訊，知道加泰海納的船艦數量比米塞諾多。

夏季的地中海是微風吹拂的平靜海洋。西元四六一年七月的晚上，海洋同樣平靜得可用小舟渡過。這天晚上沒有月光，因此沒人能發現有如黑點一樣行進的幾艘小舟。小舟集團進入加泰海納港之後向四處散開，把火矢射入每一艘停泊中的船艦。

當哨兵發現狀況時，停泊中的船艦已經全數起火。當天在港內過夜的墨喬里安皇帝，也只能和眾人一起站在岸上茫然的望著海面。三年來的心血就這樣泡湯了，為了這項計畫勉強拼湊出來的經費也跟著消失了。如今西羅馬帝國的國庫已經空虛得讓人絕望。

皇帝失魂落魄的回到了義大利，但是沒機會回到拉溫納皇宮。當他從西班牙經由南法，進入義大利境內時，由反對派皇宮官僚派來的部隊正在等著他。皇帝在遭到逮捕後隨即遇害，這時是西元四六一年八月初。

隨後取而代之的，是一名叫做謝維勒的男子。這個人是完全受皇宮官僚領袖里奇美洛斯操弄的傀儡，在位四年中沒有留下任何施政記錄。只怕四年在位期間，這名皇帝真的沒做過任

謝維勒

墨喬里安

何事情。西元四六五年逝世退位時，他還是被里奇美洛斯毒死的。

里奇美洛斯的父親是蘇威比族，母親則是西哥德族。他原本在艾提烏斯麾下發展，當西元四五四年艾提烏斯遭到瓦倫提尼安三世殺害後繼續留在羅馬軍中。不知何時起，他順利的混進拉溫納皇宮內，因保護皇宮官僚既得利益而掌權。據說墨喬里安皇帝能夠即位，也是里奇美洛斯認為自己出身蠻族無法登基，改以掌握皇宮實權為樂，讓朋友代替自己即位。

然而在事後，「幕前」人員卻屢次做出違反「幕後」人員意圖的行為。在這種情況下，既得利益階層不會有明顯的反擊行動。他們會在皇帝政策的施行階段發動無形的罷工，等待對手失勢。因為他們是既得利益階層，有的是等待所需的體力。

加泰海納的火燒船事件，讓幕後人員獲得了更換幕前人員的機會。墨喬里安遇害後，由謝維勒繼位。不過在四年後，謝維勒又成了絆腳石。西羅馬帝國如果要向東羅馬帝國求助，「西方」的皇位就必須由「東方」中意的人選擔任。蠻族出身但掌握西羅馬帝國大權的里奇美洛斯似乎發現，如今西羅馬帝國已經沒有單獨行動的能力，與東羅馬帝國合作是唯一的生路。儘管里奇美洛斯出身北方蠻族，在中飽私囊的功夫上獨步天下，至少觀察時代的眼光夠敏銳。

東西帝國最後一次聯軍

西羅馬帝國轉換政策走向時，東羅馬帝國也願意配合。這並不表示他們希望恢復西羅馬帝國的地位。對「東方」來說，「西方」是實力低於自己的附庸。羅馬的力量絕對不可以超過君士坦丁堡。只不過，若西方能以附庸國的地位維持存續，對東方來說也比較方便。

第一項理由，基於軍事需求。在「東方」眼中，「西方」是介於北方蠻族之間的緩衝，抑或是吸收劑。第二項理由則基於宗教因素。北方蠻族不是信仰傳統的日耳曼原始宗教，就是基督教亞流教派。與這些人接壤的是信仰基督教天主教派的「西方」，這對信仰同一教派的「東方」來說自然方便得很。

西元四五七年馬爾齊安自然死亡後，東羅馬帝國皇帝由雷歐接任。這名色雷斯出身的軍人皇帝即位，使得「東方」與「西方」的合作能順利起步。

不受東羅馬帝國承認的謝維勒皇帝遭毒殺後，西羅馬帝國皇位懸空，只等著東羅馬帝國指

安特米烏斯

雷歐

派人選。而東方的皇帝將這個皇位指派給安特米烏斯。安特米烏斯出身於君士坦丁堡的高官家族，具有豐富的軍事經驗，又迎娶了前任皇帝馬爾齊安的女兒，如今是皇室成員。

東羅馬帝國皇帝雷歐指派部隊給安特米烏斯。安特米烏斯率領這些部隊，於西元四六七年入夏時分進入羅馬。經過羅馬教宗舉辦的加冕儀式、元老院的表決承認，如今他已經是透過正統管道登基的天主教西羅馬帝國皇帝。

當然，西羅馬帝國的實質掌權者里奇美洛斯不會白白協助新皇登基。他獲得「貴族」稱號，擔任執政官，儘管已經步入老年，卻迎娶了新任皇帝安特米烏斯的女兒當報酬。第二年，西元四六八年將會是東西兩帝國合作，正式展開西羅馬帝國防衛戰的第一年。

防衛戰的目標敵人是統治北非的汪達爾族。選擇這個蠻族當成東西合作攻擊的第一個敵人的理由有二。第一點，是為了避免地中海濱的城鎮村落繼續受到汪達爾族海盜襲擊。如今汪達爾海盜不僅出現在義大利半島西側的第勒尼安海與東側的亞德里亞海，甚至出現在希臘的愛奧尼亞海了。

第二點則是基於宗教上的理由。東羅馬與西羅馬信仰的是尼西亞公會議之後被視為基督教正統的天主教派；汪達爾信仰的是尼西亞公會議後被打為異端的亞流教派。這場作戰因而具有解救正統基督教徒免受異端統治的意義。雖說汪達爾族同樣是基督教徒，卻是比異教還要值得排擠的異端。明確記載為「十字軍」的軍事行動，要等到六百多年後的中世紀才會發生，但是其基本思想已經在五世紀中葉萌芽。因為只有一神教徒才會產生這種敵視與自己信仰不同宗教，或排斥宗教相同但信仰方式不同的信徒的十字軍觀念。

這場作戰雖然名稱不同，但已是實質上的十字軍，因此東西帝國聯手攻擊北非時軍隊規模龐大得驚人。雖說希臘人留下的數字往往有所誇大，不過由於沒有其他史料可供比對，因此只好直接條列如下。

總經費——十三萬利普（四萬八千七百五十公斤）黃金。

軍艦、運輸艦總計——一千一百一十三艘。

從軍官兵人數——十萬人。

如果是西羅馬帝國單獨行動，規模只怕連五分之一都不到，想必大部份是由東羅馬帝國負擔。因此作戰計畫也是由東羅馬帝國決定。

首先，海拉克留斯將軍自東方的埃及率軍向西行進，經由昔蘭尼加攻打迦太基。

馬爾凱流斯將軍從北方的達爾馬提亞領軍乘船南下亞德里亞海，直達迦太基。安特米烏斯皇帝由義大利帶兵，經由南法進攻西班牙東側。將西地中海的制海權從汪達爾族手中奪回，並切斷敵軍退路。

遠征軍的主力艦隊從君士坦丁堡出港後，沿途除必要補給以外不停靠港口。以最短距離趕往敵軍根據地迦太基，隨即占領港口。

這下子即使堅瑟利柯擁有獅子的魄力與狐狸的狡獪，只怕也要等著讓人甕中捉鱉。只不過，這個大遠征軍隊的「阿基里斯腱」在於總司令人選。獲派為總司令的是巴吉里施科斯。這個人是雷歐皇帝的小舅子，年紀輕又沒有從軍經驗，再加上虛榮心重，隨時期望能在人前表現優勢。

相對的，汪達爾王堅瑟利柯自從西元四二八年兄長過世接手族長以來，已經統率部族四十年。由於堅瑟利柯生年不詳，因此無法得知西元四六八年時的年紀，不過應該已經接近七十歲。重要的是，他可是四十年來歷經大風大浪的人物。

迦太基港四周的海灣東側，有個朝海上突出的半島。半島的尖端有著羅馬時代整頓過的碼頭設施。巴吉里施科斯率領的艦隊在進入海灣前於此下錨，等待從亞德里亞海南下的馬爾凱流斯部隊。因為此時已經接獲通知表示，馬爾凱流斯率領的部隊已經離開亞德里亞海，正逐漸接近西西里。

堅瑟利柯派遣使者帶著親筆信拜會巴吉里施科斯。信中如此表示：

「我有充分意願在和平交涉下滿足閣下遠征亞非利加的目的，但需要時間說服下屬。因此希望能獲得五天的休戰期間，期間內請將艦隊停靠迦太基灣（今日的突尼斯灣）內。」

總司令巴吉里施科斯接受了這項提案。對於沒有從軍經驗的他來說，能夠不戰而屈人之兵是最理想的事情。而且能在沒有由東沿陸路接近的海拉克留斯與由海路接近的馬爾凱流斯的狀態下獲勝，更是大大刺激他的虛榮心。巴吉里施科斯在不追加條件的狀況下同意休戰，

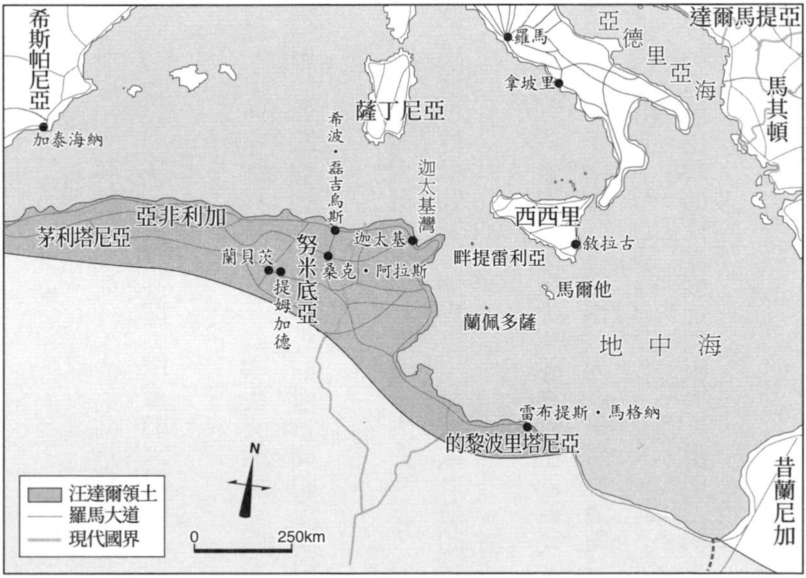

迦太基及其周邊

並將艦隊移動到迦太基灣內。而且在靠岸之後沒有特別警戒。

對於老奸巨猾的堅瑟利柯來說，既然條件都湊齊了，要翻轉九死一生的局面也是易如反掌的事情。更何況這次的戰場是自己熟悉的地方。七年前在加泰海納港上演過的火燒連環船戲碼，在七年後又在迦太基港內上演。

這回不但船艦數量驚人，汪達爾族又占有地利。汪達爾兵跳上為了迴避失火船隻而四處逃竄的船艦上，把羅馬兵扔下海，擄獲船艦留待自用。亦即他們不光是縱火而已，同時還順道做起拿手的海盜生意。

在大火之後，遠征軍還有半數艦艇倖存。只不過總司令巴吉里施科斯完全失去鬥志，心裡只想著要逃回君士坦丁堡。而在順利回到君士坦丁堡，接受姊姊、即皇后平息怒氣之前的這段期間，據說他一直躲在教會裡。

正從西西里前往迦太基的馬爾凱流斯將軍，在遭到成為海盜的敵人攻擊後逃回西西里。不過一如前述，海盜同樣具有陸戰能力。在火燒艦隊後汪達爾族鬥志旺盛，海戰獲勝後繼續登陸追擊敵軍。馬爾凱流斯將軍在激戰之下陣亡，也代表由他率領的部隊潰敗。

由東沿陸路朝迦太基行進的海拉克留斯軍受到迅速出擊的汪達爾部隊阻擾。當他得知火燒艦隊的消息後不願繼續作戰，因此撤軍回國。

由東西羅馬帝國聯合推動的大規模作戰，就在僅僅一支部族——北方蠻族汪達爾面前灰飛煙滅了。西羅馬帝國皇帝安特米烏斯雖然毫髮無傷，但是他是由東羅馬帝國送來的人選，在西羅馬帝國內的地位自然會下降。畢竟在西元四六八年之後，東羅馬帝國也完全拋棄西羅馬帝國了。

這一年的年底，東羅馬帝國皇帝雷歐與汪達爾王堅瑟利柯締結和約。和約內容不明，唯一確定的是治安狀況，亦即汪達爾海盜在希臘海上橫行的局面沒有任何改善。

另一方面，西羅馬帝國失去的要比東方多得多。除了羅馬人還能維持羅馬式生活的內陸地區以外，西西里、薩丁尼亞以及周邊濱海地區全數落入汪達爾族手中。失去了在制海權上地位重要的這兩座島嶼，也就代表伊比利半島東側與南法再也不是羅馬人的領土了。

汪達爾王堅瑟利柯一直活到九年後的西元四七七年。在他逝世的前一年，西羅馬帝國滅亡。

羅馬帝國亡國

西羅馬帝國遭東羅馬帝國拋棄後，首先發生的是安特米烏斯皇帝與蠻族出身的掌權者里奇美洛斯關係惡化的現象。東西帝國聯合復興北非的作戰失敗四年後，雙方的對立升級到武力衝突局面。如果列舉西元四七二年這年的大事，則如下所述。

西元四七二年三月，里奇美洛斯為對抗安特米烏斯，將部屬奧利布里烏斯拱上皇位。

同年七月，安特米烏斯軍與里奇美洛斯、奧利布里烏斯聯軍隔著臺伯河於羅馬市區中開戰。羅馬在四十多天內，成為西羅馬帝國軍隊內戰的戰場。不過實質上，拿起武器開戰的部隊絕大多數出身蠻族，四處逃竄的是羅馬公民。

七月十一日，安特米烏斯陣亡。

八月二十日，里奇美洛斯病逝。

十月二十三日，奧利布里烏斯遇刺。

其後的西羅馬皇帝由格利塞里烏斯接任，但西羅馬的慘狀已經無可挽回。東羅馬帝國無法袖手旁觀，宣布派遣朱利斯·尼波斯將軍接任西羅馬帝國的皇位。尼波斯將軍當時擔任與義大利半島隔著亞德里亞海對望的達爾馬提亞地區司令。不過地方長官當然察覺得到母國政府早已拋棄西羅馬帝國。可能是他不願意接手皇位，在即位後遲遲不願意進入義大利。

這個局勢使得里奇美洛斯死後，在義大利境內殘留的反東羅馬帝國派抬頭。反東羅馬派的其中一名人物叫做奧雷斯提斯。

朱利斯·尼波斯

格利塞里烏斯

奧利布里烏斯

奧雷斯提斯的名字聽來像是希臘裔人，實際上卻是出身於羅馬時代的旁諾尼亞（與後世的匈牙利重疊）地區的羅馬人。羅馬帝國長年最重要防線之一旁諾尼亞，到了西元五世紀之後淪入亞洲裔蠻族匈族手中。當阿提拉出現後，更成為人人恐懼的匈族根據地。奧雷斯提斯的父親覺得與其逃難不如成為入侵者阿提拉的下屬。在父親死後，兒子也選擇同樣的路線。儘管奧雷斯提斯身為羅馬人，卻是跟隨阿提拉與羅馬軍作戰，入侵義大利並在北義大利掠奪的人。

當阿提拉病逝，匈族四分五裂之後，奧雷斯提斯也就失業了。奧雷斯提斯失業後南下巴爾幹地區，進入東羅馬帝國統治下的達爾馬提亞羅馬軍中。不久之後，他與拉溫納皇宮高官的女兒結婚，確立了在西羅馬帝國內的踏腳石，可見他是個長袖善舞的人物。他以這場婚事為契機，遷居到拉溫納。不久之後又取得「貴族」稱號，獲得了相當於宰相的地位。

奧雷斯提斯會成為西羅馬內部的反東羅馬派領袖，並非因為他具有復興西羅馬帝國的意圖，而是因為他與身在達爾馬提亞軍中時的上司尼波斯將軍關係惡化，認為只要尼波斯兼任西羅馬帝國皇帝一天，自己就沒有出頭的日子。當時西羅馬帝國的要人，為尼波斯皇帝遲遲不願上任感到不悅，奧雷斯提斯也就樂得成為這些人的領袖。

不過他沒有把登基當作目標，而是把尚未成年的兒子羅慕路斯送上皇位，藉此掌握實權。

西羅馬帝國最後一任皇帝與羅馬開國國王同名只是一場巧合。越是住在邊疆的國民，越有沿用羅馬史書名人姓名的習慣。奧雷斯提斯只是把父親用過的名字沿用到兒子身上而已。奧雷

羅慕路斯・奧古斯都

斯提斯在兒子登基時，又給皇帝兒子追加了一個名字。這使得西羅馬帝國的末代皇帝，不但與開國始祖同名，而且與帝政創始人有同樣的名字。這位末代皇帝就叫做羅慕路斯・奧古斯都。

西元四七五年十月三十一日，羅慕路斯・奧古斯都登基稱帝。羅馬元老院也承認了這名年僅十五歲的少年皇帝。儘管尼波斯皇帝當時身在亞德里亞海對岸的達爾馬提亞。

反對這項舉措的聲浪，不是來自尼波斯管轄的達爾馬提亞，也不是來自東羅馬帝國皇帝居住的君士坦丁堡，而是從鄰近的義大利北部發起。

這次的反對行動，和改善與東羅馬帝國的關係，或者復興西羅馬帝國的政策一點關係都沒有。純粹因為在西羅馬軍中工作的蠻族將領要求取得能自由使用的領地，遭到奧雷斯提斯拒絕後進而引起內戰。換句話說，這有點像是工會代表要求經營者改善勞動條件後遭到拒絕。蠻族將領遭到拒絕後，以奧達凱爾為領袖，發起了武力抗爭。

前後發生了兩次戰鬥，而奧雷斯提斯兩次都戰敗。在西元四七六年夏季發生的第二次戰鬥中，奧雷斯提斯成為俘虜，並當場遭到殺害。同年九月奧達凱爾進入少年皇帝所在的拉溫納城裡，逼使羅慕路斯．奧古斯都皇帝退位。雖然奧達凱爾能毫不在意的殺害奧雷斯提斯，不過對他的兒子倒是挺寬容的。少年皇帝可以獲得每年六千索利鐸斯金幣的年金，在退位後隱居拿坡里近郊的別墅裡。他似乎能在別墅中安然的結束人生。

羅馬帝國就這樣滅亡了。它不是在蠻族入侵後所展開的激烈攻防戰中壯烈成仁。其顛覆之際沒有熊熊烈火，也無駭人驚叫，羅馬帝國就這樣悄然消逝了。逼退少年皇帝之後，奧達凱爾沒有取而代之，也沒有擁立其他人攀上皇位。只是很單純的讓皇位就此消失。半個世紀前，西元四一〇年的第一次「羅馬洗劫」在整個帝國中激起了哀號的聲浪，在西元四七六年時卻寧靜無聲。

直到今日，全球各地的教科書中都標示著西羅馬帝國的滅亡年份。不過，無論是哪一本教科書，或者是哪一位羅馬史權威，頂多只能說出「年」，沒有人說得出「月」、「日」。理由很簡單，因為沒有人知道。就算使用我們的想像力，也頂多能想像這發生在九月的某一天。

從西元前七五三年建國至此時一千兩百二十九年後，羅馬滅亡了。和六百二十二年前，西元前一四六年迦太基滅亡的過程比起來，實在顯得太過匆促。

筆者命名為《漢尼拔戰記》的第II冊最後，是以史學家波力比維斯敘述滅亡迦太基的羅馬軍總司令官西比奧・艾米里亞努斯的文章做結尾。在此想重新回顧一下內容。

「『西比奧・艾米里亞努斯的視線，久久不能離開眼前的迦太基。他看著自建國以來，歷經七百年的歲月，長期繁榮興盛的都市淪陷後，漸漸成為瓦礫的過程。』

七百多年的漫長歲月裡，迦太基掌握了廣大的土地、諸多的島嶼，海洋也在他們的支配底下。憑著這些，迦太基發展成為擁有巨量的武器、軍艦、戰象以及財富，毫不遜色於人類至今建造過的任何強國。

而且迦太基比起過去的任何國家都有勇氣與魄力。因為儘管他們一度屈服在羅馬的要求下，交出了所有武器與戰艦，他們還能夠在羅馬軍的攻打下支持三年。如今城池淪陷，完全遭到破壞，將要從世上消失。

西比奧・艾米里亞努斯為了敵人的命運潸然淚下。

儘管身為戰勝者，他還是不禁遙想未來。想著不僅是人類，無論是都市、國家，甚至帝國，遲早都要走上滅亡的命運。特洛伊、亞述、波斯、馬其頓，歷史告訴了人們，興衰是必然的歷程。

有意無意之間，羅馬的凱旋武將說出了荷馬史詩之中，特洛伊總司令官赫克特說過的一句話：

『總有一天，特洛伊會隨著普利阿莫斯王與跟隨他的戰士一同滅亡。』

站在他背後的波力比維斯問羅馬的凱旋武將，為何要說出這句話。西比奧．艾米里亞努斯回頭看著波力比維斯，握著這名希臘摯友的手回答說：

『波力比維斯，我們現在正在見證往昔榮華富貴的帝國滅亡的偉大瞬間。然而我心中並無勝利的喜悅，而是為了總有一天羅馬也會走上同樣命運而感到悲傷』。」

羅馬在長達迦太基國祚兩倍的歲月裡，對於迦太基無法匹敵的廣大疆域中的無數國民，發揮了深遠的影響力，卻沒有所謂「偉大的瞬間」。

羅馬燃燒殆盡了，卻不是被野火燒毀。

羅馬滅亡了，但過程中沒有哀號。

羅馬就在沒人發現的狀況下，悄悄的走了。

如果能穿越時光隧道，前往西元四七六年秋天的羅馬，拿著麥克風訪問往來行人的話，不知道會得到什麼樣的回答。假設我們能問他們對於羅馬帝國的滅亡有何感想。

或許有人會滿臉訝異的這樣回答：「滅亡了？什麼時候的事情？」

又或許另一個人會滿臉嘲諷的回答說：「怎麼？羅馬帝國還存在嗎？」

或許史學家會表示，羅馬帝國滅亡的時間不是西元四七六年，而是一四五三年。所以西元四七六年時的羅馬人自然不會察覺到國家滅亡。

確實，東羅馬帝國與西羅馬帝國，只是後代史學家為了方便而取的名字。在這個時期，東羅馬帝國的確還存在。

只不過，沒有羅馬這個都市，羅馬帝國也就不可能存在。羅馬人是無論遭到多嚴重的破壞，都會堅決反對將首都遷移至其他都市的民族。羅馬是起源自城邦國家的國度，對城邦國家來說，首都的意義與領土型國家大有不同。對前者來說，首都是國家的根源；對後者來說，首都只是在適於統治領土的地方建設之都會。

就好像沒有雅典市就沒有城邦國家雅典一樣，沒有羅馬市就沒有羅馬帝國。如果首都叫作君士坦丁堡的話，這就再也不是羅馬帝國了。更何況國內說的不是拉丁文，而是希臘文。

從這個角度來看，羅馬帝國確實是在西元四七六年滅亡了。或許對羅馬帝國來說，沒有「偉大的瞬間」反而符合其地位。至少羅馬的「興隆」與其他國家的「盛世」不同，「衰亡」自然也要自成一格。

羅馬與後世出現的其他帝國還有一點完全不同的地方。其他帝國是在統治下的殖民地陸續獨立後，才失去帝國地位。唯有羅馬不是遭到行省背棄後失去帝國地位，而是在有如怒濤的北方蠻族侵襲下，行省與本國一同走上了末路。後代的帝國把本國與殖民地的關係嚴格區分成統治者與被統治者。羅馬人的帝國觀念卻認為，本國國民與行省民同屬於一個命運共同體，也就是所謂「家族」。亦即羅馬人認為命運共同體，也就是同一個大家庭。

帶有這個含意的帝國確實已經滅亡了。沒有明確的滅亡時間，也因此沒有「偉大的瞬間」。

第三章

「後帝國時代」

（post imperium，西元四七六年～）

西哥德族領袖奧達凱爾是為羅馬帝國歷史劃下句點而史上留名的人物。同時他也造成羅馬史並非結束於西元四七六年，而是結束於一四五三年君士坦丁堡淪陷的說法。因為他：

逼少年皇帝退位後，沒有樹立傀儡皇帝；

話說回來，事後他又沒有親自登基。

相反的，他請求東羅馬帝國皇帝芝諾正式承認他的地位。

具體來說，奧達凱爾請求東羅馬皇帝將"patricius"稱號頒贈給他。照字面含意來看，"patricius"這個詞具有「貴族」的含意。不過到了羅馬帝國末期，大致上又可分成兩種意義。第一種是純粹的榮譽職位；第二種含意則是宰相或代理官，因此具有官方地位與實權。奧達凱爾想要的是第二種"patricius"，所以我們可以解釋成他向皇帝請求任命為「義大利地區皇帝代理官」。這表示他承認東羅馬帝國的權威。

正在逐步征服高盧地區的法蘭克族族長、在希斯帕尼亞建構勢力的西哥德族族長，以及統領北非將近半個世紀的汪達爾族族長堅瑟利柯，都沒向東羅馬帝國提出這樣的請求。這些人只是很單純的，直接自稱為「王」。一方面因為他們不像奧達凱爾一樣，做出逼退西羅馬帝國皇帝的舉動，二方面因為他們沒有奧達凱爾特有的弱點。

奧達凱爾

在帝政末期活躍的蠻族出身領袖，大致可以分成三種。

第一種，是長輩長年在羅馬軍中任職，後來兒子也繼承父親的工作，在羅馬軍中升遷。最佳的例子就是史提利柯。這些人的父親出身蠻族，但母親是羅馬人，他們與原屬部族幾乎沒有往來。當時將這種人總稱為「羅馬化蠻族」。在元首政體時期，一樣有這種稱呼存在，但是不具有歧視意味。因為當時的羅馬人認為即便出身是「蠻族」，只要取得羅馬公民權後也就是「羅馬人」了。不過到帝國走近尾聲後，歧視意味開始增強。因為對自己沒有信心的人，往往會刻意強調與他人的差異，藉此保持自信。

第二種則是出身部族的族長。例如西元四一〇年發起「羅馬洗劫」的西哥德族長阿拉里克、法蘭克族長克洛德威克，以及率領汪達爾族稱霸北非的堅瑟利柯等。這些人原本就出生於首長家庭，要登上族長地位並不困難。

這些男子有率領部族突破羅馬帝國「防線」，入侵羅馬帝國領土的「前科」。通常帝國為了事後補救，亦即為了保有政府的面子，會與這些人締結「同盟部族」協約。因此這些人只是從入侵者換成了同盟身份，與皇帝之間的關係保有高度的獨立性。總而言之，這些人的強處在於率領著出身部族。

第三種蠻族出身的領袖，簡單來說是獨行俠。以現代的立場來形容的話，比較接近外籍傭兵。雖然同樣出身蠻族，但與第二類的大部族族長相比，這些人不是小部族的族長，就是為了某些因素脫離部族在羅馬軍中棲身。奧達凱爾就是個典型的例子。雖然西元四七六年消滅羅馬帝國時，他只有四十二歲，但在這之前他已經在西羅馬軍中任職二十多年。離鄉背井的獨行俠能夠順利晉升，代表他具有充分的個人實力。不過，他沒有能同生共死的部屬。就算有，也是憑藉個人實力吸引來的部屬，而不是從部族或父親手中接過的部下。

奧達凱爾

我們至今依舊不能確認奧達凱爾的出身部族。他很可能是蠻族出身的獨行俠團體領袖。從他的立場看來，也難怪他會希望獲得由皇帝認同的地位。

東羅馬帝國皇帝芝諾接獲奧達凱爾的請願後，既沒有接受，也沒有拒絕，回應態度相當曖昧。具體來說，他只表示東羅馬已經派遣了尼波斯擔任西羅馬帝國皇帝，因此奧達凱爾申請“patricius”稱號時應該找西羅馬皇帝。在回覆中並未責難逼退羅慕路斯．奧古斯都的行為，也沒有將奧達凱爾定罪為帝國的敵人。

芝諾態度曖昧的原因，倒不是他同情被派為西羅馬皇帝後沒有膽量進入義大利，進而使得西羅馬皇位動搖的尼波斯。實情其實更單純，一年前芝諾因為國內政爭而失去皇位，西元四七六年才剛剛復辟，處於政治敏感時期。簡單來說，他目前只能設法自保，顧慮不了西羅馬帝國的事情。不過這也顯現出東羅馬帝國對西羅馬帝國的觀感。只有在可能對東方造成危害時，「東方」才會在意「西方」。

看到君士坦丁堡的曖昧回應後，奧達凱爾也下定決心，與其擁立尼波斯，還不如一切自己動手。不過他並未排除尼波斯，自己登上「西方」皇位。因為他也預測得到做出這種強硬措施時，東方會有什麼反應。此外，既然無法期望改善與尼波斯的關係，那麼放棄意為尼波斯代理人的“patricius”才比較合乎實際。奧達凱爾決心自稱為“rēx”（王）。拉丁文的“patricius”是與羅馬帝國皇帝相關的稱號，而“rēx”則是源於日耳曼的尊稱。亦即他決定不以「義大利地區皇帝代理官」身份，而是以「義大利王」自居。

芝諾

如此一來，繼日耳曼裔國王統治的高盧、希斯帕尼亞、北非之後，羅馬帝國的發源地義大利半島也受到日耳曼國王統治了。由於統治對象為羅馬帝國發源地義大利半島，因此政權難以獲得自認為羅馬帝國正統繼承人的東羅馬皇帝承認。沒有獲得承認，也就代表容易遭到敵視。這是其他日耳曼君主沒有，而奧達凱爾特有的弱點。

共存路線

要以少數戰勝者統治多數戰敗者時，大原則在於包容既有的統治階層。即使想要改革統治階層，行程也應當往後挪。首要的工作是要讓既有階層感到安心，因為這些人深知戰勝者進駐，代表自己在軍事方面落敗，心中抱持著極大的恐懼。

進駐的這一瞬間非常重要，嚴重影響到日後少數戰勝者能否順利統治多數戰敗者。如果戰勝者要強行推動讓戰敗者更加恐懼的政策，戰敗者會在絕望之下瘋狂抵抗。如此一來，由少數統治多數的夢想也就消逝，只留下戰敗者頑強抵抗，戰勝者不得不推動軍事行動鎮壓的惡性循環。在羅馬史上，有著避免產生這種現象的絕佳劇本。

朱利斯．凱撒花費八年時間征服全高盧地區後，戰後處理的基本原則就是完全接納既有部族。這些人八年來頑強抵抗五萬羅馬軍，並且曾在戰敗投降後謀反。然而凱撒全面接納這些人，更進一步允許部族的自治，以及讓各部族繼續居住在原屬根據地。讓部族繼續居住在原地，代表凱撒認同在當地長年耕耘的統治體系。此外，凱撒將羅馬公民權賜給了投入羅馬陣營的部族首長。打從羅慕路斯開國以來，羅馬史上確實有類似政策的少數前例。凱撒更進一步的，將朱利斯家門名賜給這些人，並從中挑選有力部族的首長，賜予了羅馬元老院的議席。

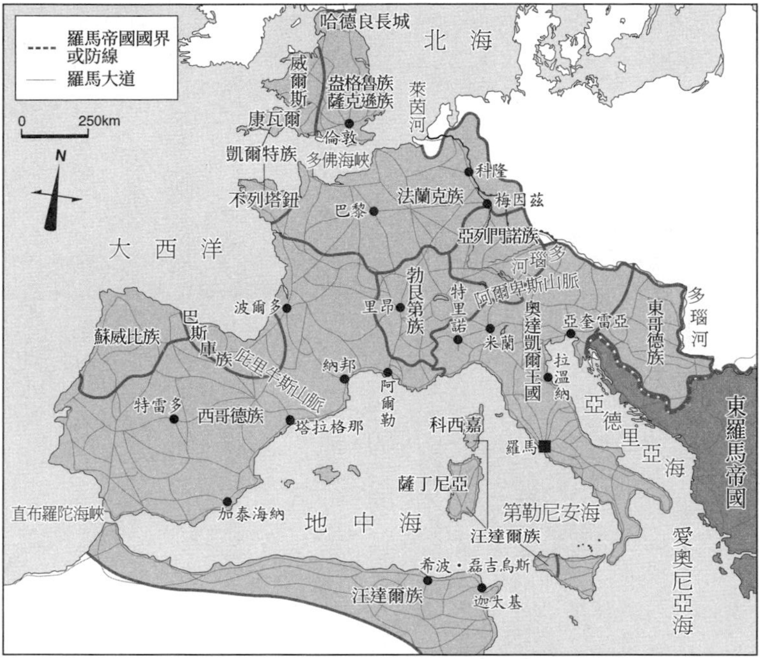

成為蠻族領地後的前西羅馬帝國疆域

結束高盧戰役不久之後，凱撒又與元老院派領袖龐培之間爆發衝突。凱撒率軍渡過盧比孔河，引發羅馬內戰。內戰前後花費四年時間，這段期間內高盧地區沒有半個羅馬兵的身影。凱撒本人忙於在遠離高盧的希臘、埃及、北非等地轉戰，對於剛剛遭到凱撒征服的高盧部族來說，這是脫離羅馬統治的大好時機。然而高盧部族不但沒有舉兵，反而還在，凱撒於西班牙與龐培派作戰時，應凱撒要求送來食糧。可見包括小部族在內，數量上百的高盧各部族首長接受了凱撒的統治哲學。

凱撒曾向他們表示，高盧地區各部族之間常常反目成仇，遲早會淪落到日耳曼人的手中。高盧人要選擇接受嚴格區分統治者與被統治者的日耳曼方式，或是讓戰勝者與戰敗者共存的羅馬式統治。

奧古斯都繼承凱撒開創帝制之後，將羅馬式的石板大道擴及所有行省。古代的高速公路網路也就在這時於高盧施工，並讓高盧各部族根據地之間可直接交通。現在的法國重要都市，幾乎全數起源自兩千年前被凱撒征服的高盧部族根據地。由羅馬人從頭修建的都市恐怕只有里昂一處而已。這也就難怪高盧向來被視為羅馬化的模範。

奧達凱爾不是朱利斯・凱撒。凱撒征服高盧的目的在保衛羅馬，而不在於確保羅馬人的居住地。相對的奧達凱爾占領義大利的目的，是為了讓追隨他的北方蠻族有地方居住。不過從結果來說，奧達凱爾模仿了史上有名的羅馬對外政策「凱撒的寬容」，而且將這項政策轉為日耳曼人對羅馬人的態度。

因為受奧達凱爾統治時，義大利的羅馬人已經得知不列顛、高盧、希斯帕尼亞、北非等地的蠻族統治方式，深深害怕自己會遭到同樣的命運。

不列顛・「後帝國時代」

早在西元四一〇年，羅馬帝國便放棄了不列顛。據說這年西羅馬帝國皇帝霍諾里烏斯向派駐了三百六十年的三個軍團發出大意如下的公文，要求軍團撤軍。

「羅馬帝國皇帝致全體總督、全體司令官、全體司法官

蠻族阿拉里克洗劫羅馬後，不僅燒殺擄掠對帝國首都造成重大傷害，同時也將帝國國庫掃蕩一空揚長而去。如今帝國已無行省統治及防衛所需之經濟實力。因此從今爾後凡事須由諸位自理。」

霸權國家必須能保障霸權下居民的安全，才能稱作霸權國家。在西羅馬帝國滅亡的半個世紀前，羅馬已經放棄在不列顛的霸權國家職責了。

不列顛在成為帝國行省三個多世紀之後，遭羅馬放棄。自從三個軍團撤退之後，不僅是長年試圖由北部入侵的蘇格蘭族，由後世德國北部渡海入侵的薩克遜族，以及由後世丹麥地區屢次渡海入侵的盎格魯族威脅程度也逐漸加深。羅馬軍團撤守後，唯一留在當地的是羅馬化的凱爾特裔不列顛人，這些人根本沒有抵抗的能力，只好躲入多山的威爾斯或康瓦爾地區。原為羅馬行省，哈德良長城以南的不列顛，如今遭受日耳曼裔的薩克遜族與盎格魯族占據。又過了不久之後，連康瓦爾地區也開始受到日耳曼蠻族的威脅。失去定居地的凱爾特裔不列顛人只好渡海到高盧西北部定居。自從不列顛人定居之後，這個地方開始被人稱作不列塔鈕。

以羅馬時代的名稱「不列顛」稱呼這塊土地已經沒有意義，從此以後進入了意為盎格魯族

居住地的「英格蘭」時代。亞瑟王與圓桌武士，也是在羅馬軍團撤守後的混亂時局中出現的英雄人物。甚至有人認為，亞瑟王的起源，可能是在不列顛的羅馬駐軍中任職過的當地人，亦即羅馬化的凱爾特人。在不列顛這塊地方，戰勝者盎格魯與薩克遜人從未嘗試與戰敗者凱爾特裔羅馬人共存。

高盧・「後帝國時代」

高盧地區與不列顛之間僅間隔多佛海峽。西元四五四年艾提烏斯遭瓦倫提尼安三世殺害後，高盧地區實質上也進入了與帝國分離的狀態。除了馬賽以東的普羅旺斯地區勉強留在羅馬帝國境內，其他高盧地區陷入日耳曼蠻族互相侵襲的局面。蠻族之一法蘭克族，以高盧北部為根基逐漸擴大勢力。法蘭克族與定居高盧東部的勃艮第族時而合作時而敵對，又將原有盤據高盧西部趨勢的西哥德族驅趕到庇里牛斯山脈以南。如今「高盧」正漸漸走入意為法蘭克族定居地的「法蘭西」時代。

法蘭克族原本居住於萊茵河下游東側，也就是羅馬帝國「防線」外的日耳曼地區，因此血統上不屬於拉丁民族，屬於日耳曼民族。日耳曼裔北方蠻族大多數在這時已經拋棄傳統信仰的日耳曼神明，改信基督教亞流教派，唯有法蘭克族依舊保有日耳曼傳統神明的信仰。在信仰基督教天主教派將近兩百年的羅馬人眼中，這些人不是「異端」而是「異教徒」。在一神教教徒中常見的一個現象是，他們最痛恨的不是異教徒，而是同一宗教的異端。所謂異教徒，是尚未為基督的教誨醒悟的人，亦即今後還有醒悟的可能。而異端的定義，則是醒悟後誤解了基督的教誨，同時深信不疑、不承認誤解的人。既然這些人深信不疑，以後讓這些人醒悟的可能性也就低了。

高盧地區的戰勝者法蘭克族是異教徒，戰敗者羅馬化高盧人則是基督教天主教派的信徒。在高盧地區同樣是戰勝者為少數，戰敗者為多數的局面。只不過高盧地區地勢變化小，不到東部或南部邊緣就看不到山地，因此與不列顛居民不同的，高盧居民只好停留在原地。法蘭克族應該對高盧人行使了所謂「戰勝者的權利」，這是一種戰勝者可以對戰敗者予取予求的觀念。由於當時的史料不多，因此一切只能想像，但是高盧人的資產應該受到極大的打擊。

不過，事情還是有好處。第一項好處在於戰勝者居少數，戰敗者的人數占絕對多數的現實狀況。即使戰勝者想要奪取戰敗者的所有資產，也沒有足夠人力維持。由於沒有足夠的人數監督，因此將戰敗者全數化為奴隸的構想也就無法實現。

第二項好處，在於蠻族走出了掠奪後揚長而去的時代，進入定居時代後，統治者也就產生向被統治者頒布命令的需要。既然產生了統治上的需要，那頒布命令時必須使用拉丁文，也就需要有拉丁文讀寫能力的人手。就連徵稅方面，也必須有人制定金額，並整頓徵稅的體系，否則就無法徵收稅金。法蘭克族完全沒有行政方面的經驗，在這方面必須全面仰賴戰敗者。簡單來說，法蘭克族發現掠奪跟統治是完全不同的兩件事，因此必須延續羅馬帝國時代的行政機構，同時還必須繼承羅馬帝國人民的拉丁文。在這些方面，他們只能仰賴有專長的戰敗者。

第三項好處可能就在宗教信仰方面了。法蘭克族是日耳曼教徒，高盧人則是基督教天主教派信徒。雙方信仰不同的神明，而不是對同一宗教信仰抱持不同的解釋。高盧地區進入法蘭克族統治下之後，沒有留下任何鎮壓迫害天主教派信徒的文獻記錄。可能在進入非異端的異教徒統治之下，反而能無意之間培養出宗教上的共存方針。

而且儘管如今落入了戰敗者身份，最後一項獲得的好處卻是「安全」。從今以後，高盧地區居民再也不必擔憂蠻族入侵了。這也是當然的，因為一再入侵的北方蠻族，如今站在防衛立場上。

少數統治多數的工作能平順進行的最主要原因，恐怕是戰敗方因為重獲安全而備感喜悅。又有誰能責難他們呢?保障「和平」原本就是統治者最大的職責。帝國的滅亡起源自統治者失去肩負職責的能力，也就是最大的佐證了。

不但如此，二十年後受法蘭克族統治的高盧區羅馬人生活環境又獲得重大改善，原因是法蘭克族改信天主教派。西元四八一年至五一一年在位的法國國王克洛德威克，在四九三年迎娶了勃艮第族族長的女兒。這個女子是虔誠的天主教派信徒，法蘭克王也同意讓兩名兒子受洗。改宗棄教的條件滿足之後，跨越最後一道底線又需要三年的時間。根據都爾主教的記載，法蘭克族與亞列門諾族作戰時發生了奇蹟。讓人苦笑的是，劇情與君士坦丁大帝當年主導的奇蹟差不多。總之在發生奇蹟獲勝之後，法蘭克王心懷感激，帶著三千名部下一同接受洗禮。

不但異教徒搖身一變成了基督教天主教派的信徒，而且這還是第一樁蠻族基督教化的案例，更使得東羅馬帝國大為開心。從此以後東羅馬帝國和法蘭克的關係與其他北方蠻族國家不同，是屬於同一信仰教徒之間的同志情感。對於受統治的高盧區羅馬人來說，統治者的這個轉變只怕要更加值得慶幸。戰勝者與戰敗者的共存，也帶來肉眼無法觀察到的效用，亦即戰勝者漸漸成為「前」戰勝者，戰敗者也漸漸變成「前」戰敗者。順帶一提，克洛德威克既是第一個改宗天主教的法蘭克族和北方蠻族的首長，也是頭一位將國家首都設於巴黎的領導人。

希斯帕尼亞・「後帝國時代」

除了居住在西北部的蘇威比族，以及庇里牛斯山區的巴斯庫族以外，羅馬時代稱為希斯帕尼亞的伊比利半島幾乎完全落入西哥德族手中。希斯帕尼亞成為羅馬帝國行省的歷史比高盧早兩百年，而且希斯帕尼亞前後出了圖拉真、哈德良、馬庫斯・奧理略三人，羅馬帝國鼎盛時期的五賢君之中，有三人出身於當地。羅馬戰勝迦太基之後，將希斯帕尼亞化為行省，因此希斯帕尼亞羅馬化的歷史遠比不列顛或高盧來得悠久。既然希斯帕尼亞人長年融入羅馬帝國這個命運共同體，也許我們不該說他們是希斯帕尼亞人，而是希斯帕尼亞地區出身的羅馬人。

如今伊比利半島受到日耳曼裔的西哥德族入侵盤據。而且雖然同為基督教徒，西哥德族信仰的卻是遭天主教派排斥為異端的亞流教派。

現存文獻之中，幾乎無法得知西元四三〇年以後蠻族對這個地區的統治是如何展開的。唯一知道的是，以面臨地中海的東部為中心，曾經發起過多次反抗蠻族統治的運動。然而西羅馬帝國在無力支援同胞的狀況下結束了生命。

與法國不同的是，伊比利半島的地勢複雜。身處地勢平坦，不前往阿爾卑斯山就無法滑雪的法國，會讓人體會到難怪當地會形成中央集權國家。但是在庇里牛斯山脈以南，事情可就沒這樣簡單。只怕西哥德族的統治起步並不平順，再加上宗教因素介入，使得統治者與被統治者之間維持緊張關係。

不過在這個地方，統治者同樣居少數，被統治者占多數。希斯帕尼亞的羅馬人想必也能獲得與高盧地區羅馬人一樣的好處。在這些好處中最重要的，就是獲得「安全」保障，再也不用擔心受蠻族輪番入侵。尤其是當大家得知汪達爾族正在直布羅陀海峽對岸的北非，推動強硬的戰勝者絕對統治政策之後。

北非・「後帝國時代」

一如前述，汪達爾族在掌握北非時，完全沒有考慮讓戰勝者與戰敗者和平共存。如果戰勝者只有信仰基督教亞流教派的汪達爾族的話，局面應該與西哥德族手中的伊比利半島差不多。然而在北非的戰勝者陣營中，包含百餘年來飽受天主教派欺壓的鐸那圖斯教派信徒。這使得戰敗方的北非羅馬人陷入絕望局面。這些天主教派信徒，如今落入遭欺凌鎮壓的地位。

北非地區出現高盧或希斯帕尼亞幾乎沒發生的難民現象。在資產等於耕地與房屋等不動產的時代裡，能夠拋棄資產逃難，代表在逃亡目的地擁有耕地及房屋。換句話說，這些人是社會上流階層的人。此外，沒有耕地或房舍，但能在外地獲得援助的人，儘管社會階層屬於中流，但能力已經屬於上流。

從常識來看，要是讓這些人外流，即使社會不喪失功能，生產力也會大幅下降。然而對於心理受某種觀念占據的人來說，常識根本不適用。因為在預防社會功能或生產力下降之前，他們還有更重要的事情要辦。若以現代話語來形容，就是所謂的「種族清洗」。當時在汪達爾族統治下的北非，也發生了類似的現象。

以上就是西羅馬帝國消逝後，蠻族奧達凱爾成為統治者時的前西羅馬帝國圈的實況。這也難怪義大利半島的羅馬人要屏氣凝神的，注意著基督教亞流派信徒奧達凱爾的一舉一動。

"Pax barbarica"（蠻族和平）

奧達凱爾不是部族族長家庭出身，也因此缺乏個人班底，卻能統御蠻族出身的獨行俠集團，可見他在政治方面相當有能力。

據說在西元四六七年西羅馬帝國歷史落幕時，他手下聚集了十萬名蠻族。不過這項數字包括婦孺在內，真正作戰時能派使的兵力只有兩萬人，頂多不到三萬人。讓人覺得可悲的是，羅馬帝國在兩、三萬蠻族兵威脅之下，未經戰鬥就宣告失敗，從此消失在歷史舞臺。

如今，戰勝者奧達凱爾所需面臨的問題是，他必須以十萬人的勢力，統治至少二十倍以上的戰敗者。

在這時，奧達凱爾祭出了高盧、希斯帕尼亞、不列顛與北非蠻族想都沒想過的戰敗者共存政策基礎。而且他不光是喊喊口號，還推動了具體的政策。

首先關於蠻族與羅馬人的關係，他不稱作"barbarus"與"Romanus"，也沒有稱作日耳曼人與拉丁人，當然也不是戰勝者與戰敗者、統治者與被統治者，而是規定為「客人」與「主人」。亦即主人熱烈歡迎來訪的客人，並且讓客人寄宿。從戰勝者與戰敗者的實際關係來看，這種稱呼實在虛偽透頂。在拉丁文中將這種關係稱作“hospitalitas”，也就是客人待遇。不過在規定“hospitalitas”之後，戰敗者心中的屈辱似乎獲得某些程度的減緩。儘管如今凋零失色，義大利半島畢竟曾經是羅馬帝國的根源。

話又說回來，奧達凱爾手下有必須設法保障其生活基礎的部屬。因此他規定「主人」必須拿出三分之一的資產贈與「客人」。

這項「三分之一政策」並非奧達凱爾的獨創。史提利柯似乎在運用蠻族防衛高盧時，便曾經規定讓高盧地區的羅馬人拿出三分之一資產贈與蠻族。不過史提利柯在亂臣的污名下處死，又被追加了“Damnatio Memoriae”（記錄抹煞刑），生前業績幾乎全遭到抹除。如今我們無法回溯政策的根源，唯一確定的是奧達凱爾確實施行過「三分之一政策」。

乍看之下，「三分之一政策」像是戰勝者對戰敗者的嚴厲處置。畢竟戰敗者的資產要無條件的損失三分之一。不過在實施的階段中，這項政策有許多轉圜餘地。住在義大利半島與西西里的「主人」並非一律要向「客人」提供三分之一的資產。

首先，假使拿到一間屋子的三分之一產權，或者面積有限的田園的三分之一，獲得的人也無法實際運用，同樣的道理也適用在手工業工廠與商店。因此，資產規模有限，以資產為唯一生產方式的人，可排除在三分之一政策的對象之外。

假設社會上層是火車頭，那麼中下層的人就是其後的列車車輪。以維持社會功能必備要素的角度來看，這項占領政策相當聰明。

至於社會上層的既有統治階層，在義大利半島可分為元老院階級與基督教會，雙方的共通點是同為大型農莊所有人。前者來自於長年繼承的祖產，後者則是由信徒捐贈、遺贈累積而成。兩類人物同樣是三分之一政策的大好目標，不過在執行時「戰勝者權利」同樣有大幅折扣。

奧達凱爾以防禦為由，定居在西羅馬帝國皇帝住過的拉溫納。從他的角度看來，自然希望部屬也就近住在一起。同時對這些日耳曼人來說，如今自己身處異國義大利，因此很自然的會群居。也就是說，如果三分之一政策完全照字面施行的話，效果會集中在義大利半島北部。

照這樣推論的話，中部與南部義大利將排除在提供三分之一資產政策對象外，因而欠缺公平。不公平造成的還不是道義上的問題，而是統治上的問題。因此，政策字面上要的三分之一資產，實際上卻是以「地租」方式用貨幣取代。戰敗者名義上向戰勝者提供三分之一資產之後，又以租賃的形式取回使用權，繳交「地租」之後繼續維持完整的農莊經營。

由於當時未能留下記錄，無法得知地租的金額是多少，不過繳交對象似乎是義大利王奧達凱爾。這也成為奧達凱爾定期支付麾下官兵薪資的財源。

或許有人會感到疑惑。要繳交以往不須繳納的「地租」之後，不是會對大型農莊所有人造成經濟衝擊？

不過請大家回想一下，以往西羅馬帝國皇帝無力保護居民不受蠻族侵襲，莊園主人只好組織私人警力自保。

而如今他們的安全可由「客人」保證。「地租」實際金額如何不得而知，至少大型農莊所有人不用維持私人警力了。即使維持私人警力組織，目的也不是為了對抗大舉入侵的蠻族，因此規模可以縮小到足夠應付人類社會必定存在的強盜集團之程度。從現存史料看來，同為大型莊園主人的元老院議員及基督教會相關人員，沒有反對過「三分之一政策」。

在稅制方面，進入奧達凱爾統治下之後，稅制依舊維持西羅馬帝國時代的規定。不過在奧達凱爾統治之下，沒有傳出西羅馬帝國時代常見的為重稅而悲嘆的聲音。不知道這是輪到蠻族統治之後，人民連哀怨的聲音都發不出來了；或者是徵稅的蠻族文明程度較低不懂得奢侈，因此徵稅時也不會太貪心。總而言之，在奧達凱爾與其後的提歐鐸力克等蠻族統治時，義大利居民沒有抱怨過重稅。而當東羅馬帝國收復義大利之後，又開始傳出抱怨稅金的聲浪，也是歷史上一個有趣的現象。

總而言之，日耳曼人奧達凱爾成為義大利王之後，徹底接納了既有的體系。

首先，儘管他與部屬全是亞流教派的基督教徒，但沒有做出任何欺壓信仰天主教派義大利人的舉動。住在義大利半島的天主教派信徒不用仿照北非的兄弟們，為了維護宗教信仰而流亡。如此一來，全義大利的教堂依舊照著天主教派的方式舉行儀式，也沒發生為了建設亞流教派教堂而拆毀天主教派教堂的事情。

再者，雖然拉溫納皇宮如今要改稱王宮，但組織完全維持現狀。以往的皇宮官僚也只需改稱王宮官僚，只有帶頭的人更換過，內部組織維持原樣。就連職銜也維持拉丁文原名，沒有任何更動。

首都羅馬的行政依舊由「首都長官」負責，其下的行政各領域公務員，乃至於低層官員，都能與以往一樣維持工作。

元老院不但維持存續，甚至恢復了被剝奪許久的權力，亦即銅幣鑄造權。奧古斯都開創帝政之後，把金幣銀幣鑄造權轉至皇帝手中，但把銅幣鑄造權留在元老院，這項政策一直維持到元首政體結束時。

貨幣鑄造權本身就是一種權力。具有貨幣發行權，是一種權力獨立的證據。在元首政體時期，羅馬帝國將與「防線」相鄰的國家稱作“amicis”。這些國家發揮了與更外側敵對國家之間的緩衝效果，對羅馬帝國來說與其說是朋友，不如說是附庸國家。然而光是“amicis”的稱呼無法發揮實際效力，因此羅馬認可這些實質上的附庸國擁有貨幣鑄造權。另外，基於往昔的輝煌歷史，雅典與斯巴達進入羅馬帝國之後依舊享有特別的「自由都市」立場，得以持續發行獨立的貨幣。而發行貨幣的行為本身就是一種自治權的表徵。

在元首政體時期裡，羅馬帝國的基準貨幣是奧雷斯金幣、狄納利斯銀幣、塞斯泰契斯銅幣，都是能維持素材價值與面額價值一致的良幣。然而在那個時代裡，羅馬帝國境內有許多匯兌商人存在。這證明羅馬帝國即使手中握有良幣，也不會強迫推銷到霸權下的國家、都市、人民身上。與其說羅馬尊重霸權下的國家、都市、人民的自由，不如說是羅馬認為尊重這種自由比較便於統治工作。

到了西元四世紀初期後，羅馬帝國也產生變化了。戴克里先與君士坦丁兩位皇帝開創了中央集權強化路線，把元首政體時代那種巧妙結合中央集權與地方分權的政治結構送進歷史。羅馬帝國成為與以往的元首政體時期完全相異的絕對專制國家。匯兌商人在這種時勢之下，也只好宣告失業。

過了兩百年到了西元五世紀後半，銅幣鑄造權又回到羅馬元老院手中了。新發行的銅幣背面標示著代表由元老院發行的 SC 字樣。我們可以輕易的想像到，當元老院議員拿起剛從鑄幣廠搬出來的銅幣時，心中有多少感慨。

奧達凱爾以維持農莊經濟基礎，賜予銅幣鑄造權的方式，掌握了戰敗者兩大勢力之一元老院階級的心。至於另一大勢力基督教會，則是以維繫農莊與手工業存續，並保證信仰自由的方式，拉攏其成為伙伴。同時他掃除了對蠻族入侵的恐懼，掌握了社會全體戰敗者的人心。也就是說，他將“Pax barbarica”（蠻族和平）帶給了因失去“Pax Romana”（羅馬和平）而痛苦不堪的大眾。

也可能因為奧達凱爾接納既有勢力的政策太徹底，羅馬居民之間開始流行一句笑話。那就是奧達凱爾連賄賂官員的習慣都保留了下來。

分居

只不過，奧達凱爾畢竟是日耳曼人而不是羅馬人。由他推動的少數戰勝者統治多數戰敗者的政策確實精明至極，但這些政策都是基於「共存」而不是「同化」的觀念。從他施行的戰勝者日耳曼人與戰敗者羅馬人的任務分擔，就可以看得出來這一點。

簡單來說，就是軍事由蠻族負責，行政由羅馬人負責。日耳曼裔蠻族領到土地之後並未成為專業農家，而是支領固定薪資，隨時準備因應召集。一來統治者肩負保護被統治者的責任，因此必須常備軍事力量。二來他們靠武力成為戰勝者之後不願放棄武力，也不想與戰敗者羅馬人共享。

不過戰敗者對這項舉措沒什麼不滿。畢竟羅馬帝國軍隊長年來只是個名義，實質上根本都是蠻族出身的軍人，羅馬人之中也已經蔓延著迴避軍務的觀念。戰勝者表示要單獨推行軍事，代表羅馬人必須將自身安危委由他人掌管。然而五世紀的羅馬人已經忘記這種事情的意義有多重大。因此奧達凱爾推出這項決策時，反而獲得羅馬人歡迎。

司法體系也分成統治者與被統治者兩套法律。亦即在蠻族之間以日耳曼法，在羅馬人之間以羅馬法規範。只不過，由於羅馬法涵蓋的範圍遠遠廣於前者，實際上只有在少數狀況下才會動用到日耳曼法。

行政一如前述，完全交給戰敗者負責。蠻族缺乏行政組織，勢必要將行政委由戰敗者代理。想必這種連戰勝者都無法置喙的狀況，也減緩了羅馬人身為戰敗者的感傷。

以上就是西羅馬帝國滅亡後，戰勝者與戰敗者之間的「分居」實況。照這個樣子發展的話，確實雙方可能「共存」。

不過，若回想起羅馬人早從共和時期起便推行的「同化」路線，會讓人對其差異之大感到印象深刻。羅馬人以輔助兵的名義，讓被征服者可以參與軍事行動，和正規軍的軍團兵一同承擔國家首要職責國防任務。輔助兵在役期結束退伍時，可以領取羅馬公民權。而且這種羅馬公民權是世襲權，當事人的子弟可以參加有羅馬公民權者才能志願投入的軍團兵工作。不走從軍路線的人，也可以在其他方面享有與羅馬公民家庭出身人員相同的待遇。

如果出身於部族首長家庭，或者本人資質優秀，在退伍之前就可以領取羅馬公民權。一旦當上輔助部隊的隊長，就能立刻獲得羅馬公民權，出席由司令官或軍團長召開的作戰會議。也就是說羅馬能在戰鬥結束後，立即將以往的敵人視為同夥，並且讓其中的優秀人才享有與羅馬人才競爭的機會。光是從軍事角度看來，羅馬也已經徹底推動了同化路線。羅馬人在運用人才時，不會分辨是戰勝者或戰敗者。正因為如此，《列傳》的作者普魯塔克斯（英文為Plutarch，普魯塔克）儘管出身於遭羅馬征服的希臘，他依舊表示羅馬茁壯的一大因素，在於同化戰敗者的路線。

奧達凱爾並非不懂得運用戰敗者出身的人才。在許多領域中，西羅馬帝國時代的組織與職銜能維持存續，代表從事這些工作的羅馬人也協助奧達凱爾的統治工作。不過整個狀況，比較接近二次大戰後的日本政壇協助駐日美軍統治。雙方盡可能互助營造「共存」的良好環境，但雙方絕對不會「同化」。

不過這項差異，不能歸咎於奧達凱爾一個人。朱利斯·凱撒在《高盧戰記》中也曾指出，自古以來日耳曼人在戰勝後，會在自己居住的土地與其他民族的居住區之間設置帶狀的荒地，僅維持最低限度的交流。日耳曼人原本就不適應羅馬人喜好的「同化」政策。話又說回來，西元前一世紀凱撒時代的日耳曼人，與長期和羅馬人接觸後的西元五世紀日耳曼民族，未必能夠劃上等號。

確實，民族性不是那麼容易改變的事物。我們姑且假設日耳曼人的觀念有百分之五十未曾改變，剩下的百分之五十責任，可能要歸屬於西元五世紀大多數日耳曼人改信的基督教信仰。戰勝者奧達凱爾信仰的是亞流教派，戰敗者羅馬人信仰的是天主教派，雙方都是一神教基督教的信徒。

天主教派認為神與耶穌基督及聖靈是三位一體。相對地，亞流教派認為耶穌相當接近神，但並不同等於神。兩個派系間互相衝突責難，並非針對「異教」，而是針對「異端」思想。換句話說，雙方的差異在於解釋內容不同，而不是信仰不同的神明。雖然信仰同樣的神明，但是方式不一樣。兩百多年前尼西亞公會議中已經訂定以天主教派為正統，亞流教派為異端。然而兩派之間依舊長年維持敵對關係，也是因為雙方都認為自己所信仰的才是正統思想。

這樣一來，「同化」也就成了夢想。只怕唯有在多神教的世界裡，才能讓個人暫時放下信仰問題，在其他領域中尋求共通性。我們對一神教能期待的，恐怕也頂多到「共存」了。在推動開放政策時，羅馬人是多神教民族；而積極認同其效益的普魯塔克斯，也出身於多神教民族希臘人。「蠻族和平」會比「羅馬和平」短命的原因，恐怕就在這方面的差異。

儘管如此，「蠻族和平」的創始人奧達凱爾的統治時期長達十七年。他身邊沒有同鄉部將，只有拼湊得來的蠻族部隊。而且蠻族部隊群居在拉溫納與鄰近的東北義大利地區，因此在義大利的其他地方看不到蠻族兵的身影。讓人佩服的是，他竟然能順利統治十七年。在這段期間並未發生帝國其他行省偶發的反抗起義事件。文獻中也找不到義大利居民逃難到東羅馬帝國的記錄。

日耳曼人與羅馬人成功的「共存」了。歷史學者甚至將這段時期命名為「日耳曼羅馬王國時代」。奧達凱爾的敵人不在國內，而是在義大利半島外漸漸成形。

提歐鐸力克

提歐鐸力克是在西元四五四年出生於東哥德族族長家中。他與奧達凱爾的差異不光是二十歲的年齡差距，還包括有無同鄉兵力可率領。

東哥德族當時與東羅馬帝國締結了「同盟部族」協約，以現代的德國南部多瑙河上游地區為居住地。「同盟部族」原本是蠻族取得居住地之後，代為防衛附近地區的制度。不過在締結這種協約時，按照慣例會送出人質作為履約的保證。比較有名的例子，是在匈族中度過青少年時期的艾提烏斯。提歐鐸力克在八歲到十八歲這十年間，也是以人質身份在東羅馬帝國首都君士坦丁堡度過。不過在這種例子中的人質，立場比較像是大英帝國時代殖民地仕紳送到牛津大學留學的小孩。提歐鐸力克在對其基本人格影響最大的八歲到十八歲時，不但學文習武、磨練政治敏銳度，而且還通曉了東羅馬帝國宮廷內情。不但如此，他更察覺東羅馬帝國政策的真正目的。亦即，西羅馬帝國雖是同胞，但是東羅馬帝國只會在無害時出面干預。一旦知道可能產生弊害，東羅馬帝國隨時會拋棄西羅馬帝國。

提歐鐸力克十八歲時回到故鄉，原因倒不是東羅馬帝國與東哥德族之間的「同盟部族」協定出了差錯。雙方繼續維持同盟關係，但做族長的父親以高齡為由，向皇帝請願希望能將兒子留在身邊。兩年後父親過世，日耳曼裔的東哥德族就這樣擁有一位二十歲的年輕領袖。

東哥德族年輕族長在東羅馬帝國內，同樣維持以往「同盟」的立場。不過提歐鐸力克與忠實履行同盟義務的父親不同，時常與附近部族交戰，逐步擴大領地範圍。他首先奪得多瑙河中游地區，而當他向多瑙河下游地區出手時，已經是連東羅馬皇帝都無法忽視的同盟了。再加上提歐鐸力克大力協助遭流放國外的芝諾皇帝在一年後復辟，更加強了自己的立場。由於復辟過程有功，芝諾皇帝甚至把"patricius"稱號贈與只有二十三歲的提歐鐸力克。蠻族的年輕族長，就這樣成了東羅馬帝國的「貴族」。皇帝甚至更進一步，允許提歐鐸力克在首都君士坦丁堡內豎立騎馬雕像。

不過，年輕的族長在芝諾皇帝眼中，雖是優秀忠實的同盟，同時也是不能輕忽的對象。提歐鐸力克甚至曾經由居住地多瑙河下游斜向穿越巴爾幹地區，逼近到幾乎到達首都君士坦丁堡的地方。對於芝諾皇帝來說，提歐鐸力克漸漸成為難以應付的存在，而提歐鐸力克也對於現狀感到不滿。

無論地位多麼崇高，只要身在東羅馬帝國皇帝之下，就永遠只是個臣子。據說約在西元四八七年左右，提歐鐸力克心中就有了獨立的意願。早在三十歲時，提歐鐸力克已看透自己在東羅馬帝國內的發展有限。

進軍義大利

提歐鐸力克提議要進軍義大利打倒奧達凱爾時，芝諾皇帝馬上接受這項建議。這時奧達凱爾尚未取得任何官方地位，對東羅馬帝國來說，自稱義大利王的奧達凱爾，只是在沒有帝國承認的狀況下僭稱強占地位的人而已。相對地，提歐鐸力克是東羅馬帝國的「貴族」，三十歲時已經擔任過「執政官」，更是在東羅馬帝國西部，相當於後世巴爾幹地區的「軍司令官」。如果提歐鐸力克進軍義大利，即為獲得東羅馬帝國承認，為解救西羅馬帝國而發起的軍事行動。當然實際上只是提歐鐸力克的「獨立意願」與芝諾皇帝「擺脫麻煩」之產物罷了。不過至少表面上的理由，是要從蠻族手中拯救西羅馬帝國的根源義大利。

日耳曼民族在做最終決定時，必須要經過部族集會認可。西元四八八年，三十四歲的提歐鐸力克也取得了認可。加上婦孺在內，三十萬名東哥德族便拋棄房舍，僅帶著家畜與貨車上的短期必備品，一起離開多瑙河往西行進。總人數三十萬的話，其中足堪作戰的成年男子應該有五分之一左右。數字上來看似乎兵力有奧達凱爾的兩倍，實際上並非如此。由於蠻族出生率高，這十五年間，統治義大利的奧達凱爾麾下兵力也有增加，雙方兵力可以說勢均力敵。

進攻義大利的時間訂定為次年西元四八九年春季。進攻方領袖提歐鐸力克三十五歲，防禦方奧達凱爾五十五歲。

提歐鐸力克知道，一旦擊倒奧達凱爾，整個義大利半島將落入他的手中。同時他也知道，奧達凱爾的根據地位於義大利北部，因此作戰時採用直接攻擊義大利東北部的方式。這就好像局部痲醉外科手術一樣，很明顯的是考慮到獲勝後的作法。

巴爾幹與義大利之間由阿爾卑斯山脈阻隔，攀越山脈最東端進入義大利境內，可看到伊松佐河。雙方的第一次戰鬥，就在西元四八九年四月二十八日發生在河流兩岸。最後由提歐鐸力克獲勝，但並未形成決戰。奧達凱爾與麾下大部份的部隊順利逃出戰場。

與其說奧達凱爾是敗逃，不如說是轉進。他在威羅納郊區擺設陣式準備雪恥。不過在一個月後的第二場戰鬥中，奧達凱爾再度落敗。話說回來，奧達凱爾並非全面失敗，還保留有一定的餘力。

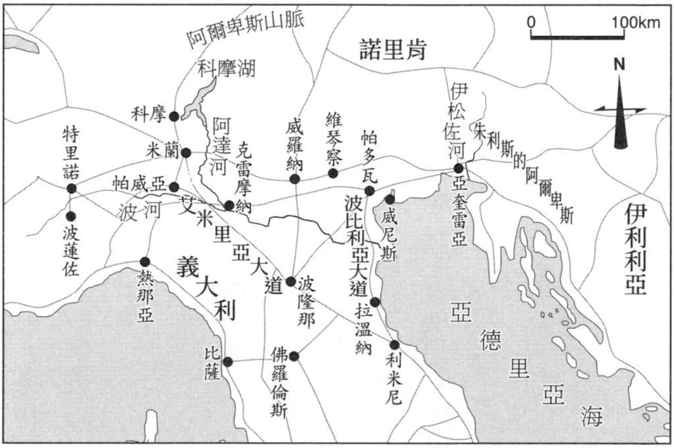

義大利北部

第二年，西元四九〇年八月十一日進行的第三場戰鬥，戰場更偏西側。這場戰鬥發生在源自阿爾卑斯山，流經米蘭東方並注入波河的阿達河附近。第三場戰鬥中，奧達凱爾又一次落敗。如今由西向東橫貫義大利北部的波河以北，可說已經在提歐鐸力克的掌控之下。奧達凱爾只好逃回波河注入亞德里亞海的海口南方五十公里處的拉溫納。如今他準備進入防禦萬全的拉溫納，持續抵抗提歐鐸力克的進攻。

反過來說，比起進攻方的提歐鐸力克，戰力較少的奧達凱爾在某些方面比較有利。

首先，提歐鐸力克是在敵境作戰，奧達凱爾卻是在自己的地盤。除了糧食等補給方面的優勢以外，他統治時期長達十五年，有著精通義大利北部地理的優勢。再者，奧達凱爾不必擔心遭到提歐鐸力克與東哥德族入侵後，各地羅馬人將其視為起義脫離統治的好時機。滿足於「蠻族和平」的羅馬人在面臨蠻族間的戰爭時，雖然不會主動支援奧達凱爾，也不會做出對提歐鐸力克有利的事情。不僅是身處蠻族戰場的北義大利居民，就連只能從傳聞中得知戰爭消息的中、南部居民，態度都是相同的。簡單來說，如今淪為被統治者，但在義大利半島人口中依舊占絕對多數的羅馬人的態度，就是保持觀望。

拉溫納周遭有運河與沼澤防衛，即使是入侵不到一年就拿下半個義大利北部的提歐鐸力克，只怕也難在短期內攻陷。更何況蠻族向來不擅長必須耗費時間的圍城作戰，主要原因在於他們尚未發展出由確保補給線為要的後勤補給觀念。在這種狀況下，一旦圍城戰時期延長，攻擊方會顯得比防守方失利。儘管如此，東哥德族依舊追隨著自二十歲就任以來，一直證明著領導能力的提歐鐸力克。

拉溫納圍城戰整整持續了兩年多。但是提歐鐸力克不能將所有心思耗費在拉溫納上頭，如今他有義務保障三十萬名哥德族的飲食與居住的條件。將滿三十九歲的提歐鐸力克就在這時轉換了策略。

西元四九三年三月起展開的和談，係由拉溫納主教居中協調。奧達凱爾與提歐鐸力克同意的和約內容包括下列各項目：全義大利由奧達凱爾與提歐鐸力克共同統治；雙方忘記之前四年的敵對關係，提歐鐸力克立誓不傷害奧達凱爾與其家族部屬，奧達凱爾則迎接提歐鐸力克與其屬下高官進入拉溫納。

達成協議後兩個月，提歐鐸力克於五月五日率領一組部隊，從左右敞開的城門進入拉溫納市區。第二天起雙方連日舉行慶祝融合的酒宴。不過到了第十天，奧達凱爾突然遭到殺害，其妻子兒女，以及身邊的高官也幾乎在一夜之間全數遇害。官方發布的理由是奧達凱爾密謀行刺提歐鐸力克，實際上是提歐鐸力克連將這些人打入大牢的力氣都懶得花費，直接殺人滅口。奧達凱爾的部屬在接獲消息後，選擇離去的人卻不多，絕大多數直接被吸收到提歐鐸力克之下。也許因為這些人大多數是獨行蠻族，已經沒有能回去的地方。

對於義大利半島的羅馬居民來說，唯一的變化只是換了個統治者而已。在「局部手術」戰略之下，戰場僅限於義大利北部的東半部，義大利半島的大部份得以免去淪為戰場的危害。提歐鐸力克同樣以拉溫納為根據地，因此只是王宮換了主人而已。

東哥德王國

自從提歐鐸力克西元四九三年三十九歲那年排除奧達凱爾起，到五二六年七十二歲過世為止，他的統治期間長達三十三年。提歐鐸力克能夠長期統治的原因在於，儘管他排除了奧達凱爾，但並未抹煞奧達凱爾施行了十餘年的政策，反而全面承繼了既有政策。這代表住在義大利半島與西西里的羅馬人，還能夠在「蠻族和平」之下過日子。

雖說提歐鐸力克承繼了奧達凱爾的政策，不過換了個人，作風自然會有所改變。簡單來說，他的政治手腕更加精練。

統治者與被統治者之間，以「主人」迎接「客人」為含意的"hospitalitas"關係依舊沒有變化。與以往相同的，「客人」傾向於定居在領袖提歐鐸力克所在的拉溫納附近。對於義大利中部與南部的被統治者來說，統治者只是一個必須繳納三分之一地租的遠方地主。不必頻繁與統治者接觸，想必也大幅減輕了戰敗者羅馬人的心理負擔。

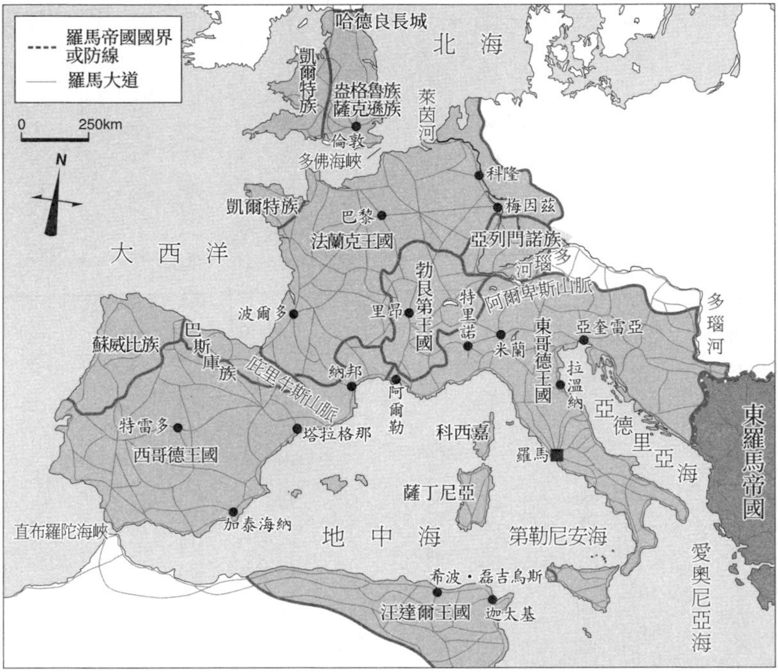

西元五〇〇年左右的前西羅馬帝國疆域

提歐鐸力克比奧達凱爾更嚴格禁止被統治者攜帶武器，即使是防身用的短劍都不得攜帶。唯一能合法持有的，是日常生活用的刀具。相對的，提歐鐸力克與其部屬徹底加強了義大利半島與西西里的安全保障。提歐鐸力克重整了部隊，拋棄東哥德族純種主義，積極吸收其他日耳曼部族出身的人員。不過和具有各部族出身的奧達凱爾部隊不同的是，提歐鐸力克的部隊仍以東哥德族為主體。因此無論部下是否出身哥德族，提歐鐸力克通常會直接稱呼部屬為「哥德人」。

平時的「哥德人」官兵定居

於政府頒贈的土地，從事農耕或畜牧。在這些期間內，一樣領取由提歐鐸力克發放的固定薪水。也因此一旦發生事變時，官兵有立即奔赴支援的義務。在保障官兵居所與薪資的政策，以及放棄東哥德純種主義的影響之下，原本不到六萬人的兵力，在十餘年後增加到了二十萬人，而且這還不是在無所事事的情況下增加的人數。這些年來為了義大利半島防衛需求，東哥德族陸續往西方、北方、東方進軍。霸權如今已經擴展到西方的南法，北方的瑞士，東方則是自布達佩斯起，至克羅埃西亞為止的邊線。在扣除征戰折損的兵力後，還有這麼多的人數。光從兵力與領地來看，提歐鐸力克的東哥德王國稱霸的地區，要比末期的西羅馬帝國還廣大。問題在於靠軍事力量取得領土後，又要以什麼樣的方式維持領土。在這方面，提歐鐸力克也展現出相當的才華。

提歐鐸力克在義大利的地位，與奧達凱爾同樣沒有獲得東羅馬帝國的承認。在排除奧達凱爾之後，提歐鐸力克曾向接替芝諾皇帝的安那斯塔西亞皇帝請求官方承認。然而東羅馬帝國不希望義大利成為獨立王國。話說回來，他們也沒有拒絕提歐鐸力克的請求。或許是官方認為身為東羅馬帝國「貴族」的提歐鐸力克，會比奧達凱爾來得順從。不過既然官方一樣不願意給予承認，提歐鐸力克只好和奧達凱爾一樣自稱「義大利王」。

只不過，奧達凱爾與東羅馬帝國維持的是互相忽視的關係；提歐鐸力克卻始終對東羅馬帝國皇帝保持禮儀。提歐鐸力克在人質期間徹底理解了東羅馬帝國的內情，知道現在「東方」的

提歐鐸力克發行的貨幣

軍事力量依舊不可忽視，因此不能讓「東方」有派兵討伐的理由。東羅馬帝國的人民熱衷於天主教派信仰，而且容易淪於宗教狂熱。一旦爆發了宗教熱，由於直接關連到皇位安危，連皇帝都無法抵抗。因此提歐鐸力克必須想盡一切辦法，避免成為宗教狂潮的目標。

這也就是為何提歐鐸力克在施政時，特別在意與東羅馬之間的關係。他在三十三年的統治期間內發行過數種貨幣，儘管發行單位為提歐鐸力克王國，正面刻的幾乎都是東羅馬帝國皇帝肖像。要翻到反面，才能發現這原來是提歐鐸力克發行的。至今為止的考古成果中，只發現過一種刻有提歐鐸力克臉部肖像的硬幣。

此外，在與天主教派共存的政策上，提歐鐸力克比奧達凱爾花費更多的心血。他本人雖是亞流教派的基督教徒，但迎娶的妻子是改信天主教派的法蘭克王之妹。當然他也沒有逼迫妻子改信亞流教派。提歐鐸力克的母親也隨著兒子遷居到拉溫納王宮內，在這裡受到主教影響，改信了天主教派。在過程中做兒子的一樣毫不干涉。王宮內的主教位子，也一直由天主教派占據。

表面上維持東羅馬帝國屬國的作風，以及對天主教派基督徒的寬容，全是提歐鐸力克為了不刺激東羅馬帝國而施行的政策。整個作法與不受東羅馬帝國承認，而互相忽視的奧達凱爾確實大有不同。

在這同時，提歐鐸力克也留心於與前西羅馬帝國境內各處建立王國的日耳曼君主打好關係。除了他本人迎娶法蘭克王的妹妹以外，他的妹妹、兩名女兒、姪女也出嫁給蠻族王國的國王或王子。到最後，他與高盧的法蘭克、勃艮第、希斯帕尼亞的西哥德、北非的汪達爾之間建立了姻親關係。若要以現代的方式來形容，他等於是與各蠻族王國間締結了「互不侵犯條約」。而且當各王國間發生爭執時，他也會主動出面協調，且在大多數狀況下都能成功調停紛爭。

提歐鐸力克一方面設法與東羅馬帝國維持良好關係，另一方面也設法在西方確立一個能聯合日耳曼民族的勢力。為了統整勢力，在西地中海制海權三大島西西里、科西嘉、薩丁尼亞中，他不惜放棄科西嘉與薩丁尼亞，藉此換得與汪達爾族的和平協定。在這「互不侵犯條約」之下，長年苦於汪達爾海盜侵擾的西班牙、南法、義大利海岸附近居民，也終於能獲得「蠻族和平」的恩惠。

運用敗者

一如前述，奧達凱爾能成功的統治，要歸功於他完全接納了既有勢力。大多數史學家認為，提歐鐸力克不但繼承了這項路線，而且推行得更加徹底，這也是他統治期間長的主要原因。

如果將王宮形容為現代的內閣，那麼王宮內部組織的領袖就有如內閣祕書長。在提歐鐸力克統治期間內，王宮領袖以及其下各領域的首長都是由被統治的羅馬人擔任。

義大利全區的行政領袖執政官也長年由羅馬人擔任。這樣一來，十五個「州」的州長由羅馬人擔任也就不是什麼新鮮事了。由於提歐鐸力克允許地方自治，實際負責地方自治事務的也都是羅馬人。簡單來說，除了軍事領域之外，其他一切都交給被征服的羅馬人負責。即使到了提歐鐸力克的時代，義大利內部依舊分為負責軍事的日耳曼人與負責行政的羅馬人，雙方毫不混合的分離共存。

如此一來，兩個民族既沒有混合也沒有同化。元首政體時期的羅馬帝國中，不乏羅馬官兵迎娶日耳曼、高盧、西班牙女子的例子。這些人所生的混血兒會以羅馬人的身份培養長大。然而在提歐鐸力克統治期間內，沒聽說過哥德男子迎娶羅馬女子的消息。雙方雖然和平相處，但是互不往來，就好像兩條平行的河流一樣。

或許這就是日耳曼人心目中的「共存」吧。提歐鐸力克在面對子弟教育問題時，態度與具有宗教狂熱的天主教派信徒其實沒多大差別。

如果要學習閱讀、寫作或邏輯理論能力，勢必要以開拓並完善這些學問的希臘人或羅馬人的著作為教材。有許多基督教徒擔心子女在接觸這些異教精神產物的過程中，精神可能遭受污染。

儘管提歐鐸力克信仰的是亞流教派，他同樣是個基督教徒。只不過他擔憂的不是宗教上的污染。提歐鐸力克擔心的是接觸希臘或羅馬書籍後，日耳曼民族的精神遭到污染。若要避免這類的污染，子弟必須熟習武藝。而他認為，為了這項目的，也只好犧牲文學教育。

提歐鐸力克在生前甚至這樣說過：

「有許多哥德人希望被人當成羅馬人看待，但是沒有羅馬人希望自己被視作哥德人。」

儘管如今淪落到遭人統治，羅馬人心中還是瞧不起統治者哥德人。提歐鐸力克擔心子弟接受與羅馬人相同的教育後，風格想法偏向羅馬、偏離日耳曼。

因此，東哥德族子弟可以不用接受學校教育。不過我們可以輕易想像到，結果就是連自己的名字都不會寫的「統治者」愈來愈多。提歐鐸力克為了讓族人不須簽名就可了事，開始提倡使用印鑑。由於他帶頭示範印鑑效用，任何公文都改以印鑑簽署，甚至有人誤以為提歐鐸力克是個文盲。

諷刺的是，在這道禁令之下，統治者東哥德族更加需要被統治者羅馬人。如果沒有會寫字的羅馬人幫忙，東哥德人什麼事情都辦不到。上述的案例，也詮釋出歷史有時便是為了這些令人苦笑的枝微末節，而有所變動。

一如上述，在「蠻族和平」之下的羅馬人，雖然身為敗者但其重要性卻日益攀升。最典型的例子就是卡西歐卓斯。

忠臣卡西歐卓斯

卡西歐卓斯於西元四七九年生於義大利半島南端的卡拉普利亞地區，這一年是羅馬帝國在無人察覺的狀況下滅亡的三年後。卡西歐卓斯的家門屬於元老院階級，也是地方的大型莊園主人。亦即他屬於滅亡西羅馬帝國的奧達凱爾積極攏絡、保留的既存勢力。早在父親那一代，卡西歐卓斯家中便迎合奧達凱爾，積極提供協助。卡西歐卓斯的父親甚至因為長年在義大利北部的拉溫納王宮值勤，無法回到南義大利的家中。

西元四九三年統治者換成了提歐鐸力克之後，卡西歐卓斯的父親依舊維持協助哥德王國的態度。當提歐鐸力克排除汪達爾族勢力，掌握西西里之後，甚至進入島上重整行政體系，他的父親也繼續協助提歐鐸力克的統治，在義大利南部擔任過有如州長的職務。

卡西歐卓斯出生時，西羅馬帝國已經不存在了，而且他還是在這樣的父親之下長大。在學校教育方面，他與羅馬帝國時代的菁英子弟相同，接受以希臘羅馬文學為教材的文藝教育。他很可能與當時的多數青少年相同，是在首都羅馬接受菁英教育。對於在這種環境下成長的卡西歐卓斯來說，蠻族統治是打從出生就習以為常的現實環境。再加上有個協助蠻族統治的父親，卡西歐卓斯打從年輕時起就不對蠻族統治抱持偏見。相信有這種觀念的還不只他一個人，而是大多數義大利半島居民的共通想法。真正的問題不在於由誰統治，而是在於統治的方式。

西元五〇〇年，卡西歐卓斯二十來歲時，統領義大利到了第七年的提歐鐸力克初次造訪首都羅馬。元老院議員與民眾以往年迎接皇帝的方式對待這名哥德族國王。元老院議員前往城門前迎接，民眾則是在道路兩旁夾道歡迎。

這年四十五歲的提歐鐸力克也表現得如皇帝一般。他首先前往羅馬廣場一隅的元老院議場，在議員前發表演說。之後他離開會場，走上講臺向前來圍觀的群眾演說。演說內容可能不是用希臘文，而是以提歐鐸力克比較不擅長的拉丁文發表。在造訪首都的六個月之中，提歐鐸力克居住在依舊能發揮功用的帕拉提諾丘皇宮，並且四處參觀昔日的「世界首都」。

除了羅馬廣場以外，提歐鐸力克還參觀過皇帝廣場、圖拉真圓柱、龐培劇場與圓形競技場。而且他雖然身為基督教徒，但依舊前往卡匹杜里諾丘陵上的最高神朱比特神殿參拜。不過與其說是參拜，還不如形容是參觀。提歐鐸力克的足跡甚至到過郊區的上水道，可見他的好奇心與研究意願不輸給後代的德國、英國觀光客。

而且他不光是一邊讚嘆一邊觀光，在發現有維修必要時，馬上會設法提出預算。最讓年輕的卡西歐卓斯佩服的是，預算集中在從前羅馬皇帝最重視的上下水道、港灣橋梁等社會基礎建設，而不是基督教的教堂。在提歐鐸力克長期停留羅馬的期間內，這位羅馬青年對他的好奇轉成了讚嘆。

昔日的皇帝在受到民眾歡迎時，會舉辦鬥劍士決鬥或戰車競賽等娛樂節目做回禮。提歐鐸力克也有充分意願仿效皇帝的行為。只不過百年前轉由基督教決定人的生活型態之後，通常於圓形競技場舉辦的鬥劍士決鬥因過於殘忍而遭到禁絕。因此在停留羅馬的期間內，提歐鐸力克舉辦了戰車競賽。

在這個時代中，戰車競賽不像從前一樣豪爽的以四頭馬車開賽，規模大一點的賽事也頂多用上雙頭馬車。競賽場地可能一如往年在大競技場舉辦，不過也可能是在多年沒舉辦過鬥劍士決鬥的圓形競技場。由於卡西歐卓斯沒有留下詳細記載，因此無法確認，唯一肯定的是必定是在這兩個場地之中擇一舉辦。這項競賽使得羅馬的平民對哥德國王抱持親近感。

可能就在這年，或者次年，身份還是個學徒的卡西歐卓斯寫下一首讚揚提歐鐸力克的詩歌，並上呈給國王。簡單來說，這有點像是歌迷寄信給歌星。提歐鐸力克很可能留意到了這封信，也很可能在打聽之下，發現寄信的人是自己得力助手的小孩。不知道這件事情有沒有關係，總之在卡西歐卓斯三十歲那年，提歐鐸力克把"patricius"稱號頒贈給這名年輕人。雖然這只是形式上的貴族稱號，但同時具有賦予就任國家要職資格的含意。從這個時期起到提歐鐸力克逝世的十七年中，是卡西歐卓斯三十歲到四十七歲的黃金時期。卡西歐卓斯把人生的顛峰時期全用來輔佐年長他二十五歲的提歐鐸力克。在這十七年中，他擔任了包括執政官在內的各種要職。

不過對我們這些後人來說，要從卡西歐卓斯在提歐鐸力克身邊擔任祕書官之後，才有辦法追蹤他的職業經歷。這段時期卡西歐卓斯的工作，就是記述哥德族國王口頭發出的命令，並且將過於強烈的日耳曼色彩修改為具有羅馬色彩的說法重新頒布。而且我們能在一千五百年後回溯當時的施政環境，也是因為卡西歐卓斯在退休後著作了一本叫做*Variae*（《雜錄》）的著作。閱讀這本書之後，我們才得知統治者原本嚴峻威壓的口頭命令，在卡西歐卓斯筆下修改得多溫和穩健。

提歐鐸力克指示，要求將亞德里亞海上的伊斯特利亞半島農產品，運輸到提歐鐸力克王宮所在地拉溫納。這道單純的命令在卡西歐卓斯筆下修飾後，變成下列的文章。順帶一提，這時接受命令的，是百年前阿提拉率領匈族入侵義大利時，不得不躲入淺灘另行建設城鎮的人。這些人也就是日後建立航海通商大國的威尼斯人。

「一如各位所知的，希望各位能將今年豐收的伊斯特利亞產的葡萄酒與橄欖油，運往拉溫納。各位擁有大量船隻，想必能設法將伊斯特利亞居民交出的農產品平安運到目的地。各位在本回工作中獲得的利益，可與他們對分。因為唯有雙方協力合作，才可能完成這項工作。

希望各位能盡快開啟這場短期航程。對於習慣更長航程的各位來說，這場旅行就像在自己國內進行一樣。換句話說，有如在房舍之間的水路航行一樣。在此不對海路航線做任何指定，如果氣象不穩可以選擇河運。各位可自行判斷，選擇最安全的航線。

對朕來說，回想各位的住家是如何建造的，是無上愉悅的一件事。過去（作者註：羅馬時代）威尼特地方以諸多賢能貴人聞名，南以波河與拉溫納銜接，東鄰亞德里亞海沿岸美麗的海濱。海水的漲退時而讓陸地浮現，時而淹沒陸地。各位的住家也有如水鳥一般，或在海面漂蕩，或在岩石上歇腳。這不是自然形成的結果，而是人類努力的成績。

對於住在這裡的人來說，唯一豐富的食糧就是魚類。無論貧富貴賤，人人平等均分。在這同時，幾乎同樣規模的住家，讓各位遠離了豔羨鄰居的世俗罪惡。

住在威尼提亞（今日的威尼斯）的各位主要的產業是開發鹽田。其他地方的人們是在旱田中揮舞著鋤頭與鐮刀，而各位則是旋轉著將鹽磨細用的石臼。人沒有黃金一樣能夠生存，然而保存食物、讓食物更美味的鹽，則是人人必備的物資。正因為如此，各位才能賣出鹽，換取其他的必需品。

那麼，希望各位能整頓好船隻，並且有如將家畜拴在房舍旁邊似的，將船隻繫在各位的房屋旁。朕派遣了擅長此類工作的羅倫提烏斯前往伊斯特利亞。當他集結農作物的工作結束後，希望各位能立即從事搬運工作。只期望各位能不因事故或經費問題，讓運輸工作有所延誤。希望各位能多加努力，讓農產品盡早到達拉溫納。」

無論是政治、軍事、行政，在人類世界裡有許多事情勢必會伴隨著辛苦。必須逼使國民面臨辛苦的為政者所需的資質，不是把苦楚掩飾成樂趣的辯才，而是有辦法讓人民能夠樂於吃苦。卡西歐卓斯可說是提歐鐸力克統治工作中最佳的「簡報人員」。能夠以相對少數的日耳曼人，統治相對多數的羅馬人，還能夠不引起叛變事件，除了施政內容優秀之外，恐怕也因為施政的呈現方式良好。而錄用並善用人才的能力，是為政者不可或缺的資質。這項資質不分種族、宗教或血統，純粹看個人的氣度如何。

如果將奧達凱爾在位的十七年，加上提歐鐸力克在位的三十三年，「蠻族和平」在西羅馬帝國滅亡後，整整維持了半個世紀。五十年來不用擔心蠻族入侵，而且還能享有令人滿意的善政，自然義大利半島會在各個層面開始復甦。如今雖然損失三分之一資產，但還能以地租方式取回使用權。而且既然要付出地租，就不能像以往一樣任由田地荒蕪。正因為人口已經不如以往，因此社會更希望能善加利用每一個人才。由於義大利半島的人與耕地更有活力，生產力自然也就隨之攀升。而且多虧了「蠻族和平」，使得農產品恢復流通，也因此讓義大利的經濟再度恢復成長。兩個世紀以來逐漸減少的人口，也開始有了增加的傾向。由此可證，「和平」是人類社會中最終究、根本的基礎建設。

與提歐鐸力克同一個時代，還有一位比他年輕五十歲左右的人。這人是出身巴勒斯坦地方凱撒利亞城的希臘人普羅柯派厄斯。巴勒斯坦出身的希臘人屬於東羅馬帝國國民，因此對普羅柯派厄斯來說，與東羅馬向來保持微妙關係的提歐鐸力克是敵人。再加上普羅柯派厄斯身為東羅馬帝國官僚，又是天主教派信徒，在他眼中沒有拋棄異端信仰亞流教派的提歐鐸力克依舊是敵人。不過普羅柯派厄斯對提歐鐸力克留下了下列這麼一段評論。由於普羅柯派厄斯崇敬史學家修昔的底斯，因此他認為歷史敘述要以客觀性為至上原則。普羅柯派厄斯不但是西元六世紀時拜占庭帝國首席史學家，甚至可說是古代最後一位史學家。他生前留下了《哥德戰記》等著作。普羅柯派厄斯在接獲提歐鐸力克逝世的消息時，留下了這樣一段文章：

「東羅馬帝國給他的名稱，只是個專制君主罷了。不過從實情來看，他可說是名副其實的皇帝。他是個比帝國後期即位的人們還要有資格自稱皇帝的領導人。他富有人情味的統治，不僅獲得同胞哥德人的信賴，甚至獲得居住於義大利的羅馬人信賴。當提歐鐸力克逝世時，不分統治者與被統治者，不分哥德人或羅馬人，眾人一同為他流下惋惜的眼淚。」

提歐鐸力克於西元五二六年八月三十日逝世於拉溫納，享年七十二歲。死後入殮於事前造好的陵墓，至今還存在。

拉溫納的提歐鐸力克陵墓

不過提歐鐸力克治國的三十三年中，並非一帆風順。在他臨終的最後幾年，為了預期外的事變大感苦惱。狀況會進展成足以稱作事變的程度，一方面因為提歐鐸力克過度憤怒，一方面也是基於連他的氣度都無法轉圜的歷史背景。

「東方」長手

當西羅馬帝國健在時，與東羅馬帝國同樣身為基督教天主教派國家。西羅馬帝國滅亡後，前後由奧達凱爾、提歐鐸力克統治，進入統治者為亞流教派，被統治者為天主教派的時代已經過了半個世紀。亦即，受到信仰非正統教派，應當排斥的「異端」統治，已經將近半個世紀。

不過若與亞流派基督教徒比起來，天主教派基督教徒排斥異端的想法要強烈得多。奧達凱爾和提歐鐸力克在成為統治者之後，毫不干涉義大利的天主教派信徒信仰，恐怕也是因為雖然同為基督教徒，但亞流教派對於不同信仰較有認同接納的彈性。唯一的例外是北非地區，不過原屬天主教國家的北非雖然被亞流派的汪達爾族征服，下手迫害天主教派信徒的卻是當年被打為異端、飽受欺凌的鐸那圖斯教派。

西羅馬帝國的根源地義大利半島，在米蘭主教安布洛修斯的徹底振興政策下，成為全面信仰天主教派的土地。而義大利半島在帝國滅亡後，成為由「異端」統治的國家。只不過在義大利境內，信仰天主教派的羅馬人一樣不惜一切努力協助亞流教派的蠻族統治國家。卡西歐卓斯儘管深信天主教派，但終生依舊戮力協助提歐鐸力克治國。換句話說，五十年來上自元老院議員、中央公務員，下至平民百姓，沒有人認為「正統」與「異端」的共存有什麼不方便的。有一回羅馬主教（這時已經該稱為教宗）選舉時，因為候選人之間的紛爭鬧到不可收拾。天主教派的羅馬教宗還請求提歐鐸力克出面協調。最後還是在提歐鐸力克的調解之下，才順利舉行了天主教教會的主教選舉。

在西羅馬滅亡半個世紀之後的義大利，沒有人會為此感到訝異。儘管說這是為了不刺激純天主教派東羅馬帝國的政策，至少天主教派與亞流教派的共存是成立了。

只不過，既然宗教不完全屬於理性範圍，勢必有人會出面指責，表示只因沒有不便就接納與異端共存的生活，是違反天意的背信行為。對於抱持這種觀念的人來說，接受異端亞流教派統治本身就是背信行為，唯有排除異端回歸基督教正統的天主信仰，才是真正承天意活著。

在提歐鐸力克長達三十多年的統治期間內，這種人隨時都存在。只不過，從未形成多數派，而是孤立於接受亞流派統治的天主教會中。與其說是義大利境內的天主教派信徒沒有接受他們的主張，不如說是東羅馬帝國皇帝忙於優先處理自己的問題，沒有餘裕考慮舉著打倒亞流教派的旗幟進攻義大利。不過當提歐鐸力克統治期間即將結束的西元五二五年時，東羅馬帝國的狀況開始有了轉變。因為現任皇帝查士丁一世的姪子，被視為次任皇位接班人的查士丁尼，開始在東羅馬帝國內嶄露頭角。

卡西歐卓斯有一位年紀相仿的同事波艾提烏斯，同樣是不惜努力幫助提歐鐸力克治國的羅馬人。而且他不論出身或財力，都遠超過卡西歐卓斯。波艾提烏斯出身於羅馬首富阿尼齊亞家門，又因為父親早逝，接受羅馬元老院階級代表人敘馬庫斯家扶養。最後他還迎娶了敘馬庫斯家的女兒，建立了深厚的關係。簡單來說，他是被統治者羅馬人中的代表性人物。

此外，波艾提烏斯還具有符合身份的學問與教養。他雖然是天主教派信徒，但熱衷於研究柏拉圖與亞里斯多德哲學，留下許多這方面的著作。而且又與卡西歐卓斯相同，在從提歐鐸力克手上獲得"patricius"（貴族）稱號後，歷任國家要職。對於提歐鐸力克來說，是個值得信任的優秀臣子。

自稱「義大利王」的提歐鐸力克，非常注重與自稱法蘭克王或西班牙王的其他蠻族君主維持友好關係。提歐鐸力克曾接受波艾提烏斯的建議，選擇優秀的豎琴手作為給法蘭克王的禮物，又以日晷與水鐘當作給勃艮第王的贈禮。對於提歐鐸力克來說，波艾提烏斯不但是有如內閣祕書長的重臣，同時還是外交助理。波艾提烏斯也一方面協助蠻族出身的國王治國，一方面投入研究古典的工作。卡西歐卓斯還曾經留下文章，讚賞波艾提烏斯在古典研究方面的成果。想必對於日耳曼裔國王提歐鐸力克來說，羅馬人卡西歐卓斯與波艾提烏斯是可遇不可求，優秀又值得信賴的助手。

不過維持了二十年的良好關係，就在西元五二五年突然解體。這年根據密報，有一名叫做亞爾比努斯的元老院議員私下與東羅馬帝國皇帝連絡，策畫進攻義大利，以解救受亞流教派統治的天主教派信徒。雖說間諜拿到了相當確實的證據，不過事情的真偽尚未釐清。如今要調查的是，亞爾比努斯是只有請求東羅馬帝國軍解救義大利天主教會的想法而已，還是已經有實際的動作。

不過光是有元老院議員牽扯在內，事情就已經難以處理。對於深信統治義大利應以接納既存勢力為優先政策，並且相信自己已經成功的提歐鐸力克來說，這項問題更是嚴重。提歐鐸力克在帕威亞召集全體重臣，與其說是集體審判，不如說是舉辦內閣會議研討善後方法。事情就發生在會議之中。

當時波艾提烏斯的職銜是"magister officiorum"，地位有如內閣祕書長。我們不知道他到底了解多少內情，不過他在會議中大肆幫亞爾比努斯辯護。他在會場上這麼說：

「假使亞爾比努斯有罪的話，不只我有罪，全體元老院議員也都有罪。因此若是亞爾比努斯無罪的話，我與其他元老院議員也都無罪。」

只不過，他又接著說：

「但是，假使我知道確實有策畫陰謀的事實，只怕也不會提出通報。」

這段話惹得年逾七旬的提歐鐸力克大為震怒。不知道他是為了高齡而焦慮；或者是為了遭信賴的手下背叛；抑或是三十年來小心翼翼推展的東羅馬帝國外交政策，被一小撮宗教狂熱份子給破壞殆盡。說不定答案是以上皆是。據說當時由名叫基普利亞努斯的間諜得來的情報相當具有可信度。

不過這樁案件最後以意外的方式落幕。亞爾比努斯與波艾提烏斯同樣有罪，被幽禁在帕威亞城裡的塔上。只不過，事後沒開庭審判，也沒有立刻處死。幽禁期間長達一年，在這段期間內波艾提烏斯寫著了 *De consolatione philosophiae*（《哲學的慰藉》），成為他的諸多作品中傳誦最廣的一部。

第二年，西元五二六年，波艾提烏斯遭處斬首刑。提歐鐸力克病逝於這年的八月底。至於波艾提烏斯的死刑是在這之前或之後執行，目前不得而知。

與在哲學慰藉下四十五歲就遭處死的波艾提烏斯相較，提歐鐸力克則是在治國三十三年後，以七十二歲的高齡結束人生。不過他是否真能安心辭世？他直到老年都擔憂東羅馬帝國的反應，而且後繼無人的煩惱只怕也讓提歐鐸力克臨終時走得不安心。

提歐鐸力克有女兒但是沒有兒子。他原本將女兒阿曼蘭森塔嫁給某位東哥德族男子，期望能培養繼承人。但是做女婿的奧塔里克是個厭惡羅馬人的日耳曼純種主義份子，而且毫不掩飾其態度。對於以日耳曼人與羅馬人共存為國家基礎的東哥德王國來說，奧塔里克實在不是適當的繼承人選。這項問題困擾了提歐鐸力克好一陣子，不過最後是抱持純種主義的女婿先逝世。在女婿逝世之後，唯一留下的是女婿與阿曼蘭森塔所生的外孫。最後雖然由外孫繼承了提歐鐸力克的王位，但由於年齡太小，要由母親阿曼蘭森塔代理治國。偏偏哥德族有厭惡受女子統治的傾向。

繼承人人事之所以重要，是因為長年累積的政績是會繼續受人善用，或是功虧一簣，全看繼承人的手腕如何。這讓人想像七十二歲的提歐鐸力克過世時，只怕心中充滿失望。因為他年輕時在君士坦丁堡當過十年人質，十分清楚東羅馬帝國的內情。他很可能已經隱約看見目前還不清晰的，從東方伸出的長手。查士丁尼原本只是能對皇帝發揮影響力的重臣之一，正巧在提歐鐸力克逝世一年後接手東羅馬帝國的皇位。

「蠻族和平」的結束

儘管二十年來戮力協助的提歐鐸力克政策，隨著當事人的死亡一同結束，卡西歐卓斯在這時依舊沒回到義大利南部的故鄉，而停留在北部的拉溫納。他的目的是輔佐在提歐鐸力克身後繼位的十歲外孫阿塔拉里克，以及其母親阿曼蘭森塔。讓人佩服的是，卡西歐卓斯身處於在提歐鐸力克逝世後聲勢逐漸壯大的天主教派信徒之中，竟然能有如此膽量下這種決心。

少年國王與其監護人母親為了回報，將王國內最有實權的職位交給了卡西歐卓斯。這也就是筆者意譯為內閣祕書長的"magister officiorum"。在波艾提烏斯死後，這個職位一直虛懸。

提歐鐸力克臨終遺言要由十歲的阿塔拉里克繼位，並且讓東哥德族的重臣宣誓效忠。因此新任國王即位日期為提歐鐸力克逝世的八月三十日當天，即位的消息也通知了東羅馬帝國皇帝查士丁及西方各蠻族國王。東羅馬皇帝似乎也以阿塔拉里克繼續擔任東羅馬臣屬的條件承認政權。也就是說，雖然新任國王只有十歲大，阿塔拉里克的王位從官方角度看來是無可挑剔的。因此後來發生的問題，可說只是私事。只不過對哥德族的權貴來說，一點都不是私事。

提歐鐸力克的女兒、新任國王的母親阿曼蘭森塔希望兒子能接受羅馬式教育。所謂羅馬式教育，就是以希臘羅馬古典文學為教材的文藝教育，也就是當時的菁英必備教養。哥德族的重臣卻以提歐鐸力克生前認為哥德子弟不需要上學為由強烈反對。同時他們認為哥德族的國王只要學習武藝即可，硬逼這對母子分居。十歲的少年國王就這樣被投入日耳曼式的粗暴剽悍生活中。可能對生活不適應，再加上對母親的思念，不久後阿塔拉里克的精神便受創。八年後，在無人聞問的狀況下死去。

提歐達多

阿塔拉里克

徒具形式的國王死後，以監護人資格治國的阿曼蘭森塔的立場便顯得尷尬了。根據想像，可能是卡西歐卓斯等政權內的羅馬人賣力奔走，使得哥德族重臣同意擁立她為女王。不過在厭惡女人執政的社會中，光是這樣還不足以令人安心，因此女王再嫁給出身哥德族權貴家庭的提歐達多。

提歐達多是個喜歡讓人用羅馬式發音稱呼其名的哥德人。在哥德族重臣中，他是個公然表示喜好希臘哲學的稀有人物。眾人認為，這是三十八歲的阿曼蘭森塔女王挑上他當再婚對象的主要原因。在當時，三十八歲已經是無法期待生育的年齡。可能也因為如此，使得阿曼蘭森塔無法全面信賴丈夫。在不安之下，女王的政策漸漸朝東羅馬帝國皇帝靠攏。也說不定早已從亞流教派跳槽到天主教派中。提歐鐸力克在母親改信天主教派時沒有任何反應，女兒改宗時很可能也沒有表示反對。

只不過，女王向東羅馬皇帝靠攏的行為激怒了哥德族重臣。提歐達多在無法忽視眾怒的狀況下，不但被迫將官方地位是東哥德族女王的妻子送到湖中島嶼囚禁，最後還必須下令處死。

很明顯的，這件事變給已經即位為東羅馬帝國皇帝的查士丁尼帶來進攻義大利的好理由。卡西歐卓斯事前似乎不知道事變的消息，在事後才慌忙收拾殘局。他說服提歐達多，派遣使者帶著向東羅馬皇帝宣誓效忠的文件急速趕往東方。卡西歐卓斯以迴避戰爭為優先，只要能避免義大利成為戰場，他寧可像協助阿曼蘭森塔一樣，協助處死女王的提歐達多。

只不過提歐達多也飽受哥德族內部的批判。重臣責難他態度軟弱，官兵中充斥著東羅馬不足畏懼的想法。提歐達多最後被逼下王位，改由新選出的威提吉斯接任東哥德國王。威提吉斯以往的表現並不出色，但是在官兵之間頗受歡迎。這時是西元五三六年秋季，距離提歐鐸力克逝世已有十年。

學院

似乎就在這段時期後，卡西歐卓斯退出了與王宮直接相關的公職。打從協助提歐鐸力克治國三十年來，這名南義大利出身的羅馬菁英一直待在義大利北部。他似乎認為政壇已經沒有自己能著力之處，因此回到了陽光普照的義大利南端。這時他已經將近六十歲了。

卡西歐卓斯原本就出生於擁有廣大田地的家庭中。在羅馬時代，別墅同時也是農牧業的生產基地，因此卡西歐卓斯有充分的資產養老度日。只不過，卡西歐卓斯在退休後，並未選擇於華麗別墅內隱居的日子。他在史齊拉葉的私有丘陵上建立了一座足供數名同好共同生活的小修道院，又在修道院附近蓋了一座叫做“Vivarium”的學校。

“Vivarium”一詞，原本的含意是苗床或養魚場。只不過這座“Vivarium”培育的不是草木或魚苗，而是人類。在學校中寄宿學習的是以希臘羅馬文學為教材的全套文藝教育。這些學問是培養自由精神必備的學問，而首先發覺這種學校必要性的是城邦國家鼎盛期的希臘人。因此拉丁文的“schola”、義大利文的“scuola”、英文的“school”，全都源自於希臘文的“schole”。這個希臘文名詞最初期的含意，是個人設法提升運用精神力所需的技能。卡西歐卓斯開設「養魚場」的目的，也是為了創設這種學院。因此教學內容不似其他學校以修辭學為重，而是以文學、哲學、音樂為主。這座學校似乎不以培育在公職中吃香的人才為目標。

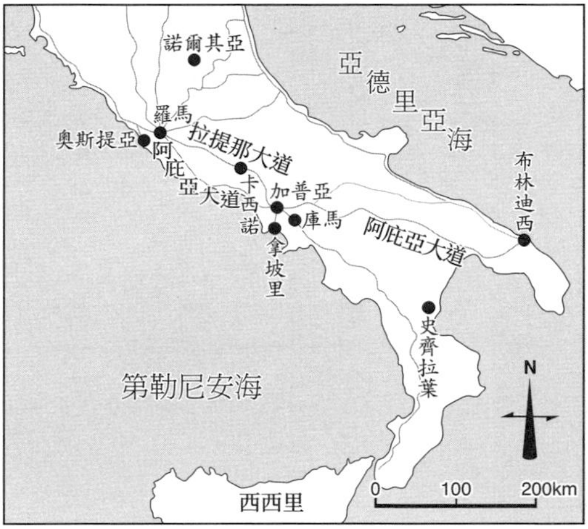

南義大利

不知道這座學校為何還同時注重醫學教育，教學內容包括希波克拉底、加里諾、瑟爾薩斯，彷彿創校目的在培育教養深厚的醫師。這讓人聯想起在“Universitas”（綜合大學）興盛前問世，讓人視為全歐洲第一座醫學院的「薩雷魯諾醫校」。順帶一提，薩雷魯諾醫校中使用希臘文、拉丁文、阿拉伯文、希伯來文，而且不過問師生的出身民族與宗教。讓人覺得即使在黑暗的中世紀，有時也會透出一道光芒。

既然具有“schole”身份，卡西歐卓斯創設的「養魚場」自然也會備有收藏卷軸式書籍的圖書館。只不過在這個時代，圖書館只需收藏希臘文與拉丁文書籍。此外，卡西歐卓斯還投入個人全數財產，成立了維持學校營運的財團組織。這也是這位半輩子擔綱國務之人的發想。

修道院

與卡西歐卓斯同一時代裡，還有一位生於義大利中部諾爾其亞鄉居貴族家中的佩內迪科托斯。西洋史將此人稱為聖佩內迪科托斯。在「蠻族和平」的時代裡，堅持天主教派信仰不會受到任何阻礙。佩內迪科托斯打從年輕時就進入修道院生活。在卡西歐卓斯創設“Vivarium”的同一時期，佩內迪科托斯也在拿坡里附近的卡西諾丘陵上建設了修道院。與卡西歐卓斯的「養魚場」不同的是，這是一座純粹的修道院，是提供修道士在絕對服從的大前提下，將一天分為祈禱與勞動兩大部份、過著團體生活的空間。

佩內迪科托斯創新的地方在於，他打破以往東方修道院與世隔絕、專心冥想的形象，樹立了與社會積極接觸的修道士規範。佩內迪科托斯認為，基督十二門徒各有各的職業，因此修道士應該同樣注重勞動。從修道院的立地條件，也可以反映出他的這項理念。

羅馬與拿坡里之間，有阿庇亞大道和拉提那大道兩條幹道。卡西諾位於拉提那大道沿線，就連現代的羅馬——拿坡里普通列車也會在卡西諾站停靠。佩內迪科托斯的修道院，就蓋在幹線道路邊上的山丘。在義大利只要說"Montecassino"（卡西諾山），大家就知道實際指的是佩內迪科托斯修道院。不過雖說是「山」(monte)，實際上只是有點高度的丘陵而已，而且這裡原本建設有一座羅馬諸神的神殿。羅馬人認為，要讓人類容易參拜，才稱得上是神殿，因此不會在與人世隔絕的地方修蓋神殿。由此可以清楚的看出佩內迪科托斯選擇在神殿廢墟上建設修道院的意圖。他希望與人世接觸的場地，從神殿變成修道院附設的教堂。此外，若要出售勞動獲得的農作物，修道院確實有必要與社會接觸。

佩內迪科托斯（喬凡尼・貝里尼繪）

這個人不僅提示了修道院應有的姿態，同時也制定了修道院內部的時間表。

從清晨到上午十點為勞動，十點到正午是揚聲祈禱。正午稍微用餐後，休息到下午三點鐘。休息時間內可以祈禱，但必須採默禱方式。下午三點鐘到天黑為止是勞動時間。日落後用晚餐，隨後就寢。在這個燈火昂貴的時代裡，無論宗教界或一般平民，同樣都是日落而息。

在嚴謹的日常生活方面，"Vivarium"與「佩內迪科托斯修道院」沒有什麼差別。不過，還是有些地方不一樣。

第一點在於勞動。卡西歐卓斯學院的學生不必為了維持生活而勞動，創校人也為此特別成立了財團組織。

第二點在於祈禱。卡西歐卓斯的"Vivarium"之中，「讀書」時間一如字面所述，就是純粹的閱讀時間。不過在佩內迪科托斯制定的修道院時間表中，「讀書」不但讀的是《聖經》等基督教相關著作，而且必須出聲朗讀，說是「讀書」還不如說是「祈禱」。就好像朗誦《可蘭經》的伊斯蘭少年的行為，同樣該以祈禱來形容一樣。

第三點差異，在於團體生活的前提。佩內迪科托斯修道院以「絕對服從」為前提。相對的，卡西歐卓斯的「養魚場」則是鼓勵自由精神與活潑的交換意見。

只不過，佩內迪科托斯在建立特色之後，隨後又追加了手抄希臘羅馬著作的「勞動」，形成了中世紀歐洲的修道院楷模。除了義大利之外，歐洲各地也陸續成立修道院，成為中世紀的精神堡壘，而且有不少修道院一直存續到現代。相反的，卡西歐卓斯的「養魚場」則是在不知不覺中消失了。或許是佩內迪科托斯的修道院合乎時代趨勢，卡西歐卓斯的學院不合時宜。

與卡西歐卓斯創設“Vivarium”、佩內迪科托斯創立修道院同一時期，西元五二九年，東羅馬帝國皇帝查士丁尼宣布廢除雅典的學院。這座學院是在西元前四世紀由柏拉圖創立，到了羅馬時代是統治者羅馬人子弟爭相留學的地中海最高學府。如今這座哲學的堡壘也結束了九百年的歷史。時代就此徹底走入以服從為「德行」勝過持疑的階段了。柏拉圖學院遭到廢除後，要等到西元十五世紀文藝復興時代，才由翡冷翠的科西莫．迪．麥迪奇再度復校。

查士丁尼大帝

如果有人問說，東羅馬帝國皇帝查士丁尼若不是伯父成為皇帝，後來是否能成為讓人稱為「大帝」的歷史人物，這就難以回答了。不過若是問說他是否能善加利用伯父成為皇帝的幸運機會，那麼答案很簡單。查士丁尼原本出身巴爾幹地區的農家，然而在出人頭地時，不用像其他同樣環境下成長的青年般在軍中或在官場打滾。他只要幫助登基稱帝的伯父治理國家即可。

查士丁是長年在軍中任職後獲得皇位的人物，不過他在登基前並未有重大軍功。而是前任皇帝逝世後，爭奪繼位的人選過多，鬧到無法僅在高階官員之間協調處理。查士丁從夾縫中竄出取得皇位之後，立刻把所有競爭對手全數處死。

在這時，他的姪子查士丁尼已經三十四歲。然而查士丁尼在這之前的經歷至今無法查證，讓人懷疑是否成天無所事事。當伯父成為皇帝後，他獲得了有如祕書官的"comes"職務。當他獲得在伯父身邊任職的職務後，頓時如魚得水。甚至有人表示，儘管查士丁是從殘殺政敵的事變中獲得皇位，但九年在位期間能穩定得出乎意料，也多虧這個姪子的審慎安排。

查士丁尼

查士丁尼是一個奇妙的人物。他既沒有從軍經驗，也沒有從政經歷，在職期間甚至懶得外出，沒有離開過首都君士坦丁堡半步。然而在必須替重大案件做決斷時，卻可做出妥善的判斷。他的伯父查士丁在位期間，相當於他三十四歲到四十五歲的九年間。據說除了最初幾年之外，後頭六年實質上根本是由查士丁尼代理國政。

除此以外，查士丁尼還有不受慣例拘束的一面。當時他看上了一名叫做狄奧多拉的舞女，問題是在東羅馬帝國，元老院議員是禁止與低階層出身女子通婚的。查士丁尼此時已經是元老院議員，但為了迎娶這名美麗又嬌氣的女子，他不惜為此修改帝國法律。在登基稱帝之後，他又展開了同樣的行動。使得狄奧多拉不僅是皇帝的妻子，而且獲得與皇帝同等的皇后地位，讓周邊重臣都看傻眼。

儘管如此，查士丁尼依舊頗受皇宮重臣與元老院議員好評。西元五二七年春季，查士丁臥病在床。這時元老院與皇宮官僚聯合要求皇帝立姪子查士丁尼為共同皇帝。四月四日，查士丁尼獲准成為共同皇帝；八月一日，查士丁病逝，使得查士丁尼成為唯一的皇帝。儘管登基時已經四十五歲，不過查士丁尼有當時領袖人物難得的八十三歲長壽記錄，因而在位期間長達三十八年。

查士丁尼雖然不好學，但是對羅馬歷史很感興趣，只不過是以他個人的喜好方式。查士丁尼會注重歷史上的偉大事蹟，但是不在乎這些事蹟到底立足在什麼樣的社會結構上，這一點與元首政體時期的皇帝正好相反。查士丁尼出生於介於歐亞之間的巴爾幹地區，其後又只知道君士坦丁堡的風景，因此他畢竟只是個東方風格的皇帝。此外，在他觀念裡的羅馬帝國，也只是個天主教派的基督教帝國罷了。

身為羅馬帝國皇帝，又能讓後世追加「大帝」尊稱的，前後只有君士坦丁、狄奧多西，以及查士丁尼三個人。由於後世處於基督教會壟斷的局面，因此「大帝」稱號也是基督教會頒贈的。也就是說，這三名皇帝的共通點是受到基督教會喜好與認同。

君士坦丁大帝，一如筆者在第XIII冊《最後一搏》所述，是首位認同基督教的羅馬皇帝。如果沒有他的諸般優待政策，基督教會不會有事後的急速發展。

狄奧多西的事蹟則在第XIV冊《基督的勝利》中所述，他單獨侍奉基督教天主教派，將其他宗教打為應排斥的「異教」。同時他將同屬基督教的亞流教派與鐸那圖斯等教派打為「異端」，並列為應遭排斥的邪教。從被認定唯一正統基督教的天主教派信徒眼中看來，狄奧多西確實有資格被人稱作「大帝」。

查士丁尼似乎也以這兩名皇帝為榜樣。只不過前面兩位皇帝是東西分裂之前的羅馬帝國皇帝。查士丁尼在西元六世紀登基稱帝時，西羅馬帝國已經滅亡，西方遭蠻族王國瓜分。這個皇帝能統管的只有帝國東半部而已。

高中的歷史課本中，列舉下列三項事蹟作為查士丁尼的功績。

一、修建聖索菲亞大教堂。

二、編纂《羅馬法大全》。

三、復興前西羅馬帝國領地。

興建於首都君士坦丁堡的聖索菲亞大教堂，是獻給聖母和聖子的大教堂，因此規模壯麗得遠超過以往任何基督教教堂。據說就連君士坦丁大帝在羅馬修建的聖彼得教堂，在規模與美觀上都遠遠不及。十五世紀遭到土耳其征服後，這座教堂被轉為清真寺使用。到現代則已經不是清真寺或教堂（編按：聖索菲亞大教堂於二〇二〇年改制為清真寺），而是歷史古蹟，成為前往伊斯蘭都市伊斯坦堡的觀光客必看景點。據說在基督教教堂時期，聖索菲亞大教堂牆面鑲滿了各種金碧輝煌的壁畫。其中有一幅畫著抱著基督的聖母，以及左右兩位皇帝獻禮的壁畫。站在右側的君士坦丁大帝，手上捧著的禮物是君士坦丁堡；站在左側的則是查士丁尼，雙手捧著聖索菲亞大教堂。兩名皇帝和聖母一樣，在背後加上光環裝飾。對於基督教徒來說，世俗君主是受神明委託統治人間的人物。亦即在成為基督教國家之前的羅馬皇帝，是活人之間的領導人物。而基督教化之後，皇帝是介於人與神明之間的存在，而且比較偏向神明的那一端。所以在圖畫中，皇帝同樣以光環做裝飾。

《羅馬法大全》

查士丁尼的第二項功績是編纂《羅馬法大全》。關於這點相信即使不是基督教徒也會表示同意。這項事蹟是讓他名留後世的首要事業，而若不是他對身為皇帝有深刻體認，恐怕也無法完成這項工作。讓人感到有趣的是，在他認為對基督教帝國有益，因而下令編纂羅馬法的同時，他又下令廢除雅典的柏拉圖學院。說不定他認為在基督教國家中，雖然需要法律，但是不需要哲學。

這套全書的正式名稱叫做 *Corpus iuris civilis*。從名稱來看會讓人誤以為是「民法」(iuris civilis) 全書，實際上卻是包括刑法在內的各種法律大全。查士丁尼為表明編纂這套全書的目的，親自寫下了以下的序言。

聖索菲亞大教堂的牆面鑲嵌畫（上）與平面圖（下）

「奉吾主耶穌基督之名，皇帝．凱撒．弗拉維斯．查士丁尼．奧古斯都為有益於期望學習法律的年輕世代，決心著手本回的大事業。因皇帝之天威並非只憑藉武力光輝，亦經由公正之統治而發揚。羅馬皇帝必須身兼戰時的勝利者，以及平時的統治者身份。而若無法律輔助，勢必無法實現公正良好的統治。」

正如同序言中提到的，查士丁尼宣言要彙集羅馬人多年來制定過的法律。有趣的是，在蒐集從研討公法民法意義所在的法律概論，到實際判例等數量龐大的羅馬法之後，大多數的法律起源自羅馬成為基督教國家之前。根據羅馬法專家的意見表示，西元六世紀編纂的這本《羅馬法大全》之中，多半是西元二世紀所制定的法律。亦即多半是在四百年前，羅馬鼎盛的五賢君時代所制定。

此外，實際著手編纂別名《查士丁尼法典》的《羅馬法大全》的人員是四名法學家。儘管這些人一定會有助理，但是四個人竟然能在短短的六年內完成編纂的工作。如果一一蒐集四百年來散逸四處的法條，勢必無法在這樣短的期間內完成。想必在這之前已經有完整的法集著作存在，而編纂工作則是以既有文獻為中心而展開。

首先在五世紀前半時，東羅馬帝國皇帝狄奧多西二世曾經下令編纂過《狄奧多西法典》。只不過其中蒐集的是君士坦丁大帝之後，也就是基督教化之後的羅馬帝國法。

不過，另外還有基督教化前羅馬帝國法學著作存在。西元二世紀中葉，哈德良皇帝曾下令編纂自共和時期到帝政時期的法律大全。四名法學家能在六年的短期間內完成整套羅馬法，想必是因為之前已有這兩本彙整到一定程度的全集存在。而查士丁尼的《羅馬法大全》不但能有益於法律專家，也能讓筆者這種與法律無緣的人產生某種感慨。

首先，這套全集的目的在蒐羅基督教國家必要的法律，蒐集的結果卻多半是尚未基督教化時代所制定的羅馬法。由此可見無論社會成員的宗教信仰，如果以能否讓匯集眾人的社會充分發揮作用的話，羅馬人制定的法律通常能隨時隨地發揮效用。而如果將這種現象視為法律精神的表徵，那麼法律確實可說是由羅馬人創造的。

其次，查士丁尼的《羅馬法大全》一如他的親筆序文所說，是要從既有的眾多羅馬法中，蒐集挑選適合基督教國家東羅馬帝國統治的法律。換句話說，不適合基督教國家的羅馬法，可能會被排除在「大全」的蒐集範圍外。

也就是說，應該有某些羅馬法未能收錄《羅馬法大全》之中，因此在後世失傳。說不定這些法律中還包括了不論國教為何，一律認同個人信仰自由的法律在內。至少，我們可以假設可能有這種法律存在。

再將眼光看回查士丁尼的羅馬法範圍內。後世的現代國家立法受到羅馬法的影響，說不定在近代國家的法律之中，已經包含昔日羅馬人制定，但沒被《查士丁尼法典》收錄，因而失傳的法律在內。歷史上的記錄往往是在當事人眼光過濾後的結果，就連羅馬人的法律也不例外。

話又說回來，光是編纂《羅馬法大全》一事，查士丁尼就有足夠資格被人稱作「大帝」了。讓人感到奇妙的是，查士丁尼沒有求學深造的痕跡，看來不像受過教育的人，可說是歷史上偶爾會出現的奇蹟之一。

然而《羅馬法大全》最後未能在查士丁尼統治的東方活用，原因是整套書籍以拉丁文寫作。由於法律出於羅馬人的手中，自然是以羅馬人的拉丁文書寫。負責編纂的四名希臘法學家既然以法律為專業，自然也精通拉丁文。然而當時東羅馬帝國已經適合「拜占庭帝國」這個別名，普及全國的語言是希臘文。也就是說，在語言隔閡之下，《羅馬法大全》無法把查士丁尼的訴求傳到對象耳中。

隨時代演變，事後又遇上更大的不幸。《羅馬法大全》完稿不到百年，西元七世紀時，擊倒波斯人的阿拉伯人又將大部份的拜占庭帝國疆域化為伊斯蘭領土。對基督教國家有效的羅馬法，在信奉伊斯蘭教的國家中是否還能生效，就有待伊斯蘭專家來解答了。

只不過，由於全書採用拉丁文著作，使得《羅馬法大全》能在漫長的中世紀之後，重新在西方發揮威力。因為歐洲地區在中世紀時，共通語言還是拉丁文，而且歐洲各國全是基督教國家。直到今天，歐洲人還在讚賞查士丁尼復甦古代羅馬法的功績。兩千年後的各國大學內，都還有研究羅馬法的學科存在。由此可知比起成為史蹟的聖索菲亞大教堂，《羅馬法大全》要更能有益於人群社會。

聖戰思想

在《羅馬法大全》編纂期間內，有一名熱血的主教積極接近查士丁尼。由於查士丁尼是個熱忱的天主教派信徒，因此天主教派的神職人員可自由地在君士坦丁堡皇宮內走動。這名主教只要有機會與查士丁尼說話，就會一再重複下列說詞。

「讓天主教派信徒脫離異端統治，是您的使命。天神會走在您的軍隊之前。由神明引導的士兵將打倒敵人，讓異端統治下的土地，重新飄揚著皇帝的旗幟。您的敵人也就是神的敵人。」

查士丁尼為此動心，不過沒有立刻下決定。在這段時期中，已淪為常態不值特別一提的，是帝國正進行對波斯薩珊王朝的作戰。一如往例，又是由波斯攻擊，拜占庭方面迎擊。查士丁尼在這場戰役中投入了旗下最優秀的武將與兩萬五千名兵力。

由於拜占庭方面戮力奮戰，目前戰況有利。但是一直維持沒有關鍵勝利的膠著情勢。

讓人訝異的是，在東羅馬帝國近處的迎擊戰中，軍方竟然只能投入兩萬五千人。由此可知不但西羅馬帝國在沒有軍力自保的情況下滅亡，東羅馬帝國的軍事力量也在逐年衰退。若是元首政體時期的羅馬帝國，光是東方防線就有常設八個軍團的四萬八千名軍團兵，以及數量同等的輔助兵，總兵力約在十萬左右。西元六世紀的拜占庭帝國只能使用四分之一的兵力，根本沒有在東西兩邊同時開戰的能力。偏偏查士丁尼的夢想，就是像君士坦丁或狄奧多西那樣成為統合東西的大帝國君主。只不過，如果要進攻西方的話，勢必要先結束與波斯的戰鬥局面。

查士丁尼向波斯王科茲洛葉提出和談提議。科茲洛葉也厭倦了讓拜占庭軍壓抑的戰鬥局勢，因此回答以五千兩百五十公斤的黃金做和平條件。查士丁尼接受這項要求後，換取了凍結東方戰線的成果。對波斯戰役的功臣貝利薩留斯隨即被召回君士坦丁堡。在東羅馬帝國首都君士坦丁堡中，就此展開了進攻北非汪達爾王國的作戰準備。

貝利薩留斯將軍

貝利薩留斯將軍與查士丁尼同樣，生於巴爾幹地區，不過他的年紀比查士丁尼年輕十八歲左右。他於青年時期從軍，在美索不達米亞對亞美尼亞作戰中嶄露頭角。查士丁尼登基時，隨即將他升遷為東方軍司令官。

貝利薩留斯在二十七歲時就成為將領。若說以嶄新大膽的戰略戰術，帶領少數部隊以寡擊眾獲勝的能力，沒有任何武將能夠超過貝利薩留斯。查士丁尼若要將戰線轉移到西方，也唯有將貝利薩留斯從東方轉調到西方。查士丁尼在西元五三三年起推動復興前西羅馬帝國領土的作戰，此時這位總司令官才剛滿三十三歲。

查士丁尼皇帝深愛著出身低下，但是美麗又個性強勢、口快心直的狄奧多拉。貝利薩留斯也深愛著同樣個性的安東妮亞。他不但迎娶了這位帶著拖油瓶的寡婦，兩人還白頭偕老。狄奧多拉婚前原本是個舞女，安東妮亞則是戰車競賽車手的女兒，共通之處是出身下層社會。理論上來說，兩人既然同樣美麗，又個性強勢、作風大膽，應該能有不錯的交情。實際上這兩人雖然未曾敵對，卻維持著緊張關係。或許是每當兩人見面時，都覺得自己好像在照鏡子吧。

在進軍北非的一年前，首都君士坦丁堡曾發生一場叫做尼卡 (Nika) 之亂的有名暴動。當時戰車賽的藍隊與綠隊支持者之間發生衝突，引發了牽連民眾的暴動。當三萬名暴徒逼近皇宮時，五十歲的查士丁尼嚇得失魂落魄，還接受皇宮官僚的建議，準備逃出皇宮。這時是狄奧多拉阻擋在他面前，怒斥逃亡行動不是皇帝該有的風範，同時堅持要派遣貝利薩留斯前往鎮壓。

最後是在貝利薩留斯的果敢決斷之下，成功在狀況惡化前壓制住暴動。

安東妮亞沒有留下斥責丈夫的記錄，不過她也是個相當優秀的人物。無論丈夫貝利薩留斯走到哪裡，隨時都可見到安東妮亞的身影。她不僅會一同前往戰場，甚至時常率領分隊，支援丈夫的作戰行動。雖說如此，她卻從不過問丈夫的人事決策，反而是狄奧多拉或多或少會干預人事。

在拜占庭帝國史上，最有名的皇帝是查士丁尼，最有名的武將則是貝利薩留斯。讓人感到有趣的是，在東方色彩日益濃厚的東羅馬帝國中，社會充斥著血統良好、性格不鮮明，溫柔體貼又有生育能力的女子，這兩人看上的卻是狄奧多拉和安東妮亞這樣的女人。

狄奧多拉皇后與女官

進軍亞非利加

西元五三三年六月，以打倒北非汪達爾王國為目的的軍隊從君士坦丁堡出港。這是總兵力一萬五千人，船艦數量超過五百艘的大艦隊。不但皇帝與皇后前來慶祝出師，大主教也前來保證天神的祝福。儘管不像後世的十字軍一樣舉著十字旗，官兵身上也沒有穿著畫上十字的盔甲，攻擊的對手不是異教而是異端，但這還是一種十字軍行動。

基於補給的問題，要在遠離母國的敵境作戰時，與其率領大軍不如率領少數精銳部隊作戰來得有利。亞歷山大大帝、漢尼拔、西比奧．亞非利加努斯、蘇拉、魯克魯斯、凱撒等古代名將都證實了這一點。只不過，要登陸兵力多達二十萬的北非，身邊只有一萬五千人未免顯得太少。說不定這已經是東羅馬帝國軍事力量的極限。不過讓人感嘆的是，花錢向波斯買來和平後，送往西方的兵力竟然只有一萬五千。而手上僅有這些兵力的貝利薩留斯，勢必要設法尋求更加新穎大膽的戰略。

多虧普羅柯派厄斯留下了《哥德戰記》，詳細記錄整個過程，我們這些後人才能得知查士丁尼收復西羅馬帝國失土的意圖，以及貝利薩留斯如何推展計畫。這名希臘人生於巴勒斯坦的凱撒利亞，年齡與貝利薩留斯相近。當貝利薩留斯在美索不達米亞作戰時開始擔任其祕書官。西元五三三年發起西征任務時，當然也隨行從軍。對於貝利薩留斯來說，這就好像是帶著優異的戰地記者參戰一樣。而且這個記者不是普通的記錄員。普羅柯派厄斯不但觀察力優越，文筆又巧妙，具有史學家的素質。對於貝利薩留斯來說，能讓這個人幫自己留下戰績記錄，也是求之不得的好事。

查士丁尼有從政能力但是缺乏軍事經驗，而且由於幾乎沒有踏出過君士坦丁堡，對於帝國各地的風土民情並不熟悉。貝利薩留斯時常要在這個上司的命令之下勉強作戰，有時還要冒著去職的風險向其抗議。貝利薩留斯能獲得官兵的絕對支持，想必是眾人對於被迫在不利局面下取得戰果的年輕將軍抱著敬意與同情。這也是戰地記者兼祕書官普羅柯派厄斯的想法。

由君士坦丁堡出發後，滿載拜占庭帝國官兵的五百艘船艦首先要橫越馬爾馬拉海，經過荷雷斯貢特斯海峽，進入愛琴海。南下愛琴海之後，繞過希臘的伯羅奔尼撒半島南端前往西西里，最後才在汪達爾王國所在的北非上岸，結束整個航程。儘管途中隨時會靠港補給，整個航程要橫越半個地中海。出發時期會挑在入夏時分，也是因為儘管地中海的風向不定，在夏季的變化不會太過明顯。然而，當艦隊來到伯羅奔尼撒半島南端時，發生了一件醜聞。

船上裝載的麵包腐敗，造成五百多名官兵與船員食物中毒。長期航行用的麵包，必須是類似餅乾的乾麵包。製作時經過兩道烘焙程序除去水氣，在食用時如果不泡水或葡萄酒就無法下嘛。然而當初在君士坦丁堡製作的這些麵包，不但省去一道烘焙程序，而且只用幫共同浴場燒熱水的溫度製作，出航沒有多久就全數腐敗。

貝利薩留斯延長靠港的預定日程，動員附近所有的麵包店，重新製作能耐長期航海的麵包。同時他向身在首都的查士丁尼送出詳細報告，要求嚴懲負責幫遠征軍調度食物的大臣。因為經過軍方調查發現，大臣將偷工減料後省下的費用拿來中飽私囊。

查士丁尼更換了大臣，但沒有做更進一步的懲處。「伙食」是前線官兵作戰的原動力，然而沒有率軍打仗過的查士丁尼，恐怕只有理論上了解，實際上根本沒感覺。

五百艘船的大艦隊在航行時，除了補充生鮮食品與飲水之外，還需要額外靠港等候。如果不能耐著性子等待後方船艦到達，重新集結出港的話，會造成大量船隻迷途的現象。因此，在能夠沿岸航行的海域，就必須盡量沿岸航行。不過，有些海域是無法沿岸航行的。對貝利薩留斯率領的遠征軍來說，從希臘南端往西西里，橫越愛奧尼亞海的航程就是這種狀況。如果順風的話，整個航程只需五天。

然而在進入海域幾天之後，海上的風完全停了。在完全仰賴划槳手的狀況下，整個橫越愛奧尼亞海的航程延長到十六天。船上雖然有足夠的麵包，但是飲水斷絕了。這時候，總司令夫人的計策幫了大家的忙。安東妮亞在出發前瞞著丈夫，將大量裝滿清水的水壺搬入各船艦的底艙。官兵與船員得到這些清水後，才好不容易喘過氣來。由於偶爾會發生類似的事情，因此官兵中沒有人對只有貝利薩留斯帶著妻子同行的事感到不滿。

當時的西西里與義大利半島同樣的，屬於東哥德王國管轄，由哥德族官兵防衛。貝利薩留斯到達西西里南端後，隨即向當地的哥德統治官請求調度食糧與馬匹的許可。統管義大利與西西里的東哥德王國向來注重與東羅馬維持良好關係，因此調度食糧與馬匹的工作能順利結束。只不過貝利薩留斯認為單方面的資訊無法正確掌握局勢，在調度食物和馬匹的同時，把祕書官普羅柯派厄斯派遣到西西里最大的都市敘拉古，打聽東哥德王國的內情。在打聽之後得知的是，批判提歐鐸力克之後繼位的國王態度軟弱的威提吉斯派勢力，要比君士坦丁堡接獲的傳聞中來得強大。

貝利薩留斯被迫改變戰略。他必須考慮無法以西西里做進攻北非的後勤基地時的狀況。以現狀而言，最好重新假設無法利用西西里，重新擬定戰略較為安全。他必須盡早離開西西里前往北非，而且在可望獲得糧食補給的地方上岸。

不知道貝利薩留斯是否閱讀過朱利斯·凱撒的《內戰記》，還是偶然的巧合，貝利薩留斯選擇的登陸地點不是敵人集中的迦太基，而是偏東南南方向的海岸。這附近自古是農業地區，統治者汪達爾族集中住在以迦太基為中心的北部地區，這附近則是羅馬人農莊經營者定居的地帶。也就是說，貝利薩留斯選在敵方的防衛漏洞上岸。

在這附近汪達爾族的衛隊可說幾乎不存在，九月貝利薩留斯在此上岸時，得以順利的完成登陸行動。只不過，當時處於收穫時期，官兵一上岸就開始掠奪附近的農莊。這純粹是沿襲在東方與波斯作戰時的作法，卻大大違反了貝利薩留斯的戰略。總司令官召集了全體官兵，開始向他們訓話。

「我決心接受遠征亞非利加，收復長期受蠻族統治的這塊土地的大任。當時我心中認為比率領的部隊規模與士兵訓練程度更重要的，是如何與長年居住在這塊土地上的羅馬人建立友好關係，利用他們長期心中潛藏的對汪達爾族的敵慨意識。如今你們卻糟蹋了我的想法。只要和和氣氣的交涉，就可廉價買下來的東西，何必動武力去搶奪？你們如果一再施暴的話，他們只好在絕望下去投靠汪達爾族。結果我們會成為侵略者，不但要面對真正的敵人，還要與希望從敵人手中解救的百姓敵對。」

受到三十三歲的總司令說服後，官兵也對自己的行為感到羞恥，從此以後再也沒發生掠奪行為。貝利薩留斯四處派遣部下與農莊主人商討採購食糧，免除了在後勤上的困擾。同時派遣使節拜會各都市的行政官，除了保證他們的地位與人身安全外，並保證他們可維持行政工作。只不過，他追加了一項條件：

過去以汪達爾王名義推動的行政工作，從今以後必須改以查士丁尼皇帝的名義推行。貝利薩留斯的作法迅速傳遍附近地區，當貝利薩留斯軍北上時，無論都市鄉村都對他們敞開大門。這使得貝利薩留斯可以在和平之下，持續朝敵軍根據地進軍。友軍的艦隊也能在陸軍的右手邊，一同北上朝敵軍根據地迦太基灣航行。

汪達爾王國潰敗

北非的汪達爾王國在老練的堅瑟利柯王逝世後，陷入了內鬥紛爭時期。血親之間互相爭奪王位，失敗者之中運氣較好的也得待在牢裡。汪達爾族不是不知道貝利薩留斯率領著拜占庭軍逐漸逼近，而是雖然知道，但缺乏強力的領袖集結現有的力量準備迎擊。汪達爾族的軍事力量並不差。由於日耳曼裔蠻族出生率高，此時光是純戰鬥人員就至少有十五至十六萬人。

至於維持軍事力量所需的經濟力量，卻是一天比一天衰敗。由汪達爾族征服的北非地區，從未實現過「蠻族和平」。日耳曼人與羅馬人之間沒有共存的餘地。具高度文明、才能優異的戰敗者羅馬人，只能成為難民離開北非。汪達爾族雖然得到了基礎建設完善、土地肥沃、氣候溫暖、具高度文明且人才輩出的羅馬時代北非地區，卻依舊與住在日耳曼地區深處時一樣是北方蠻族。汪達爾族在西元四三〇年征服北非地區，貝利薩留斯率領東羅馬軍進攻時已是西元五三三年。在羅馬帝國中，文明程度優於高盧的北非地區，就在這種狀況下過了百年。與貝利薩留斯兩度戰鬥，並且兩度戰敗之後，汪達爾王國就這樣滅亡了。

貝利薩留斯在六月初從君士坦丁堡出港，九月初於北非登陸。而貝利薩留斯走進迦太基城時，是九月十五日。在短短的兩星期內，統治相當於現代的利比亞、突尼西亞、阿爾及利亞地區百年的汪達爾王國便消失得無影無蹤。貝利薩留斯巧妙的戰略固然扮演重要角色，不過真正的主要原因，是這百年來汪達爾人無所事事。

只不過，北非地區雖然名義上回到東羅馬帝國這個屬於羅馬人的國家之下，卻未能恢復與羅馬時代同樣的豐饒景觀。空有土地與氣候，並不能滿足復興的絕對條件。因為若是沒有人才，也就無法善用條件優渥的土地與氣候。汪達爾族征服後，北非開始沙漠化；然而在查士丁尼收復之後，沙漠化的腳步依舊沒有停歇。汪達爾族在統治過程中，不但拒絕與戰敗者同化，連共存都不願意。然而東羅馬送來的希臘裔行政官，與汪達爾族一樣把北非居民當成被統治者看待。貝利薩留斯在進入迦太基城時曾經公告說：汪達爾人以征服者的身份來到此地，我們卻是以解救者身份前來。如今這句話也成了空頭支票。

貝利薩留斯進入迦太基城之後，又在北非地區停留了八個月。在這段期間內，他把時間全花在推動軍事行動。首先驅逐了北非地區的汪達爾殘黨，同時判斷無法消滅茅利塔尼亞人（摩爾人），因此允許他們定居於今日的摩洛哥一帶。此外，他以在北非的勝利為後盾，威脅統治伊比利半島的西哥德王國，把直布羅陀海峽兩岸納入了查士丁尼的統治下。由於汪達爾王國的消失，薩丁尼亞也自動的「收復」到東羅馬帝國下。西地中海與東羅馬帝國保有制海權的東地中海也一樣，成為東羅馬帝國勢力範圍。查士丁尼收復前西羅馬帝國失土的願望，至此可以說是大功告成。

只不過，貝利薩留斯只能推動軍事行動，無法施行周到的戰後處理以確保軍事行動的成果。拜占庭帝國的政治走在西元四世紀後期的帝政延長線上，中央集權程度勝過從前。如今文官與武將的職務完全區隔，戰後處理工作屬於行政官僚的工作範圍內。

乍看之下，這是個合理又進步的體系。然而若要在戰爭中獲勝，事前必須蒐集大量的資訊，並依據資訊深刻考究民情。雖說一旦開戰，實際戰鬥的是官兵與部族長，然而總司令在開戰前有許多事情要做。因此，戰鬥獲勝的總司令官，往往也能深刻理解敵人的心理。

從共和時期到元首政體時期，羅馬依循著一貫的人事策略。外派的司令官不但要指揮戰鬥，同時還全權負責與戰敗者議和，以及征服地的戰後處理工作。正因為有這項風氣，羅馬的司令官才有不委由部下詢問敵軍俘虜，而是由本人親自執行的習慣。如果只要得知情報，大可由部下拷打俘虜。但若要理解情報的背景因素，唯有關心背景的人親自拷問，才能期待發揮效果。然而，羅馬人長期培育的這項習慣，在西元四世紀之後也遭到遺忘了。

查士丁尼得知貝利薩留斯進入迦太基城後，派遣四名宦官領袖出身的高級官僚前往北非。遭淨身的男子未必等於無能。相反的，這些人能在充滿陰謀的皇宮內出頭，代表他們具有充分的實力。東羅馬帝國重用宦官的目的，並非像東方君主一樣用來管理後宮。而是認為既然這些人沒有辦法擁有家庭，自然會更向主人盡忠。不過這也使得這些人在行政時，往往看的是主人的臉色，而不是國民的表情。這也就是為何宦官施行的統治往往嚴酷又高壓，徵稅時毫不留情，而且視收賄餽贈為日常瑣事。一旦作為人的牽絆淡薄後，不知為何人們往往忙著中飽私囊。

貝利薩留斯在短短的兩星期內，成功的把勢必為「惡」的戰爭結束了。然而接手的行政官僚即使花上二十年，也無法將戰後處理以及其後的確立統治工作等，屬於「善」的部份成功收尾。不僅是北非地區，所有由東羅馬帝國收復的地區都有這種共同現象。復興統治造成自然與人類的疲憊，而在北非地區，自然與人類疲憊是以沙漠化的形式呈現。這甚至讓人認為，查士丁尼的「奪回」乃至「收復」，不但不能改善自然與人類的疲態，恐怕還加快了惡化的速度。

第二年，西元五三四年秋季，貝利薩留斯凱旋回到君士坦丁堡。查士丁尼皇帝與狄奧多拉皇后特別前往碼頭迎接。君士坦丁堡總主教舉行彌撒時，還特別向上天感謝拯救天主教派信徒脫離「異端」亞流派統治。原本舉行凱旋儀式是皇帝的特權，這回也特准貝利薩留斯舉行。雖然凱旋將軍不是照傳統方式駕駛四頭戰車，而是騎著戰馬，至少民眾的熱情依舊不變。貝利薩留斯在皇帝的推薦下，獲選為第二年西元五三五年的執政官。對於三十四歲的貝利薩留斯來說，這年無疑是人生最為輝煌的一年。然而，查士丁尼皇帝沒打算讓他推動執政官的工作。

享受久違的首都生活不到一年，西元五三五年秋季時，貝利薩留斯又被派遣到西方。查士丁尼的下一個「復興」目標，是由東哥德王國統治的義大利半島。首先必須拿下西西里，作為進軍時的補給基地。

進軍義大利

義大利進攻作戰中，貝利薩留斯手上的兵力只有七千五百人，讓人看了都懷疑是不是中世紀抄寫時出了筆誤。即使加上貝利薩留斯的私人兵力一千人，總人數也只有八千五百人。皇帝竟然要他用奪回北非時的一半兵力，收復有二十萬名東哥德部隊防衛的義大利半島。

而且義大利半島的局勢，與北非大有不同。在義大利半島上，統治者哥德人與被統治者羅馬人已在「蠻族和平」之下共存六十年。北非在到汪達爾人占領後，上流社會的羅馬人爭相逃難，但哥德族統治下的義大利半島可沒出現難民。在亞流派統治下，天主教會也依舊存在。

身為天主教派信徒的羅馬人，想必不會與信仰基督教亞流教派的哥德人合作，一同對抗天主教派國家拜占庭帝國的軍隊。但是，他們也不會協助拜占庭軍，積極設法打倒哥德人。北非地區在百年之後，居民依舊充斥著對汪達爾族的反感，義大利半島的局勢並非如此。查士丁尼竟然要求用半數的兵力完成進攻義大利的計畫，真讓人懷疑是誰對他灌輸了這種想法。

以少數兵力執行戰爭任務，表面上看來是合理的作法。然而僅投入少數兵力，也有易使戰爭陷入長期作戰的風險。在元首政體時期的羅馬帝國，按例是先準備十萬人規模的軍隊，一口氣全數投入作戰。正因為是一次投入十萬人的部隊，才能讓戰爭在一兩年內結束。戰爭是無可辯解的惡行。也正因如此，從事惡行的軍方人員首先必須學會的第一項觀念，就是要設法盡早結束戰爭。

由於東哥德族幾乎沒在西西里派遣衛隊，因此貝利薩留斯能輕易收復失土。不過，若要讓當地發揮後勤基地的功能，就必須安插防衛部隊。派遣防衛部隊之後，貝利薩留斯能動用的部隊只剩下五千人。他必須以五千人的兵力，完成收復義大利半島的作戰。

貝利薩留斯尚未離開君士坦丁堡時就知道，奪回東哥德王國下的義大利半島，與奪回遭汪達爾王國統治的北非是兩回事。在他的構思中，收復義大利的作戰必須分成兩道戰線同時進軍。第一軍以西西里島為後勤基地，從義大利半島南端上岸後持續北上。第二軍則是以亞德里亞海東岸的達爾馬提亞為後勤基地，渡過亞德里亞海，直接攻擊東哥德王國王宮所在地拉溫納。這項作戰的目的，是將敵軍的二十萬兵力分為兩半。

查士丁尼也同意了這項作戰計畫，同時約定編制在達爾馬提亞集結的第二軍。只不過，他一直沒有履約。戰爭初期時，貝利薩留斯只好僅以五千兵力對抗二十萬名敵軍。一旦國家讓不懂得戰爭實情的人成為最高負責人，勢必無法避免浪費人力與時間。

普羅柯派厄斯的著作《哥德戰記》之中，這場戰爭是從輕易收復西西里，開始進攻義大利半島的西元五三六年起始，結束於最後一名哥德族國王陣亡的西元五五三年，過程長達十七年。在長期化的戰爭之中，最大的受害者就是沒有自衛能力，因而被排除在戰役當事人之外的義大利半島羅馬人。

貝利薩留斯收復西西里之後，一方面準備進攻義大利半島，一方面試圖以外交交涉解決問題。如果考慮到以五千兵力進攻的結果，事情當然是以能和平解決為上策。

再加上提歐達多雖然是東哥德族的國王，卻是喜好以拉丁文記述自己的姓名，熱心於希臘哲學，又喜愛說希臘文與拉丁文的人。貝利薩留斯派遣使者晉見滯留羅馬的提歐達多，試圖以外交交涉結束戰役。

提歐達多為了西西里島遭拜占庭軍進逼而大感動搖，因此馬上接受這場外交談判。雙方和平談判的過程十分順利，最後甚至簽署了協議內容。

一、東哥德王國的國王承認羅馬帝國皇帝（實為拜占庭帝國皇帝）主權，公開表示身為其臣子。

二、為證明臣服，國王每年致贈以三百利普（一百一十二公斤）黃金打造的皇冠給皇帝。
三、約定每當受皇帝要求時，要派遣三千名部隊支援，並承擔所需之全數經費。
四、無論任何理由，未向皇帝請示之前，不得將天主教會神職人員、元老院議員處死或沒收其財產。
五、若無皇帝許可，不得任命元老院議員或「貴族」。
六、於公告或官方公文中，將皇帝名諱標示於國王名諱之前。國王之雕像必須立於皇帝雕像右側。

條約中既沒有課徵稅金，也沒有剝奪自衛權，因此可說是在某個程度上認同了東哥德王國的獨立性。很可能提歐達多擔心條約遭到拒絕，當使者帶著條約內文沿著阿庇亞大道南下時，被提歐達多派來的人員追上。被人再度請回羅馬的使者，與哥德王之間出現這樣一段對話：

「你認為皇帝會簽署這份和約嗎？」
「或許吧！」
「如果遭拒絕的話，會發生什麼情況？」
「那就要發生戰爭了。」
「這場戰爭正確合理嗎？」

「當然正確合理。只不過雙方都根據自己的立場來決定判斷基準。」

「這話是什麼意思？」

「您是個哲學家，查士丁尼卻是皇帝。自認是柏拉圖弟子的人，在推動必須讓大量平民百姓流血的戰爭時，心中會帶著極大的糾葛。但對奧古斯都的繼承人來說，最重要的是恢復他所獲得的正統權力。對查士丁尼而言，不惜動武也要恢復過去遭奪取的領土。」

至於這段故事是真是假，目前尚未得到學術證明。或許這就是馬基維利所說的，極可能是事實的謊言。如果這份條約能讓事情和平落幕，想必不但貝利薩留斯會同意，連查士丁尼皇帝也會認同吧。

只不過，這份條約最後沒能見天日。不是拜占庭方面拒絕，而是東哥德方面推翻了決議。提歐達多遭到全體重臣批判態度軟弱，不但被逼下王位，不久後還遭到殺害。在哥德人的歡呼聲中接下東哥德王位的，是反拜占庭派的威提吉斯。如今貝利薩留斯只好帶著五千名兵力，進攻義大利半島。

哥德戰役

西元五三六年春季，貝利薩留斯展開了行動。要從西西里前往義大利半島南端上岸的話，只需渡過三公里寬的墨西拿海峽。只有五千名兵力的話，想必也不用徵召大量船隻，只須附近的漁船就可以湊合了。在登陸之後，從義大利南端到拿坡里為止，進軍過程與收復西西里一樣順利。由於哥德人將兵力集中在義大利北部，南義大利可說是兵力的空白地帶。

在普羅柯派厄斯筆下，貝利薩留斯軍登陸後一路沿著羅馬大道北上，獲得南義大利居民歡迎。只不過，姑且先歡迎再說，是沒有自衛能力的人民自保的手段。對這些天主教派信徒來說，貝利薩留斯軍理論上是救星，可是書中沒有義勇軍趕來與北上的貝利薩留斯會合的記錄，在其他文獻中也沒有相關記述，可見局勢與當初登陸北非時大有不同。

當時的拿坡里正逐漸發展成南義大利最大的都市，內有八百名哥德駐軍。同時城內住有許多猶太人，猶太社群對市政具有相當的發言權。猶太人知道深信基督教的查士丁尼在東方迫害猶太教徒的事蹟，因此眾人擔憂敞開城門後會遭受什麼樣的命運，懷抱著恐懼等待貝利薩留斯的到來。實際上，就在這個時期，查士丁尼向法蘭克王國送出了下列信件，希望能拉攏改信天主教派的法蘭克族一同參加對抗哥德族的戰役。

「哥德族入侵義大利，盤據至今已經過了半個多世紀。義大利的居民，是與我們同享真主教誨的人們。此外，朕有正統的權利統領義大利。因此朕向哥德人提出歸還他們不當取得的土地，以及非法統治的人民之請求。然而他們以讓人難堪的無禮作為回覆。因此，朕不得不向這些人發出宣戰通告。
本回的戰爭目的，在殲滅異端亞流教派。本回戰事目的，在以正統信仰摒除邪教。而吾等（東羅馬皇帝與法蘭克王）共通之處，在於受上天之託付，有守衛正統信仰之職責。」

信中呼籲法蘭克族跨越阿爾卑斯山進攻北義大利，與北上中的貝利薩留斯聯合作戰。不過這項呼籲在該時期並無效果，查士丁尼發動哥德戰役的真正目的，已經全數表露在給法蘭克王的書信中。即使同為基督教徒，也絕不饒恕「異端」的拜占庭皇帝，當然不可能容許「異教」猶太教徒的存在。拿坡里猶太居民有正當的理由感到畏懼，這也使得貝利薩留斯在進軍到拿坡里之後，首度遇到像樣的抵抗。

光從陸地方面進攻，是無法攻陷面海都市的。偏偏貝利薩留斯手上沒有能用於海上封鎖的海軍兵力。此外，他也沒有足夠的時間慢慢攻打，他亦不能在放置拿坡里不顧的狀態下前往羅馬。就在貝利薩留斯構思早日攻陷拿波里的方法時，有一位士兵表示意見了。據說他們進入廢棄的水道橋之後，發現水道橋通往城裡。

貝利薩留斯隨即派遣一名隊長率領數名士兵，趁著夜色悄悄勘查路線。勘查隊憑藉提燈的光芒走入高架水道內之後，回報說他們最後到達城牆內一座遭棄置的小屋。

這座廢棄的小屋，很可能就是暫時儲存由高架水道坑道內流出的清水，排除雜質後將水轉送至市區各處的"castellum"設施。或許是在水道遭廢棄之後，附帶設施也一併遭到忽視。而且"castellum"位於城牆內側，具有相當的面積，正適合讓沿著水道橋潛入市區的部隊藏身。

就在哥德戰役之後，與街道同為羅馬人兩大基礎建設之一的水道，也就不再是水道，而是歷史遺蹟了。因為原本純以隨時供應新鮮水源為目的的建設的高架水道，被人轉做軍事用途。拿坡里的水道已經被棄置多時，這個時候的羅馬水道還在使用中。人人能使用新鮮水源，是明確的文明表徵。而修築水道橋時只需考量流水問題，也是羅馬和平的最佳佐證。

當水道橋被視為部隊潛入的路線之後，羅馬文明也就沒有容身之處了。首都羅馬有十一條水道，各行省省都也會有三、四條水道。在羅馬帝國中，無論多小的城鎮，至少都會有一條水道。有些鄉鎮小到在後人眼中看來，會苦笑說竟然連這種地方都有。為眾人隨時提供新鮮且大量的清水，是最低限度但也是最重要的文明。而在哥德戰役之後，這項文明也解體了。從最古老的阿庇亞水道建設時期西元前三一二年來算，至今共有八百五十年。若從記錄中最新的水道安東尼亞納水道來算，也有三百二十年的光陰。將隨時向眾人提供清水視為政治建設的羅馬文明，也就在這年消逝了。

貝利薩留斯制定了嚴密的作戰計畫。首先由一組部隊趁夜從廢棄水道的坑道潛入市區。在黎明時分，潛入並藏身於"castellum"的部隊外出襲擊城門守軍，奪取鑰匙後由內側開啟城門。

主力部隊則是趁夜摸近城牆，等待黎明時城門由內部開啟的時機。貝利薩留斯在發布作戰計畫後這樣對官兵表示：

「我准許你們搶奪黃金、白銀，算是對於你們的奮戰發放的額外報酬。不過禁止你們殺害居民。因為他們是天主教派信徒，是你們的同胞。」

作戰完全成功，不過居民並非毫髮無傷。拜占庭官兵把總司令的話解釋為不得殺害不抵抗的人。純粹試圖保護家小的居民也好，因畏懼基督徒官兵而瘋狂抵抗的猶太人也罷，全因動手反抗而遭到殺害。諷刺的是，八百名哥德部隊知道只要不抵抗就能保全性命，結果全成了俘虜。這八百名部隊直接被整編到貝利薩留斯軍中。長達二十天的拿坡里圍城戰鬥中，唯一的受害人是一般居民。哥德戰役的一大特徵是，最大受害人是與戰爭無關的義大利人，而且早在初期的拿坡里攻城戰就已經露出了這項特徵。

若要從拿坡里前往羅馬，可沿著平原行走在阿庇亞大道，或選擇穿越山區的拉提那大道。貝利薩留斯當時同時從這兩條大道進軍。與其說這是為了分散風險，不如說是將部隊拆為兩路，藉此提前趕往羅馬。因為從拿坡里到羅馬之間，沒有遇上大批哥德軍的風險。

貝利薩留斯率領部隊從拉提那大道行軍，祕書官普羅柯派厄斯則似乎被分派到沿著阿庇亞大道行進的部隊中。這名巴勒斯坦出身的希臘裔史學家，在著作中記述了「大道女王」兩百年來缺乏維修、遭人棄置，卻依舊能維持石板路面毫無隙縫的驚人現象。

在羅馬市內正由羅馬主教居中協調，策畫避免發生有如拿坡里攻防戰的局勢。哥德方面也認為在這個階段徹底抗戰並非上策。他們有必要集結多達十五萬的兵力，因此必須返回義大利北部一趟。

西元五三六年十二月十日，哥德部隊從羅馬西北方的弗拉米尼亞門編隊朝外行軍離去；相對地，由貝利薩留斯率領的拜占庭官兵，從羅馬東南方的亞吉那利亞門一邊歡呼一邊走入了城門。在和平狀況下，城池換了主人。就連猶太人，也只要在社區集中地「臺伯河對岸」隱姓埋名不張揚，就能暫保平安。

不過任何人都預料得到，哥德人不會輕易放棄統治了半個多世紀的義大利地區。貝利薩留斯沒有閒暇參觀首度造訪的羅馬景色，他首先必須設法加強長達二十公里的城牆防衛措施。哥德人以義大利北部為根據地，因此勢必從北方進攻。防衛羅馬北方的弗拉米尼亞門至薩拉里亞門之間的段落尤其需要補強。在這時候，天主教神職人員卻表示這個段落的城牆防衛完善，不需要施工。當貝利薩留斯反問為何這麼說時，神職人員表示：因為傳說中這段城牆有聖彼得保佑。在貝利薩留斯的工作中，又多一條必須在施工同時讓這類意見從左耳進右耳出的項目。

薩拉里亞大道
哥德族
弗拉米尼亞門
薩拉里亞門
賓奇亞那門
臺伯河
弗拉米尼亞大道
塞爾維斯城牆
皇帝廟
聖彼得大教堂
馬爾斯廣場
普雷涅斯提那門
拉比卡納大道
奧雷利亞城牆
拉特朗教堂
亞吉那利亞門
托斯科拉那大道
阿庇亞水道
阿庇亞大道
拉提那大道
安東尼亞納水道
N
0
1km

羅馬市略圖

在推動城牆補強，以及壕溝挖掘工程的同時，三十六歲的總司令官也沒忘記從西西里進口大量小麥，同時還從拿坡里郊區採購主食以外的其他糧食。

西元五三六年至五三七年的冬季期間，就在施工的鑿斧聲和人車往來的噪音中過去。原本以懷疑的眼光看待五千兵馬的市民，也漸漸開始願意提供協助。貝利薩留斯以自衛隊的名義編組這些義勇軍，讓他們與拜占庭部隊一同擔任防衛工作。據說自衛隊的人數多達三萬，對於只有五千兵馬的貝利薩留斯來說，這是無上的好消息。

羅馬攻防戰

在古代，傳統上戰鬥期間是從每年的三月起始。西元五三七年三月，哥德族沿著弗拉米尼亞大道與薩拉里亞大道南下，在羅馬城牆前擺開陣式。總指揮由排除提歐達多後，登上東哥德王位的威提吉斯擔任。十五萬兵力原本足以包圍整個羅馬，但不知為何他們沒有這樣做。哥德族部隊的帳篷遍布弗拉米尼亞門至普雷涅斯提那門為止，由北至東的一帶，但是在臺伯河以西，以及阿庇亞和拉提那大道等南方，看不到哥德兵的影子。

貝利薩留斯將指揮總部設置在賓奇亞那門後方，亦即總司令本人同樣置身前線。同時他顧及我軍的人數劣勢，將防衛力量集中在預測中最受敵軍猛攻的城門。為了便於掌握各城門防衛隊的局勢，他又編組了總司令與各隊伍間的傳令專用隊。由於他必須以三萬五千兵力，迎擊十五萬名敵軍，因此必須採取各種可能的策略。

不過，局勢並非完全不利於貝利薩留斯。因為他沒有必要獲勝，只需要維持不敗，等待敵軍放棄即可。

在進行都市攻防戰時，雙方並非隔著城牆對峙而已。通常守軍會抓準時機開門出擊，攻擊結束後再度躲回城裡。本回的攻城戰鬥過程也是如此發展。尤其貝利薩留斯擅長積極戰鬥，在出城襲擊敵人時，常常親自擔任指揮。可能也因為他指揮得當，防衛方的兵力折損少得讓人訝異。在這種數量吃虧的局面下，還能與敵軍對等，甚至時常對敵軍造成重大傷害的原因，根據貝利薩留斯表示，主要在於哥德騎兵與拜占庭騎兵的差異。哥德騎兵採用持槍奔馬衝刺的方式作戰，拜占庭騎兵卻受到波斯弓箭手的影響，是在奔馳過程中射箭，因此可在遠處擊倒敵人。

一來因為攻防戰的局面對防衛方有利，二來因為羅馬是個大都市，儘管人口比鼎盛時期劇減許多，這時期至少還有十五萬人。在北邊的城牆兩側上演火熱的戰場戲碼時，市民依舊過著日常生活。尤其市區的南半部，生活氣氛安穩得讓人不敢相信正處於戰爭期間。臺伯河西側的聖彼得大教堂，每天依舊有絡繹不絕的信徒。因為人們在長年的生活經驗中得知，進攻方哥德人是亞流教派的基督教徒，即使進城了也不會攻擊天主教派的教堂。羅馬攻城戰呈現著奇妙的景觀，不過也僅以這一次為限。

儘管每當敵軍發動總攻擊時拜占庭軍都能成功擊退，出城襲擊時也都能造成哥德軍大幅傷亡，哥德方面卻一直不願放棄攻擊。當春天過去，夏天來到，哥德軍面開始使出斷水策略。原本哥德軍已在水道橋的拱橋墩下拉起布幕充當軍營，如今更為了阻斷水源，從中破壞水道橋。由於水源並未遭到阻絕，因此水道橋被破壞的地方附近會陷入淹水狀況。不過哥德軍似乎在破壞前做過選擇，沒讓營區淹水。這項作戰讓貝利薩留斯多了兩件要擔憂的事情。

第一，是要確保夏季飲水來源。

第二，則是擔心敵人從遭受破壞後無水的水道橋潛入城裡。

以斷水方式攻擊市區內有河流通過的都市，本身就是一件愚蠢的行為。更何況羅馬是為了處理七座山丘的湧泉問題，比上水道更早建設大型下水道的都市。因此只要獎勵民眾使用井水，第一項問題就可克服。只不過，在改信認為入浴是治療行為，不得以此為樂的基督教之後，羅馬人依舊保持著入浴的習慣，因此城裡有人抱怨無法使用充分的熱水洗澡。

至於第二項問題，貝利薩留斯使用了遠離羅馬風格的方式來解決。他首先破壞已經無水的坑道，將碎石堆滿遭破壞的坑道口之後，塗上一層灰泥固定碎石。因此，在西元五三七年，享年八百五十歲的羅馬水道就此壽終正寢。

隨著攻防戰的持續，城裡儲存的糧食漸漸探底。儘管城裡實施嚴格的配給制度，依舊無法因應糧食需求。在糧食完全見底之前，貝利薩留斯必須找出徹底的解決方案。

於是，貝利薩留斯決心「滅口」。這時候往南義大利的道路還算安全，他派人在市區內各處宣讀通告，命令老弱婦孺前往南義大利避難，同時也准許奴隸出城。

簡單來說，貝利薩留斯想盡可能減少既不能參戰，又要設法為其保障食物的人員數量。阿庇亞大道與拉提那大道因此塞滿了往拿坡里以南避難的人潮與車潮；托斯科拉那與拉比卡納大道上，則是塞滿逃往羅馬郊區農村的人員車輛。貝利薩留斯為了保證往南義大利的道路能安全通行，在交通疏散之前還派遣了部份軍隊前來護衛。

只不過，確立戰時體制之後，反而有人因此感到不安。在這些人之中，包括了羅馬主教兼教宗錫爾威流斯，也是當初協助貝利薩留斯和平入城的人。早在貝利薩留斯登陸之前，教宗便與哥德高官們熟識。

既然身為主教，平常住宿的地方自然在羅馬主教教堂拉特朗諾教堂隔壁的主教官邸。在羅馬市南邊的拉提拉諾教堂附近，有一道亞吉那利亞城門。主教構思的「拯救羅馬策略」，就是趁夜悄悄開啟這道城門，讓潛入的哥德官兵穿越市區，從背後襲擊在北方防禦的貝利薩留斯軍，藉此結束整個攻城戰。

不知道是什麼人告的密，這項計畫也傳入了貝利薩留斯耳裡。只不過他雖然貴為總司令，但只是個武將，既不能傳喚主教詳細詢問計謀內容，也不能調查主教是否已經私通哥德王。貝利薩留斯唯一能做的，就是把主教跟幾名已知協助計謀的元老院議員護送到君士坦丁堡，留待查士丁尼發落。

這件事故讓貝利薩留斯察覺到，羅馬居民中已經開始瀰漫厭惡拜占庭軍的氣息。也難怪貝利薩留斯要惹人厭，半個多世紀以來，眾人一直能與統治者共存，異端的統治並沒有帶來太大的不便。然而半個多世紀後，拜占庭軍打著復國的旗號出現，逼得大家要忍受長期的攻城戰。貝利薩留斯直到這時才發現，自己漸漸成為不受歡迎的友軍。

原本能夠真誠信任的羅馬人，從此以後再也沒辦法信任了。羅馬城牆的十五道城門，從此以後每個月要更換兩次門鎖。另外守護城門的羅馬自衛隊員，也會不時更替。而且，只有貝利薩留斯和少數親信知道整套的措施內容。

哥德人與義大利羅馬人之間的關係也產生了變化。正在攻打羅馬的哥德王威提吉斯下令，處決所有滯留在拉溫納的元老院議員。除了兩名成功脫逃的議員以外，義大利北部的上流階層全遭肅清。由此推測，很有可能就是羅馬市區內的元老院議員，向貝利薩留斯密告錫爾威流斯主教的計謀。

日耳曼人與義大利羅馬人的共存關係，就這樣被人斬斷了。從滅亡西羅馬帝國的奧達凱爾時代起算，至此時已六十年。從提歐鐸力克確立與被統治者共存的政策至此，也有四十三年。

如今日耳曼人與拉丁人的共存宣告結束，日耳曼人開始將羅馬人當敵人看待。或者說，是比敵人更加可恨的背叛者。

貝利薩留斯是個武將，身為武將的人知道途中放棄戰鬥是最愚蠢的行為。此外，厭惡拜占庭軍的氣息目前還沒吹到平民身上。這要多虧了「滅口」措施的效果。

哥德方面似乎也聽說了主教的計謀內容。原本沒有敵軍出沒的南方與西方，開始暴露在哥德軍的攻擊之下。

其中敵人攻擊最集中的地方，是四百多年前由哈德良皇帝修建的皇帝廟（後世的聖天使城堡）。如果這個地方淪陷的話，臺伯河西岸會落入敵軍手中。如此一來，以九座橋梁連結的河流東岸也將暴露在敵軍的攻擊之下。這天在貝利薩留斯的命令之下，防衛兵力也集中在此處。在普羅柯派厄斯的記述中，那天的攻防過程如下：

「在從新奧雷利亞門投石可及的地方，有著哈德良皇帝修蓋的皇帝廟。這是只能用了不起來形容的建築傑作，以切割成長方形的大石塊，在不使用水泥的狀況下堆疊而成。外側則以帕洛斯出產的白大理石覆蓋。建築物本身呈正四邊形，邊長投石可及。高度超過市區周邊的城牆，周圍樹立各種以白大理石製作的諸神或馬匹雕像。這些雕像也是只能以造型美的傑作來形容。

不使用攻城器械的哥德人，依靠眾多人力不斷投石。他們企圖趁我方畏縮時架上並登上梯子，將我方衛兵推下城牆。敵軍不但士兵人數眾多，梯子的數量也同樣驚人。眾人猶如雲霧一般湧向皇帝廟，爭先恐後地設法架上梯子。

短時間內，我方的官兵不知道要如何反擊，只能茫然地看著。不知道在誰的命令之下，大夥迅速地展開行動。眾人將諸神或馬匹的雕像扯下並破壞，雙手捧起成為碎石堆的雕像，開始朝敵軍頭上扔下。這項作戰有了效果。敵軍拋棄了梯子，爭先恐後地開始逃逸。」

現在的聖天使城堡（羅馬時代的皇帝廟）

這場「大量屠殺」羅馬帝國鼎盛時期大理石像傑作的措施，想必是在不得已中的辦法。只不過，無論共和時期或帝政時期，羅馬將領在獲得出自希臘人手中的造型美傑作時，會以有如對待敵軍重要俘虜的方式對待雕像。羅馬將領在面臨必要時，會殺害敵軍，但未曾破壞過藝術作品。就因為戰勝者具有這種尊重戰敗者遺作的風氣，兩千五百年後的我們才能走入美術館輕易鑑賞這些傑作。然而，哈德良皇帝時代的四百年後，時代已經變了。不但貝利薩留斯是六世紀的武將，就連能理解希臘羅馬文明的普羅柯派厄斯，也是六世紀的史學家。

光是進攻哈德良廟失敗，還不足以讓哥德軍放棄由西側與南側進攻羅馬的計畫。哥德軍曾一度攻陷羅馬外港奧斯提亞，逼得貝利薩留斯必須親自率軍奪回港口。如今阿庇亞大道與拉提那大道也不再安全。當往南義大利的道路遭封鎖後，普羅柯派厄斯也曾數度經手的，至拿坡里調度軍糧和武器的工作也就無法執行。

長期的攻防戰，對進攻的哥德方也帶來不便。首先，在貝利薩留斯巧妙的戰術玩弄之下，哥德官兵犧牲日益增加。再者，哥德族在半個世紀的義大利生活之下，已經不是不懂得文明生活的北方蠻族，他們開始抱怨在水道橋墩下搭帳的露營生活不便。國王威提吉斯是在官兵支持下登基的人，他絕對不能放棄已經將近一年的攻城戰而撤軍，但又不能忽視日益累積的官兵怨言。

不知道是哪一方面先提議的。總之，雙方都有休戰的意願。如果不是議和而是休戰，哥德王威提吉斯也能在不傷顏面的狀況下撤軍。

西元五三八年三月，在一年又零九天之後，羅馬攻防戰算是暫時落幕。普羅柯派厄斯書中並未表示守城部隊為此歡呼慶賀，可能眾人已經沒有餘力高興。此外，當時三十八歲的貝利薩留斯並不打算遵守休戰協定。在他發起軍事行動追擊撤退的哥德軍之前，他向查士丁尼皇帝送出一封猶如直接請願的書信。

「我們遵從陛下的命令，進攻哥德人支配的地方。奪回了西西里，拿下了坎帕尼亞地區，羅馬也成功的回到了陛下手中。然而，儘管復興是榮譽的行為，過程中付出的犧牲也相當慘烈。至今為止的階段中，陛下的官兵能抵禦大群蠻族勇敢奮戰，並且對敵軍造成重大打擊。

我們知道勝利是上天的旨意。不過，君王與將領的名聲，全看他們建立的計畫帶來良好的結果，或是只產生不良後果。

在此容我坦然直言。陛下如果希望官兵今後還能生存，祈望陛下能送來糧食。如果希望他們勇敢奮戰，繼續推行復興作戰，祈望陛下能送來武器、戰馬，以及支援兵力。

住在義大利的羅馬人以同胞及解救者的身份看待我們。不過，若是他們發現我們缺乏兵力與糧食的現狀，讓他們覺得起初對我們的期待遭到背叛的話，他們的好感會直接轉為對我們的敵意。

以我個人來說，既然我的人生已經奉獻給陛下，如何使喚全看陛下的旨意。如果陛下認為我在這種狀況下成仁能有益於陛下的名聲與帝國的繁榮，我也甘心承受。」

這封內容「豁出去了」的信件，讓人看了覺得好笑。不知道當時查士丁尼如何看待這封信的內容，不過至少他送出了支援部隊。然而派遣的方式與人選，卻採用查士丁尼特有的方法。

一千六百名部隊，繞道義大利半島西方的第勒尼安海，於南義大利的提拉其納登陸。七千名部隊從義大利東方的亞德里亞海北上，由中部的比千諾上岸。部隊隨行還帶有大量的金幣、銀幣。如果考量到最初從五千名兵力起始的收復作戰情況，這些支援兵力算是頗具規模。只不過，七千名部隊是由另一位指揮官統率。

納爾賽斯將軍

不知道是拿破崙還是什麼歷史名人說過，兩名優秀的武將不如一名凡庸的將領。與其他淨身後走上皇宮官僚生涯的宦官相同，文獻中找不到納爾賽斯的出生地與年份。只知道據說在西元五三八年時，他已經六十歲了。一般的"Eunuchus"（宦官）往往腦滿腸肥，行政能力優秀但中飽私囊的本事也一流；以身處皇帝周圍為優勢大玩陰謀，腦海裡只想著如何摧毀優秀的國家棟梁。納爾賽斯卻是個與刻板宦官形象完全脫節的特異人物。

他自從年輕時起，身材便屬於纖細類型，行動風格也與同事相反，充滿了活力。由於深受查士丁尼皇帝與狄奧多拉皇后信賴，他從皇宮傭人起家，最後攀上了統管全皇宮的地位。只不過，直到外派義大利為止，他的功績全建立在內政與外交方面，沒有指揮作戰的經驗。皇帝重用這個人的理由在於，他具有在任何情況下解決問題的能力。當然納爾賽斯也對自身的能力充滿信心。

而且在臨行前，查士丁尼還指示納爾賽斯「在認為對帝國有益的狀況下納入貝利薩留斯的指揮」，天底下還真找不到比這還不了解戰爭的指示。「對帝國有益」與否的判斷權，就此轉移到納爾賽斯手中。難道查士丁尼認為，這項指示可以讓一個充滿自信的六十歲老人，甘心接受三十八歲將領的指揮？

實際上，貝利薩留斯指揮下的六千五百名部隊，與納爾賽斯的七千名部隊後來分頭行動。在這個保住羅馬、兵力倍增，正要轉頭追擊敵人的時期中，兩名武將並列的狀況使得國家浪費了一年的時間與官兵的性命。不，甚至造成了無法用兵力與時間衡量的重大損害。

這一回，貝利薩留斯沒有試圖向皇帝直接請願。不過貝利薩留斯麾下官兵的不滿聲浪，似乎傳入了君士坦丁堡。查士丁尼召回了納爾賽斯，納爾賽斯麾下的七千名部隊又納入了貝利薩留斯的指揮中。

指揮權回到一名優異的武將手中後，部隊可以發揮三倍、四倍的威力。貝利薩留斯一手掌握指揮系統後，隨即改變了戰略，他準備直接攻擊敵軍根據地拉溫納。有四項因素，逼使他不得不如此進軍。

一、由於獲得喘息機會，十五萬名哥德軍在威提吉斯之下又再度集結。如果要一一擊破這些部隊，光復義大利半島的時間將無限延期。

二、法蘭克王在接受查士丁尼勸說參戰時，原本保持觀望態度。在哥德族進入守勢之後攀越阿爾卑斯山，開始入侵義大利北部。

三、如果遭哥德軍完全摧毀的米蘭慘狀傳遍全義大利，義大利居民有可能完全反對拜占庭帝國。

四、哥德軍趁著兩名武將無法協調合作的空隙擴大行動範圍，讓義大利中部居民陷入悲慘情境。

關於第一項，由於長期戰爭是對攻擊方最不利的狀況，因此若有辦法提前結束，也就有下賭注的價值。

至於第二項，法蘭克王進攻義大利的目的，並非為了響應查士丁尼，與天主教派信徒聯手合作，摧毀異端亞流教派的哥德王國。法蘭克族正在羅馬時代稱為"Transalpina"（阿爾卑斯山的那一邊）的高盧地區稱霸。在他們眼中"Cisalpina"（阿爾卑斯山的這一邊）的義大利北部，並非相互隔絕的世界，而是容易往來的地區。因此對貝利薩留斯來說，法蘭克王國既非同盟也非敵人，但是必須隨時留意其動靜。他必須在法蘭克王國勢力波及之前，盡速拿下義大利北部。

關於第三項的米蘭事件。原本貝利薩留斯派遣了一千名官兵前往防衛米蘭，後來米蘭遭到敵視義大利羅馬人的哥德軍襲擊。在普羅柯派厄斯筆下是如此敘述該事件的。

「守軍與居民相信哥德方的約定，因而開啟城門。約定中保證只要不做抵抗，就能保住性命，哥德軍也不破壞城鎮。然而這項約定完全沒被遵守。首先，市區遭到全面破壞燒毀。再者，男子不論年齡大小，一律遭到殺害，據說人數高達三十萬（作者註：這是個相當誇大的數字。研究人員表示當時米蘭人口在十五萬以下）。女子全數被充為奴隸，分發給在哥德方參戰的勃艮第族官兵。

米蘭首長雷帕拉圖斯不但一遭逮捕就被殺害，而且是在活生生的狀況下大卸八塊，其後屍骨又讓人剁碎餵狗。僅有部隊長威爾堅提努斯帶著少數官兵逃脫，橫越義大利北部後逃到達爾馬提亞，在此向皇帝送出與米蘭慘案相關的報告。

其後哥德軍輕易攻陷為米蘭慘劇而畏懼的周邊都市。義大利北部的西半部成功地再度落入他們手中。」

當羅馬淪為徒具虛名的首都後，米蘭成為義大利半島實質上的首都。雖然霍諾里烏斯皇帝將皇宮遷移至拉溫納，但當時是基於防衛上的理由。拉溫納位於波河河口的濕地，不可能取代有四條幹道匯集、位於平原的米蘭。

米蘭同時也是戮力提升基督教會組織化的安布洛修斯擔任主教長達二十五年的都市。在這名優秀的技術官僚影響之下，米蘭被視為位階低於羅馬，但信仰高過羅馬的基督教都市。與其他都市比起來，米蘭居民對查士丁尼皇帝復興西羅馬帝國疆域作戰的反應最熱烈。因此貝利薩留斯在羅馬攻防戰一休戰，馬上派遣麾下武將帶著一千名部隊前往米蘭防守。

如今米蘭成了無人廢墟，這也是拜占庭軍的安全保障等於白紙的最佳例證。

城鎮徹底遭到破壞，男子全數喪命，女子成為奴隸，被遣送到勃艮第地區。米蘭原本是人口僅次於羅馬的大都市，如今連村落都算不上。接下來的數百年中，米蘭一直無法復甦。這段期間，義大利西北部的中心轉移到了南方三十公里的帕威亞。要到中世紀的後期，米蘭的名字才再度出現在歷史上。

至於第四項義大利中部的慘狀，貝利薩留斯的祕書官普羅柯派厄斯將其敘述如下。雖然內容有些冗長，不過在此想介紹其全文。因為在所有史料中，這段文章最能讓人理解一旦家園成為戰場後，人民將會落入什麼樣的局面。

「這一年（西元五三八年）到了夏天。小麥開始在田裡結穗，然而並非一如以往的豐收。農民的數量不足以拉牛犁田，而後在犁出的溝中播種。種子只能撒在未經犁田的地面上，能生長的小麥不多，能結穗的數量就更少。

這是發生在艾米里亞地區的事情。農民無法收穫足以溫飽的小麥，只好拋棄農地與房舍，帶著家人遷居到馬爾凱地區。這個地方位於亞德里亞海濱，由於亞德里亞海的制海權還在拜占庭手中，他們期待是否能獲得由拜占庭送來的救援物資。

缺乏耕作人手和欠缺農產品的現象，同樣發生在托斯迦納地區。大多數托斯迦納居民為了躲避哥德軍前往山區避難，然而山區中缺乏充足的糧食。他們只好採集橡樹的果子磨成粉，以橡果粉製成麵包維生。

極度缺乏食糧的現象，自然也成為各種疾病的溫床。僥倖逃過餓死的人之中，也有許多人因病逝世。據說光是馬爾凱地區，死者人數就不下五萬人。據說在東北義大利的威尼特地區，死者更是遠超過五萬人。

在這裡，我要記錄一樁曾親眼目睹的餓死病例。

首先，人會因飢餓而消瘦，臉色變黃。因為肉體在長期無法取得食物時，會如古人所說的『自食其肉』來維繫生命。由於體內器官功能衰退，膽汁擴散到全身，膚色與臉色變成有如黃色的深褐色。當病情持續發展後，皮膚會喪失水分，乾燥得超出人的想像。皮膚產生皺摺，看來就好像未經鞣製的皮革，又好像已經直接黏在骨頭上。

更進一步的，皮膚會從深褐色轉為鉛灰色，進而成為黑色。到了這個地步，人的身體看來會有如遭火烤到變黑色的木製燭臺。這時眼睛已經看不見東西，只是有如受驚似的張著大眼睛。通常人們會在這種狀況下喪生。

由於過度飢餓，體力也極度衰退。即使偶爾看到雜草想前往食用，也已經無力拔草。就在伸手往前方拔草的姿勢下，趴在地上死去。

屍體就這樣遭人棄置。如今已經無人有體力挖掘墳墓，幫死者下葬。原本野狗與野鳥會啄食棄置在路邊的屍體，但牠們對這種死者卻毫不關心。因為這些屍體上已經沒有能讓其啄食的地方了。在飢餓之下將自身肉體消耗殆盡後，這些人又遭到死亡的襲擊。」

當納爾賽斯被召回後，貝利薩留斯成為唯一的司令官，與一年前一樣可以單獨決定戰略。他有絕對的必要趁機扭轉局勢。如果不這樣做，那真不知道前面三年費的心血要何去何從。一進入西元五三九年，貝利薩留斯立即展開猛烈攻勢。因為他不但必須扭轉局勢，而且要盡可能縮短耗費的時間。

攻陷拉溫納

在這三十年來，拉溫納被人攻打過許多次。因為西羅馬帝國末期的皇帝將皇宮設置在此處，打倒西羅馬的日耳曼蠻族國王也將王宮設在拉溫納。拉溫納位於水路網深處，若僅由陸地方面攻擊的話，會是個固若金湯的堡壘。

貝利薩留斯從海陸雙方圍攻拉溫納。他在陸地上填平了水路，又從附近的港口動員船隻封鎖海面。儘管如此，圍城戰還是花去了半年時間。到了西元五三九年十二月，東哥德王威提吉斯終於投降了。他與全體官兵一同接受了由貝利薩留斯提出的投降勸告。

貝利薩留斯也遵守為了讓東哥德王投降所做的一切約定。在約定中，由貝利薩留斯向查士丁尼皇帝建言，保證國王與王室成員在送往君士坦丁堡後，能獲得人身安全保障。東哥德族的財寶，以及與國王一同防衛拉溫納的官兵，將全數送往君士坦丁堡。

然而，在皇帝回覆願意保障國王與哥德人全體性命的書信中，又夾帶了下列這樣一段話。

「爾後與哥德人的戰爭，已不值貴如閣下的武將操煩。皇帝迫不及待親自會見本回勝利的最大功臣，讚許其獲勝的功勞。同時皇帝迫不及待聽取出自帝國首席武將口中的賢明意見。因為能於東方面對波斯再度發起之攻勢者，唯有吾等之將軍。」

簡單來說，就是以「非君莫屬」四個字為由，命令貝利薩留斯從義大利歸國。確實，這時哥德王宮所在地拉溫納已經攻陷，國王與其下的重臣已經上了拜占庭帝國的船前往君士坦丁堡。

問題是，大多數的哥德部隊還停留在義大利半島上，而且總兵力不下十萬。查士丁尼在召回貝利薩留斯之後，也沒有派遣接替指揮的司令官。他認為在貝利薩留斯離開後，只要讓其麾下的十一名大隊長掃蕩哥德軍即可。這下可不只是兩名武將並立，而是十一名武將互相推擠了。

貝利薩留斯沒有說出半句抗議的話，就連跟在他身邊的普羅柯派厄斯也沒機會聽他表露心聲。貝利薩留斯只是默默的走上開往君士坦丁堡的船艦，在船上即使聊到其他話題，也絕口不提查士丁尼送來的書信內容。

回到君士坦丁堡之後，貝利薩留斯並沒有像收復北非時一樣獲准舉行凱旋儀式，只怕當事人也沒這意願吧。不過平民的敬愛依舊集中在剛滿四十歲的貝利薩留斯身上。查士丁尼特准貝利薩留斯擁有七千名私人兵力，讓他享有與其說是屬下將領，還不如說是封建領主的地位。不過在查士丁尼眼中，貝利薩留斯不過是手下的武將而已。不到一年，貝利薩留斯又被派往東方。他這回的任務是與波斯軍作戰。

東哥德族的國王威提吉斯改信了天主教派，在君士坦丁堡過著不像俘虜的舒適生活。由於俘虜國王與皇帝成了好友，威提吉斯不但獲得元老院席位，甚至還名列在“patricius”（貴族）之中。雖然東哥德族的財寶已經沒入拜占庭國庫，但生活上沒有半點憂慮。來到君士坦丁堡兩年來，國王的生活悠閒得很。另外，與國王一同投降的哥德部隊，被編入了拜占庭軍中。當然這些人也全數改信天主教派。

重開戰役

一如預料的，當貝利薩留斯離去之後，原本國王遭到俘虜，受到毀滅性打擊的哥德人，又能在義大利半島東山再起。西元五四〇年秋季，在貝利薩留斯離去不滿一年的秋季，哥德族在新任國王托提拉之下重新集結。拜占庭軍與哥德軍再度以義大利半島為戰場發起戰爭。對當地居民來說，就是米蘭的慘劇與比千諾的悲劇不斷更換舞臺重新上演。

一轉眼，這種狀況維持了四年。在托提拉指揮下的哥德軍有一貫的戰略，能夠捉弄由十一名指揮官個別帶領的拜占庭軍。而且拜占庭方面不但軍事失利，在統治方面也一再犯錯。

為政者的首要職責在於保障民眾安全。然而拜占庭行政官不但未能盡責，甚至僅熱衷於徵稅作業，而且又把拜占庭帝國那種將瀆職收賄視為家常便飯的風氣引進義大利。這也就難怪義大利半島居民的感情要傾向哥德人。

哥德王托提拉也善加利用這個局勢。簡單來說，他祭出了清廉與寬容的形象。他不但歡迎因不滿待遇而脫逃的拜占庭官兵，甚至利用這些投降官兵向拜占庭部隊呼籲逃兵。同時他嚴格禁止哥德部隊襲擊農民、市民等平民百姓。以往哥德人會到別墅內綁架女子擄人勒贖，如今國王下令在免費狀況下奉還人質。托提拉本人甚至向官兵演說，表示必須在正當行為下戰勝拜占庭軍。另外，哥德王派人送信給羅馬元老院。信中以「給親愛的朋友羅馬人」為開頭，宣誓今後哥德人將承襲往年提歐鐸力克的羅馬人共存路線。同時他不僅以言辭表態，更以行動展現誠意。就連普羅柯派厄斯也不得不承認哥德族的統治公正無私。

在政策的影響之下，哥德人統治區域不僅包括原有的義大利北部，更擴及義大利中部。不僅如此，還延長到拿坡里以南的魯卡尼亞、普利亞、卡拉普利亞等地。即使在提歐鐸力克的時代，南義大利都沒有受過日耳曼蠻族的統治，而如今這些地方全在哥德族的統治之下。唯一還留在拜占庭手上的，是從拉溫納到羅馬的帶狀區域。對於局勢極度失利的拜占庭來說，唯一有利的是亞德里亞海與第勒尼安海的制海權依舊掌握在手中。

托提拉

既然局勢惡化到這個程度，查士丁尼也覺得應該要設法突破。這時皇帝心中想到的人選自然是貝利薩留斯。貝利薩留斯在波斯戰線上接獲皇帝的命令後，一回到君士坦丁堡幾乎馬上

查士丁尼（左）與貝利薩留斯

又被派往義大利戰線上。這時貝利薩留斯已經四十四歲。

貝利薩留斯在這年秋天進入拉溫納城。我們不知道他在聽取四年來的義大利戰線戰況報告，以及親自視察後抱持什麼樣的感想。唯一確定的是，他向查士丁尼皇帝發出了以下的信函。

「受至高天神深深眷顧的皇帝陛下：再度回到義大利之後，我首先得知的是，我軍的士兵、軍馬、武器與軍資金，亦即戰爭所必需的一切人員物資，幾乎都匱乏到能以蕩然無存形容。

在到達此地之前，我途經色雷斯與伊利利亞兩個地區，沿途徵調部隊前來，然而我手上能得到的僅有四千兵力。而且這四千人不但武裝不齊，也沒受過軍事訓練，是一群連武器的使用方法都不知道的男子。

義大利地區的我軍官兵，由於軍糧等各種物資匱乏，以及薪資延宕多時未發，不滿的情緒已經瀕臨爆發。再加上四年來的敗戰經驗，使得他們喪失自信、陷入恐懼，光是聽到哥德軍一詞就能讓他們拋棄武器與戰馬逃亡。

即使想對義大利居民徵稅，也早已無法施行。可望獲得稅收的地區，已經落入蠻族支配之下。無法徵收稅金，因而無法向士兵發放薪資，我們指揮官也就無法行使權力斥責士兵令其從命。

陛下，您可知道？我軍的大多數士兵已經向哥德方投降。

如果我的生命能用來結束這場戰役，那麼隨時都可以達成目的。不過若陛下期望戰役能夠獲勝，事前必須進行許多準備工作。若無軍事力量，將領也只是徒具虛名。

首先，想請陛下准許我個人的私人兵力來到義大利。若要重新展開對哥德的戰鬥，我至少要有最低限度的兵力。在前來義大利的途中，我在巴爾幹地區接獲情報指出，匈族騎兵團有參戰的意願。如果能夠雇用這些人，想必能大有助於戰事推展。只不過這些人若沒有親眼看到現金，就不會答應參戰。在這情況下，經濟力量還是勝過一切。」

貝利薩留斯將這封信託付給他所信賴的一名隊長，嚴格指定必須將信件親手交給皇帝之後，讓他火速趕往君士坦丁堡。不知道查士丁尼是不了解貝利薩留斯請願的含意所在，還是他認為沒有必要。皇帝熱情慰勞了送來書信的隊長，甚至幫他做媒賜婚，但就是沒寫下回信。或許他認為准許七千名私人部隊前往義大利就已經足以應付。

貝利薩留斯在枯等許久之後，始終得不到資金、武器、戰馬與援軍，最後他只好以手上僅有的兵力重新展開戰役。在這個時期，大半個義大利半島已經在哥德族的統治下，戰役的推展過程不可能像八年前從義大利南部上岸時那般順利。在臨場因應的苦戰之下，兩年的時光一下子就過去了。

一個無法充分保證薪資、食糧與武器的司令官，對部下的統御能力也有限度。貝利薩留斯派往羅馬擔綱防衛的兩名隊長，可能對手頭只有三千兵力感到洩氣。在哥德軍逐步進逼的狀況下，他們不但沒有專心準備防衛，反而忙著拿軍用物資做黑市買賣。於是在西元五四六年夏天，羅馬再度遭受哥德軍的攻擊。

九年前的圍城戰鬥中，敵軍的攻擊集中在羅馬城牆的半數位置，因而稱不上是包圍戰，這回可不同了。包括臺伯河西岸在內，托提拉指揮的哥德軍包圍了整個羅馬市區。而且他們在臺伯河上拉起堅固的鐵鍊，使得船隻無法從奧斯提亞逆流而上。由羅馬往南的阿庇亞大道等道路也全數遭到封鎖。雖說這個時期的羅馬人口更加稀疏，但至少還有將近十萬人住在城裡。這些人就被困在遭到完全包圍的羅馬市區內。

貝利薩留斯決心要突破包圍。首先他在奧斯提亞湊出兩百艘船艦，將武器與步兵運上船。在兩岸安排牛隻拖曳，並利用船上划槳手的力量沿著臺伯河逆流而上。騎兵隊走在沿著河岸修築的奧斯提亞大道與港灣大道，擔任船隊的護衛工作。這回的作戰中準備利用流經羅馬市區的臺伯河，為遭到包圍的守軍提供支援兵力。

在船隊最前頭的兩艘船艦規模勝過其他船隻，船頭經過補強加工。這兩艘船艦的任務是撞斷封鎖河面的鐵鍊。其他船艦為了防衛陸地敵軍的攻擊，船身也特別釘上厚木板。

哥德陣營既然會在河面搭起鐵鍊，想必也預期到羅馬方會利用臺伯河突破封鎖。哥德軍在搭起鐵鍊的河流兩岸建築兩座高塔，並派有兩百名兵力看守。

貝利薩留斯親自站在船頭指揮突圍作戰獲得成功，兩岸的兩座塔都遭到破壞，哥德守軍也全數陣亡。沿著大道行進的騎兵隊，甚至已經能與在城牆外待命的哥德軍對峙。

只不過，雖然貝利薩留斯事前已經派遣密使下過指示，防衛方的兩名拜占庭隊長與旗下的三千部隊卻沒有動靜。至少，他們沒做出貝利薩留斯期望中的動作。如此一來，貝利薩留斯和手下的部隊將被困在遭受包圍的羅馬市區內。在不得已之下，貝利薩留斯只好再度上船，命令其他船隻與官兵返回奧斯提亞港。

沒有呼應突圍作戰的，還不只是羅馬市區內的拜占庭官兵。與上回圍城戰不同的是，羅馬居民沒有編組自衛隊的意願。這些人深陷在飢餓之下，不但肉體疲憊，連意志也跟著遲鈍起來。

攻擊方的哥德軍表現得也與上次攻城戰不同。九年前的攻城戰鬥中，他們時常發起攻堅，然而這回純粹執行包圍而已。這回的攻城戰中，進攻方採用由外部完全包圍，等待城內自然消耗的策略。以貝利薩留斯的祕書官身份觀察羅馬的普羅柯派厄斯在書中這樣表示：

「遭到托提拉完全包圍的羅馬市區內，各種物資都顯得匱乏。尤其嚴重的是糧食匱乏問題，一天比一天惡化。人們開始四處尋求平時絕對不會入口的食物。

派來防衛羅馬的兩名拜占庭軍官與其下的部隊，不但沒有起身防衛，反而熱衷於將為他們特別儲存的小麥高價賣給市民。只不過，能買得起的人也有限。因為小麥的價格飆漲至一墨狄斯要花費七枚金幣。

大多數的市民只好四處採集蕁麻進食。這種植物是生長於神殿、公共浴場、公會堂遺蹟的雜草，也是羅馬市區內唯一大量存在的物資。只不過，草的外部長有細微的刺，直接食用會傷害口腔與喉嚨，因此食用前必須烹煮到外層柔軟為止。

而且僅進食蕁麻的話，體力會不斷衰退。人們的身體隨著圍城的日子過去，一天比一天消瘦。臉色變成鉛灰色，步伐有如白日下的亡魂。步履如同幽魂一般的人們，口中嚼著蕁麻走在路上，不時會發生倒地死亡的現象。由於市區內沒有埋葬這些屍體的地方，只好將他們棄置在路旁。」

貝利薩留斯似乎向市區內的隊長下達了減少人口的命令，只不過結果與九年前的圍城戰時大相逕庭。

九年前下達減口令時，大批人員貨車塞滿了通往南方的道路。這些難民是有地方可去的人，車上裝滿了家具、服飾與短期食糧。西元五四六年的難民可就沒有這般幸運了。普羅柯派厄斯在書中記下當時的情況：

「拜占庭的兩名將領終於批准市民離開羅馬前往個別期望的地方避難。依舊願意留在市區的人屬於少數，大多數人選擇離開羅馬。

然而這些人走出敞開的城門後，陸陸續續的倒在大道上。長期飢餓造成體力衰竭，使得他們連走在大道上都覺得辛苦。這些人在路邊或附近的河邊迎接死亡。

有多餘體力沿著大道行進的人接下來要面對哥德兵。哥德官兵甚至不需要打鬥。難民們已經失去抵抗的能力，就在哥德兵的槍下結束人生。

這就是昔日讓全世界的人以憧憬的眼光看待，光輝四射的羅馬市民現在的落魄模樣。」

不久後到了十二月，哥德軍進入了羅馬城。在整個作戰過程中，他們只需守候在城外，等待羅馬內部自動瓦解。派來防衛羅馬的拜占庭官兵早在哥德軍入城前悄悄逃走。

哥德王托提拉入城後，首先前往臺伯河對岸的梵諦岡，參拜獻給聖彼得的大教堂。儘管屬於亞流教派，如今哥德族已經是基督教徒。只不過，從此以後的托提拉已經不是羅馬人親愛的朋友、誓言遵循提歐鐸力克共存路線的那個人。他深信自己是支配者，被支配者的命運操弄在他的手中，並且立刻付諸實行。

首先，他破壞了三分之一的城牆。而且是在各處破壞總長度三分之一的城牆，讓羅馬周邊的城牆肝腸寸斷。在命令下實際從事破壞工作的，是殘留在城裡的羅馬市民。另外，他逮捕了留在城裡的元老院議員及其家屬。在這些人的親戚送來贖金之前，哥德軍進軍到哪，這些人就得隨行到哪。只不過，在長期的哥德戰役過程中，作為元老院議員資產基礎的大型農莊已經荒廢，籌措贖金的進度始終不能符合哥德王的期待。這些被人稱為元老院階級，長年享受權勢的議員與其親屬，不少人在此時喪命，僥倖逃生的人也從此下落不明。

這就是從西元前七五三年羅馬開國以來，始終與國家共享榮耀的「羅馬元老院」(Senatus Romanum)的結局。

哥德人似乎對羅馬已經不感興趣，他們把能搶奪的東西全數搶走之後，拖著元老院議員們離開了羅馬。其後的四十天內，昔日被人稱為「世界首都」，在廣大帝國中無人不知的大城，就這樣遭受著無人聞問的待遇，被人棄置在悲哀與荒廢之中。第二年二月貝利薩留斯占領的，也就是這種狀態下的羅馬。

貝利薩留斯原本計畫從修復城牆開始，設法復興羅馬市容，但是查士丁尼沒有給他時間。一道新的命令下來，要他把羅馬交給其他人負責防衛，他則優先掃蕩義大利南部與西西里的哥德勢力。這個時期查士丁尼下達的命令，似乎並非根據義大利的哥德戰役進展狀況所擬定，而是根據造訪君士坦丁堡皇宮之人提供的資訊與陳情。查士丁尼強迫將戰線移動到南義大利的命令，很可能是在接獲南義大利或西西里擁有大型農莊的某人陳情的結果。不管怎麼說，既然皇帝的命令下來了，貝利薩留斯也只好帶著軍隊往南行。

耗費了一整年的南義大利爭奪戰中，貝利薩留斯似乎有了輝煌的戰果。如今南義大利與西西里的哥德勢力已經被一掃而空。不過等到作戰告一段落，西元五四八年秋季時，貝利薩留斯收到了查士丁尼皇帝發下的召回令。這次的召回令，並非要他轉往波斯戰線，也完全沒提到返回君士坦丁堡後的就任地點。

眾人感覺到這次的召回令是實質上的卸任人事令。無論是君士坦丁堡或是義大利前線，人們都私下耳語表示，貝利薩留斯是為了哥德戰役遲遲沒有結果遭到去職處分。

確實，從貝利薩留斯回到義大利戰線至此時，已經過了四個年頭。在這段期間內，哥德軍的勢力依舊囂張，托提拉王也仍舊健在。不管怎麼善意的解釋，貝利薩留斯的戰績頂多只能評比為避免局勢繼續惡化而已。不過，如果考量到貝利薩留斯回到義大利時的局勢，以及他手上的兵力，實在不可能有更好的表現。

只不過在君主專制國家中，君主做決定但不負責。相對地，臣子沒有決定權卻要負責任。尤其在基督教國家中，君主是承天意攀上統治地位的存在，追究君主的責任，也就等於追究天神的責任。既然無法要上天負責，自然無法追究君主的責任。查士丁尼只是以基督教國家的君主身份，對待屬於臣子的貝利薩留斯而已。只不過，他雖然召回了貝利薩留斯，卻沒有派遣接替人選。

因為在這段時期中，拜占庭帝國必須將注意力放在愈來愈頻繁入侵巴爾幹地區的斯拉夫人身上。而且巴爾幹地區位於君士坦丁堡西鄰，義大利半島對君士坦丁堡來說，畢竟位於遠處。

貝利薩留斯離去後，義大利半島的狀況已經不能用悲慘來形容。哥德軍與拜占庭軍在義大利半島的各處一再發生武力衝突。義大利的天主教派教會主教看不過去，甚至派遣代表前往君士坦丁堡向查士丁尼皇帝請願，他們希望皇帝能夠停止在義大利境內的戰事。

只不過皇帝忽視了這場有如哀求的請願，也不願加強兵力一次解決戰況。就在混亂之中，又過了四年。在這段期間內，貝利薩留斯偶爾被派往多瑙河下游地區，指揮與保加利亞人或斯拉夫人之間的戰鬥。在其他時間內，儘管他享有名譽，在皇宮中具有崇高地位，實質上卻沒有擔任任何工作。四十八歲至五十二歲的期間，是一個男子能夠成就大業的最後一段時期，然而貝利薩留斯卻被迫在皇宮中賦閒。

結束戰爭

到了西元五五二年，查士丁尼好不容易下定決心要結束哥德戰役。只不過這回的總司令人選不是五十二歲的貝利薩留斯，而是已經年逾七旬的納爾賽斯。這次納爾賽斯是以唯一的總司令身份被派往義大利。雖然納爾賽斯已有七十高齡，不過他還能維持不遜於壯年男子的才智。納爾賽斯向來以皇宮官僚身份累積經歷。相對地，貝利薩留斯則是個專業軍人。貝利薩留斯在接獲命令後會隨即趕往戰場推動軍事，並在事後向兼任最高司令官的皇帝直接請願。納爾賽斯則是沒將一切準備工作辦到周全就絕對不會前往戰場。

西元五五二年，納爾賽斯橫越巴爾幹地區後，進入了義大利北部。我們不知道他原本率領多少兵力，只知道與義大利境內的殘餘部隊會合後，兵力共有三萬人。以五千名兵力起始的義大利復興戰役經過了十七年依舊沒有結果，最後投入了六倍的兵力，想必納爾賽斯很清楚其中的詳情。

納爾賽斯計畫以決戰方式結束戰爭。亦即引誘哥德軍展開會戰，藉此一舉擊殺對方領袖。

這項戰略原本不錯，問題在於納爾賽斯行事不擇手段。在他率領的部隊之中，最顯眼的是人數過萬的倫巴底人。

倫巴底人起源自東北歐洲，剛剛遷居到成為勢力空白地段的多瑙河中游南岸不久。在同時，他們也是開化最淺的北方蠻族。到了西元六世紀，在高盧地區稱霸中的法蘭克族與在希斯帕尼亞建構勢力的西哥德族，已經讓人無法脫口以「蠻族」稱呼。唯有倫巴底人還是不折不扣的未開化民族。

納爾賽斯將武裝分發給倫巴底人，並訓練他們使用武器；發放傭兵費用讓他們透過硬幣學會通貨經濟；同時將他們投入對哥德族的戰鬥，累積實戰經驗。換句話說，納爾賽斯將一群烏合之眾訓練成一組精練的軍人。然而這項措施不久後對義大利人與拜占庭人造成嚴重的打擊，因為在哥德戰役後疲累不堪的義大利半島中，下一個主要的入侵蠻族就是倫巴底人。

採用會戰方式決戰時，敵我雙方在平原上擺開陣式，在指揮官的號令下向前衝鋒，以一次戰鬥的成果決定勝負。會戰確實是戰爭中最精彩的部份，但缺點是必須雙方將領都有這個意願才能成立。即使納爾賽斯有這個意願，如果哥德王托提拉不願意的話，也就無法發起會戰了。只不過，自從貝利薩留斯被召回之後，哥德軍一直占有優勢，因此托提拉也頗有自信。

西元五五二年夏季，納爾賽斯率領拜占庭軍沿著弗拉米尼亞大道南下，托提拉也指揮哥德軍從同一條道路北上。在兩軍距離縮短到十八公里時，納爾賽斯派遣使者帶著書信拜見托提拉。信件內容並非提議和談，上頭只寫著「投降的話饒你一命」。

托提拉閱讀之後，以口頭方式回覆使者。他的回覆內容也很簡短，只說了「勝利或者死亡，如此而已」。使者問他「何時展開戰鬥？」托提拉又簡短的回答說「八天後」。

第二天一大早，哥德軍就發動了攻勢。不過納爾賽斯似乎預測到哥德軍的行動，因為他前一天挑選的營地，是人數占優勢的拜占庭軍能充分發揮戰力的平原地區。因此在得知哥德軍來襲時，能夠迅速的擺開陣式。這名老武將沒有花時間做士氣演講，他只有走到整隊行進的部隊前，向士兵展示勇敢戰鬥後可以獲得的大批金鍊條。

雙方部隊一直激戰到夕陽西下。倫巴底軍雖然損傷遠超過擊倒的敵人，但能堅守住受命防衛的地方。相對地，哥德軍中有六千人陣亡。國王托提拉一度突破敵軍包圍，但隨即被追上，在戰場上結束了生命。

納爾賽斯在戰勝後，跪在敵軍的屍首邊，向天神、基督與聖母獻上感恩的祈禱。儘管他們的敵軍哥德人是亞流派的基督教徒，正統天主教派信徒可是深信神與自己同在，不會站在敵人那一邊。

納爾賽斯做完感恩祈禱之後，付出傭兵費用，並解雇了與他一同作戰的倫巴底人。倫巴底部隊隨即沿著弗拉米尼亞大道北上，回到了阿爾卑斯山另一頭的故鄉去。當然，他們沿路還不斷地燒殺擄掠。

納爾賽斯率領著剩餘的拜占庭軍，一邊踐踏著哥德兵的屍體，一邊沿著弗拉米尼亞大道南下。最後他以勝利者的姿態，進入貝利薩留斯卸任後又遭哥德人占據的羅馬城裡。

羅馬這些年來遭受的命運，也就等於義大利半島遭受的命運。

西元五三六年：貝利薩留斯入城

西元五四六年：托提拉入城

西元五四七年：貝利薩留斯入城

西元五四九年：托提拉入城

西元五五二年：納爾賽斯入城

這就是沒有自衛能力的人必須走上的命運。

長達十七年的哥德戰役，讓義大利的土地與居民疲憊到了極點。同樣的，拜占庭軍與哥德軍也免不了受損。如今哥德王國再也不是兵力高達十五至二十萬的大勢力。他們呼籲同屬日耳曼後裔的亞列門諾族協力作戰，反而讓人趁虛而入遭受攻擊。只不過，哥德族還有與拜占庭敵對的毅力。繼陣亡的托提拉之後，新任國王由提亞獲選，並著手重整軍隊。

納爾賽斯可不會等待敵軍重整隊伍。他一得知哥德人將重整資金藏在庫馬的神殿裡，隨即派兵攻打這座拿坡里近郊的古都。同時他布置好陷阱，等著提亞率軍前來防衛庫馬。

西元五五三年春季，在第一回會戰的半年後，拜占庭與哥德的決定性會戰就在可以遙望第勒尼安海的南義大利平原上展開。雙方在第一天的激戰中不分勝負，整整對決了兩天。到了第二天，落日將第勒尼安海染成金黃色時，東哥德王國最後一任國王提亞，與許多官兵一同英勇陣亡。

哥德軍獲知國王陣亡的消息後，以保障生命安全為條件投降。納爾賽斯要求他們選擇在拜占庭皇帝統治下定居義大利，或者回到阿爾卑斯山以北。最後大多數人選擇往北離去。

義大利之死

「於是，由普羅柯派厄斯所敘述的這場戰役，就在第十八年結束了。」

普羅柯派厄斯以上列的這句話，作為《哥德戰記》全書的結尾。由查士丁尼皇帝發起的義大利復興戰爭，從收復西西里時起算，歷經了十八年的歲月，到了西元五五三年終於畫下句點。

當羅馬帝國健在時，義大利原為帝國的本國。如今土地與人民在十八年的戰爭之下，受到難以想像的嚴重創傷。與上個世紀一再入侵的蠻族比起來，同樣信仰天主教派的拜占庭帝國發動的哥德戰役，對義大利的土地與居民造成的傷害更加嚴重。這是近代、現代大多數歷史學者所認同的事實。畢竟戰役使得人口驟減、土地荒蕪，又消滅了能帶動復興的領導階層。

能在戰役中倖存的人們，也無法迎接光輝的明天。如今以「皇帝代理官」職銜統治義大利與西西里的納爾賽斯，開始發揮君主專制國官僚的真本領。因為他知道，身在君士坦丁堡的查士丁尼急著想要回收戰役期間花掉的經費。

皇帝代理官納爾賽斯向被納入拜占庭帝國疆域的義大利與西西里居民，施加了只能用橫徵暴斂來形容的重稅。在這人口劇減、耕地荒廢、生產力低落的情況下，人民又要背負著重稅。而且偏偏納爾賽斯是個長壽人物，他以「皇帝代理官」身份君臨義大利的期間長達十五年。義大利與西西里的居民在忍受了十八年的戰爭之後，又要承受十五年的暴政。帝國的本國義大利、帝國首都羅馬，最後不是喪命在蠻族手中，而是被原為同胞的東羅馬帝國掐死的。

無論翻譯成別墅或是莊園，整個羅馬時代中“villa”一直是農業生產基地。近年來在全義大利境內挖掘出不少類似的遺蹟。而根據統計顯示，南義大利與西西里有許多大規模且明顯是農業生產基地的“villa”。根據考古學家的挖掘調查表示，這些“villa”早從西羅馬帝國時代便存在，但難以證明到了西元六世紀後半是否依舊存續。似乎就在這個時期起，壯麗的莊園也淪落成了廢墟。

如果考古學家的說法正確的話，我們可以認為“villa”撐過蠻族滅亡西羅馬帝國的苦難，但是熬不過拜占庭帝國帶來的戰爭與暴政。而古代的大型莊園，地位有如現代的基礎產業。

貝利薩留斯之死

當納爾賽斯正在義大利把弄權勢的西元五五九年，貝利薩留斯好不容易又獲得指揮權，在巴爾幹地區與保加利亞人作戰獲勝，回到君士坦丁堡述職。不過這也是五十九歲的他最後一次指揮作戰。從此以後，貝利薩留斯又淪落到在皇宮中閒晃的生活。到了西元五六一年，又發生了一件在絕對專制國家中可能引來殺身之禍的事故。

查士丁尼皇帝病逝的消息，傳遍了整個君士坦丁堡。在謠言傳出時，查士丁尼已經七十九歲，因此稱不上空穴來風。偏偏貝利薩留斯在未經確認的情況下相信了這項傳言，同時他開始公然的抨擊查士丁尼皇帝的政策。

查士丁尼皇帝得知消息後大為震怒。而在絕對君主政體國家中有一種特殊現象，就是當君主對誰感到不悅時，寄生在皇宮內的官僚會馬上羅織叛國陰謀。貝利薩留斯的朋友因此被捕下獄，製作了一份貝利薩留斯密謀行刺皇帝的筆錄。

不知道為什麼，對貝利薩留斯的懲處到兩年後才有定論。西元五六三年下的判決是沒收全數資產與軟禁在家。很可能是查士丁尼不忍心將四十年來為國家創造無數勝利的忠臣打入大牢吧。過了半年之後，狀況又大為改觀。新的判決是無罪釋放，貝利薩留斯得以取回所有資產與人身自由。

然而，貝利薩留斯只享受八個月的自由期間。西元五六五年三月十三日，拜占庭帝國首席武將貝利薩留斯病逝，享年六十五歲。

查士丁尼之死

貝利薩留斯逝世八個月後，西元五六五年十一月十四日，查士丁尼皇帝也病逝了。享年八十三歲，在當時是稀有的長壽。

儘管在位期間長達三十八年，對於查士丁尼來說，最後十五年是充滿苦惱的時代。老皇帝煩惱的事情大概可以分成下列三項。

一、與波斯薩珊王朝之間的戰爭呈現慣性化與慢性化，讓拜占庭與波斯這東方兩大國的國力疲憊。不久之後波斯薩珊王朝遭到新興的阿拉伯人擊潰，可以視為對拜占庭長期發動無意義戰爭造成的餘波。

二、斯拉夫人與保加利亞人渡過多瑙河下游入侵巴爾幹地區，而拜占庭帝國未能完全阻止。這裡不但是查士丁尼與貝利薩留斯的故鄉，同時也是拜占庭帝國創始人君士坦丁的出身地，然而帝國在此地的力量節節敗退。

三、在東方、巴爾幹地區的戰事，尤其在西方長期推動的哥德戰役，對拜占庭帝國財政造成沉重的打擊。查士丁尼的姪子，在其身後繼承皇位的查士丁二世於即位初期曾經表示：

「在我面前敞開的國庫裡，除大量借據外什麼都沒有。帝國財政的現狀，只能以絕望一詞來形容。缺乏軍用資金也就等於缺乏軍事力量，這樣下去只能等著讓蠻族蹂躪。」

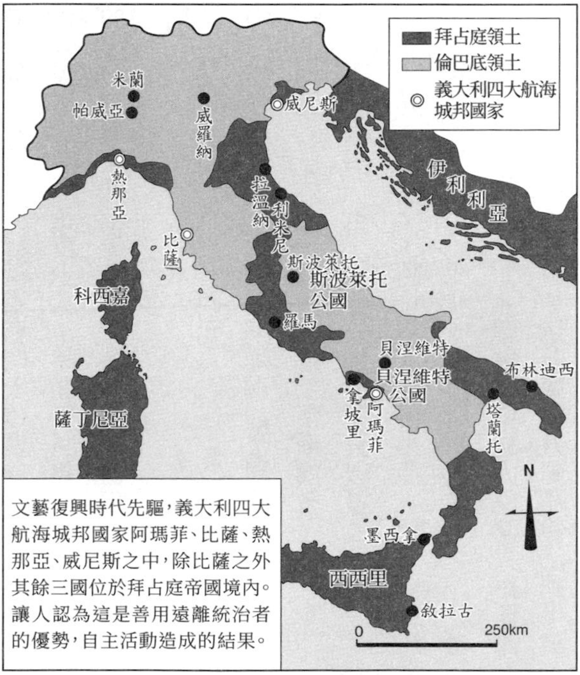

西元六世紀到七世紀之間的義大利半島（引用自 A. Giardina, G. Sabbatucci, V. Vidotto 著作 *Manuale di Storia* Vol. 1: II Medioevo）

這就是號稱版圖最遼闊、權勢最威風、經濟最繁榮的查士丁尼時代東羅馬（拜占庭）帝國的真正內情。

被後人稱為「大帝」的查士丁尼病逝三年後，在義大利施加暴政的納爾賽斯也過世了。而這年西元五六八年，也正好是倫巴底人南下的年份。如今在義大利半島中，已經沒有任何人員勢力可以抵禦新的入侵蠻族。

東羅馬帝國花費十八年時間奪回義大利，卻在十五年後又被倫巴底人奪走。而且倫巴底族的統治在義大利半島留下又深又長的傷痕，讓人覺得哥德族的統治根本不算一回事。

又過了四十五年，西元六一三年時，先知穆罕默德開始在阿拉伯半島傳教。其後的伊斯蘭勢力擴張迅速，陸續搶走了拜占庭帝國的領土。

西元六三六年，敘利亞成為伊斯蘭教區。

西元六四二年，埃及成為伊斯蘭教區。

西元六五〇年，阿拉伯人入侵小亞細亞，一度逼近君士坦丁堡。

西元六七〇年，北非成為伊斯蘭教區。

西元六九八年，北非關鍵都市迦太基淪入伊斯蘭勢力手中。

而到了西元八世紀，伊斯蘭勢力到達伊比利半島，甚至跨越庇里牛斯山脈進軍法國。到了西元七三二年的波蒂埃之役後，才成功阻止了伊斯蘭的腳步。不過到了這個時候，伊斯蘭勢力已經跨越中東、北非，甚至伊比利半島。

地中海的西側、南側、東側，都受到伊斯蘭勢力圍繞，基督教勢力只能殘存在北側。就在這個局勢下，中世紀也過去了。

如今地中海再也不是羅馬人口中的"Mare Internum"（內海），而是橫跨在不同宗教與文明之間的界線海。

如果搭乘飛機的話，從義大利首都羅馬前往突尼西亞首都突尼斯的時間，要比從羅馬前往巴黎所花的時間短。然而只要一走出機場，勢必會感到來到不同的文明圈內。不是孰優孰劣，只是純粹感覺不同。然而在美術館觀賞羅馬時代的雕像與鑲嵌畫，或者到郊區至今依舊存在的諸多羅馬遺蹟中閒逛，感覺卻有如身處在羅馬市內的羅馬廣場或圓形競技場。

在古代，地中海的南岸與北岸屬於同一個文明圈內，雙方要到西元七世紀之後才分離。也就是說，過去是連在一起的，如今已經分開。然而這樣就不是由羅馬人所創造的羅馬世界了。

羅馬世界消逝在地中海再也不是「內海」的一瞬間，消失在地中海再也不是道路，而是轉變成界線的那一瞬間。

之後的地中海，成為每個海岸邊一定有"Torre del Saraceno"（薩拉森塔）佇立的海洋，每當薩拉森海盜來襲時，高塔便會通知人們到山區躲避。同時，地中海也成為承載十字軍船艦往東航行的海洋。

到了西元一〇〇〇年左右，地中海又成了義大利四大航海城邦國家阿瑪菲、比薩、熱那亞、威尼斯與東方伊斯蘭世界貿易的海洋。之後也是以復古與恢復人權為標竿的文藝復興時代的海洋。

或許這就是國家興衰、諸行無常的道理。

如果說這就是歷史的道理，我們這些後人或許該正襟危坐地目送歷史離去，為故人汲汲經營的結晶盡一分禮儀。

全書完

結語

如果有人問筆者為何要寫羅馬史，而且一寫就是十五冊，答案其實很簡單。事情跟「歷史筆法」或者「對現代的問題意識」之類的題目無關，純粹發端於一個「純樸的疑問」。

至今為止一提到羅馬史，往往會傾向討論「衰亡」，想必這是受到吉朋《羅馬帝國衰亡史》的影響。筆者的第一項疑問也就發源在此。既然要有衰亡，之前一定會有興隆。那麼為什麼人們不關心興隆期，只在意衰亡的過程？

因此，筆者首先想知道羅馬是為何、如何興隆的。第I冊至第V冊所寫的也就是這段時期。在這五冊之中描寫的羅馬忙於對外征戰，也就是羅馬史上所謂的「高度成長期」。可能因為這段時期雖然從王政起始，但其後一貫是共和時期，因此近代、現代的史書和研究著作中，探討「共和羅馬」的著作多如牛毛。或許是因為法國革命的影響，近代、現代的史學家、研究人員喜好討論共和羅馬。

也或許正因為如此，一旦從共和時期轉入帝政之後，從針對一般讀者的著作到學術研究等，出版品的質與量都驟減。筆者思考其原因後認為，或許是帝政羅馬這段時代，與政治史的概念產生偏差。政治史概念認為，由王政起始，歷經又稱貴族政治，由元老院主導的寡頭領導共和政治之後，時代應當走上民主政體。然而羅馬卻走向君主政治，發展成元首政體。因此被視為開歷史倒車，換句話說是一種保守反動行為。

只不過，筆者活過柏林圍牆倒塌的時代，知道政治意識型態有多麼軟弱無力。因此筆者認為，應當忽視政治史的固定觀念，專心研究這段時期的政治對一般人而言到底是好是壞。

立足在這個觀點之後發現，如果與前人一樣藐視元首政體時期的帝政時代，那麼未免太可惜。首先，這個時代長期享受興隆期獲得的成果，相當於羅馬史上的「穩定成長期」。

在歷史上出現又消失的國家之中，大多數在興盛之後隨即走上衰敗的道路，能在鼎盛期與衰退期之間擁有長年穩定成長期的國家並不多。或許正因為如此，國祚漫長的國家一定會擁有穩定成長期。例如中世紀、文藝復興時代的威尼斯共和國，以及古代的羅馬帝國。

其次，帝政羅馬的第二項特色在於達成"pax"（和平）目標。"Pax Romana"也就是「羅馬主導的國際秩序」。讓人佩服的是，羅馬能夠長期在廣大的帝國疆域中維持由其主導的和平。光是能讓歐洲、北非以及中東在兩百年內沒發生戰爭，就足夠讓兩千年後的我們讚嘆。

筆者認為，既然目的在得知"pax"是為何、如何實現的，那麼政體是不是帝政已無關緊要。

從第VI到第X冊的五冊所探討的就是這個部份。只不過，「羅馬主導的國際秩序」的點子來自於朱利斯．凱撒，不討論這個人就無法繼續往下發展。探討凱撒生平的第IV冊、第V冊二冊，是討論帝政之前不可不知的部份。因為凱撒正是將羅馬從共和政體轉入帝政，亦即將「高度成長期」轉向「穩定成長期」的「大導演」。就連羅馬人都認為，凱撒是實質上的第一位羅馬皇帝。蘇埃托尼烏斯所著的《皇帝傳》也是從凱撒起始的。

最後的三分之一，由第XI冊開始至第XV冊結束的這段時代，也就是大家一提到羅馬就會馬上想到的衰亡時期。

討論羅馬衰亡的史書與研究書籍多得像是海灘上的沙子。除去荒唐胡扯的書籍以外，每本書或多或少都提到正確的部份。只要蒐集這些書中的資料，就能迅速得知造成羅馬衰亡的主要原因。只不過，筆者不想將僅有一次的人生耗在拾人牙慧的工作上。

因此，最後的五冊中，筆者將重點放在「如何」而不是「為何」衰亡。

另外，一個國家的歷史，有如一個人的人生。如果想要徹底理解一個人，就得從這個人出生開始，一直追蹤到他過世為止。

對筆者來說，這是第二次寫下追蹤到死亡為止的通史。也就是以《海都物語》為題的威尼斯共和國歷史，以及這一套《羅馬人的故事》。這兩國的歷史共通之處，在於國祚長達千年以上。不過在對於同一時代的外國，以及對後代的影響力上，差距就大得無法比較了。這也就是為何《海都物語》只要上下兩冊，《羅馬人的故事》卻要花去十五冊的緣故。如果不寫成十五冊，實在沒辦法寫完羅馬通史。

這十五冊《羅馬人的故事》，是筆者為了理解羅馬人而開始動筆的。當寫完全書之後，也終於可以衷心說聲「懂了」。

各位讀者如果在閱讀後，能夠覺得也「懂了」，對筆者來說更是無上的喜悅。因為書籍是要由作者寫作、出版社出書，以及讀者閱讀之後才能成立的媒體。串連三者之間的紅線就是「共享觀念」。

二〇〇六年秋，於羅馬
塩野七生

附　錄

羅馬人心目中的「基本道德」(Mores Maiorum)

法　文	英　文	義大利文	譯　文	拉丁文
piété	piety	pietà	虔敬	pietas
humanité	humanity	umanità	人性	humanitas
liberté	liberty	libertà	自由	libertas
clémence	clemency	clemenza	寬容	clementia
morale	morality	morale	道德	mores moralis
autorité	authority	autorità	權威	autorita
fidélité	fidelity	féde	信義	fides
discipline	discipline	disciplina	規律	disciplina
sévérité	severity	severità	嚴格	severitas
gravité	graveness	gravità	威嚴	gravitas
consistance	consistency	constanza	一貫性	constantia

羅馬人概念中的含意或解釋	德 文	西班牙文
對永恆價值的尊重。對諸神意志的敬意。重視在現實生活中的言行	Pietät	piedad
重視人際關係。無論是家人間、朋友間，或國家之間	Humanität	humanidad
尊重個人人格。保衛對自己與他人人格尊重的意志	Freiheit	libertad
對投降敵人的寬容心。包容不同宗教、文化、風俗的想法	Nachsicht	clemencia
無論任何時代或任何個人都無法各自傳授的，長年累月匯集的智慧結晶。也因此值得尊重的傳統	Moral	moralidad
不盲從在上位者或掌權者，遵從賢人或有經驗的人	Autorität	autoridad
不限於朋友之間，為羅馬精神之延續，人與人之間應有的感情基礎	Treue	fidelidad
無論家庭、社會、國家，令人類共存所需之組織發揮功能所必要之規律，以及隨時訓練保護規律之必要性	Disziplin	disciplina
不針對他人，主要針對自己的規律要求	Severität	severidad
察覺真正重要的事物，抱持責任感施行之意識	Gravität	gravedad
決定方針後，貫徹到底絕不退縮的態度	Konsequenz	consistencia

註：羅馬人觀念中的基本道德，並不因其後的民族而改變。只不過，同一用詞其後的含意可能產生變化。例如對基督教徒而言，“fides” 代表的是對神明的信仰。

拜占庭帝國（東羅馬帝國）興衰（西元三五九～一四五三年）

有人認為羅馬帝國的東方在與西方分裂後又存續了千年以上。以下則以圖示方式來觀察這千年中的實況。

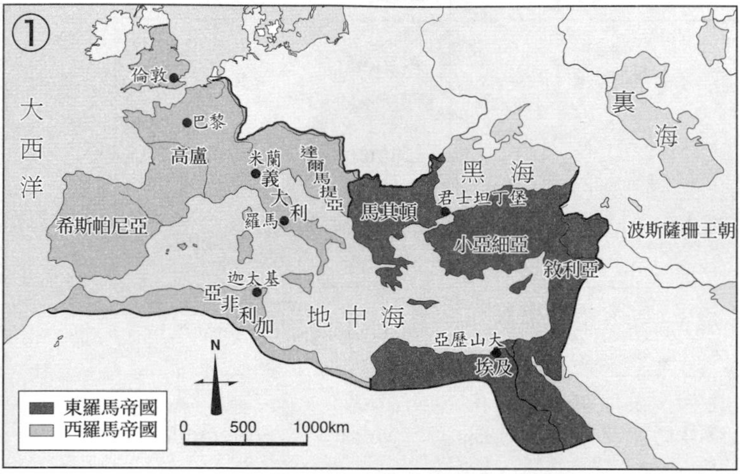

西元三九五年左右的東羅馬帝國

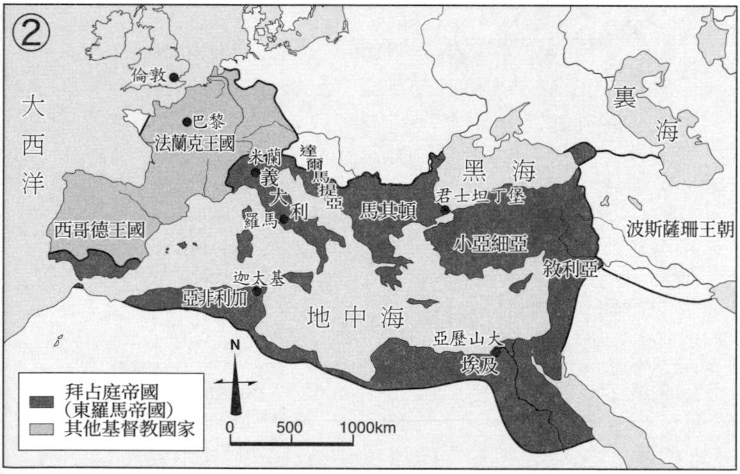

西元五六五年，查士丁尼大帝過世時的拜占庭帝國（東羅馬帝國）

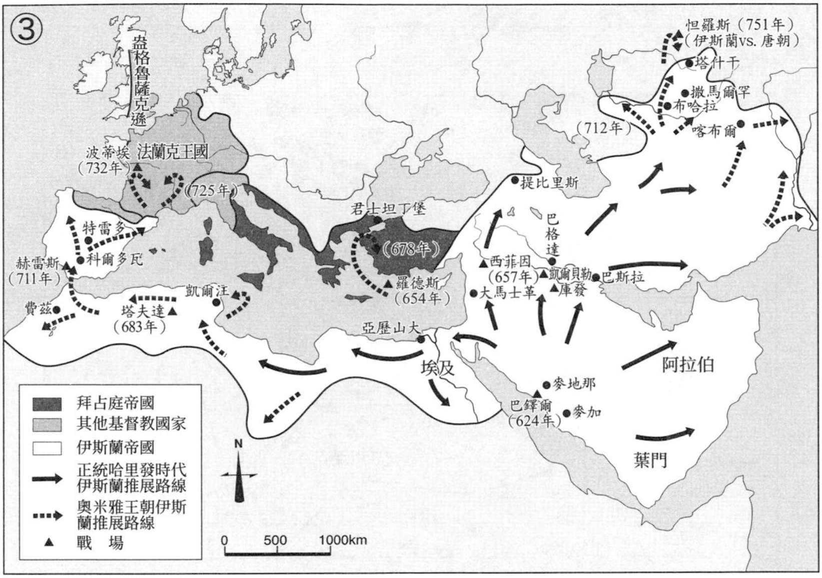

西元七四〇年左右的伊斯蘭勢力範圍（引用自 A. Giardina, G. Sabbatucci, V. Vidotto 著作 *Manuale di Storia* Vol. 1: II Medioevo）

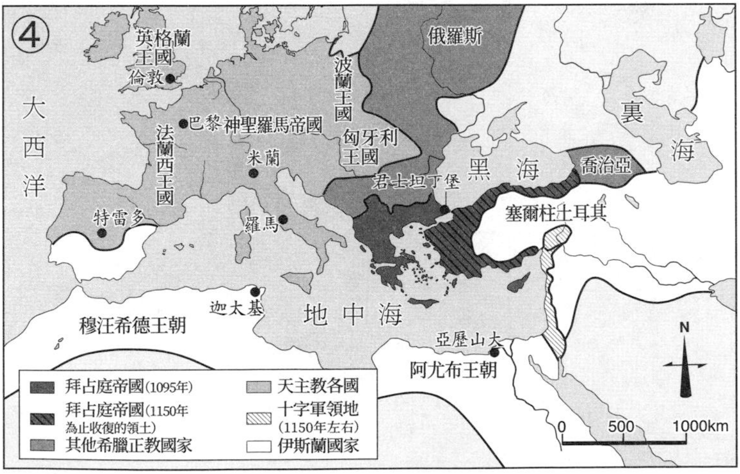

十字軍時代的拜占庭帝國（一一八〇年左右）

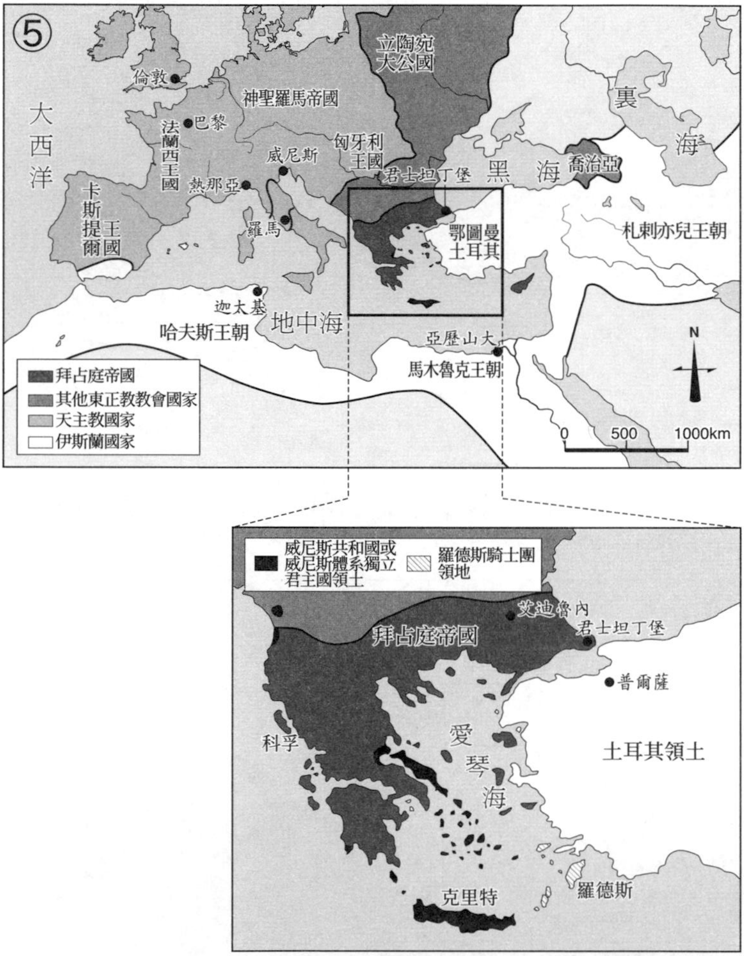

西元一三四〇年左右的拜占庭帝國

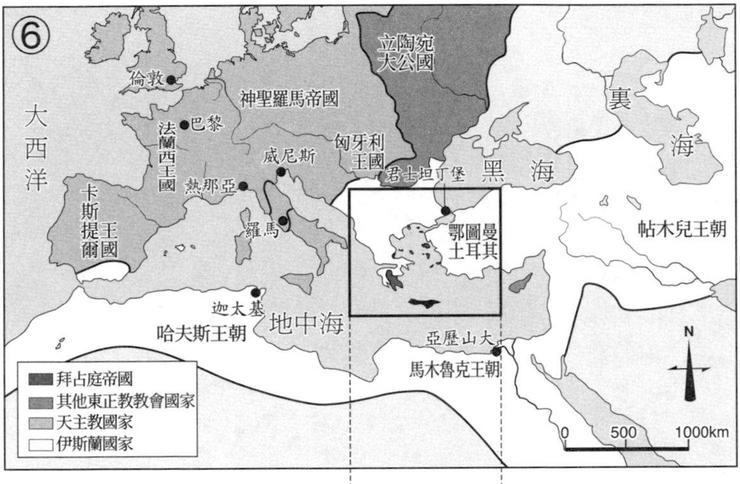

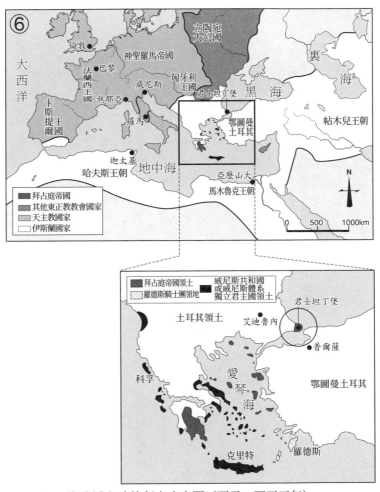

瀕臨滅亡時的拜占庭帝國（西元一四五三年）

大事年表

西元	西羅馬帝國 （義大利、萊茵河流域、高盧、不列顛、北非）	東羅馬帝國 （中東、小亞細亞、埃及、巴爾幹、多瑙河流域）	其他世界
三九五	狄奧多西皇帝任命汪達爾族出身的史提利柯為軍總司令 一月十七日，狄奧多西皇帝病逝。帝國東方由長子阿卡狄奧斯，西方由次子霍諾里烏斯繼承。東西分裂成為定案 阿拉里克率領西哥德族入侵巴爾幹，史提利柯率羅馬軍迎擊，但在東羅馬宰相魯菲努斯阻撓下撤軍	十一月二十七日於君士坦丁堡閱兵時，宰相魯菲努斯遭士兵刺殺	（日本）古墳時代 （朝鮮）高句麗，好太王即位（三九一）
三九六		阿拉里克率軍入侵巴爾幹地區，掠奪全希臘	（朝鮮）高句麗攻擊百濟，占其北部（三九六）
三九七	奧古斯丁獲選為北非的希波·磊吉烏斯主教 春，史提利柯率軍前往希臘 亞非利加地區軍司令官吉祿德宣稱向東羅馬皇帝阿卡狄奧斯效忠。禁止北非向義大利出口糧食 羅馬元老院向吉祿德發出公敵宣言	史提利柯率西羅馬軍擊退阿拉里克 東羅馬帝國皇帝阿卡狄奧斯任命阿拉里克為羅馬帝國伊利利亞地區軍司令官	
三九八	派遣馬歇澤爾討伐吉祿德。吉祿德軍於開戰前投降，吉祿德遭殺害		
四〇一	秋，多瑙河上游北部蠻族入侵拉耶提亞行省。史提利柯前往反擊	帝國內排斥蠻族異端運動惡化 哥德族出身的東羅馬軍司令官蓋納斯失勢遇害	

四〇二	阿拉里克率西哥德族入侵義大利 史提利柯率軍返回義大利，討伐阿拉里克 四月六日，史提利柯於波蓮佐與阿拉里克軍會戰獲勝。阿拉里克逃回巴爾幹 至翌年為止，史提利柯重整防衛體制。將羅馬軍高盧據點由特里爾遷移至南法的阿爾勒	
四〇四	秋，史提利柯於羅馬舉行凱旋儀式 西羅馬帝國皇帝根據地由米蘭遷移至拉溫納	
四〇五	秋，拉達蓋索率東哥德族等日耳曼蠻族入侵西羅馬帝國領土	
四〇六	五月，史提利柯成立奴隸徵兵法 六月，西羅馬軍與拉達蓋索率領的蠻族軍於中義大利的菲耶索萊對決。指揮西羅馬軍圍攻蠻族軍 八月二十三日，蠻族軍投降，西羅馬軍獲勝 十二月，日耳曼蠻族再度渡過萊茵河入侵高盧	
四〇七	自稱君士坦丁三世的士兵率領不列顛羅馬駐軍進入高盧 秋，史提利柯派遣討伐軍前往高盧	
四〇八	史提利柯公開與西哥德族長阿拉里克的同盟交涉。元老院於討論後表決通過同盟協約 史提利柯長女，霍諾里烏斯皇帝皇妃瑪莉亞病逝。史提利柯讓次女嫁給霍諾里烏斯 霍諾里烏斯皇帝造訪帕威亞軍事基地，當地史提利柯派軍官遭殺害 八月，史提利柯前往拉溫納皇宮晉見霍諾里烏斯皇帝，但以叛國罪遭處決	五月，阿卡狄奧斯皇帝病逝。皇位由長子狄奧多西二世繼承。母親奧多利雅攝政

四〇九	阿拉里克率西哥德族由巴爾幹入侵義大利，要求履行協約並封鎖羅馬。羅馬元老院同意給付大量財寶解除封鎖 夏，阿拉里克率西哥德族再度圍攻羅馬	
四一〇	八月二十四日，西哥德族入侵羅馬市區，展開五天的「羅馬洗劫」。霍諾里烏斯之妹嘉拉・普拉齊達遭西哥德族俘虜 霍諾里烏斯向各行省發布通知令其設法自保 阿拉里克離開羅馬南下義大利途中逝世。阿塔沃夫繼位為西哥德族長 阿塔沃夫於南法舉行與嘉拉・普拉齊達的婚禮，但不被霍諾里烏斯皇帝承認	
四一一	霍諾里烏斯皇帝為遭劫掠的羅馬推動復興措施（～四一七） 冬，入侵高盧的君士坦丁三世遭部屬刺殺，不列顛駐軍無人指揮	
四一二	霍諾里烏斯派遣君士坦提烏斯將軍至高盧吸收不列顛駐軍並討伐蠻族	（朝鮮）高句麗建好太王碑（四一四）
四一五	西哥德族長阿塔沃夫遭殺害，嘉拉・普拉齊達返回義大利 君士坦提烏斯與嘉拉・普拉齊達成婚 西羅馬帝國與西哥德族結盟，指定高盧西部為西哥德族定居地	
四一九	君士坦提烏斯與嘉拉・普拉齊達生下男嬰，命名為瓦倫提尼安三世	（中國）劉裕滅東晉興宋（四二〇）

四二一	一月，霍諾里烏斯指名君士坦提烏斯為共同皇帝 八月，君士坦提烏斯病逝 嘉拉．普拉齊達與長子瓦倫提尼安三世逃往東羅馬帝國
四二三	秋，霍諾里烏斯皇帝病逝
四二五	瓦倫提尼安三世皇帝與母后嘉拉．普拉齊達一同回到西羅馬帝國 嘉拉．普拉齊達命玻尼法提斯為皇帝衛隊隊長兼北非地區軍司令官。命艾提烏斯將軍為高盧地區軍司令官
四二七	嘉拉．普拉齊達向玻尼法提斯發出召回令，遭玻尼法提斯拒絕。嘉拉．普拉齊達派遣以哥德族為中心的討伐軍至北非
四二九	玻尼法提斯向汪達爾族請求援軍。堅瑟利柯族長率領汪達爾族遷居北非 玻尼法提斯攏絡討伐軍一同對抗汪達爾族
四三〇	八月，北非主教都市希波．磊吉烏斯遭汪達爾族攻陷，玻尼法提斯逃往義大利 希波．磊吉烏斯主教奧古斯丁逝世
四三二	玻尼法提斯於北義大利利米尼近郊平原與艾提烏斯對抗。艾提烏斯獲勝，玻尼法提斯陣亡 嘉拉．普拉齊達任命艾提烏斯為軍總司令官
四三七	瓦倫提尼安三世與東羅馬帝國皇帝狄奧多西二世之女結婚

四三九	迦太基淪陷，北非完全淪入汪達爾族手中		（中國）北魏統一長江以北，進入南北朝時代
四四二	西羅馬帝國與汪達爾族議和。汪達爾族正式領有北非		
四四四		匈族的阿提拉在兄長過世後統領部族 阿提拉率領匈族入侵東羅馬帝國，逼近君士坦丁堡	
四四七		東羅馬帝國與匈族締結「同盟部族」協約	
四五〇	嘉拉．普拉齊達逝世 嘉拉的女兒，瓦倫提尼安三世的姊姊霍諾里雅向阿提拉送出通婚使節。阿提拉接受，但瓦倫提尼安三世拒絕	七月二十八日，狄奧多西二世皇帝病逝。實質元首皇姊普凱莉雅指定元老院議員馬爾齊安繼位。普凱莉雅與馬爾齊安結婚 馬爾齊安廢棄與匈族間的協約	
四五一	阿提拉率領匈族渡過萊茵河中游入侵高盧 艾提烏斯與西哥德族等日耳曼蠻族協調同盟 六月二十四日，匈族與西羅馬帝國於香檳平原上會戰（夏隆會戰），西羅馬帝國軍獲勝，匈族退出高盧 秋，匈族入侵義大利		
四五二	匈族於義大利北部全區四處掠奪 秋，羅馬主教雷歐與元老院議員晉見阿提拉，請其退出義大利。阿提拉承諾後，匈族回到多瑙河以北		

四五三	阿提拉病逝	
四五四	艾提烏斯為兒子請願迎娶瓦倫提尼安三世的女兒。遭發怒的瓦倫提尼安三世皇帝殺害	
四五五	三月十六日，瓦倫提尼安三世於羅馬閱兵途中遇刺。羅馬元老院選出元老院議員佩特羅尼烏斯．馬庫希穆斯繼位 堅瑟利柯率領北非汪達爾族登陸義大利，占領奧斯提亞 六月，馬庫希穆斯皇帝遭殺害 六月十五日，羅馬主教（教宗）雷歐晉見堅瑟利柯，展開汪達爾族的「羅馬洗劫」（～二十九日） 阿維圖斯於高盧被擁立稱帝	
四五六	阿維圖斯進入義大利後遭殺害	
四五七	蠻族出身的軍人墨喬里安獲選繼位 墨喬里安於西班牙試圖增強海軍力量，計畫遠征北非	馬爾齊安皇帝逝世，軍人雷歐獲選繼位
四六一	墨喬里安皇帝遭殺害，謝維勒繼位	
四六五	謝維勒皇帝遭毒殺。皇宮官僚里奇美洛斯策畫由東羅馬帝國前任皇帝馬爾齊安女婿安特米烏斯繼位	
四六七	安特米烏斯入羅馬行加冕儀式	

四六八	東西羅馬帝國聯合派兵征討北非汪達爾族 堅瑟利柯施計於迦太基擊潰羅馬軍	雷歐皇帝與堅瑟利柯議和	
四七二	三月，皇宮官僚里奇美洛斯擁立奧利布里烏斯稱帝 七月，安特米烏斯軍與奧利布里烏斯、里奇美洛斯聯軍於羅馬市區內巷戰 七月十一日，安特米烏斯陣亡 八月二十日，里奇美洛斯病逝 十月二十三日，奧利布里烏斯遇刺		
四七四		東羅馬帝國指派達爾馬提亞地區軍司令官朱利斯・尼波斯為西羅馬帝國皇帝	
四七五	十月三十一日，宰相奧雷斯提斯之子羅慕路斯・奧古斯都即位	東羅馬帝國皇帝芝諾失去皇位	
四七六	蠻族出身的將領奧達凱爾叛亂 九月，奧達凱爾戰勝政府軍，殺死奧雷斯提斯。逼使羅慕路斯・奧古斯都退位。西羅馬帝國滅亡 奧達凱爾自稱義大利王	芝諾復辟 提歐鐸力克繼承東哥德族長	
四七七	汪達爾族長堅瑟利柯逝世		
			（中國）蕭道成滅宋建齊（四七九）
四八一	克洛德威克就任法蘭克王（～五一一）		

四八八		提歐鐸力克率東哥德族西行	
四八九	四月二十八日，奧達凱爾軍於義大利東北部伊松佐河濱迎擊東哥德軍。提歐鐸力克率東哥德軍獲勝		
四九〇	八月十一日，奧達凱爾軍於米蘭近郊與東哥德軍再度對決。奧達凱爾落敗後逃入拉溫納。東哥德軍展開拉溫納圍城戰		
四九三	五月，奧達凱爾與提歐鐸力克議和，隨即遇害。提歐鐸力克掌握義大利全權		
五〇〇	提歐鐸力克訪問羅馬，受市民歡迎		（中國）齊滅亡，梁建國（五〇二）
五二五	密報指出元老院議員亞爾比努斯私通東羅馬帝國皇帝，意圖將提歐鐸力克在內之奧里斯教派逐出義大利 重臣波艾提烏斯為亞爾比努斯辯護遭幽禁		
五二六	波艾提烏斯遭處決 八月，提歐鐸力克病逝		
五二七		四月四日，查士丁尼由伯父查士丁指定為共同皇帝 八月一日，查士丁皇帝病逝，查士丁尼成為唯一皇帝	
五二九	佩內迪科托斯創設修道院	開始編纂《羅馬法大全》	

五三三	九月十五日，貝利薩留斯入迦太基城，汪達爾王國滅亡	查士丁尼皇帝命貝利薩留斯將軍收復前西羅馬帝國領土 六月，貝利薩留斯率軍由君士坦丁堡前往北非	
五三四		秋，貝利薩留斯將軍凱旋回到君士坦丁堡	
五三五		貝利薩留斯獲選為執政官 秋，查士丁尼皇帝再度將貝利薩留斯派遣至西方	
五三六	春，貝利薩留斯於義大利半島登陸 貝利薩留斯攻陷義大利南部都市，哥德族撤往北義大利 十二月十日，貝利薩留斯率拜占庭軍進入羅馬 王宮官僚卡西歐卓斯離開公職，至南義大利創設「養魚場」		
五三七	哥德族南下攻擊羅馬		
五三八	三月，貝利薩留斯守住羅馬，與哥德族休戰	查士丁尼皇帝派遣皇宮官僚納爾賽斯率軍前往義大利	（日本）約此時期，佛教由百濟傳入日本
五三九	貝利薩留斯攻陷拉溫納，東哥德王威提吉斯投降 因對波斯局勢惡化，貝利薩留斯被召回君士坦丁堡	貝利薩留斯被派往東方指揮對波斯作戰	

五四〇	秋，哥德族於新任國王托提拉下重新集結，開始侵襲義大利半島各處		
五四四		秋，查士丁尼皇帝再度派遣貝利薩留斯前往義大利	
五四六	哥德族攻擊羅馬 貝利薩留斯率軍由奧斯提亞溯臺伯河，支援羅馬 十二月，羅馬城牆遭破壞，哥德族進入羅馬，元老院遭廢除		
五四七	二月，貝利薩留斯進入羅馬。接獲查士丁尼命令掃蕩南義大利與西西里哥德族		
五四八	貝利薩留斯接獲君士坦丁堡召回令		
五五二	夏，納爾賽斯率領以倫巴底族為主力的部隊與哥德族作戰獲勝	查士丁尼皇帝派遣納爾賽斯前往義大利	
五五三	春，拜占庭與哥德族發起決戰。納爾賽斯率羅馬軍獲勝，將哥德族逐出義大利		
			（中國）陳霸先滅梁與陳（五五七）
五五九		貝利薩留斯於巴爾幹與蠻族作戰獲勝，返回君士坦丁堡	
五六一		貝利薩留斯批評查士丁尼皇帝	
五六三		貝利薩留斯遭判處沒收資產與自宅軟禁，半年後改判無罪	

五六五		三月十三日，貝利薩留斯逝世 十一月十四日，查士丁尼皇帝逝世	
五六八	納爾賽斯逝世 倫巴底族南下取得義大利		（日本）蘇我馬子殺物部守屋（五八七） （中國）隋滅陳統一中國（五八九） （日本）聖德太子攝政（五九三）
六一三		先知穆罕默德開始傳教	
六三六		敘利亞入伊斯蘭教區	
六四二		埃及入伊斯蘭教區	
六五〇		阿拉伯人入侵小亞細亞，一度進逼君士坦丁堡	（日本）大化革新（六五四）
六七〇	北非入伊斯蘭教區		
六九八	迦太基遭伊斯蘭勢力攻陷		
一四五三		五月二十九日，君士坦丁堡遭鄂圖曼土耳其攻陷，東羅馬帝國滅亡	

參考文獻

原文史料（同時代人記述或著作）

Ambrosius　安布洛修斯

De obitu Theodosii , Corpus Scriptorum Ecclesiasticorum Latinorum (CSEL) Vol. LXXIII; *De obitu Valentiniani, CSEL* Vol. LXXIII; *Epistulae XL, Patrologia Latina (PL)* Vol. XVI.

Augustinus　奧古斯丁

De civitate Dei libri XXII, PL Vol. XLVIII; *Epistulae, PL* Vol. XXXIII 等，包括書信、演講等內容之全集。日文譯本為《神の國》（《上帝之城》）（岩波文庫，1982–1991，服部英次郎等人譯，全五冊）；《告白》（《懺悔錄》）（岩波文庫，1976，服部英次郎譯，全二冊）。

Symmachus, Aurelius　敘馬庫斯

Monumenta Germaniae Historica, Auctores Antiquissimi (MGH, AA) Vol. VI（O. Seeck 編）.

Victor, Aurelius　奧理略・維克托

Epitome de Caesaribus, Leipzig, 1911（Pichlmayer 編）.

Cassiodoros　卡西歐卓斯

Chronicon, MGH, AA Vol. XI（Th. Mommsen 編）; *Variae, MGH, AA* Vol. XII（Th. Mommsen 編）.

Chronica Minora saec. IV, V, VI, VII (3 vols.), *MGH, AA* Vols. IX, XI, XIII, Berlin, 1892–1898（Th. Mommsen 編）.

Claudianus, Claudius　克勞狄亞努斯

Invectives contre Eutrope, MGH, AA Vol. X, Paris, 1933（Th. Birt 編）；*De bello Gildonico; De bello Pollentino sive Gothico; De consolatu Stilichonis; Epithalamium de niptiis Honorii Augustii; Fescennia da nupitiis Honorii Augustii; In Eutropium; In Rufinum; Panegyricus de quarto consolatu Honoriis Augusti; Panegyricus de sexto consolatu Honoriis Augusti, Panegyricus de tertio consolatu Honorii Augusti, MGH, AA* Vol. X, Paris, 1892（Th. Birt 編）.

Codex Theodosianus, Lyon, 1665（J. Gothofredus 編）；同書，Berlin, 1905（Th. Mommsen & P. M. Meyer 編）.

Corpus Inscriptionum Latinarum (CIL), Berlin, 1863.

Corpus Iuris Civilis (Institutiones, Digesta, Codex Iustinianus, Novellae), Berlin, 1912–1922（Mommsen, Krueger, Schoell, Kroll 編）.

Corpus legum ab imperatoribus romanis ante Iustinianum latarum, Leipzig, 1857（G. Haenel 編）.

Corpus Scriptorum Ecclesiasticorum Latinorum (CSEL) Vol. V, Wien, 1882（Zangemeister 編）.

Epigraphica, Rivista italiana di epigrafia, Milano, 1939–.

Eunapius　艾納派阿斯

Fragmenta Historicorum Graecorum Vol. IV, Leipzig, 1870（C. Mueller 編）.

Eusebius 優西比烏斯

Historia Ecclesiastica; Vita Constantini, Berlin, 1903–1909（E. Schwartz 編）. 日文譯本為《教會史》（山本書店，秦剛平譯，1986–1988，全三冊）；《君士坦丁之生涯》（京都大學學術出版會，秦剛平譯，2004）。

Eutropius 奧脫洛派阿斯

Breviarium ab Urbe condita, Leipzig, 1887（F. Ruehl 編）.

Fragmenta Historicorum Graecorum (FHG) (5 vols.), Paris, 1841–1884（C. Mueller & Th. Mueller 編）.

Georgius 喬吉烏斯

Historia Francorum, MGH, Scriptores rerum Merovingicarum Vol. I, Paris, 1884（W. Arndt 編）.

Heronimus 耶柔米

In Rufinum, PL Vol. XXIII; *Epistolae*（完整版），PL Vols. XXII–XXX, Vienna, 1910–1918.

Isidorus 伊希多盧斯

Historia Vandalorum, MGH, AA Vol. XI; *Historia vel Origo Gothorum, MGH, AA* Vol. II.

Libanius 里巴尼烏斯

R. Foerster, Libanii opera (12 vols.), Leipzig, 1903–1927（R. Foerster 編）.

Monumenta Germaniae Historiae, Auctores Antiquissimi (MGH, AA).

Marcellinus, Ammianus　阿米亞努斯

Rerum gestarum libri（Clark 編），Berlin, 1910（義大利文譯本）；*Historiae*（A. Selem 編），Milano, 1994.

Namatianus, Rutilius　納瑪提亞努斯

De reditu suo, Milano, 1992（A. Fo 編）.

Orosius, Paulus　奧洛修斯

Historiae adversus paganos libri VII, Wien, 1882.

Panegyrici latini veteres, Leipzig, 1911（E. Baehren 編）.

Patrologia Greca (PG), Paris, 1857（J. P. Migne 編）.

Patrologia Latina (PL), Paris, 1878（J. P. Migne 編）.

Paulus Diaconus　保羅斯・迪亞哥努斯

Historia Langobardorum（拉義對照 *Storia dei Longobardi*, Milano, 1991）. 倫巴底族出身人員以拉丁文寫下的倫巴底族及其時代歷史。

Procopius　普羅柯派厄斯

Anecdota（義大利文譯本 *Storia segreta*, Roma, 1972）；*Polemon*（義大利文譯本 *Le guerre persiana, vandalica, gotica*, Torino, 1977）.

Regesten der Kaiser und Paepste fuer die Jahre 311 bis 476 n. Chr., Stuttgart, 1919（O. Seeck 編）.

Rufius, Festus　魯菲努斯

Festi Breviarium rerum gestarum populi Romani, Leipzig, 1886（C. Wagener 編）.

Sidonius Apollinaris　希鐸鈕斯・阿波羅那利

Camina, MGH, AA Vol. VIII, Berlin, 1887（C. Lütjohann 編）.

Socrate　蘇格拉底（西元四～五世紀教會史學家）

Historia Ecclesiastica, PG Vol. LXVII.

Vegetius, Flavius　威吉圖斯

Epitoma rei militaris（拉義對照 *L'arte della guerra romana*, Milano, 2003）.

Zosimus　佐希穆斯

'Ιστορία νέα, Leipzig, 1887（L. Mendelssohn 編）.

作者不詳（帝政末期人物）

De Rebus Bellicis（拉義對照 *Le cose della guerra*, Milano, 1989）.

後世研究

Aalberg, N.,"Die Franken und Westgothen in der Völkerwanderungszeit," *Upsala* , 1932.

Adriani, M.,"Tolleranza e intolleranza religiosa nella Roma antica," *Studi Romani* 6, 1958; "Il concetto di tolleranza religiosa nella storia delle religioni," *Cultura e Scuola* 1, 1961.

Aegyptus, *Rivista italiana di Egittologia e di Papirologia*, Milano, 1920 刊行開始.

Agnello, S. L., *Silloge di iscrizioni paleocristiane della Sicilia*, Roma, 1953.

Albertini, E., *L'Empire Romain*, Paris, 1929.

Albertoni, G., *L'Italia carolingia*, Roma, 1997.

Alföldi, A., "On the foundation of Constantinople, a few notes," *Journal of Roman Studies (JRS)*37, 1947; *The conversion of Constantine and pagan Rome*, Oxford, 1948; *A conflict of ideas in the Later Roman Empire, the clash between the Senat and Valentinian I*, Oxford, 1952.

Alföldy, G., *Noricum*, London, 1974; *The Social History of Rome*, London, 1985.

Allard, P., *La persécution de Dioclétien*, Paris, 1908; *Storia critica delle persecuzioni*, Firenze, 1913–1918（義大利文譯本）.

Altheim, F., *Attila und die Hunnen*, Baden-Baden, 1951; *Römische Religionsgeschichte II*, Milano, 1960（義大利文譯本）.

Amari, M., *Storia dei Musulmani in Sicilia* (3 voll.), Catania, 1933–1939.

Amatucci, G. A., *Storia della letteratura romana*, Napoli, 1912–1916; *Storia della letteratura latina cristiana*, Bari, 1929.

Amory, P., *People and Identity in Ostrogothic Italy*, Cambridge, 1997.

Andreoli, A., "Contributo topografico alla battaglia dei Campi Catalaunici," *Historia* 1, 1927.

Frank, T.（編），*An Economic Survey of Ancient Rome* (6 vols.), Baltimore, 1933–1940.

Angenendt, A., *Studien zu Pirmin und den monastischen Vorstellungen des frühen Mittelalters*, München, 1972.

Anton, H., Der König und die Reichskonzilien im westgotischen Spanien, *Historisches Jahrbuch* 92, 1972.

Arce, J., *El último siglo de la Hispania romana*, Madrid, 1986.

Arquillière, H., *L'Augustinisme politique. Essai sur la formation des théories politiques du moyen âge*, Paris, 1934.

Atti del IV Congresso Internazionale di Archeologia Cristiana, Città del Vaticano, 1940.

Ausenda, G.（編），*After Empire. Towards an Ethnology of Europe's Barbarians*, Woodbridge, 1995.

Azzara, C., "Gregorio Magno, i Longobardi e l'Occidente barbarico. Costanti e peculiarità di un rapporto," *Bullettino dell'Istituto storico italiano per il Medio Evo e Archivio muratoriano* 97, 1991; *L'ideologia del potere regio nel papato altomedievale* (secoli VI–VIII), Spoleto, 1997.

Balducci, C., *La politica di Valentiniano III*, Bologna, 1934.

Baratta, M., Fraccaro, P. & Visintin, L., *Grande atlante geografico, storico, fisico, politico, economico*, Novara, 1939.（附 45 張圖）

Barbagallo, C., *Lo Stato e l'istruzione pubblica nell'Impero Romano*, Catania, 1911; *Giuliano l'Apostate*, Genova, 1912; *Storia Universale, Vol. II–2: Roma antica. L'Impero*, Torino, 1932.

Barker, E., "L'Italia e l'Occidente dal 410 al 476," *Storia del mondo medievale* 1, Milano, 1978.

Barnes, T. D., "'Patricii' under Valentinian III," *Phoenix*, 1975.

Baron, S. W., *Histoire d'Israel*, Paris, 1957.

Barra, G., *Acta Martyrum*, Torino, 1945.

Bartoli, A., "Il senato romano in onore di Ezio," *Rendiconti della pontificia accademia romana di archeologia* 22, 1946–1947.

Bartolini, E., *I barbari, Le invasioni barbariche nel racconto dei contemporanei*, Milano, 1982.

Bassett, S.（編）· *The Origins of AngloSaxon Kingdoms*, London-New York, 1989.

Bayet, J., *Histoire politique et psychologique de la religion romaine*, Paris, 1959（義大利文譯本）.

Bayless, W. N.,"The Visigothic Invasion of Italy in 401," *Classical Journal* 72, 1976.

Baynes, N. H., *Constantine the Great*, London, 1929.

Beaujeu, J., *La religion romaine à l'apogée de l'empire Vol. I: La politique religieuse des Antonins*, Paris, 1955.

Beck, H. G., *Kirche und theologische Literatur im byzantinischen Reich*, München, 1959; "Konstantinopel–das neue Rom," *Gymnasium* 71, 1964; "Konstantinopel. Zur Sozialgeschichte einer frühmittelalterlichen Hauptstadt," *Byzantmische Zeitschrift* 58, 1965.

Beloch, J., "Der Verfall der antiken Kultur," *Historische Zeitschrift* 84, 1900.

Bertolini, O.,"Roma di fronte a Bisanzio e ai Longobardi," *Storia di Roma* 4, Bologna, 1941; *Storia Universale Vol. III–1: I Germani , migrazioni e regni nell'Occidente già romano*, Milano, 1959–1965.

Bloch, G., *L'empire romain. Evolution et décadence*, Paris, 1922.

Boak, A. E. R., *Manpower Shortage and the Fall of the Roman Empire in the West*, London, 1955.

Bognetti, G. P., *L'età longobarda* (4 voll.), Milano, 1966–1968.

Boissier, G., *La fin du paganisme*, Paris, 1891.

Bouché-Leclercq, A., *L'intolerance religieuse et la politique*, Paris, 1911.

Brion, M., *Lu vie d'Attila*, Paris, 1933; *Theoderic*, Paris, 1935.

Brogiolo, G. P. & Gelichi, S., *La città nell'alto medioevo italiano. Archeologia e storia*, Roma-Bari, 1998.

Brown, P., *The World of Late Antiquity. From Marcus Aurelius to Muhammad*, London, 1971; *Religion and Society in the Age of Saint Augustine*, London, 1972.

Bühler, J., *Die Germanen in der Völkerwanderung*, Leipzig, 1922.

Bugiani, C., *Storia di Ezio generale dell'Impero sotto Valentiniano III*, Firenze, 1905.

Bulic, F., *L'imperatore Diocleziano*, Spalato, 1916.

Buonaiuti, E., *Sant' Ambrogio*, Roma, 1926.

Burckhardt, J., *Das Zeit Constantins des Grossen*, Stuttgart, 1929.

Burns, T. S., *A History of the Ostrogoths*, Bloomington, 1984.

Bury, J. B., *A History of the Later Roman Empire from Arcadius to Irene*, London, 1889; The Provincial List of Verona, *JRS* 13, 1923; *Later Roman Empire from the Death of Theodosius I to the Death of Justinian* (2 vols.), London, 1923; *The Invasion of Europe by the Barbarians*, New York, 1967.

Calderini, A., *Aquileia romana*, Milano, 1930; *Manuale di Papirologia*, Milano, 1938.

Calza, G.,"La statistica delle abitazioni e il calcolo della popolazione in Roma imperiale," *Rendiconti dei Lincei*, 1917.

Cameron, A.,"Theodosius the Great and the Regency of Stilicho," *Harvard Studies in Classical Philology* 73, 1969; *Claudian: Poetry and Propaganda at the Court of Honorius*, Oxford, 1970; *Circus Factions. Blues and Greens at Rome and Byzantium*, Oxford, 1976; *Il tardo impero romano*, Bologna, 1995; *Un impero, due destini. Roma e Costantinopoli fra il 395 e il 600 d. C.*, Genova, 1997.

Cantarelli, L.,"Annali d'Italia dal 455 al 476," *Studi e Documenti di Storia e Diritto*, 1896; *La Diocesi*

Italiciana, Roma, 1903.

Caravale, M., *Ordinamenti giuridici dell'Europa medievale*, Bologna, 1994.

Carcopino, J., *Aspects mystiques de la Rome païenne*, Paris, 1941.

Carraresi, G., *Cronologia generale dell'era volgare dall'anno 1 all'anno* 2000 , Firenze, 1875.

Carrington, P., *The Early Christian Church*, Cambridge, 1957.

Carson, R. A. G., Kent, J. P. C. & Burnett, A. M., *The Roman Imperial Coinage X*, London, 1994.

Carson, R. A. G., Hill, P. V. & Kent, J. P. C., *Late Roman Bronze Coinage, A.D. 324–498*, London, 1965.

Cecchelli, C.,"Mausolei imperiali e reali del Basso Impero e dell'alto Medioevo," *Atti del III Convegno Nazionale di Storia dell'Architettura*, Roma, 1941.

Cerfaux, L. & Tondriau, J., *Un concurrent du Christianisme*, Paris-Roma, 1956.

Cesa, M., *Impero tardoantico e barbari: la crisi militare da Adrianopoli al 418*, Como, 1994.

Cessi, R., "Marcellino e l'opposizione imperiale romana sotto il governo di Maioriano," *Atti del R. Istituto Veneto*, 1915–1916; "La crisi imperiale degli anni 454–455 e l'incursione vandalica in Roma," *Archivio Società Romana di Storia Patria 40, 1917; Regnum e imperium in Italia*, Bologna, 1919.

Chadwick, N., *The Celts*, Harmondsworth, 1970.

Chastagnol, A., "Observations sur le consulat suffect et la préture du Bas-Empire," *Revue historique (RH)* 219, Paris, 1958; *La préfecture urbaine à Rome sous le Bas-Empire*, Paris, 1960; *Les fastes de la préfecture de Rome au BasEmpire*, Paris, 1962; *Le sénat romain sous le règne d'Odoacre. Recherches sur l'epigraphie du Coliseé au V siècle*, Bonn, 1966; *Le Bas-Empire*, Paris, 1969; "L'evolution de l'ordre sénatorial aux III et IV siècles de notre ère," *RH* 496, Paris, 1970; *Le recrutément des sénateurs au IV siècle, in Recherches sur le structures sociales dans l'Antiquité classique* (Colloque de Caen, aprile 1969), Paris, 1971; *La fin du monde antique. De Stilicon à Justinien*, Paris, 1976.

Chenon, E., *Etude historique sur le defensor civitatis*, Paris, 1889.

Christlein, R., *Die Alamannen. Archäologie eines lebendigen Volkes*, Stuttgart-Aalen, 1979.

Chrysos, E. K. & Schwarcz, A., *Das Reich und die Barbaren*, Wien-Köln, 1989.

Ciccotti, E., *Il tramonto della schiavitù nel mondo antico*, Torino, 1899; "Motivi demografici e biologici nella rovina della civiltà antica," *Nuova Rivista Storica*, 1930.

Cilento, N., *L'Italia meridionale longobarda*, Milano-Napoli, 1966.

Claude, D., *Die byzantinische Stadt im 6. Jahrhundert*, München, 1969.

Clover, F. M., *Geiseric the Statesman: A Study of Vandal Foreign Policy*, Chicago, 1966.

Cohen, H., *Description historique des monnaies frappées sous l'Empire Romain*, Paris, 1880–1892.

Contamine, Ph., *La guerre au Moyen Age*, Paris, 1980.

Costa, G., "Graziano il cristianissimo," *Religione e politica nell'Impero Romano*, Torino, 1923.

Costanzi, V., "La rivolta di Pavia e la catastrofe di Stilicone," *Bull. della Società Pavese di Storia Patria*, 1904.

Courcelle, P., *Histoire littéraire des grandes invasions germaniques*, Paris, 1948.

Courtois, C., *Les Vandales et l'Afrique*, Paris, 1955.

Cracco Ruggini, L., *Economia e società nell'Italia annonaria. Rapporti fra agricoltura e commercio dal IV al VI secolo d. C.*, Milano, 1961; "Il paganesimo romano tra religione e politica (384–394 d. C.): per una reinterpretazione del Carmen contra paganos," *Atti della Accademia Nazionale dei Lincei. Rendiconti Classe di Scienze morali, storiche e filologiche* 376, Roma, 1979; *La fine dell'impero e le trasmigrazioni dei popoli*, La storia, Milano, 1993.

Cumont, F., *Les religions orientales dans le paganisme romain*, Paris, 1929.

Dagron, G., *La città bizantina, in Modelli di Città. Strutture e funzioni politiche*（Pietro Rossi 編）, Torino, 1987; *La romanité chrétienne en Orient. Héritages et mutations*, London, 1984.

Dalton, O. M., *Byzantine Art and Archaeology*, Oxford, 1911; *East Christian Art*, Oxford, 1925.

Daniel, N., *Gli Arabi e l'Europa nel medioevo*, Bologna, 1981.

De Bacci Venuti, T., *Dalla grande persecuzione alla vittoria del Cristianesimo*, Milano, 1913.

De Labriolle, P., *La réaction payenne. Étude sur la politique antichrétienne du I au VI siécle*, Paris, 1934.

Delbrück, H., *History of the Art of War. The Barbarian Invasion* Vol. II, Lincoln-London, 1980.

Delbrueck, R., *Antike Porphyrwerke*, Berlin, 1932.

De Lepper, J. L. M., *De rebus gestis Bonifatii comitis Africae et magistri militum*, Tillburg-Breda, 1941.

Delogu, P., Guillou, A. & Ortalli, G., *Longobardi e Bizantini*, Torino, 1980.

Demandt, A., *Die Kelten*, München, 1998.

Demougeot, E.,"Note sur la politique orientale de Stilicon, de 405 à 407," *Byzantion* 20, 1950; *De l'unité à la division de l'Empire romain, 395–410. Essai sur le gouvernement impérial*, Paris, 1951; *La formation de l'Europe et les invasions barbares* Vol. II, Paris, 1969; *Constantin III, l'empereur d'Arles*, Montpellier, 1974.

De Regibus, L., *Politica e religione da Augusto a Costantino*, Genova, 1953.

De Rossi, G. B., *Inscriptiones Christianae Urbis Romae I–II*, Roma, 1857–1888; *Roma sotterranea cristiana*, Roma, 1864–1867; *Inscriptiones Christianae urbis Romae septimo saeculo antiquiores*, Roma, 1957.

Díaz Martinez, P. C., *El alcance de la ocupacíon sueva de Gallaecia y el problema de la germanización, in Galicia: da romanidade á xermanización. Problemas históricos e culturais*, Santiago de Compostela, 1992.

Diehl, E., *Inscriptiones Latinae Christianae* Vol. I-III, Berlin, 1925–1931.

Dill, S., *Roman Society in the last Century of the Western Empire*, London, 1898.

Doehaerd, R., *Le Haut Moyen Age occidental: économies et sociétés*, Paris, 1971.

Duchesne, L.,"Le dossier du Donatisme," *Mélanges de l'Ecole Française de Rome*, 1890.

Dudden, F. H., *The Life and Times of St. Ambrose*, Oxford, 1935.

Dufourcq, A., *Le Christianisme et l'Empire*, Paris, 1930.

Dvornik, F., *Byzance et la primauté romaine*, Paris, 1964.

Ensslin, W., *Gottkaiser und Kaiser von Gottes Gnaden*, Monaco, 1943; *Theodoric der Grosse*, München, 1947.

Etienne, R., *Le culte impérial dans la péninsule Ibérique d'Auguste à Dioclétien*, Paris, 1958.

Fargues, P., *Claudien. Étude sur sa poesie et son temps*, Paris, 1933.

Ferrari Dalle Spade, G.,"Immunità ecclesiastiche nel diritto romano imperiale," *Atti R. Istituto Veneto di Scienze, Lettere ed Arti* 99, 1939–1940.

Ferrero, G., *La rovina della civiltà antica*, Milano, 1926.

Ferril, A., *The Fall of the Roman Empire: the Military Explanation*, London, 1986.

Fliche, A. & Martin, V.（編）・*Histoire de l'Eglise, Vol. II: De la fin du II siécle à la paix Constantinienne; Vol. III: De la paix Constantinienne à la mort de Théodose*, Torino, 1938–1940（義大利文譯本）.

Follieri, E., *La fondazione di Costantinopoli: riti pagani e cristiani, in Roma, Costantinopoli, Mosca. Da Roma alla Terza Roma.*

Fournier, G., *Les Mérovingiens*, Paris, 1966.

Fracassini, U., *L'Impero Romano e il Cristianesimo. Da Nerone a Costantino*, Perugia, 1913.

Francovich, R. & Noyé, G., *La storia dell'alto medioevo italiano* (VI–X secolo) *alla luce dell'archeologia*, Firenze, 1994.

Frediani, A.,"Gli itinerari alpini delle invasioni barbariche," *Archivio di Studi per I'Alto Adige*, Firenze, 1993; Gli assedi di Roma , Roma, 1997.

Freeman, E. A., *Aetius and Boniface, in Western Europe in the Fifth Century*, London, 1904.

Frey, I. B., *Corpus inscriptionum Iudaicarum*, Roma, 1936–1952.

Gabba, E., *Iscrizioni greche e latine per lo studio della Bibbia*, Torino, 1958.

Gabotto, F., *Storia dell'Italia occidentale nel Medio Evo*, Torino, 1911.

Gabrieli, F. & Scerrato, U., *Gli Arabi in Italia. Cultura, contatti, tradizioni*, Milano, 1979.

Galdi, M., *La religione dei Romani, Storia delle religioni I*（Tacchi Venturi, P. 編）・Torino, 1954.

Galassi, G., *Roma o Bisanzio*, Roma, 1930.

Gallina, M., *Potere e società a Bisanzio. Dalla fondazione di Costantinopoli al 1204*, Torino, 1995.

Garcia Moreno, L. A., *Historia de España visigoda*, Madrid, 1989.

Garrucci, R., *Storia dell'arte cristiana nei primi otto secoli della Chiesa*, Prato, 1873–1885.

Gasparri, S., *Prima delle nazioni. Popoli, etnie e regni fra Antichità e Medioevo*, Roma, 1997.

Gautier, E. F., *Genséric roi des Vandales*, Paris, 1933.

Geary, P., *Before France and Gemany. The Creation and the Transformation of the Merovingian World*, Oxford-New York, 1988.

Geffcken, J., *Der Ausgang des griechisch-römischen Heidentums*, Heidelberg, 1920.

Gentili, R.,"La rivalità tra Ezio, Felice e Bonifacio e l'invasione dei vandali in Africa," *Il Mondo Classico* 5, 1935.

Gerosa, P., S. *Agostino e la decadenza dell'impero romano*, Torino, 1916.

Gibbon, E., *The Decline and Fall of the Roman Empire*, London, 1776–1788; *A History of the Decline and Fall of the Roman Empire*, London, 1896–1900（J. B. Bury 解說）；同義大利文譯本，Torino, 1926–1927; *Declino e caduta dell'impero romano*, Milano, 1986; *Storia della decadenza e caduta dell'impero romano*, Torino, 1987.

Gigli, G., *La crisi dell'impero romano*, Palermo, 1947.

Ginsburg, G., *Rome et la Judée*, Paris, 1928.

Ginzel, F., *Handbuch der mathematischen und technischen Chronologie*, Leipzig, 1906–1914.

Giovanditto, A., *Teodorico e i suoi Goti*, Novara, 1993.

Giovannoni, G.,"Nuovi contributi allo studio della genesi della basilica cristiana," *Atti Pont. Accad. di Archeologia*, 1920; *La tecnica della costruzione presso i Romani*, Roma, 1925.

Gitti, A.,"Eudossia e Genserico," *Archivio Storico Italiano (ASI)*, 1925; *Ricerche sui rapporti tra i vandali e l'impero romano*, Bari, 1953.

Goffart, W., *Barbarians and Romans A.D. 418–584*, Princeton-Oxford, 1980.

Gordon, C. D., *The Age of Attila: Fifth Century Byzantium and the Barbarians*, Ann Arbor, 1960.

Goyau, G. & Cagnat, R., *Chronologie de l'empire romain*, Paris, 1891.

Graley, G., *Ces fameux Champs Catalauniques*, Troyes, 1964.

Grant, M., *The Fall of the Roman Empire: A Reappraisal*, London, 1976.

Grégoire, H., *Recueil des inscrip. grecques chrét. g'Asie Mineure*, Paris, 1922; *Les persécutions dans l'Empire romain*, Bruxelles, 1964.

Gregorovius, F., *Storia della città di Roma nel Medioevo*, Roma, 1912.

Grenier, A., *Le génie romain dans la religion, la pensee et l'art*, Paris, 1938.

Grisar, H., *Roma, alla fine del mondo antico*, Roma, 1930（義大利文譯本）.

Grossi Gondi, F., *Trattato di epigrafia cristiana latina e greca*, Roma, 1920.

Grumel, V.,"L'Illyricum de la mort de Valentinien I (375) à la mort de Stilicon (408)," *Revue des études byzantines* 9, 1951.

Guarducci, M., *I graffiti sotto la Confessione di S. Pietro in Vaticano* (3 voll.), Città del Vaticano, 1959.

Gutermann, S. L., *Religious toleration and persecution in Ancient Rome*, London, 1951.

Gwatkin, H. M., *Studies on Arianism*, London, 1900.

Haarhoff, Th., *Schools of Gaul. A study of pagan and christian education in the last century of the Western Empire*, Oxford, 1920.

Hadrill, W., *Occidente barbarico*, Milano, 1963.

Halphen, L., *Les barbares*, Paris, 1926.

Hansen, A., *De vita Aetii*, Dorpat, 1840.

Hartmann, L., *La rovina del mondo antico*, Torino, 1904（義大利文譯本）.

Heater, P., *Goths and Romans, 332–489*, Oxford, 1991; *The Goths*, Oxford, 1996.

Heering, W., *Kaiser Valentinian*, Magdeburg,1927.

Hefele, K. J. & Leclercq, H., *Histoire des Conciles*, Paris, 1907–1921.

Heitland, W. R., *The Roman Fate. An Essay of Interpretation*, Cambridge, 1922.

Hillgarth, J. N., *Christianity and Paganism, 350–750. The Conversion of Western Europe*,

Philadelphia, 1986.

Hodgkin, T., *Italy and her Invaders* Vol. I–II, Oxford, 1880–1890.

Homo, L., *Les empereurs romains et le Christianisme*, Paris, 1931;"Le haut Empire," *Histoire Romaine* 3, Paris, 1933;"Topographie et démographie dans la Rome Imperiale," *Comptes Rendus de l'Acad. des Inscriptions*, 1933.

Hönn, K., *Konstantin der Grosse. Leben einer Zeitwende*, Leipzig, 1940.

Howald, E., *Kultur der Antike*, Potsdam, 1935.

Hübener, W.（編）, *Die Alemannen in der Frühzeit*, Bühl-Baden, 1974.

Hughes, K., *The Church in Early Irish Society*, London, 1966.

Huttmann, M. A., *The Establishment of Christianity and the Proscription of Paganism*, New York, 1914.

Jalabert, L. & Mouterde, R., *Inscriptions grecques et latines de la Syrie*, Paris, I, 1929; II, 1939.

James, E., *The Franks*, Oxford, 1988.

Julien, Ch. A., *Histoire de l'Afrique du Nord*, Paris, 1931.

Juster, J., *Les Juifs dans l'Empire Romain*, Paris, 1914.

Kaegi, W. E., *Byzantium and the Decline of Rome*, Princeton, 1968.

Karsten, S., *Die Germanen*, Berlin, 1928.

Kollwitz, J., *Oströmische Plastik der theodosianischen Zeit*, Berlin, 1941.

Kornemann, E.,"Das Problem des Untergangs der antiken Welt," *Vergangenheit und Gegenwart*, 1922.

Krautheimer, R., *Corpus Basilicarum christianarum Romae*, Città del Vaticano, 1937; *Three Christian Capitals. Topography and politics*, Berkeley-Los Angeles-London, 1983（義大利文譯本）：*Tre capitali christiane. Topografia e politica*, Torino, 1987.

Lanciani, R., *Pagan and Christian Rome*, London, 1892; *Ruins and Excavations of Ancient Rome*, London, 1897.

Lanzoni, F., *Le Diocesi d'Italia dalle origini al principio del secolo VII*, Faenza, 1917.

Laqueur, R., *Eusebius als Historiker seiner Zeit*, Berlin, 1929.

Last, H., The study of the persecutions, *JRS* 27, 1937.

Latouche, R., *Les grandes invasions et la crise de l'Occident au v.e siècle*, Paris, 1947.

Latte, K., *Die Religion der Römer und der Synkretismus der Kaiserzeit*, Tubingen, 1927.

Leciejewicz, L., *Gli slavi occidentali*, Spoleto, 1991.

Lemerle, P., *Les plus anciens recueils des miracles de S. Démétrius et la pénétration des Slaves dans les Balkans* (2 voll.), Paris, 1979–1981.

Leon, J., *The Jews of Ancient Rome*, Filadelfia, 1960.

Le Patourel, J., *The Norman Empire*, Oxford, 1976.

Levi, M. A., *L'Impero romano*, Torino, 1963.

Lizérand, G., *Aetius*, Paris, 1910.

L'Occidente e l' Islam nell' alto Medioevo (2 voll.), Spoleto（研討會論文集）.

Lot, F.,"De l'étendue et de la valeur du caput fiscal sous le Bas Empire," *Revue Historique de Droit*, 1925; *La fin du monde antique et le début du moyen âge*, Paris, 1927;"Du régime de l'hospitalité," *Revue belge de philologie et d' histoire* 7, 1928; *L'impôt foncier et la capitation personnelle sous le Bas Empire*, Paris, 1928; *Les invasions barbares et le peuplement de l'Europe* (2 voll.), Paris, 1937.

Lot, F., Pfister, Ch. & Ganshof, F., *Les destinées de l'empire en Occident de 395 à 888*, Paris, 1928.

Lugli, G.,"Aspetti urbanistici di Roma antica," *Rendiconti Pont. Accademia d' Archeologia*, 1937.

Maddalena, A.,"Le fonti per la storia di Diocleziano e di Costantino," *Atti del R. Istituto Veneto* 45.

Maenchen-Helfen, O. J., *The World of the Huns*, Berkeley-Los Angeles, 1973.

Manaresi, A., *L'Impero Romano e il Cristianesimo*, Torino, 1914.

Marchesi, C., *Storia della letteratura latina*, Messina, 1932-1933.

Marrou, H., *Μουσικὸς α'νήρ*, Grénoble, 1938; *St. Augustin et la fin de la culture antique*, Paris, 1938; *Decadenza romana o Tarda antichità? III–IV secolo*, Milano, 1979.

Martroye, F.,"Une tentative de révolution sociale en Afrique. Donatistes et circoncellions," *Revue des questions historiques* 76, 77; *Genséric. La conquete vandale en Afrique et la destruction de l'empire d'Occident*, Paris, 1907.

Marucchi, O., *Epigrafia cristiana*, Milano, 1910.

Matagrin, A., *Histoire de la tolerance*, Paris, 1905.

Matthews, J., *Western Aristocracies and Imperial Court, A.D. 364–425*, Oxford, 1975.

Mattingly, H., *Christianity in the roman empire*, Dunedin, 1955.

Maurice, J., *Numismatique Constantinienne*, Paris, 1908–1912.

Martindale, J. R, *Prosophography of the Later Roman Empire* Vol. II, Cambridge, 1980.

Mayr Harting, H., *The Coming of Christianity to Anglo-Saxon England*, London, 1972.

Mazzarino, S.,"La politica religiosa di Stilicone," *Rendiconti R. Istituto Lombardo* 70, 1938; *Stilicone. La crisi imperiale dopo Teodosio*, Roma, 1942;"Serena e le due Eudossie," *Real. Ist. Stud. Rom*, Roma, 1946; *Antico, tardoantico, ed era costantiniana*, Bari, 1974; "Aezio, la 'Notitia Dignitatum' e i Burgundi di Worms, Renania romana," *Atti dei Convegni Lincei* 23, Roma, 1976; *Stilicone. La crisi imperiale dopo Teodosio*, Milano, 1990.

Mazzarino, S. & Giannelli, G., *Trattato di Storia romana* Vol. II, Roma, 1962.

Mazzolai, A., *Alarico*, Firenze, 1996.

McCormick, M., *Eternal Victory. Triumphal Rulership in late Antiquity, Byzantium and the early*

medieval West, Cambridge, 1986.
Melucco Vaccaro, A., *I Longobardi in Italia. Materiali e problemi*, Milano, 1982.
Mochi, S., *Vescovi e città* (sec. IV–VI), Bologna, 1933.
Momigliano, A.,"La caduta senza rumore di un impero nel 476 d. C.," *Annali della scuola normale superiore di Pisa* 3, 1973.
Mommsen, Th., "Stilicho und Alarich," *Gesammelte Schriften* 4, Berlin, 1906; "Le province romane da Cesare a Diocleziano," *Romisch. Gesch.* 5, Torino-Roma, 1879（義大利文譯本）.
Monumenta Asiae Minori Antiqua Voll. I–VIII, 1962.
Moorhead, J., *Theoderic in Italy*, Oxford, 1993.
Moreau, J., *La persécution du Christianisme dans l'empire*, Paris, 1956.
Moricca, U., *Storia della letteratura latina cristiana*, Torino, 1925.
Morpurgo, A., *Arbogaste e l'Impero Romano dal 379 al 394*, Trieste, 1883.
Musset, L., *Les invasions. Le second assaut contre l'Europe chretienne* (VII–XI siècles), Paris, 1965; *Le invasioni barbariche*, Milano, 1989.
Nagl, M. A., *Galla Placidia*, Paderbon, 1908.
Negri, G., *L'imperatore Giuliano l'Apostata*, Milano, 1902.
Niel, J. C., 451. *Attila dans les Gaules, La bataille de Troyes*, Guénange, 1951.

Nischer-Falkenhof, E., *Stilicho*, Vienna, 1947.

Oberziner, L., *Le guerre germaniche di Flavio Giuliano*, Roma, 1896.

Obolensky, D., *Byzantium and the Slavs*. Collected Studies, London, 1971.

O'Flynn, J. M., *Generalissimos of the Western Roman Empire*, Edmonton, 1983.

Olivetti, A.,"Sulle stragi di Costantinopoli del 337," *Rivista di Filologia* 43, 1915; *Osservazioni storiche e cronologiche sulla guerra di Costanzo contro i Persiani*, Torino, 1915.

Orlandis, J., *Historia social y economica de la España visigoda*, Madrid, 1975.

Ortega & Rubio, *Los Visigotos en España*, Madrid, 1903.

Ostrogorsky, G., *Geschichte des byzantinischen Staates*, München, 1963.

Palanque, J. R., *St. Ambroise et l'Empire Romain*, Paris, 1933.

Papini, M. A., *Ricimero, l'agonia dell'impero romano d'Occidente*, Milano, 1959.

Paredi, A., S. *Ambrogio e la sua età*, Milano, 1941.

Pareti, L., *Storia di Roma e del mondo romano* Voll. IV–VI, Torino, 1955, 1960, 1961.

Paribeni, R., *L'età di Cesare e di Augusto*, Bologna, 1950.

Parker, H. M. D.,"The Legions of Diocletian and Constantin," *JRS* 23, 1933.

Paronetto, V.,"La crisi politica in Africa alla vigilia dell'invasione vandalica," *Miscellanea greca e romana* 4, 1975.

Passerini, A., *Linee di storia romana in età imperiale*, VareseMilano, 1949.

Pastorino, B., *La prima spedizione di Alarico in Italia*, Facoltà di Magistero dell'Università di Torino, 1975.

Pavan, M., *La politica gotica di Teodosio nella pubblicistica del suo tempo*, Roma, 1964.

Pepe, G., *Il medioevo barbarico in Italia*, Torino, 1941; *Il medioevo barbarico in Europa*, Milano, 1967.

Perrin, O., *Les Burgondes*, Neuchatel, 1968.

Pfister, K., *Der Untergang der antihen Welt*, Leipzig, 1940.

Picotti, G. B., "Il patricius nell'ultima età imperiale," *ASI* 4, 1928; "Sulle relazioni tra re Odoacre e il senato e la chiesa di Roma," *Rivista Storica Italiana* 4, 1939.

Pietri, Ch., *Roma christiana. Recherches sur l'Eglise de Rome, son organisation, sa politique, son idéologie de Miltiade à Sixte III (311–440)* Vol. I–II, Rome, 1976.

Piganiol, A., "L'impôt foncier des clarissimes et des curiales au Bas-Empire romain," *Mélanges d'archéologie et d'histoire* 27, 1907; *L'impôt de capitation sous le Bas Empire Romain*, Paris, 1916; *L'empereur Constantin*, Paris, 1932; *L'Empire chrétien (325–395)*, Paris, 1947.

Pincherle, A., "Cristianesimo e Impero romano," *Bull. Com. Int. Sc. Hist.*, 1933.

Pippidi, D. M., *Recherches sur le culte impérial*, Paris, 1939.

Pirenne, H., *Mahomet et Charlemagne*, Bruxelles, 1937.

Pohl, W., *Kingdoms of the Empire. The Integration of Barbarians in Late Antiquity*, Leiden-New Youk-Köln, 1997; *Die Germanen*, München, 1998.

Puech, H. Ch.（編），*Histoire des religions*, Paris, 1970–1976.

Ravegnani, G., *Giustiniano*, Teramo, 1993.

Rehm, W., *Der Untergang Roms in abendländischen Denken*, Leipzig, 1930.

Reinhart, W., *Historia general del reino hispánico de los Suevos*, Madrid, 1952.

Rougé, J., *Recherches sur l'organisation du commerce maritime en Méditerranée sous l'Empire romain*, Paris, 1966.

Ricciotti, G., *Storia d'Israele*, Torino, 1942.

Riché, P., *Les invasions barbares*, Paris, 1953.

Ridley, R. T.,"Zosimus the Historian," *Byzantinische Zeitschrift* 65, 1972.

Rinaldi Tufi, S., *Archeologia delle province romane*, Roma, 2000.

Roberti, M.,"Invasione vandalica dell' Africa Romana," *Rivista di Storia del Diritto Italiano*, 1938.

Romano, R., *Le dominazioni barbariche in Italia (395–1024)*, Milano, 1910.

Rose, H. J.,"Roman Religion 1910–1960," *JRS*, 1960.

Ross Taylor, L., *The divinity of the Roman Emperor*, Middleton, 1931.

Rostagni, A., *Giuliano l'Apostata*, Torino, 1920.

Rostovtzeff, M., *The Social and Economic History of the Roman Empire*, London, 1926.

Rostowzew, M.,"The Decay of the ancient World and its economic Explanations," *The Economic History Review*, 1930.

Ruggini, L., "'De Morte Persecutorum' e polemica antibarbarica nella storiografia pagana e cristiana: a proposito della disgrazia di Stilicone," *Rivista di storia e letteratura religiosa* 4, 1968.

Runciman, S., *A History of the First Bulgarian Empire*, London, 1930.

Rusca, L., *Saggio sulle persecuzioni dei cristiani, in Plinio il Giovane, Carteggio con Traiano*, Milano, 1963.

Sabatier, I., *Description générale des médailles byzantines*, Paris, 1862.

Saitta, B., *Società e potere nella Spagna visigotica*, Catania, 1987.

Salvatorelli, L., *Costantino il grande*, Roma, 1928; *Storia della letteratura latina cristiana*, Milano, 1936; *L'Italia Medievale. Dalle invasioni barbariche agli inizii del* sec. XI, Milano, 1940.

Sant'Ambrogio nel XVI centenario della nascita. Raccolta di studii, Milano, 1940.

Schiavone, A.（編）, *Storia di Roma Vol. III–1–2: L'eta tardoantica*, Torino, 1993; *Il mondo tardoantico, Storia medievale Donzelli*, Roma, 1998.

Schmidt, L., *Geschichte der Vandalen*, Leipzig, 1901; *Geschichte der germanischen Frühzeit*, Bonn,

1925.

Schreiber, H., *Gli unni*, Milano, 1983; *I Vandali*, Milano, 1984.

Schultze, V., *Geschichte des Untergangs des griechisch-römischen Heidentums*, Jena, 1887–1892.

Schurer, E., *Gesch. des jud. Volkes in Zeit. Jesu Christ*, Leipzig, 1901.

Scott, K., *The imperial Cult under the Flavians*, Stuttgart, 1939.

Seaver, J. E., *Persecution of the Jews in the Roman Empire (300–438)*, University of Kansas, 1952.

Senac, Ph., *Musulmans et Sarrasins dans le Sud de la Gaule du VIII au XI siècle*, Paris, 1980.

Sesan, V., *Kirche und Staat in römisch-byzantinischen Reiche seit Konstantin bis zum Falle Konstantinopels*, Czernovitz, 1911; *Die Religionspolitik der christlichen römischen Kaiser von Konstantin bis Theodosius*, Leipzig, 1911.

Simon, M., *Verus Israel*, Paris, 1948.

Sinnigen, W. G.,"The officium of the urban prefecture during the Later Roman Empire," *Papers and Monographs of the American Academy in Rome* 17, Roma, 1957.

Solari, A., *Gli Unni e Attila*, Pisa, 1916; "La tradizione geografica sugli Unni, Sulle leggi di Costanzo II contro i Pagani," *Rendiconti Accad. di Bologna* 9, 1924–1925; "Coerenza ideale nell'attività legislativa dell'imp. Giuliano," *Atti del III Congresso Studi Romani*, 1930; "La elezione di Gioviano," *Klio*, 1933; "La questione sociale nel dissidio tra Valentiniano ed Ezio," *L'Antiquite classique* 2, 1933; "Intorno alla reazione sociale del 408–410," *Klio*, 1935; *L'Impero romano* (4 voll.), Genova-Roma, 1940–1947.

Sorel, G., *La ruine du monde antique*, Paris, 1923.

Spengler, *L., Der Untergang des Abendlandes*, Berlin, 1920-1922.

Staccioli, R., *Guida di Roma antica*, Milano, 1986.

Stauffer, E., *Le Christ et les Césars*, Paris, 1956（法文譯本）.

Stenton, F. M., *Anglo-Saxon England*, Oxford, 1943; *Angli e Sassoni al di qua e al di là del mare*（2 voll., Spoleto 研討會論文集）.

Straub, J., "'Parens Principum': Stilichos Reichpolitik und das Testament des Kaisers Theodosius," *Regeneratio Imperii*, 1972.

Tabacco, G., *La storia politica e sociale. Dal tramonto dell'Impero alle prime formazioni di Stati regionali*, Torino, 1974.

Teillet, S., *Des Goths à la Nation gothique. Les origins de l'idée de nation en Occident du V au VII siècle*, Paris, 1984.

Terzaghi, N., *Storia della letteratura latina da Tiberio a Giustiniano*, Milano, 1934.

Testini, P., *Archeologia cristiana*, Roma, 1959.

The Cambridge Ancient History Vol. X: The Augustan Empire, 44 B.C.–70A.D., 1934; Vol. XI: The imperial Peace, A.D. 70–192 , 1936; Vol. XII: The imperial crisis and recovery, A.D. 193–324 , 1939; Vol. XII: The Imperial Crisis and Recovery A.D. 193–324, 1939.

The Cambridge Mediaeval History Vol. I: The Christian Roman Empire and the Foundation of the Teutonic Kingdoms , 1936; Vol. IV: The Byzantine Empire (1: Byzantium and its Neighbours ; 2: Government, Church and Civilisation), 1966–1967.

Thompson, E. A., *Storia di Attila e degli Unni*, Firenze, 1963; "The Visigoths from Fritigern to Euric," *Historia* 12, 1963; *The Early Germans*, Oxford, 1965; *The Goths in Spain*, Oxford, 1969; "Barbarians Invaders and Roman Collaborators," *Florilegium* 2, 1980; *Romans and Barbarians*, Madison, 1982.

Thouvenot, R., "Salvien et la ruine de l'Empire Romain," *Mélanges de l'Ecole Française de Rome*, 1920.

Todd, M., *The Early Germans*, Oxford-Cambridge (Mass.), 1992.

Toesca, P., *Storia dell'arte italiana* Vol. I, Torino, 1927.

Tomaselli, G., *Il crollo dell'impero romano in Occidente*, Messina-Firenze, 1973.

Tramontana, S., "La monarchia normanna e sveva," *Il mezzogiorno dai Bizantini a Federico II*, Torino, 1983.

Turchi, N., *La religione di Roma antica*, Bologna, 1939.

Vaccari, A., S. *Girolamo*, Roma, 1921.

Valentini, R. & Zucchetti, G., *Codex topographicus Urbis Romae I*, Roma, 1940.

Vàrady, L., "Stilicho proditor arcani Imperii," *A. Ant. Hung*. 16, 1968.

Vasiliev, V., *Histoire de l'empire byzantin I*, Paris, 1932.

Vassili, L., "La figura di Nepoziano e l'opposizione ricimeriana al governo imperiale di Maggioriano," *Athenaeum*, 1936; "Rapporti fra regni barbarici e impero nella II metà del V secolo," *Nuova Rivista Storica* 21, 1937.

Vessel, C., *Inscriptiones Christianae Graecae veteres Occidentis*, Halle, 1936.

Villari, P., *Le invasioni barbariche in Italia*, Firenze, 1901.

Vlasto, A. P., *The Entry of the Slavs into the Christendom. An Introduction of the Medieval History of the Slavs*, Cambridge, 1970.

Vogt, G., *Kaiser Julian und das Judentum*, Leipzig, 1939.

Wallace-Hadrill, J. M., *L'Occidente barbarico, 400–1000*, Milano, 1963.

Weber, W., "Die sozialen Gründe des Untergangs der antiken Kultur," *Die Wahrheit*, 1896.

Webster, G., *The Roman Imperial Army*, London, 1979.

Werner, H., *Der Untergang Roms. Studium zum Dekadenzproblem in der antiken Geistesgeschichte*, Stuttgart, 1939.

Wes, M. A., *Das Ende des Kaisertums im Westen des römischen Reichs*, The Hague, 1967.

Westermann, W., "The economic Basis of the Decline of ancient Culture," *American Historical Review*, 1915.

Wickham, C., *Early Medieval Italy. Central Power and Local Society, 400–1000*, London, 1981.

Wilcken, U. & Mitteis, L., *Grundzuge und Chrestomathie der griech. Papyrusurkunden*, Berlin, 1916–1912.

Wilpert, G., *I sarcofagi cristiani antichi*, Roma, 1929.

Wilpert, J.,"Roma fondatrice dell' arte monumentale paleocristiana e medievale," *Atti del X Congresso Internazionale di Storia dell'Arte*, Roma, 1912; *Die Mosaiken und Malereien der christlichen Bauten*, 1916.

Wolfram, H., *Geschichte der Goten bis zum Mitte des 6. Jahrhundert*, München, 1979; *Storia dei Goti*, Roma, 1985.

Wood, I., *The Merovingian Kingdoms, 450–751*, London-New York, 1994.

Wroth, W., *Catalogue of the Imperial Byzantine Coins in the British Museum*, London, 1908.

Zecchini, G., *Aezio: l'ultima difesa dell'Occidente romano*, Roma, 1983.

圖片出處

- 拉特朗聖若望大殿　© Alinari Archives, Florence
- 「狄奧多西銀盤」上雕塑的父子肖像

  狄奧多西　皇家聖費爾南多美術學院（馬德里／西班牙）　© Akg-images

  東羅馬帝國長子阿卡狄奧斯　皇家聖費爾南多美術學院（馬德里／西班牙）　© Werner Forman/Art Resource, NY

  西羅馬帝國次子霍諾里烏斯　皇家聖費爾南多美術學院（馬德里／西班牙）© Bridgeman Art Library

  銀盤　皇家聖費爾南多美術學院（馬德里／西班牙）　© Bridgeman Art Library
- 刻在印章上的阿拉里克肖像　維也納美術史美術館（維也納／奧地利）　© Kunsthistorisches Museum, Wien
- 史提利柯（右）與妻小　聖喬凡尼巴底斯教堂（孟扎／義大利）　© Alinari Archives, Florence
- 霍諾里烏斯　奧斯塔大教堂（奧斯塔／義大利）　© Alinari Archives, Florence
- 耶柔米　梵諦岡美術館（梵諦岡）　© Photo SCALA, Florence
- 嘉拉·普拉齊達（右）與其子　普雷西亞教區博物館（普雷西亞／義大利）　© Alinari Archives,

Florence

- 聖奧古斯丁（波提且利繪） 奧尼桑底教堂（佛羅倫斯／義大利） © Alinari Archives, Florence
- 阿提拉（十六世紀製作的浮雕） 卡爾托吉亞會修道院（帕威亞／義大利） © Alinari Archives, Florence
- 教宗雷歐一世勸說阿提拉撤出羅馬（拉斐爾繪） 羅浮宮美術館（巴黎／法國） © Photo RMN/Christian Larrieu/AMF/Sebun Photo
- 北非遺蹟
  劇場：雷布提斯．瑪格納（今日的利比亞） © Roger Wood/CORBIS
  朱比特神殿：斯貝多拉（今日的突尼西亞） © José Fuste Raga/zefa/CORBIS
  圓形競技場：愛爾潔姆（今日的突尼西亞） © Roger Wood/CORBIS
- 北非出土的羅馬時代鼎盛期鑲嵌畫
  吹號角的海神托林頓 巴爾杜國家博物館（突尼斯／突尼西亞） © Vanni/Art Resource, NY
  獵鹿的女神黛安娜 巴爾杜國家博物館（突尼斯／突尼西亞） © Vanni/Art Resource, NY
  詩人維吉爾與兩名謬斯女神 巴爾杜國家博物館（突尼斯／突尼西亞） © Erich Lessing
  從船上卸貨的人員 巴爾杜國家博物館（突尼斯／突尼西亞） © Erich Lessing
- 拉溫納的提歐鐸力克陵墓（拉溫納／義大利） © Akg-images

・佩內迪科托斯（喬凡尼・貝里尼繪）　聖母百花聖殿（威尼斯／義大利）　© Akg-images

・聖索菲亞大教堂的牆面鑲嵌畫　聖索菲亞大教堂（伊斯坦堡／土耳其）　© Erich Lessing

・狄奧多拉皇后與女官　聖威塔雷教堂（拉溫納／義大利）　© Akg-images

・現在的聖天使城堡（羅馬時代的皇帝廟）　© Atlantide Phototravel/CORBIS

・查士丁尼（左）與貝利薩留斯　聖威塔雷教堂（拉溫納／義大利）　© Alinari Archives, Florence

・硬幣照片

君士坦丁三世、君士坦提烏斯將軍、狄奧多西二世、普凱莉雅、馬爾齊安、霍諾里雅、佩特羅尼烏斯・馬庫希穆斯、阿維圖斯、墨喬里安、謝維勒、雷歐、安特米烏斯、奧利布里烏斯、格利塞里烏斯、朱利斯・尼波斯、羅慕路斯・奧古斯都、奧達凱爾、芝諾、阿塔拉里克、提歐達多、托提拉　大英博物館（倫敦／英國）　© The Trustee of the British Museum

提歐鐸力克發行的貨幣　羅馬國立博物館（羅馬／義大利）　© Ministero per i Beni e le Attività Culturali-Soprintendenza Archeologica di Roma

查士丁尼　攝影：新潮社攝影部門　© Ministero per i Beni e le Attività Culturali-Soprintendenza Archeologica di Roma

・地圖製作：綜合精圖研究所

【塩野七生代表作——羅馬人的故事】

從崛起、壯大到轉折、衰敗，
看羅馬千年的輝煌與落寞

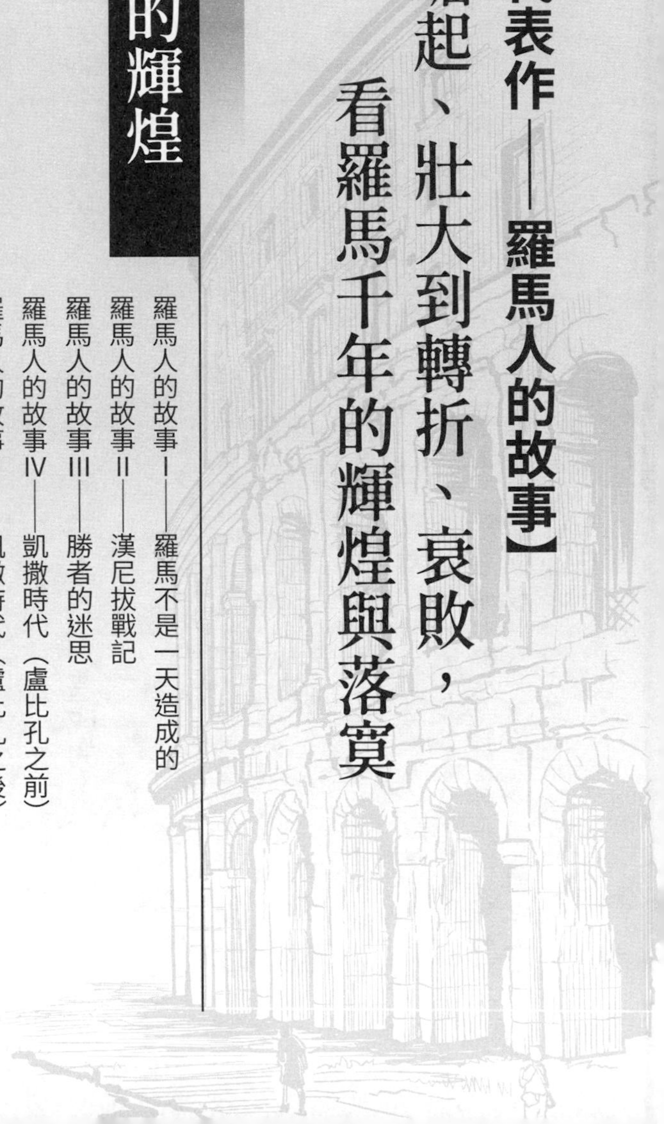

羅馬人的故事系列 Vol.1

戰火打造的輝煌

羅馬人的故事I——羅馬不是一天造成的
羅馬人的故事II——漢尼拔戰記
羅馬人的故事III——勝者的迷思
羅馬人的故事IV——凱撒時代（盧比孔之前）
羅馬人的故事V——凱撒時代（盧比孔之後）

羅馬人的故事系列 Vol.2

帝國的榮光與暗影

羅馬人的故事VI——羅馬和平
羅馬人的故事VII——惡名昭彰的皇帝
羅馬人的故事VIII——危機與克服
羅馬人的故事IX——賢君的世紀
羅馬人的故事X——條條大道通羅馬

羅馬人的故事系列 Vol.3

偉大羅馬之死

- 羅馬人的故事XI——結局的開始
- 羅馬人的故事XII——迷途帝國
- 羅馬人的故事XIII——最後一搏
- 羅馬人的故事XIV——基督的勝利
- 羅馬人的故事XV——羅馬世界的終曲

羅馬人的故事I——羅馬不是一天造成的

羅馬的起源可以追溯到扎馬戰役前五百年，羅馬人歷經整整五百多年漫長的蟄伏歲月，因此才會有句話說：「羅馬不是一天造成的」。這五百年間羅馬遭遇哪些挑戰？羅馬人又是如何逐步累積實力，將國家帶往璀璨光明的未來？

羅馬人的故事II——漢尼拔戰記

西元前二一八年，漢尼拔從西班牙率領群眾翻越阿爾卑斯山，進攻義大利本土，直到羅馬名將西比奧打敗漢尼拔才落幕，這場戰爭歷時十六年之久。為什麼知識優越的希臘人、軍事力量強大的迦太基人最後會敗給羅馬人？什麼才是決定戰爭勝、敗的因素？

羅馬人的故事III——勝者的迷思

經過六天六夜激戰，迦太基城淪陷了！這個曾經風光一時的城市被消毀殆盡，羅馬名將小西比奧一想到敵人的命運不覺潸然淚下。勝者如何在勝利的欣喜中，思慮更遠大的未來？大國如何崛起？改變的是制度、心態，還有什麼呢？

羅馬人的故事IV——凱撒時代（盧比孔之前）

西元前一〇〇年七月十二日，「羅馬唯一的創造天才」——朱利斯・凱撒誕生！少年凱撒歷經鬥爭、殺戮、混亂與腐敗，因此致力於樹立羅馬的「新秩序」，他如何巧妙地逆轉國家、政局與社會重重的危機，將個人推向顛峰，創造羅馬歷史的光輝？

羅馬人的故事V——凱撒時代（盧比孔之後）

西元前四十五年，大權在握的凱撒開始進行羅馬帝政化改革，卻在隔年遭醉心共和體制派刺殺，羅馬頓時又陷入混亂狀態！年僅十八歲的屋大維成為凱撒指定的第一繼承人，他能否穩住凱撒留下的偉業？凱撒雖死，但他的精神又為後世留下哪些影響？

羅馬人的故事IX——賢君的世紀

走過動盪紛亂的「繼承者危機」，西元二世紀時總算迎來了當時代羅馬人口中的「黃金時代」。雖然圖拉真、哈德良和安東尼奧．派阿斯彼此個性差異頗大，卻能展現各自優秀的領導者特質。且看他們身為當仁不讓的「第一公民」，如何發揮己長、各擅勝場，聯手打造出「罕見的幸福年代」！

羅馬人的故事X——條條大道通羅馬

羅馬種種質、量兼具的建設，被史家讚為羅馬文明偉大的紀念碑。羅馬人為何如此致力於公共建設？為什麼已有踩踏形成的道路，還要鋪設大道？為什麼立國於臺伯河旁、不必擔憂用水問題，還要建設水道？眾多建設的目的，竟只是「為了讓人的生活過得像人」？

羅馬人的故事XI——結局的開始

告別賢君的世紀，羅馬帝國的光環褪色了嗎？「哲學家皇帝」馬庫斯．奧理略，實現了柏拉圖的理想。然而高尚的品德和絕佳的能力卻無法力挽狂瀾，夕陽的餘暉漸籠罩帝國。奧理略過世後，羅馬面臨重大轉捩點，等在道路盡頭的是更寬廣的前程，還是帝國的終點？

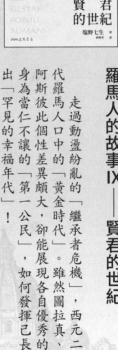

羅馬人的故事XII——迷途帝國

從西元二一一年到二八四年，被稱為「三世紀危機」。這時只要有軍隊，人人都可能成為羅馬的主人。在社會動亂、人心惶惶的氣氛之下，基督教成為一盞明燈，提供人們心靈的撫慰。面對逐漸衰頹的羅馬帝國，基督教是否能成為一劑強心針？或是加速羅馬的瓦解？

羅馬人的故事XIII——最後一搏

在羅馬帝國之中，凡事都大規模且多元化，就連走上了衰退的時代，這項特質也依舊沒變。進入帝政時代後期的羅馬帝國，已漸漸轉移為絕對君主政體。羅馬人為什麼要做出這樣的轉變？這個改變又引來什麼樣的結果？

羅馬人的故事XIV——基督的勝利

君士坦丁大帝逝後，東方波斯的威脅與蠻族的不時南侵已成為常態。然而，羅馬更厲害的對手來自內部：急速壯大的基督教。君士坦提烏斯追尋父親的腳步，一面提振基督教會的地位，一面排擠羅馬傳統宗教。羅馬的結局，竟是基督的勝利？

羅馬人的故事XV——羅馬世界的終曲

羅馬帝國的尾聲，從帝國真正的分裂開始。然而，東西羅馬仍竭力維持最後的尊嚴，在邊界疲於奔命。戰爭、停戰、休兵，不斷循環，扼殺了帝國僅存的氣息。登堂入室的外患，成為壓死駱駝的最後一根稻草，經濟被破壞、社會不安，早就宣告了羅馬的不治之症。羅馬帝國何時覆滅？沒有人說的清楚，它轟轟烈烈的出現，卻平平淡淡的結束，沒有該有的送別。

海都物語——威尼斯共和國的一千年（上）（下）

一個建立在水中央的國度，如何憑藉高超的航海與造船技術，成為地中海世界的海上霸主？又如何在大西洋航線開闢、國際局勢變化後喪失優勢？威尼斯如何透過轉型發展、彈性外交政策奮力一搏？塩野七生用其細膩、生動，富有文學性的筆調，讓您彷若搭乘威尼斯的「貢多拉」，徜徉於威尼斯共和國一千年的歷史長河。

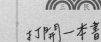

國家圖書館出版品預行編目資料

羅馬人的故事XV：羅馬世界的終曲／塩野七生著；鄭維欣譯.——修訂二版一刷.——臺北市：三民，2024
面； 公分.——(羅馬人的故事系列)

ISBN 978-957-14-7709-1（平裝）
1. 歷史 2. 羅馬帝國

740.222 112015957

羅馬人的故事

羅馬人的故事 XV——羅馬世界的終曲

著 作 人｜塩野七生
譯　　者｜鄭維欣
發 行 人｜劉振強
出 版 者｜三民書局股份有限公司
地　　址｜臺北市復興北路 386 號 (復北門市)
臺北市重慶南路一段 61 號 (重南門市)
電　　話｜(02)25006600
網　　址｜三民網路書店 https://www.sanmin.com.tw
出版日期｜初版一刷 2008 年 7 月
初版四刷 2020 年 1 月
修訂二版一刷 2024 年 1 月
書籍編號｜S740580
I S B N｜978-957-14-7709-1

三民書局